普通高等教育"十一五"国家级规划教材
普通高等教育物流管理与工程类专业教材

WULIU XINXI XITONG

物流信息系统

第3版

张树山　主　编
谷　城　陈凯旋　董旭达　副主编

人民交通出版社
北　京

内 容 提 要

本书在普通高等教育"十一五"国家级规划教材的基础上修订而成。本书全面系统地阐述了物流信息系统相关理论知识与应用进展,内容包括3篇共计12章。第1篇主题为基础理论与信息技术,具体包括物流信息系统概述、数据自动识别技术、先进数据传输与处理技术、空间信息技术;第2篇主题为物流信息系统项目开发,具体包括物流信息系统战略规划与开发、物流信息系统分析、物流信息系统设计、物流信息系统实施;第3篇主题为物流信息系统应用,具体包括物流管理决策支持系统、企业资源计划系统、供应链管理信息系统、智慧物流系统。

本书可作为高等院校物流管理专业本科学生、工商管理硕士(MBA)以及相关专业研究生教材,亦可供其他专业学生和企业管理人员学习参考。

图书在版编目(CIP)数据

物流信息系统/张树山主编.—3版.—北京:人民交通出版社股份有限公司,2025.7.—ISBN 978-7-114-20375-6

Ⅰ. F252-39

中国国家版本馆CIP数据核字第2025T5T328号

书　　名:**物流信息系统**(第3版)
著 作 者:张树山
责任编辑:李　晴　王　涵
责任校对:赵媛媛　刘　璇
责任印制:张　凯
出版发行:人民交通出版社
地　　址:(100011)北京市朝阳区安定门外外馆斜街3号
网　　址:http://www.ccpcl.com.cn
销售电话:(010)85285911
总 经 销:人民交通出版社发行部
经　　销:各地新华书店
印　　刷:北京虎彩文化传播有限公司
开　　本:787×1092　1/16
印　　张:22
字　　数:530千
版　　次:2005年5月　第1版
2009年3月　第2版
2025年7月　第3版
印　　次:2025年7月　第3版　第1次印刷
书　　号:ISBN 978-7-114-20375-6
定　　价:59.00元

第3版前言

PREFACE

物流业是支撑国民经济发展的基础性、战略性、先导性产业。现代物流具有连接生产与分配、流通与消费的重要作用，是畅通现代产业链、供应链、价值链的重要保障。近年来，国务院各部门陆续出台了推进物流业高质量发展的政策意见，表明了国家对物流业发展极为重视，同时也为物流业发展指明了前进方向。随着新一轮科技革命的爆发和推进，新一代信息技术与产业融合程度进一步加深，其中与物流业更是呈现出深度融合的趋势。从实践效果看，物流信息化、数智化已成为我国物流业降本提质增效、转型升级的新动能和新趋势。

自本书第2版出版以来的10余年里，基于新一代信息技术的系统大规模应用与国内物流业快速发展，物流信息化、数智化转型升级持续进行，物流业与制造业等多业态融合也在新一代信息技术的赋能下深入开展。经过这10余年的发展，国内新一代信息技术发展及其在物流领域的应用模式均发生了很大变化。第2版教材中内容已不能很好地反映物流信息系统理论、技术与应用场景的新发展，有必要进行修订。与第2版相比，本次进行了较大幅度的修订，以体现物流信息技术与应用系统的新进展。第3版教材的特点如下：

(1)结构与内容更趋于合理。从物流信息系统基础理论与技术、物流信息系统项目开发、物流信息系统应用三部分重新构建了全新的篇章架构。新增加了“先进数据传输与处理技术”和“智慧物流系统”两章内容，把原“物流综合信息平台系统”一章内容思想或相关内容融合进了第12章中。第4章的名称及对应内容也进行了较大调整。同时，很多章节内容进行了丰富、更新、删减与新增。调整后本书依据的“基础理论与技术—物流信息系统项目开发—物流信息系统应用”逻辑结构显得更加合理和清晰。

(2)理论与实践结合更加紧密。物流信息系统是结合物流管理和先进信息技术的社会技术系统，具有很强的综合性和学科交叉性。本书结合物流与供应链管理专业复合型人才培养需求，注重将物流信息系统的基本理论、技术与方法和物流与供应链管理实践相结合，突出了案例教学的重要作用。本书各章均增加了与对应章节理论内容相关性强的实践案例，这些实践案例既能激发读者的学习兴趣，又能增强读者探究并解决实践问题的能力，为培养物流与供应链管理高级人才奠定了理论与专业能力的基础。

(3)信息技术与实践应用更加前沿。在新增的“先进数据传输与处理技术”一章中，增加了物联网技术、云计算技术、大数据技术、人工智能技术、区块链技术等新一代信息技术内容，在第2章中增加了自动传感技术等相关内容，均体现了信息技术发展的前沿性。同时，第9章至第12章为系统应用部分，内容及案例选择尽可能体现了当前物流信息管理领域的新进展，特别是第12章介绍了新一代信息技术赋能下的物流业新模式与新业态，对智慧物流体系构建及保障机制进行了比较详细阐述，体现了技术进步，这些有助于培养读者的创新意识与专业科学问题探究能力。

本书共计12章。第1章为物流信息系统概述，具体包括信息科学基础知识、系统与信息系统、物流与物流信息、物流信息系统、物流决策与物流信息系统关系等；第2章为数据自动识别技术，具体包括物流信息标准化、自动识别技术、物流条码技术、二维条码、自动传感技术、无线射频技术等；第3章为先进数据传输与处理技术，具体包括物流电子数据交换（EDI）技术、物联网技术、云计算技术、大数据技术、人工智能技术、区块链技术等；第4章为空间信息技术，具体包括地理信息系统、全球定位系统、基于GNSS/GIS结合的物流信息系统应用等；第5章为物流信息系统战略规划与开发，具体包括物流信息系统战略规划概述、物流信息系统规划主要方法、企业业务流程重组、物流信息系统领导组织与进度计划、物流信息系统开发过程与方式、物流信息系统开发方法等；第6章为物流信息系统分析，具体包括信息系统分析概述、物流信息系统调查与可行性分析、物流信息系统数据流程分析等；第7章为物流信息系统设计，具体包括信息系统设计概述、物流信息系统总体结构设计、数据存储与处理过程设计、数据库系统设计等；第8章为物流信息系统实施，具体包括物流信息系统实施概述、物流信息系统软硬件选择与程序设计、物流信息系统测试、物流信息系统切换与运行维护、物流信息系统评价、物流信息系统安全管理等；第9章为物流管理决策支持系统，具体包括物流管理决策概述、数据仓库与数据挖掘、物流系统仿真分析、基于人工智能的决策支持系统等；第10章为企业资源计划系统，具体包括物料需求计划（MRP）系统概述、MRP系统处理过程、制造资源计划（MRPⅡ）系统、企业资源计划等；第11章为供应链管理信息系统，具体包括供应链管理系统概述、基于信息技术的供应链管理策略、客户关系管理系统等；第12章为智慧物流系统，具体包括智慧物流发展、智慧物流生态体系、智慧物流体系及资源要素、智慧物流子行业、智慧物流支撑体系与运行保障等。

第3版修订工作由张树山担任主编，负责框架结构设计、工作组织、内容修订与统稿工作，谷城、陈凯旋、董旭达担任副主编。参加政策研究、资料收集、案例整理、图表绘制与内容编辑工作的还有夏铭璐、刘赵宁、尚朝阳、周嘉宁、张宏泽、李静、江宇。本书再版得到了人民交通出版社大力支持，在此表示感谢。本书在写作工作中，参考了不少书籍与资料，作者已尽可能详细在参考文献中列出，在此对诸位专家学者表示深深谢意。也有可能引用了一些资料但由于疏忽没有指出资料出处，在此表示歉意。

由于作者水平有限，加之时间仓促，并且物流信息系统又是一个快速发展的领域，对它的认识和研究还在不断深入，因此本书中难免存在不足之处，敬请广大读者批评指正。

编者

2025年3月

第 2 版前言

PREFACE

本书自 2005 年出版至今，得到了广大读者的认可，已被多所大专院校选作教材使用，2008 年被教育部选为普通高等教育“十一五”国家级规划教材。这些成果与物流界同行、专家、读者和出版发行机构的大力支持是分不开的，在此一并表示衷心感谢。大家的鼓励和支持，也成为鞭策我们努力笔耕、进一步完善本书的动力。由于物流信息技术及系统应用的快速发展，原版书中内容已不能反映物流信息系统理论与技术的最新发展，在使用中也发现了一些不足之处，因此，有必要对原教材进行修订。本次修订内容包括：

(1)章节结构做了调整和完善。新增加“物流信息系统战略规划”“物流综合信息平台系统”和“制造物流信息系统”3 章内容，把原“物流战略信息系统”一章内容删除，该章思想在“物流信息系统战略规划”一章中有所体现。另外，有两章的名称也根据内容变化进行了调整。这样使全书的结构更加合理和完整。

(2)增添了新的内容。增加了物流决策与物流信息系统、WML、物流信息标准化、物流数据存储技术、基于人工智能的决策支持系统、决策与支持理论在物流中的应用、基于信息技术的供应链管理策略等理论知识，增加了宝供物流信息化之路、海尔 ERP 物流信息系统建设等典型案例。使全书内容更加全面、丰富、实用。

(3)更新了相关内容。对“物流信息系统现状及发展趋势”“二维条码”“MRP”等有关内容进行了更新和补充，使书中内容更加符合物流信息系统发展应用实际。

第二版修订工作由张树山完成。在修订过程中，研究生裴彬、杨欣、王力、董莹参加了书稿资料的整理和编辑工作。本书再版得到了人民交通出版社和吉林省科技基金项目的大力支持，在此一并表示感谢。在写作工作中，笔者参考了不少资料，大多已在参考文献中详细列出，在此对这些专家学者深表谢意。也有可能引用了一些资料而由于疏忽没有指出资料出处，在此表示歉意。

由于作者水平有限，再加上物流信息系统是一个快速发展的领域，对它的认识和研究还在不断深入，因此本书中难免存在不足之处，作者真心希望读者批评指正，以便在今后的修订中不断完善。

张树山

2009 年 1 月

第1版前言

PREFACE

21世纪是高度信息化的时代,现代信息技术的迅猛发展及互联网的广泛应用成为传统物流向现代物流转变的重要推动力量。要发展现代物流业,必须实现物流业的信息化。运用信息系统来整合物流资源,已成为企业在激烈的市场竞争中取胜的战略手段。

根据21世纪高等教育的新趋势和物流专业学科建设的要求,结合目前众多高等院校的教学计划,人民交通出版社组织全国十几所高等院校多年从事一线教学、实践能力强且具有丰富教材编写经验的教授,编写了这套"21世纪交通版物流本科教材",共10本(书目附后),涵盖了高等教育物流专业本科的主要课程。

本套教材既注重基础知识的讲解,又注重从实际应用出发,满足社会对物流专业人才的需求,突出以能力为本位的高等教育特色。

《物流信息系统》一书从管理与技术相结合的视角对物流信息系统进行了全面介绍;力求突出管理与信息技术相结合,理论与实践相结合,现实与前瞻相结合的特色;目的是希望能系统全面地阐释物流信息系统的理论、技术和方法。

本书第1~9章由吉林大学张树山编写,第10、11章由吉林大学赵淑芝编写。全书由张树山统稿。本书编写过程中,得到了吉林大学现代物流研究所全体同仁的大力支持,特别是金俊武教授给予了很多启发。重庆交通学院许茂增教授对本书进行了详细审阅并提供了许多宝贵建议,在此一并表示衷心感谢。同时,感谢人民交通出版社为本书出版给予的大力支持。另外,本书内容参考了相关论著和文献资料,在此谨向有关作者深表谢意。

本套教材的出版,将促进高等教育的教材建设,对我国高等教育的发展产生积极影响。同时我们也希望在今后的使用中不断改进、完善此套教材,更好地为高等教育服务。

编者

2005年3月

目录

CONTENTS

第1篇　基础理论与信息技术

第2篇　物流信息系统项目开发

第1篇

基础理论与信息技术

第 1 章 物流信息系统概述

核心概念

物流,系统,物流信息,信息管理,管理信息系统,信息系统,物流决策,物流信息系统

学习目标

理解数据与信息的区别与联系;掌握物流信息含义、特征及其作用;了解信息系统功能类型;掌握物流信息系统定义,了解物流信息系统构成;了解结构化、非结构化和半结构化决策含义;了解物流信息系统分类,理解物流信息系统与企业管理决策及绩效之间的关系。

1.1 信息科学基础知识

1.1.1 数据与信息

1)数据含义

数据是记录下来的可以被鉴别的符号,是对客观事物的某种表示,其表示的方式有数值、文字、图像、音频、视频等。数据具有稳定性和表达性。数据分数字数据和非数字数据两类。数字数据由阿拉伯数字和小数点组成,它可以进行算术运算,例如运输里程、仓储规模与面积等;非数字数据是由包括阿拉伯数字在内的各种符号组成的,它不能进行算术运算,例如声音、图片等。对计算机系统而言,所有能用计算机进行编码和通信的符号都属于数据。随着全球导航卫星系统(Global Navigation Satellite System,GNSS)、地理信息系统(Geographical Information System,GIS)等技术的推广应用,数据还可以分为空间数据和非空间数据。空间数据描述地物所在的位置,这种位置可以根据大地参照系定义,如经纬度坐标,也可以定义为地物间的相对位置关系,如空间上的相邻、包含等。

2)信息含义

信息是现代管理中极为重要的资源,对它的有效利用程度,是反映人类社会发展水平的重要指标之一。只有充分认识和了解各种各样的信息,并对其进行科学组织和有效利用,才能真正实现经营管理的现代化。

关于信息的定义,至今还没有一个公认的描述,人们试图从不同的角度去理解。关于信息定义有如下几种典型理解：

(1)信息是一种有用的知识,它能反映客观世界中事物的特征及其变化组合；

(2)信息是关于事物状态以及客观事实的知识；

(3)信息是经过加工的、能够对接收者的行为和决策产生影响的数据；

(4)信息来源于物质的运动,反映了事物的状态特征及其变化,体现了人们对事物的认识和理解程度；

(5)信息是一种经过加工处理后的数据,因而具有知识的含义,而且可以保存和传递；

(6)信息具有价值,但它只有通过接受者的决策或行为才能得以体现。

总之,信息是一个不断变化和发展的概念,它既具有物质性,又具有社会性。另外,在实际应用中,数据和信息这两个概念是经常混淆的。数据和信息的关系可以形象地理解为原材料与制成品之间的关系,数据是原材料,信息是制成品。其实这种理解是相对的。正如某个部门的制成品是另一个部门的原材料一样,同样一组数据在某人看来是信息,但在另外的人看来可能只是数据。例如,物流企业的名称、商品品种、数量、资金、利润、每月各种商品的销售额比率等对一般的顾客来说都是数据,但其中的商品销售数量、资金、利润等对企业经理来讲则是信息。人们往往将数据与信息交替使用,不过要注意,数据是提供信息的原材料,信息是对决策活动有价值的数据。

1.1.2　信息特征

信息特征体现在以下8个方面。

1)客观性

信息是对事物特征和变化的客观反映。由于事物的特征和变化是不以人的意志为转移的客观存在,所有反映这种客观存在的信息,统一带有客观性。不符合事实的信息不仅没有价值,而且可能价值为负,百害而无一利。所以,客观事实是信息的第一和基本的性质。事实性是在信息收集时最应当注意的性质。维护信息的事实性,也就是维护信息的真实性、准确性、精确性和客观性等,从而确保信息的可信性。

2)可传递性

可传递性是信息的本质特征。有效的信息传播,可产生更大的价值,尤其是借助现代信息技术,信息可以更快、更便利地在世界范围内传输。它可以利用电话、传真进行国际、国内通信,也可以通过光缆、卫星传遍全球。其传输的形式也越来越完善,包括数字、文字、图形、图像、声音等。信息的传输既快速又经济,远远优于物质的运输。因而,应当尽可能用信息的传输代替物质的运输,利用信息流减少物流活动。信息的可传递性加快了资源的交流,加快了社会的变化。

3)分享性

信息与物质不同,将信息与别人分享并不意味着失去该信息。信息可以在同一时间内为多人所掌握,共同受益。例如,甲告诉乙一个消息,甲并没有失去什么,这则消息的记忆并没有从甲的脑子里抹去。相反,物质的交换就是零和的,即甲的所得必为乙之所失,所得与所失之和为零。信息的分享没有直接的损失,但是却可能造成间接的损失。如果甲告诉乙生产某种产品的技术,乙也去生产这种产品,就造成与甲的竞争,将会影响甲产品的销量。

信息分享的非零和性造成信息分享的复杂性，甲告诉乙消息，有时甲不失乙得，有时乙得甲也得，有时乙得甲失，有时甲不失乙也不得。信息的分享性有利于使信息成为企业的一种资源。严格地说，只有达到企业信息的共享，信息才能真正成为企业的资源，然后，企业才能很好地利用信息进行计划与控制，从而有利于企业目标的实现。

4）等级性

管理是分等级的，处于不同级的管理者有不同的信息要求，因而信息也是分等级的。管理一般分为高、中、低三层，信息对应地分为战略级、战术级和作业级。不同级的信息其性质不相同。战略级信息是关系到上层决策的信息，是上层管理人员对从属部门要达到的目标以及对达到这一目标所必需的资源进行决策的、关乎企业全局和长远发展的信息，如产品投产与停产、新的物流基地设施选择、新市场开拓等；战术级信息是管理控制的信息，是能够使管理人员掌握资源利用情况、将实际结果与计划相比较、从而了解是否达到预期的目的并指导其采取必要措施以更有效地利用资源的信息，如通过计划生产和实际销售之间的比较来调整资源分配；作业级信息用来解决运营类问题，它与组织日常活动有关，用以保证切实完成具体任务，如每天生产用料、配送车辆调度、出入库物资、工作人员考勤等方面信息。

5）可压缩性

信息可以进行浓缩、集中、概括以及综合，而不至于丢失信息的本质，很像物质中的液化气和压缩饼干。例如，人们可以把很多的实验数据组成一个经验公式，把长串的程序压缩成框图，把许多现场运行的经验编成手册。当然，在压缩的过程中会丢失一些信息，但丢失的应当是无用的或不重要的信息。

6）扩散性

由于传输渠道多样，信息可以迅速散布开来，因而保密工作也就成为信息处理技术重要的一环。信息的浓度越大，信息源和接收者之间的梯度就越大，信息的扩散力度就越大。越离奇的新闻、越耸人听闻的消息传播得越快，扩散的面也就越大。信息的扩散存在两面性：一方面，它有利于知识的传播，所以，要有意识地通过各类学校和各种宣传机构，加快信息的扩散；另一方面，它可能造成信息的贬值，不利于保密，可能危害国家和企业的利益，不利于保护信息所有者的积极性。

7）增值性

用于某种目的的信息，其价值可能随着时间的推移而耗尽，但对于另一种目的，可能又显示出其用途。例如，天气预报的信息，预报期一过就对指导生产不再产生作用，但对于与往年同期天气比较、总结变化规律、验证模型却是有用的。信息的增值在量变的基础上可能产生质变，在积累的基础上可能产生飞跃。曾有一位学者把每天全国报纸上刊登的新厂投产的消息收集起来进行提炼和分析，时间一久就能对全国工业发展规模有所估计。原来不保密的信息变成保密的，原来不重要的信息变成重要的，这些信息增值性和再生性，使人们能将信息变废为宝，在“信息废品”中提炼有用的信息。

8）不对称性

由于人们的认知程度受文化水平、经验、获得途径等因素的限制，这造成了人们对事物认识的不对称性。市场交易中的双方所掌握的信息是不对等的，不同的企业掌握信息的程度各不相同,这就形成了信息的不对称性。企业掌握的信息越充分,对其决策就越有利;反之,则越不利。但是,随着信息技术的普及与应用开发,这种不对称性在相当短的时间内降至极低。

1.1.3 信息分类

为了加强对信息的管理,便于对信息的处理和传输,必须对信息加以分类。信息的分类,可从不同的角度、按不同的方法进行。

1)按信息来源分

按信息来源不同,信息可分为内部信息和外部信息。

(1)内部信息是企业经营、管理过程中从企业内部得到的信息,这类信息也往往用于管理及具体业务工作中。例如员工专业知识水平、技术秘密、市场情报等。

(2)外部信息来自企业的外部环境。这类信息往往参与企业的高层决策,也称为静态信息,是指在一定时间内相对稳定不变、可供各项管理工作重复使用的信息,是编制计划、组织生产的依据。例如市场变化、政策法规、竞争对手策略变化等。

2)按信息的稳定性分

按信息的稳定性不同,信息可分为固定信息和流动信息。

(1)固定信息有助于企业建立相应的固定信息文化,确定必要的数据结构体系,建立数据库,避免不必要的数据存储冗余,是企业重要的基础信息。

(2)流动信息也称为动态信息,是随着生产经营活动不断更新的信息,这类信息能反映某一时刻生产经营的实际情况以及实际进程和存在的问题。流动信息具有明显的时效性。

3)按信息的性质(或按管理职能)分

按信息的性质不同,信息可分为如下6类。

(1)市场信息是反映市场供需状况的信息,如运价及其波动趋势、竞争状况、客户需求等。

(2)生产信息是指在生产过程中产生的信息,如生产进度、材料消耗、设备使用情况等信息。

(3)物流信息是指物流过程中产生的信息,如运输状态、库存状况、货物动态等。

(4)技术信息是指技术部门提供的信息,如图纸、技术文件等。

(5)经济信息是反映企业经济状况、经营状况、资金使用情况的信息。

(6)人事信息是反映企业人事编制、员工状况的信息,如人事档案等。

4)按管理层次分

按管理层次不同,信息可分为高层管理信息、中层管理信息、基层管理信息。

(1)高层管理信息。高层管理是企业的最高领导所做的工作,其主要任务是根据对企业内外情况的全面分析,制定长远目标战略。这种管理工作需要大量的企业内外部的信息,包括当前的和历史的信息,并且要求对这些信息进行比较复杂的加工处理,藉以得到对未来的预测,对模型的评价、求解等可以协助决策的信息。

(2)中层管理信息。中层管理的任务是根据高层管理确定的目标具体安排系统所拥有的各种资源,制定出资源分配计划及进度表,组织基层单位完成计划。它所需求的信息大多是系统内部的中短期决策信息,如制定年度生产计划、财务计划、中小项目合同以及编制企业内部标准等所需的信息。

(3)基层管理信息。基层管理的主要任务是按照中层管理制定的计划，具体组织人力、物力去完成计划。基层管理信息主要来自企业基层及具体业务部门，涉及的往往是业务工作或技术工作。例如，对公路运输企业来说，基层生产管理部门必须经常与外部(货主、港口、航空、铁路、代理等)产生联系，大量的业务信息来自企业外部，如报货信息、船舶在港作业动态等。这类信息比较具体、清晰，结构性、可预测性和时间性都很强，发生频率和精确度也高。

信息还可以从时间、使用频率、精确程度、流向、用途等方面去加以分类。在进行具体分类时，可根据企业的实际情况及对信息处理的不同要求选择分类方法。

1.1.4 信息管理与管理信息系统

1)信息管理

信息管理是人类为了有效地开发和利用信息资源，以现代信息技术为手段，对信息资源进行计划、组织、领导和控制的社会活动。简单地说，信息管理就是人对信息资源和信息活动的管理。要注意从以下几个方面去理解。

(1)信息管理的对象是信息资源和信息活动。

①信息资源。它是信息生产者、信息、信息技术的有机体。信息管理的根本目的是控制信息的流向，实现信息的效用与价值。但是，信息并不都是资源，要使其成为资源并实现其效用和价值，就必须借助人的智慧和信息技术等手段。因此，人是控制信息资源、协调信息活动的主体，而信息的收集、存储、传递、处理和利用等活动过程都离不开信息技术的支持。没有信息技术强有力的作用，要实现有效的信息管理是不可能的。由于信息活动本质上是为了生产、传递和利用信息资源。因此，信息资源是信息活动的对象与结果之一，也是信息管理的研究对象之一。

②信息活动。它是指人类社会围绕信息资源的形成、传递和利用而开展的管理活动与服务活动。信息资源的形成阶段以信息的产生、记录、收集、传递、存储、处理等活动为特征，其目的是形成可以利用的信息资源。信息资源的开发利用阶段以信息资源的传递、检索、分析、选择、吸收、评价、利用等活动为特征，其目的是实现信息资源的价值，达到信息管理的目的。如果单纯地对信息资源进行管理而忽略与信息资源紧密联系的信息活动，信息管理的研究对象将是不全面的。

(2)信息管理是管理活动的一种。

管理活动的基本职能是计划、组织、领导、控制，这也是信息管理活动的基本职能，只不过信息管理的基本职能更具有针对性。

(3)信息管理是一种社会规模的活动。

信息管理反映了信息管理活动的普遍性和社会性，是广泛涉及社会个体、群体以及国家的信息获取、控制和利用的活动。

2)管理信息系统

管理信息系统最早起源于20世纪60年代末的美国，人们把服务于组织管理的各类基于信息技术的信息处理系统统称为管理信息系统。管理信息系统同其他任何学科一样，都有一个不断发展和完善的过程。不同时期的研究者从不同的角度对管理信息系统做了不同的定义，在此仅介绍国内外较有代表性的含义。

1985年，管理信息系统创始人、明尼苏达大学卡尔森管理学院著名教授——高登·戴维斯，给出管理信息系统的一个著名的定义："它是一个利用计算机硬件和软件，利用各类分析、计划、控制和决策模型以及数据库的用户——机器系统。它能提供信息，支持企业或组织的运行、管理和决策功能。"这个定义说明了管理信息系统的目标、功能和组成，而且反映了管理信息系统在当时已达到的水平。它说明了管理信息系统的目标是在高、中、低三个层次，即决策层、管理层和运行层上支持管理活动。

"管理信息系统"一词在中国出现于20世纪70年代末至80年代初，结合中国企业管理特点，许多从事管理信息系统工作的学者给管理信息系统也下了一个定义，登载于《中国企业管理百科全书》上。该定义为管理信息系统是"一个由人、计算机等组成的能进行信息的收集、传递、存储、加工、维护和使用的系统。管理信息系统能实测企业的各种运行情况，利用过去的数据预测未来，从企业全局出发辅助企业进行决策，利用信息控制企业的行为，帮助企业实现其规划目标"。计算机只是管理信息系统的一种工具。对于一个企业来说，没有计算机也有管理信息系统，管理信息系统是任何企业都必须有的系统。所以，对于企业来说，管理信息系统只有优劣之分，不存在有无的问题。

基于薛华成教授对于管理信息系统的定义，本书认为管理信息系统是一个以人为主导，利用计算机硬件、软件、网络通信设备以及其他办公设备，进行信息的收集、传输、加工、存储、更新和维护，以企业战略竞优、提高效益、效率与安全发展为目的，支持企业高层决策、中层控制、基层运作的、集成化的人机系统。这个定义也说明管理信息系统绝不仅仅是一个技术系统，而是包括人在内的人机系统，因而它是一个管理系统，是一个社会系统。管理信息系统的概念图如图1-1所示。

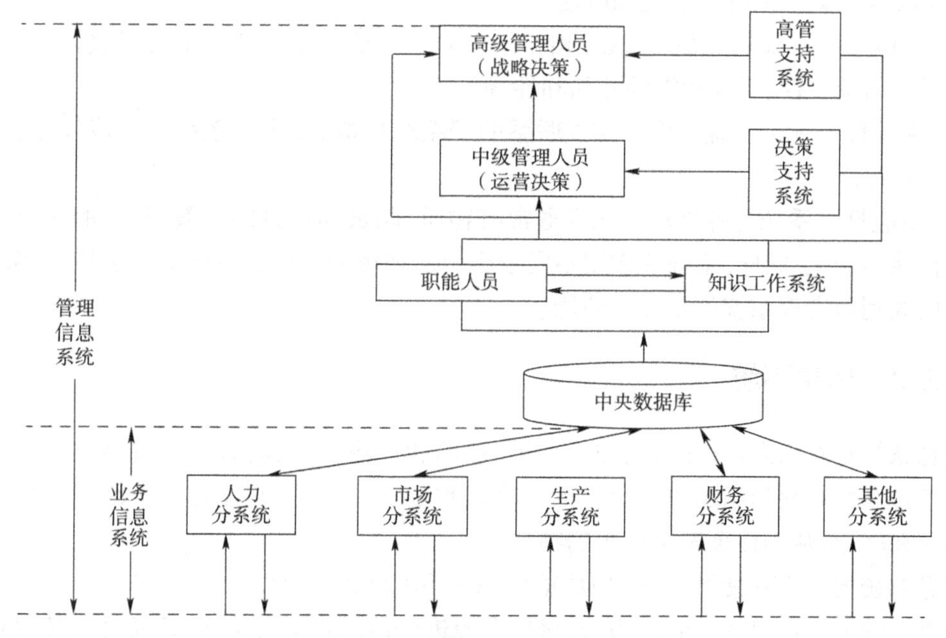

图1-1　管理信息系统概念图

1.2 系统与信息系统

1.2.1 系统

1）系统的概念

“系统”这个词来源于古希腊语 System，有“共同”和“给以位置”的含义。现代关于系统的定义很不统一，一般可以理解为“系统是由两个以上相互区别或相互作用的单元之间有机地结合起来，完成某一功能的综合体”。每一个单元也可以称为一个子系统。系统与系统的关系是相对的，一个系统可能是另一个更大系统的组成部分；而一个子系统也可以继续分成更小的系统。在现实中，一个机组、一个工厂、一个部门、一项计划、一个研究项目、一套制度都可以看成是一个系统。由定义可知，系统的形成应具备下列条件：系统是由两个或两个以上要素组成；各要素相互联系，使系统保持相对稳定；系统具有一定结构，保持系统的有序性，从而使系统具有特定的功能。

2）系统的特征

从系统工程的观点去理解系统，它有以下5个特征。

(1)集合性。为了实现特定功能，系统至少要由两个或两个以上的要素构成，这一特性称为系统的集合性。

(2)相关性。组成系统的各部分之间、部分与系统之间存在相互联系、相互依存的关系。这种关系决定了整个系统的性能和机制。

(3)整体性。系统是由相互联系、相互作用的若干部分组成的一个有机整体，具体表现在整体联系的统一性、系统功能的非加和性等。

(4)层次性。一个系统由多个相互联系的子系统构成，每个子系统又自成体系，有自己的功能和目标。

(5)适应性。系统与外界环境之间通常有物质、能量和信息的交换，环境的变化可能引起系统特性的变化；同样，系统的作用不同也会引起环境的变化。系统必须适应外界环境的变化才能顺利地实现系统的目标和功能。

1.2.2 信息系统

信息系统是对信息进行采集、加工处理、存储和传输，并能向有关人员提供有用信息的系统。信息系统是任何组织中都存在的一个很重要的子系统，它能将整个组织的各个部分紧密联系在一起，从而保证整个组织的顺利运行。

信息系统的基本功能可以归纳为如图1-2所示的几个方面。

信息系统的工作过程可表述为：先对信息源进行信息收集与整理，信息经过传输通道到达信息处理器进行加工处理，变成有用的信息；然后再通过传输通道将有用的信息提供给信息接收者,以满足相应的用户对信息的需要。而信息管理者对以上过程的每一环节进行管理和控制,并负责整个信息系统的设计和维护工作,从而保证信息系统的各个组成部分能够充分协调,使整个信息系统能够正常运行和使用。信息系统越复杂,信息管理者的作用越重要。

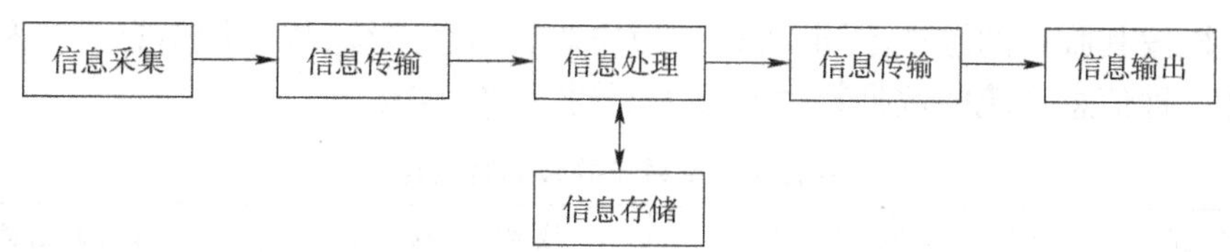

图1-2 信息系统的基本功能

一般信息系统都具有输入、输出、存储、加工和传输等功能。这些功能由计算机来承担,输出的信息供各级管理人员使用,具体如下。

(1)收集数据。收集数据包括确定系统所需的原始数据、来源、收集方法等。如企业的信息系统,其所需的原始数据除企业内部的有关数据之外,还需要外部相关数据,它包括市场需求动向、商品生产、货源供应、市场竞争等数据。这些数据来源于计算机网络中的有关数据库、政府有关管理部门、销售员、订货会、展销会、鉴定会等。数据的收集方法应根据数据来源来确定,以使收集的数据准确、及时、经济。

(2)传输数据。传输数据是指从数据源收集的数据到信息处理器,经处理得到的信息送达使用者,使用数据库中的数据等,这些过程都涉及传输数据。系统的规模越大、数据越多,使用的传输技术越复杂。为了能及时、有效地传输数据和信息,目前的信息系统使用了计算机网络、通信、电子邮件、电子数据交换、视频会议等有关设备技术。

(3)存储数据。信息系统从收集原始数据,到处理并获得有用的信息,这一全过程都需要对数据或信息进行存储。为了便于使用、数据共享,应尽量消除数据存储的冗余,通常是将数据按照一定的结构组织起来,通过数据库管理系统软件将它们存入数据库中。数据库管理系统能够保证数据存储的安全性、完整性、并发性。存储数据或信息通常采用机械硬盘、固态硬盘、云存储等方式。

(4)处理数据。数据处理包括对原始数据的排序、分类、汇总、查询,用数学方法计算分析数据等,如按销售额递增排序,计算成本、利润,保本保利分析,资金分析等,以获得各种有用的信息和报告。

(5)输出信息。系统输出的信息供企业各级管理人员使用。输出信息的形式和方式多种多样。输出的形式有数字、文字、图形、图像、语音等,输出的方式有屏幕显示、打印、远距离传送等。

信息系统将信息技术、信息和用户紧密连接在一起,信息系统的不同发展时期和发展阶段,对这三者之间的平衡和协调有着不同的要求。随着信息系统处理的信息对象规模的扩大,信息系统支持的业务领域由低层发展到高层,用户在信息系统建设和维护使用的全过程中所起的作用越来越大。因此,全面地协调信息、信息技术和用户之间的关系,以求得信息系统建设的成功就成为首要任务。

从根本上说,信息系统建设是为了信息资源的有效开发利用,使信息资源的开发利用能够以系统的、经济合理的方式进行。因此，作为信息资源管理的主要方式和内容，信息系统建设对于加速信息资源的开发和有效利用具有深远的意义。

1.2.3 信息系统的层次特征

信息系统按其服务的层次不同，可以分为作业级信息系统、战术级信息系统和战略级信息系统。这三种信息系统的数据特性有很大不同，见表1-1。

三种层次信息系统的数据特征比较　　表1-1

数据特征	作业级信息系统	战术级信息系统	战略级信息系统
数据来源	内部	内部和外部	主要为外部
数据结构	高度结构化	结构化和半结构化	主要为非结构化
数据发生频率	经常、反复	经常	偶尔
数据精确度	精确	一般	允许有一定误差
数据详细程度	详细	概括	高度概括
数据客观性	客观	相对某些主观数据	高度主观性数据
结果可靠性	期望的结果	可能有意外	经常出现意外
数据的针对时间	过去的数据	现在的数据	未来的数据
数据寿命	短	较长	长
数据加工方法	规范、固定	不太固定	灵活性很强
数据的典型用户	底层操作人员	中层管理人员	高层管理人员
数据支持的决策	面向任务	面向控制及资源分配	面向组织目标

由于三个层次信息系统的数据特征有较大差别，在规划和实施信息系统时，必须认真分析信息系统与数据的关系，重视信息系统中的数据规划。在一个企业或组织中，总目标一旦确定，围绕着实现这个总目标的数据类型也就基本确定，即数据实体的类型是不变的，除了偶尔少量地增加几个新的实体外，变化的只是这些实体的属性值。虽然数据模型是相对稳定的，但是这些数据实体的属性值和对这些属性值的处理却是经常发生变化的。随着业务活动的开展，实体属性值每时每刻都在发生变化，对数据处理的需求也是在不断地变化，这就要求所开发的信息系统能够允许开发人员及用户改变处理过程。只有建立了稳定的数据模型，才可使管理或业务处理的变化能被计算机信息系统所适应。这正是面向数据做好数据规划、建好数据平台所具有的灵活性。

1.3 物流与物流信息

1.3.1 物流与物流管理

《物流术语》(GB/T 18354—2021)对物流的定义为："根据实际需要，将运输、储存、装卸、搬运、包装、流通加工、配送、信息处理等基本功能实施有机结合，使物品从供应地向接收地进行实体流动的过程。”现代物流理念随着企业经营管理理念的发展不断变化。物流的本意是连接供给和消费，克服时空差异，实现物的价值的经济活动，它一般包括运输、仓储、包装、装卸、流通加工、配送、信息服务等经济活动。相对于传统的仓储、运输而言，现代物流是一种革命性的突破，它强调各种仓储、运输等方式的系统集成，突出客户化服务创新的内容。从企业供应链管理视角看，物流是供应链的重要组成部分，是为了满足消费者需求，有效地计划、管理和控制原材料、中间仓储、最终产品及相关信息从起始点到消费地的流动过程。

物流不是一个新概念，它一直伴随着人类的经济活动，存在于社会活动过程中。但对物流内涵的真正认识，是从20世纪60年代管理学大师 Peter Drucker 开始的，当时他并没有用物流（Logistics）这个词，而是采用了配送（Distribution）的概念；随后不久就扩展到了企业内部从原材料到产成品的物流管理，出现了集成物流（Integrated Logistics）；到了20世纪90年代，供应链的概念又应运而生。可以看出，对物流内涵的认识是一个整合的过程，其活动覆盖的空间、时间跨度很大，并且其中的活动有静有动，具体经过如下几个认知阶段和演进过程。

众所周知，从事仓储、运输、装卸、搬运、包装等物流管理活动是任何企业与生俱来的基本功能，甚至在还没有物流概念的时候，企业就在从事物流活动。原先的那些管理运作，如货运管理和运输、仓储和存货管理等都是企业日常的经营管理工作。传统意义上的物流活动分散在不同的经济部门、不同的企业以及企业组织内部不同的职能部门之中。随着经济的快速发展、科学技术水平的提高以及工业化进程的加快，大规模生产、大量消费使得经济活动中的物流规模日趋庞大和复杂，传统的、分散进行的物流活动已远远不能适应现代经济发展的要求，物流活动的低效率和高成本，已经成为影响经济运行效率和社会再生产顺利进行的制约因素，被视为“经济的黑暗大陆”。

从20世纪50年代到70年代，围绕企业生产经营活动中的物资管理和产品分销，发达国家的企业开始注重和强化对物流活动的科学管理，在降低物流成本方面取得了显著的成效。20世纪80年代以后，随着经济全球化持续发展、科学技术水平不断提高以及专业化分工进一步深化，在美国、欧洲一些发达国家和地区开始了一场对各种物流功能、要素进行集成的物流革命。最初是企业内部物流资源集成和一体化，形成了以企业为核心的物流系统，物流管理也随之成为企业内的一个独立部门和职能领域。之后，物流资源集成和一体化不再仅仅局限于企业层面，而是转移到相互联系、分工协作的整个产业链，形成了以供应链管理为核心的、社会化的物流系统，物流活动逐步从生产、交易和消费过程中分化出来，成为一种专业化的、由独立的经济组织承担的新型经济活动，生产流通企业物流业务外包的趋势日益明显。在此基础上，发达国家中出现了为工商企业和消费者提供专业化物流服务的企业，即第三方物流企业。各种专业化物流企业的大量涌现及其表现出来的快速发展趋势表明，专业化物流服务作为一个新的专业化分工领域，已经发展成为一个新兴产业和国民经济的重要组成部分。

由于物流对全球贸易、商业、制造业以及运输业具有基础性的整合强化作用，现代物流在相当大的程度上成为推进当代工商企业转型升级发展的重要驱动因素，而工商企业的新业态又形成对现代物流的强大需求，这一良性互动机制推动着现代物流在全球范围蓬勃发展。物流规模的大型化、物流运作的一体化、物流业态的数智化、物流管理的标准化、物流模式的绿色化，成为国际物流发展的大趋势。物流能力的竞争成为工商企业开展竞争的新途径，现代物流发展程度和水平成为一个国家经济发展与安全的重要基础保障。

1.3.2 物流信息

1）物流信息概念

物流信息是指与物流活动（如运输、仓储、装卸、搬运、包装、流通加工和配送）有关的信息。《物流术语》（GB/T 18354—2021）对物流信息的定义是“反映物流各种活动内容的知识、资料、图像、数据的总称”。物流信息的产生与物流活动的开展密不可分。由于物流系统是涉及社会经济生活各个方面的错综复杂的大系统，关系到原材料供应商、生产制造商、批发商、零售商及最终消费者及市场流通的全过程，因此，物流信息数量巨大、类型繁多。例如，在运输管理子系统中，运输方式选择、运输服务商确定、运输工具选择、运输路线的确定等需要大量准确的物流运输信息来进行决策支持；又如，在库存管理子系统中，管理人员需要了解仓库分布状况、库存数量、入库出库情况、库存时间确定等库存信息，以加强库存管理，最大限度地降低库存成本。

物流信息不仅包含与供应链上活动相关的信息，还包含与其他流通活动相关的信息，如商品交易信息和市场信息等。商品交易信息是指与买卖双方的交易过程有关的信息，如销售和购买信息、订货和接收订货信息、发出货款和收到货款信息等；市场信息是指与市场活动有关的信息，如消费者的需求信息、竞争者或竞争性商品的信息、促销活动信息、交通通信等基础设施信息。广泛意义上的物流信息不仅能起到整合从供应商到最终消费者的整个供应链的作用，而且在应用现代信息技术的基础上还能提升整个供应链活动的效率。历史上信息对物流活动的重要性并没有得到充分体现。目前，信息技术的发展促使物流信息的传递媒体和途径发生很大变革，通过计算机网络传递的信息，包括文字、数据、表格、图形、影像、声音、视频等内容，这些都是物流信息的重要组成部分。

2）物流信息特征

（1）种类繁多且来源广泛。企业物流信息不仅包括企业内部的物流信息，如采购信息、库存信息等，还包括企业之间的物流信息和与物流活动有关的基础运作信息。企业竞争优势的获得需要供应链各参与企业之间相互协调合作，协调合作的手段之一就是协作的各个企业之间信息及时交换和共享。另外，物流活动还要利用道路、港湾、机场等基础公用设施，因此，为了高效完成物流活动，必须掌握与基础设施有关的信息，如在国际物流过程中必须掌握报关所需信息及港口作业信息等。同时，从宏观角度来看，国民经济计划、财政信贷、产业发展政策等情况也是物流信息的来源。

（2）信息量大。随着物流活动以及商品交易活动的展开，相应会产生大量物流信息。随着现代物流的飞速发展，多品种少批量生产和多额度小数量配送、库存、运输等物流活动信息激增。与此同时，人们对于大信息量的处理方法也在增多。例如，零售商们广泛地采用销售时点（Point of Sale，POS）信息系统来读取某一销售时点的商品品种、价格、数量等即时销售信息,并对这些销售信息进行加工整理,通过电子数据交换(Electronic Data Interchange,EDI)系统向相关企业传送。在库存补充作业方面,许多企业采用了电子自动订货系统(Electronic Ordering System,EOS)。随着供应链技术的发展,人们对于大规模信息流的驾驭能力将会越来越强。

(3)更新速度快。信息价值在现代物流活动中的衰减速度正在逐渐加快,大量的信息转瞬即逝。例如,现代物流的一个特点是满足客户个性化服务需求,多品种小批量生产、多额度小数量配送,由此产生大量的新信息,不断地更新原有的数据库,而且更新的速度越来越快。现代物流信息系统必须具有能够即时更新数据、分析数据的强大录入更新系统,以适应现代物流信息的特点。

(4)内外关联且紧密。来自物流过程的各种信息之间存在十分密切的联系。如采购信息和库存信息之间存在一定的数量关系,订货信息和分拣配货信息、发货信息之间又存在因果关系等。物流信息与商流信息、生产信息等同样存在密切的联系。物流系统的这种联系性特征是研究物流与商流的关系、物流与生产的关系以及物流各系统之间关系的基础,是建立物流信息系统的基础。

3)物流信息分类

(1)按物流信息功能分类。根据物流信息功能的不同,物流信息可分为仓储信息、运输信息、流通加工信息、包装信息、装卸信息等。在不同的功能领域,由于其物流活动性质的不同,物流信息的内涵和特征也有所不同。对于某个功能领域还可以进一步细化,例如将仓储信息分成入库信息、出库信息、库存信息等。

(2)按信息作用层次分类。根据信息作用层次的不同,物流信息可分为基础信息、作业信息、管理控制信息、决策支持信息。基础信息是关于物流活动实体的基本描述,例如物品基本信息、货位基本信息、运输工具基本信息、道路(航线)信息等。作业信息是反映物流作业过程中具体业务情况的信息,例如库存信息、到货信息、中转信息、在途货物量、货物装卸信息等。管理控制信息主要是指物流活动的调度信息和计划信息。决策支持信息是指能对物流计划、决策、战略具有影响或有关的信息,如科技、产品、法律、规章、文化等方面的宏观信息。统计信息是决策支持信息的子信息,有很高的战略价值,用以正确掌握过去的物流活动及规律,藉此来指导物流发展战略规划和制定计划。

(3)按信息来源分类。根据信息来源的不同,物流信息可分为外部信息与内部信息。外部信息是来自物流系统外部环境、与物流系统有关、能对物流活动产生影响的和有可能进入物流系统的信息。内部信息则是指来自物流系统内部的信息,是企业的业务人员、管理决策人员进行业务处理、管理控制、决策等行为时产生的信息。外部信息与内部信息相互影响、相互作用。

(4)按信息加工程度分类。根据信息加工程度不同,物流信息可分为原始信息和加工信息。原始信息是指从信息源直接收集的信息,是整个信息化工作的基础,也是最有权威性的凭证类信息。一旦有需要,可从原始信息中找到真正的依据。加工信息是对原始信息进行各种处理后产生的信息,是对原始信息的提炼、简化和综合。在加工过程中,不仅可以将原始信息整理成有使用价值的数据和资料,还可以通过数据分析和挖掘,利用各种分析工具在海量数据中发现潜在的、有用的信息和知识。

4)物流信息应用

在制造类企业物流管理中，对物流信息管理与利用体现在信息搜集、鉴别整理、分析处理和决策过程等方面。企业物流管理中出现的物流信息类别如图1-3所示。

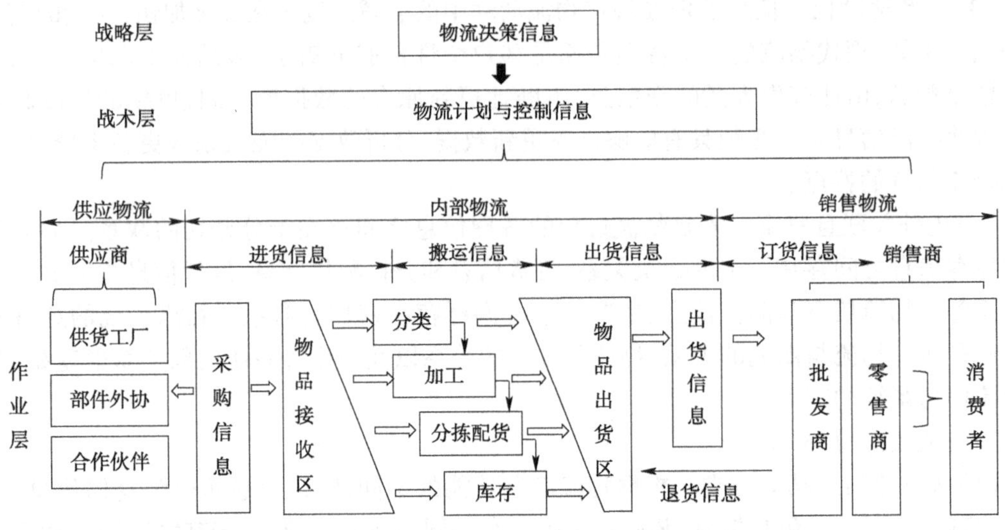

图1-3　企业物流管理中出现的物流信息类别

(1)采购信息。采购信息伴随着企业的采购活动产生，由制造商或配送中心向供应商发出。采购活动为后续各项物流活动的开展提供了可能。采购单及相应的反馈信息构成采购信息，它是基本的物流信息。

(2)进货信息。下达采购单之后，商品实物真实流动，伴随商品的入库，产生进货信息。进货信息与采购信息关联密切，它详细记载到达物品的品种、数量、重量、规格、金额及供应商等情况。进货信息是制定采购计划的重要参考依据。

(3)库存信息。这是表示库存商品的数量、结构、状态的信息。库存商品是构成商品供应资源的组成部分。库存信息也是制定采购计划、确定经济订货批量的重要依据。

(4)订货信息。这是由市场或销售部门得出的，它详细反映了市场对所订购商品品种、规格、数量等的需求。订货信息触发了制造企业或物流企业的物流运转过程，没有订货，就没有采购、加工、配送等其他物流环节。

(5)流通加工信息。流通加工过程产生相应信息即流通加工信息。这些信息反映商品再加工的情况。流通加工活动是由销售需求得出的。

(6)分拣配货信息。分拣配货信息往往由订货信息汇总而来，用于事前控制分拣配货活动并反馈该活动的完成情况，它有助于实现准确高效的配送服务。

(7)发货信息。发货信息是商品实物流动的信号，标志着配送活动的开始。发货信息反映了物流的形态、方向、规模以及与之相适应的各种运输手段，它与分拣配货信息内容有重叠。

(8)搬运信息。搬运信息由物料装卸信息和物料搬运信息组成，包括货物在存储设备的转进和转出信息及其在设备内的传递信息。其目标是尽可能多地利用空间,使得仓储的运营费用最小化,减少货物的处理时间。

(9)运输信息。运输信息反映了运输人员、运输车辆及运输路线优化等的详细情况。它常常夹杂在其他信息中,反映物流的具体运动形式。

(10)物流总控信息和物流决策信息。物流活动中,控制是必不可少的管理手段。物流作业信息经汇总、分析、提炼,形成有关物流活动的各种控制和管理信息,用以指导协调物流活动,保证物流的正常高效运作。进一步对物流管理控制信息进行统计分析,结合大量外部信息,分析客户需求,可形成物流决策信息,来提高客户服务水平。

(11)逆向物流信息。物流信息的流动是双向的,有正向物流和逆向流。以上信息都是在正向流活动中产生的,而逆向物流信息也是很重要的一部分。一部分逆向流出现在物流的控制反馈活动中,如采购信息、库存信息、发货信息、服务信息等经管理人员的汇总分析,可以产生物流总控信息及合理的物流决策信息;而将物流总控信息反馈给采购、库存、发货等有关部门,又能很好地控制各物流作业的实施效果。另一部分逆向流是从客户返回的退货物流,指物品从正向流终点返回到起点,进行材料的回收处理和掩埋处理。不同于正向流的订货模式,逆向流中返回的是消费者不再使用或有质量问题的产品,需求有很大的不确定性。因此,逆向物流信息具有相当的分散性,包括在制造物品信息、可再用零件或原材料信息以及废弃物处理信息等。

1.4 物流信息系统

1.4.1 物流信息系统概念

1)物流信息系统

物流信息系统(Logistics Information System, LIS)是指使用系统的观点、思想和方法建立起来的,以电子计算机为基本信息处理手段,以现代通信设备为基本传输工具,并且能够为管理决策提供信息服务的人机系统。也可以说,物流信息系统是一个由人和计算机共同组成的,能进行物流信息收集、传递、存储、加工、维护使用的系统,它具有预测、控制和辅助决策等功能。

从本质上讲,物流信息系统是利用信息技术,通过信息流将各种物流活动与某个一体化过程连接在一起的通道。物流系统中的相互衔接是通过信息予以沟通的,基本资源的调度也是通过信息共享来实现的,因此,组织物流活动必须以信息为基础。若使物流活动正常而有规律地进行,必须保证物流信息畅通。物流信息化就是要将物流信息通过现代信息技术在企业内、企业间乃至全球达到共享的一种方式。基于物流活动的特殊性,对物流信息系统提出以下要求。

(1)适应性。物流活动一天内的不同时间段、一周内的不同日期,物流作业量有较大差别。这种波动给物流系统信息的收集带来一定的困难,为此,必须要有对于波动性的预测能力，这是物流系统管理的任务。物流信息系统与生产管理等其他系统不同，即便事先可以预测到高峰期，但是无法事先处理。物流作业服务本身是即时性产品，生产过程也是消费过程，无法进行事前储备。

(2)可得性。可得性即在需要的时候能方便、及时地获得有关信息和数据，并且以数字化的形式获得。迅速的可得性对于消费者的响应以及改进管理决策是有必要的。因为顾客不断地需要存取货物和订货状态方面的信息，所以这一点是至关重要的。可得性的另一个方面是存取所需信息的能力，物流作业分散化要求对信息具有较强的存取能力，并且能从国内甚至世界范围内的任何地方方便地对信息进行更新，以便借助较强的信息可得性来减少作业上和制定计划上的不确定性。

(3)准确性。物流信息必须准确地反映当前的状况和定期活动状态，以衡量顾客订货和存货的水平。准确性可以解释为物流信息系统的报告与实际状况相比的差异程度。例如，平稳的物流作业要求实际的存货与物流信息系统报告的存货之间吻合度最好在99%以上。当实际存货和信息系统存货之间吻合度较低时，就有必要采取缓冲存货或安全存货的方式来适应这种不确定性。正如信息可得性那样，增加信息的准确性，也就可以减少不确定性，进而减少为安全存货而增加的需要量。

(4)及时性。及时性就是指一种活动的发生与该活动在信息系统内的反应之间所存在的时间差应尽量缩小。物流信息系统及时性是指系统状态（诸如存货水平）以及管理控制（诸如每天或每周的功能记录）的及时响应。及时的信息减少了不确定性，并帮助识别各种问题，由此，减少了存货需要量，并增加了决策的精确性。例如，因订货不能及时进入现行的需求数据库，系统往往要花费很多时间去进行识别其实际的需求。这样，就要耽搁很多时间，这种耽搁会使计划制定的有效性降低，而使存货量增加。

2)物流信息系统特点

物流信息系统为物流管理决策提供信息支持，其具有以下一些基本特征。

(1)跨企业。物流系统是由企业内部的生产、销售、运输、仓库等相关部门和供应商、业务委托企业、送货对象、销售客户等交易对象共同构成的。这些相互独立的企业各自按照自己的方式推进系统化建设，在计算机的类型、所使用的软件、通信格式、使用线路的速度和质量规格等方面是不一样的，在票据格式、编码体系等交易规格方面也存在区别。解决这个问题的有效途径是使用电子数据交换，实现不同企业之间数据交换的标准化。

(2)跨地域。物流活动从发出订货和接受订货开始，由于发出订货的部门与接受订货的部门并不在同一个场所，如处理订货信息的营业部门和承担货物出库的仓库一般在地理上是分离的，发货人和收货人不在同一个区域等，这种在场所上相分离的企业或人之间的信息传送，就要借助于数据通信手段来完成。

(3)与作业现场密切联系。物流现场作业需要从物流信息系统获取信息，用以指导作业活动。信息系统与作业系统的紧密结合，可以改变传统的作业方式，大大提高作业效率和准确性。

(4)大量信息的实时处理。物流信息系统在大多数情况下需要逐件处理各种信息，即便是中等规模的批发商，一天要处理的订货票据也会超过1000件，而且在接受订单后的订单检查、信用检查、库存核对、出库指令、运输指示等都需要及时处理。如果发现信息不全面或有错误,需要及时与客户联系,因此,物流信息系统要求具有时效性。

1.4.2　物流信息系统结构与功能

1)物流信息系统结构

(1)基层作业层。基层作业层将搜集、加工的物流信息以数据库的形式加以存储。

(2)数据处理层。数据处理层对合同、票据、报表等业务表现方式进行日常处理。

(3)管理控制层。管理控制层包括仓库作业计划、最优路线选择、控制与评价模型的建立,根据运行信息监测物流系统的状况。

(4)战略决策层。战略决策层即建立各种物流系统分析模型,辅助高管人员制定物流战略计划。

物流信息系统结构如图1-4所示。

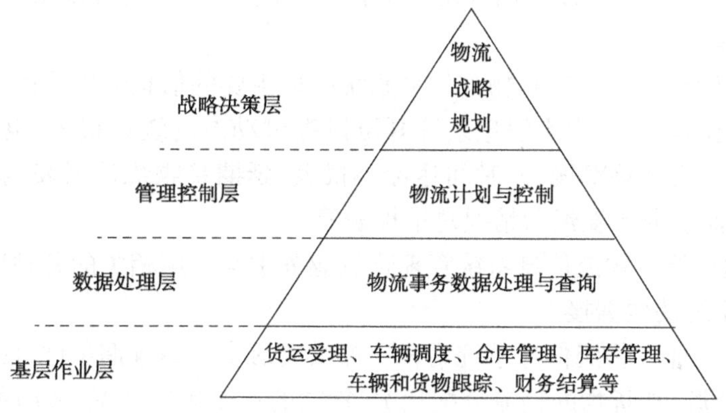

图1-4　物流信息系统结构

完善的物流信息系统应该为物流活动提供物流系统管理和运作的有关"平台",包括物流运作协同平台、信息共享平台和决策支持平台。

企业在物流运作协同平台上可以运作完成各种运营流程,例如物料的采购流程中询价、订购合同、收料、支付等活动可以在信息系统中完成,使企业内部操作人员、设计人员、财务人员和外部合作伙伴能更好地、高效率地工作。企业内部的员工、外部合作伙伴在相关的控制机制下,在信息共享平台获取所需要的信息,而不是通过电话、发送纸介质文件、信件获取信息,这可以解决信息沟通的一致性、及时性,例如企业内部生产部门共享营销部门收集的市场需求信息,供应链上游共享下游的生产信息。决策支持平台为物流企业决策提供群决策的虚拟空间,它使企业的决策者不在同一会议厅也能进行讨论和决策。

2)物流信息系统功能

物流信息系统实现对物流服务全过程的管理。它以运输和仓储为主线,管理取货、集货、包装、仓库、装卸、分货、配货、加工、信息服务、送货等物流服务的各环节,控制物流服务的全过程。具体而言,物流信息系统具备以下主要功能。

(1)集中控制功能。物流信息系统主要对物流全过程进行监控,其实现的功能控制有:业务流程的集中管理、各环节的收费管理、各环节的责任管理、各环节的结算管理、各环节的成本管理、运输环节的管理、仓储环节的管理、统计报表系统,通过对各环节数据的统计与分析,得出指导企业运营的依据。

(2)运输流程管理功能。物流信息系统主要针对运输流程的接单、装载、运送和卸载四个环节实施接单管理、发运管理、到站管理、签收管理和运输过程的单证管理(路单管理、报关单管理、联运提单管理和海运提单管理)等。

(3)车、货调度管理功能。该功能可以解决运输过程中的货物配载、车辆调度、车辆返空等问题。通过使用物流信息系统,能够更好地利用集装箱的运输空间,更合理地进行车辆的调度,并能圆满地解决大型运输集团中各分公司的车辆返空问题。

(4)仓储管理功能。物流信息系统针对货物的入库、出库、在库进行管理,其中,在库管理是指对库中作业的管理,特指货物的包装、拆卸、库中调配、配货等典型的物流服务。通过对出入库货物数量的计算,可以得出准确的货物结存量。此外,还可以根据物流订单信息进行库存的预测管理。

(5)统计报表管理功能。这是物流信息系统中最主要的信息输出手段,是企业决策者和客户了解业务状况的依据。物流信息系统既可以提供动态的统计报表,也可以提供多种特定的统计报表,如货物完整率报表、时间达标率报表、延期签收统计报表、业务量分析图、财务结算统计表、物流企业年度经营情况总结报表等。

(6)财务管理功能。物流信息系统管理物流业务中与费用相关的各种数据,并建立物流系统与专业财务系统的数据接口。

(7)客户查询功能。物流信息系统为客户提供灵活多样的查询条件,使得客户可以共享物流企业的信息资源,如货物的物流分配状况、货物的在途运输状况、实时的货物跟踪、货物的库存情况、货物的结存情况、货物的残损情况、货物的签收情况等。

(8)客户管理功能。物流服务是以客户为中心的服务,所以,对于任何一个物流系统来说客户管理系统是必不可少的。客户管理系统主要由以下三部分组成:托运人管理(包括货主、货运代理、生产商等)、收货人管理(包括销售商等)、中间承运人管理(即经营主体对各经营人的管理,包括物流集团企业的下属各分公司、联运中的其他运输团体,如船舶公司、船运代理、航空代理等)。

总之,现代物流的关键元素之一为信息流,物流企业要充分利用各项先进信息技术,将信息系统架构于互联网上,实现物流、信息流的统一,为企业创造良好的经济效益。

1.4.3 物流信息系统类型

物流信息系统的类型很多。按物流作业流程来分,物流信息系统可分为进货管理系统和库存管理系统;按物流环节来分,物流信息系统可分为仓储管理系统、配送管理系统、运输管理系统等;按物流管理的要求来分,物流信息系统又可分为货物追踪系统、车辆运行管理系统等。下面从决策层次、系统配置、企业在供应链中的位置和作用这三个方向进行分类介绍。

1)按决策层次进行分类

由于一般的企业组织管理均是分层次的,例如常规分为作业管理、管理控制、战略管理三层,所以,为它们服务的信息系统也相应地分为三层,即面向作业管理的物流信息系统、面向管理控制的物流信息系统和面向战略管理的物流信息系统。从处理的内容来看,下层的系统一般数据处理量大、信息的结构化程度高;上层的系统一般数据处理量小、信息的结构化程度低。

(1)面向作业管理的物流信息系统。面向作业管理的物流信息系统主要实现各物流业务环节基本数据的输入、处理和输出,解决将手工作业电子化的问题。例如,客户向物流企业发出委托信息,物流企业将委托信息输入系统,并通过作业管理系统发出相应的业务指令(如搬运、装货、存储、交货、签发运输单证、打印和传送付款发票),记录作业情况和结果。

(2)面向管理控制的物流信息系统。面向管理控制的物流信息系统主要面向物流企业的中间管理层提供信息服务,实现仓储资源调度、线路选择、动态配载、生产率衡量等功能。例如,收到客户的货物入库操作指令后,系统可根据客户的指令内容、货物属性、仓储要求、货位情况以及当时的设备状态、作业能力、人员忙闲等情况,按照一定的优化模型进行货位指定、作业调度,指导整个验收入库业务有序进行。

(3)面向战略管理的物流信息系统。面向战略管理的物流信息系统主要为物流企业的高层管理人员提供信息服务。通过对业务数据进行提炼,综合外部信息,运用多种决策模型进行分析,设计和评价各种物流方案,从而有效地支持高层管理人员的决策。

2)按系统配置分类

(1)单机系统。在这种模式下,计算机没有联网,处于单机运行状态。物流信息系统与企业的财务、人事等其他系统各自独立运行。这时,物流信息系统的作用比较有限,内部数据往往难以实现共享,存在大量重复劳动和信息孤岛。

(2)网络系统。计算机网络,就是把分布在不同地理区域的计算机与专门的外部设备用通信线路互联成一个规模大、功能强的网络系统,从而使众多的计算机可以方便地互相传递信息,共享硬件、软件、数据信息等资源。随着计算机技术的发展和应用,物流信息系统常常采用大型数据库技术及网络技术。基于计算机网络,将分布在不同地理区域的物流管理各部门以及分支机构有机地链接在一起,形成物流管理的企业内部网络系统。物流管理各部门间的信息流动基本实现无纸化,内部数据可以比较好地实现共享。同时,结合互联网技术,随时随地向企业的管理层提供所需要的各种信息,从而保证供应链各环节的有机结合,可大大地提高物流管理活动的整体效率。

(3)供应链管理系统。在这种模式下,企业资源计划(Enterprise Resource Planning, ERP)系统与企业客户关系管理(Customer Relationship Management, CRM)系统实现互联互通,通过专门的通道进行数据交换,充分利用互联网技术所带来的便利,为企业的管理层和合作伙伴以及客户提供各种可交换的信息,实现供应链整体竞争能力的提升。

3)按照企业在供应链中位置和作用分类

(1)面向制造企业的物流信息系统。制造企业在供应链中处于关键环节,是产品流通的源头。在其物流业务管理中，既包括组织原材料、物料、日常耗用品等的供应物流，也包括完成产成品销售供货的销售物流，同时还包括在生产过程中的包装、搬运、存储等生产物流。制造企业根据其销售情况确定生产计划后，就须针对需要的原材料物资制定采购计划，以配合生产进度，同时储备一定数量的产成品，以供应销售。当企业的生产管理系统将生产计划、采购计划、销售计划设计出来并转入物流系统，物流系统将采购计划、销售计划分解并设计成物流计划，然后对物流计划进行执行、监督，直至生产、销售完成。这样的过程循环不已、交替出现、相互重叠。

(2)面向流通实体企业的物流信息系统。零售商、中间商、供应商本身不生产商品，但其为客户提供商品、为制造商提供销售渠道，是客户与制造商的中介。专业零售商为人们提供统一类型的商品，综合性的零售商如超市、百货商店则为人们提供不同种类的商品，这类企业经营有商品种类多、生产地点分散、消费者群体极其分散的特点。面向零售商、中间商、供应商的物流管理信息系统是对不同商品的进、销、存进行管理的系统。

(3)面向第三方物流企业的物流信息系统。在供应链中，专门提供物流服务的物流企业发挥着重要的作用。这类企业包括船舶公司、货运代理公司、拖车公司、仓储公司、汽车运输公司、航空运输公司、专业的第三方物流企业等。第三方物流企业是本身不拥有货物，而为其外部客户的物流作业提供管理、控制和专业化作业服务的企业。这些企业提供的是无形的产品——物流服务，而前面所提到的制造企业等提供的往往是有形的商品。物流企业除提供仓储、运输等专业服务外，还提供一些相关的增值服务。

(4)面向供应链管理的物流公共信息平台。物流公共信息平台是指基于计算机通信网络技术，提供物流信息、技术、设备等资源共享服务的信息平台。具体来说，物流公共信息平台是运用现代的信息技术、计算机技术、通信技术，整合物流行业相关的信息资源，系统化地采集、加工、传送、存储、交换企业内外的物流信息，从而达到整个社会物流信息的高效传递与共享。物流公共信息平台是现代物流企业收集和整合资源的重要手段，是为供应链节点企业提供专业化物流服务的重要场所。通过物流公共信息平台，企业可以快速掌握供应链上不同环节的供求信息和物流信息，实现对不同物流环节的远程控制和实时监控。

1.5 物流决策与物流信息系统

决策科学先驱者西蒙(H. A. Simon)教授指出，管理过程就是决策过程，管理的成功与失败，来自决策过程的正确与否，但决策的质量来源于获得信息的及时性和正确性。物流信息系统是专门用于收集信息、处理信息和传递物流信息的一个系统，可以实现对组织中各项活动进行管理、协调和控制的目标，这也就是完成组织中各项活动的控制与决策过程。从物流的全过程看，在需求预测、原材料获得、零部件采购和物流管理、场址选择、库存管理、运输、配送、包装、订货处理以及客户服务等各种活动中存在很多管理决策问题，且这些决策影响着整个组织物流运作的效率和竞争力。

1.5.1 物流决策概念

决策就是人们为了达到某一种目标而进行的有意识、有选择的行动。在一定的人力、设备、材料、技术、资金等条件的制约下，人们为了实现特定的目标，从两个或者多个可供选择的方案中做出判断和选择。无论是问题的解决过程，还是任务的执行过程，都会不断产生有待决断的事情，都需要管理者频繁地做出决策。科学地进行决策是保证组织运作及各种活动顺利进行的重要条件。

把决策的理论应用到物流的各种活动中便产生了物流决策。物流决策就是指在经济发展进程中，参与物流活动的各部门针对某些宏观或微观的问题，按预定的目标，在占有一定信息和经验的基础上，根据客观条件和环境的可能性，制定出若干可供选择的行动方案，然后借助科学的理论和方法，进行必要的计算、分析和判断，从中选取一个令人满意（称最优或最佳）的方案，并对方案的执行进行检查，直至目标的实现。

按照管理层次、管理职能、时间跨度、复杂程度等的不同，可以将决策划分为很多种类型。西蒙教授提出，按照结构化程度不同，决策可以划分成结构化决策、非结构化决策和半结构化决策。对应的问题为结构化决策问题、非结构化决策问题和半结构化决策问题，分别介绍如下。

1）结构化决策问题

结构化决策问题是指有固定的规律可以遵循，能用明确的语言或表达式进行描述，并可依据一定的模型或规则进行求解的问题。一般结构化决策问题常对应于企业日常业务的运作过程，因为，这些作业都是很具体的、重复性的事务处理活动。例如，一个制造企业的仓库出入库管理流程主要包括以下几个方面。

（1）单据审核。审核员负责对产品入库单、出库单进行审核，不合格的单据分别返回车间或采购部，合格的单据转给记账员登记库存台账。

（2）登录库存台账。记账员依据合格的入库单和出库单登记产品出入库台账。

（3）库存统计。统计员根据库存台账定期统计分析各种产品每日、每月出入库数量等综合数据，产生需要的统计报表。

这些过程都是固定的、重复性的，但数据量可能很大，每天进出的频率很高，决策过程规律性强。由此，人工操作可能会发生很多失误。实现计算机化的自动数据处理，可以大大提高效率。

2）非结构化决策问题

非结构化决策问题是指那些比较复杂，没有固定规律可循，不能用明确的语言或表达式进行描述，且没有任何一个模型或工具能够求解的问题。这种情况下，决策者依据的信息70%以上来自组织外部，获得的信息结构化程度低，很零散，不确定性强，决策者本人的直觉、经验、判断力、洞察力或个人决策风格等在决策过程中会起到决定作用。

物流企业的战略决策制定过程就是非结构化的决策问题。例如，差异化战略决策就是利用新颖的构思和先进的科学技术，设计出一种别具一格的物流服务形式，或者通过广告及包装来树立产品的独特品牌形象，达到差异化的效果。但什么是独特的物流服务形式，什么样的广告或包装能够吸引客户的注意力，这些没有一个固定的规律可以遵循，也不能够用清晰的语言或模型表达出来，且具有很大的不确定性。

美国联邦快递公司曾开发了一种称为FEDEX的软件系统，该系统可以用计算机查询每日在联邦快递寄送的包裹状态，追踪和确认包裹的运送情况，并辅助进行车辆调度计划。软件开发成功后，公司推出一种独特的服务模式。为最佳客户免费提供连接总部的个人计算机，并安装该软件系统，帮助这些客户对自己寄送的包裹进行实时查询。而对于一般用户，也可以得到免费的FEDEX系统，安装在用户自己的计算机上，来完成以上的所有事情。这是一种非常成功的差异化物流服务战略。虽然现在所有的快递公司都已经有了类似的系统，但当时凭借这套系统，美国联邦快递公司争取到了更多的客户订单。

3）半结构化决策问题

半结构化决策问题介于上述两类问题之间，其依据的信息有一些但不全面，决策的问题有一定规律可遵循但不能完全确定，可采用模型的方法求解，但一般得不出唯一最优解决方案，而只能得到次优解或可行解。

要说明的是，结构化决策问题不仅仅出现在作业层，在战术层或战略层也同样有结构化问题，只不过相对于作业层来说，它出现的概率要少一些。同样，在作业层也会出现非结构化或半结构化问题，只不过这类问题大多出现在战略层或战术层。另外，决策问题的结构化程度是不断发展变化的，原来为非结构化的决策问题，随着掌握信息的增加或知识的增加，非结构化问题可以变为半结构化问题，甚至逐步演变为结构化问题。例如，在信息技术不发达的时期，企业异地经营或跨国经营者会因为信息传递困难，信息掌握不完全、不及时，使决策层进行非结构化决策的成分大大增加，从而造成决策失误。随着互联网技术的飞速发展，信息传递、信息收集变得非常容易，目前企业异地经营已经非常普遍，加速了全球经济的一体化发展。

1.5.2 物流决策特征

1）决策目标多样性

物流决策一定要有预定的目标，没有目标就无从决策。这个目标可以是具体的数量指标，如利润最大或成本最低等；也可以是非数量化的指标，如解决某些定性的问题，这类问题要决策者依靠人们的知识、智慧和经验，把心理学、行为科学和思维科学等各学科的成果应用到决策中来，对无法用数量表现的目标和未来行动方案做出决定。

从物流的定义可知，物流的目标属于多冲突目标，如降低物流成本和提高客户服务水平。一般降低物流成本的各项指标比较容易量化而且可以在短期内见效。例如，对企业库存进行控制，提高库存周转率，降低库存成本，这些都是可以用数字、表达式进行描述和计算的。但针对改善客户服务的衡量指标则往往难以量化，而且需要较长时间效果才能体现出来。例如，增加客户满意度和增加客户忠诚度等，最终还是要通过增加赢利反映出来。所以,在制定降低物流成本的目标之前,首先需要对客户服务的目标进行明确的定义。

事实上,客户服务目标是物流系统管理决策过程中首先要考虑的问题,因为企业提供的客户服务水平比任何其他因素对物流系统的决策影响都要大。服务水平较低,可以在较少的存储地点集中存货,利用较廉价的运输方式;服务水平高,则恰恰相反。但当服务水平接近上限时,物流成本的上升比服务水平上升得更快。因此,物流管理决策在战略上的首要任务是确定适当的客户服务水平。

2)物流决策的实施性

物流决策总是要付诸实施的,不准备实施的决策是多余的。但是物流中涉及很多环节,如采购、运输、仓储、搬运、包装加工、配送等,每个环节的决策可能是比较单纯的、风险小的,若各个环节整合起来进行协调决策并付诸实施,涉及的因素就很多,风险也就会增大。例如,库存管理中订货量和订货批次的决策影响着库存水平,进而决定着库存的成本高低。但事实上,订货量和订货批次的决策不仅和库存水平相关,还与采购流程相关,采购数量的大小、采购运输的频次都受订货量和订货批次的影响。因此,为了减少决策的风险性,进行计算机模拟决策就非常必要,而物流管理决策系统就是辅助管理者进行决策模拟的重要工具。

3)物流条件的限制性

物流决策总是在某些条件,即现实条件或可争取到的条件下,寻找优化目标和优化实现目标的手段。不追求目标的优化,决策是没有意义的。例如,物流设施选址问题,除了考虑其交通、原材料供应、土地和劳动力、动力资源等经济指标外,还需要考虑环境保护,甚至当地税收政策、经济发展状况等。这些问题就需要管理人员,根据问题的要求和可能,把所有约束条件的数据分析清楚,制定满足这些条件的备选方案。

4)物流效益的背反性

物流决策过程中存在"效益背反"现象。例如,对于库存,希望降低库存成本,但是这肯定要相应地增加进货次数,运输次数也会相应增多,运输费用就会增加。所以,在物流决策过程中,有时候不能只单独考虑一个决策目标,要把它作为一个系统来考虑,使整个系统达到最优。

5)物流决策的优选性

因为物流系统的目标不是单一的,物流系统运作过程中又包含很多约束条件,如设备、人员、线路、仓储空间等,再加上客户需求的不确定性,这些因素使得物流决策包含大量非结构化信息,因此,对这些决策问题提出一个确定性的、最优化的解决方案是很困难的,并且决策的问题和决策的时点也有关系。不同的时间点,即使对同样的约束条件,所考虑的目标也可能不一样。这样,根据收集到的有限数据,考虑各种限制条件,物流的决策方案总是在若干可行的方案中来进行选择的。选择的过程也就是一种排序优化的过程。

1.5.3 物流信息系统对物流决策的支持作用

物流企业属于服务型企业，本身并不生产产品，而是为其他企业或组织提供服务。所以，物流利润的创造依据服务的水平，如质量、速度、可靠性和灵活性等。通过这些方面的保证来获得竞争优势，即相同的成本提供高水平的服务，或者以较低的成本提供相同的服务水平，从而获得利润。提高物流管理水平是提高企业利润的途径，而物流管理的过程就是物流决策的过程。

下面从管理职能的角度，阐述物流信息系统对管理计划职能和管理控制职能的支持作用。

1）物流信息系统对管理计划职能的支持作用

任何组织的活动都有计划，计划是组织下一步工作的指南，也是对执行结果的评价依据。物流活动中很多都需要有周密的计划安排，如采购计划、物料运输计划、配送计划等。因为计划是基于客户需求和预测并考虑组织的约束条件而制定的，随着市场经济的迅速发展，客户需求的变化越来越频繁，要求也越来越严格和精细，管理者需要根据现有资源（资金、劳动力、设备等）的限制，快速编制各种计划。同时，随着时间的推移，制定的计划应该随着客户需求和资源约束条件的变化而不断修改，以适应变化着的市场需求和生产环境，这就是企业的灵活性战略。因此，物流信息系统在计划制定的过程中可以支持如下功能。

（1）大量数据的存储和查询。物流计划制定过程中，需要大量历史的、当前的数据支持，主要包括客户订单数据、运输或库存的货物数据、各种物流设施能力数据、财务数据、物流服务水平指标数据等。

（2）大量的统计计算工作。计划制定过程中或计划调整过程中，都会涉及大量数据的计算、统计工作。因为数据量很大，例如，一个仓库存储了几百种货物，要计算各种货物的存储量及其存储成本，工作量就很大，若人工计算，耗时很长，还会出错，计算机在这方面是有很大优势的。

（3）预测分析工作。预测和计划不同，计划是在预测的基础上制定的，预测是研究对未来情况作出估计的专门技术和方法。预测的方法有很多，有定性的也有定量的。物流供应链上计划制定过程中需要进行大量的预测，预测得越精确，计划就会越准确，“牛鞭效应”的影响就会越少。例如，1995年沃尔玛和供应商及管理软件开发商一起开发的协同计划预测和补货（Collaborative Planning Forecasting & Replenishment，CPFR）就是一个对零售供应和需求链工作进行分析、预测和控制的软件系统。

（4）计划的优化调整工作。前文已经讲过，物流中的很多决策属于半结构化或非结构化问题，因此，在制定计划过程中，常常会遇到对有限资源进行调整分配的问题。由于存在众多动态的、不确定的因素，因而增加了配送计划制定的复杂性。为了满足实际需求，这样的问题就可以通过建立优化模型，在计算机上模拟实验进行调整，指导具体实践。

2）物流信息系统对管理控制职能的支持作用

管理控制是指对物流业务执行过程的监督、反馈和修正。事实上，计划属于前馈控制，但在计划执行过程中，为了能保证按照计划运行，需要不断进行检测、纠偏，这就是管理控制职能。在物流运作流程的采购、运输、仓储、搬运、销售配送等各个环节中，都需要实施控制职能，需要随时掌握反映运作过程中动态物流系统的监测信息并调控必要的反馈信息。在物流管理控制方面，物流信息系统的支持作用主要包括以下几方面。

（1）网上采购。EDI 技术和互联网的发展，使得物流链上的供需各方能够通过网络快速进行沟通，传统的采购方式已经逐步由网络采购来替代，甚至国际上很多大型公司，如美国的通用公司，都是在网上实现全球采购的。也就是说，不以国家作为分界，无论在哪个国家采购，都是采用全球化采购模式，而且无论哪个国家的供应商，都要达到同样的标准、同样的程序、同样的流程操作方式。在全球采购过程中，因为时间关系，网上竞标是帮助公司采购得到最大效果的主要方法之一；其次是电子商务，包括订单、发票、支付等都不再有任何烦琐的过程。例如，在网上可以看到前 6 个月或者更多月份的订单表现，还有交货时的数据处理等。又如，海尔公司 100% 的采购订单由网上下达，使采购周期由原来的平均 10d 降低到 3d。

（2）在线跟踪。控制的前提条件是掌握第一手情况并实时获得现场发生的所有数据。但物流是一个流动过程，从地域跨度上可能会相差很大，在时间跨度上会相隔很久，传统的管理模式下对它们的监控和管理就很困难。目前，在物流信息系统的支持下，尤其是地理信息系统（Geographic Information System，GIS）、全球导航卫星系统（Global Navigation Satellite System，GNSS）等先进技术的应用，使得在线跟踪成为现实。

（3）运作进度控制。在库存、搬运、简单加工和配送各个环节中，都存在着大量的运作过程，控制这些运作对提高物流流通的效率起着很重要的作用。例如，在库存管理中，操作层上每天都存在着大量的进出库操作，同时伴随着在库房内货物的定位、查找、存储、清点等工作；在管理层上需要监控货物的存储量，重要货物的上下警戒线情况、订货批次和数量、订货提前期等情况，这些都和库存周转率、库存服务水平密切相关。许多生产企业的库存管理系统都和企业的 ERP 系统连接在一起，随着 ERP 系统中根据订单和预测情况作出主生产计划，系统就会根据产品的物料清单（Bill of Material，BOM）和当时的库存情况，产生出各种物料或半成品的采购单或生产单。这些生成的采购单或生产单上不仅包括采购或生产什么、采购或生产多少，还包括什么时候采购或生产、什么时候完成采购或生产。ERP 系统在运行过程中，会及时汇集这些采购单或生产单的完成情况，出现问题立即反馈，并重新进行调整；同时，发生的任何物流活动，管理数据都会并行生成一套财务数据，用财务控制的方式反映出来。

除了以上各个方面，物流信息系统对管理的组织职能和领导职能也有很大影响。管理组织的职能主要是建立相关的组织机构、配备相应的人员、制定工作职责和权限以及确定结构之间的关系。物流信息系统中办公自动化系统的引入，使得信息沟通便捷快速，并且能跨越时间、空间，避免了很多大大小小的烦琐会议，缩短了传统的管理链条，使得直接管理、直接销售成为可能，这极大地冲击了传统的管理组织职能思想。同样，采用现代的管理思想、方法和先进的信息技术来控制和协调人的行为，模拟发挥人的主观能动性成为当前人力资源管理中的主要内容。最重要的是，已经有越来越多的管理者认识到管理的领导职能需要人的管理艺术才能，但也不能缺少以信息技术支持的辅助科学决策工具的支持，这种工具是企业做大、做强的必备基础。

1.6 本章案例

新储物流信息化之路

1)案例背景

云南新储物流有限公司(以下简称“新储物流”)总部位于云南省昆明市,成立于2006年,是由云南省商业储运总公司划转改制而成的全资国有物流企业,隶属于云南物流产业集团。新储物流专注于经营物流和仓储配送业务,提供第三方物流及信息平台,同时提供专业仓库储存、中转运输、商品贸易、网络交易、海关国际货运监管仓库等相关服务。另外,新储物流下设云南新储物流有限公司昆明公司、云南新储物流有限公司甸尾公司、云南商业仓储配送公司、云南糖业物流交易市场、云南新兴装卸有限公司、云南药品第三方物流有限公司、云南联集物流有限公司、大理新储物流园有限公司、云南新储置业有限公司、云南新储融资担保有限公司、云南新储配送中心有限公司等十多个专业企业,涵盖贸易、物流、地产、金融等多个行业领域。

新储物流自并入云南物流产业集团后,通过深化企业改革,调整经营结构,树立企业品牌,实现了经济效益的稳步增长,且整体实力和管理水平持续提升。截至2012年,新储物流在各大银行授信规模17亿元。2008年,新储物流通过ISO9001:2000质量管理体系认证,成为云南省首个国家4A级仓储物流企业。2009年7月,新储物流获全国通用仓储企业排名第33位。2011年,新储物流被人力资源和社会保障部及中国物流与采购联合会授予云南省唯一的“全国物流行业集体”荣誉称号。2012年10月26日,新储物流获得省级企业技术中心授牌,成为云南省物流行业首家省级企业技术中心。2013年10月,新储物流成功申报为云南省创新型试点企业。

相较于新储物流的迅猛发展,其信息化建设却相对滞后。在物流管理中,新储物流面临信息割裂、分散、共享程度低等问题,并缺乏流程体系,难以满足公司一体化物流管理的需求。这导致无法及时响应客户需求,同时物流成本居高不下,整体效率低下。

为了解决新储物流存在的上述问题,云南东盟公共物流信息有限公司(以下简称“东盟信息”)为其提供了一套全面的新储物流信息化管理平台作为解决方案。东盟信息是于2010年7月经云南省政府批准组建的国有企业,注册资本5000万元,其中,云南物流产业集团有限公司持股50%。东盟信息位于昆明市经济开发区进出口加工区,占地5000余平方米。东盟信息包含市场部、综合管理、规划咨询部、研发部、数据运维部、科技管理部。东盟信息以“整合资源、健全网络、服务物流、物通天下”为企业宗旨,以“为客户创造物流服务新价值,为社会提供物流服务新标准”为企业使命,以“打造最具价值的物流信息空间,提供最优质有效的物流信息服务”为核心经营理念。东盟信息主要提供三类业务:企业和园区信息化规划与咨询;企业和园区物流信息化建设综合解决方案;依托云南东盟公共物流信息平台,为客户提供专业的物流信息、物流金融服务和第四方物流服务。

2）物流信息化管理平台功能

新储物流信息化管理平台的系统架构基于典型物流实际业务模式，充分利用计算机、互联网技术，以财务管理、绩效管理为基础业务支撑，以客户服务为导向，构建了客户关系管理系统，并提供面向客户的客户信息、管理信息、公共信息服务门户。该平台实现了订单管理驱动的物流业务功能，包括货权管理、仓储管理、配送管理、运输管理、货运代理等。同时，结合运输企业的业务特点，实现作业调度配载、合同管理、统计分析、商品基础信息管理等辅助业务服务。这些功能提升了物流配送企业的管理水平，使企业能够快速灵敏地响应客户和市场不断变化的需求，从而增强其竞争力。

新储物流信息化管理平台的具体系统功能构成如图 1-5 所示，各个功能具体内容包括以下方面。

（1）合同管理。该模块提供快捷有效的合同信息管理，支持合同文本的原样保存，并对合同的执行状态进行实时监控，大大降低了手工操作的难度。

（2）客户关系管理（CRM）。该模块能够对企业客户资源进行整合，在公司范围内部达到客户资源共享，确保客户数据集成性、一致性、有效性；该模块以客户为中心，构建并追踪客户服务历史，通过管理平台和工作平台，进行统一且多样化的客户关怀、客户回访和客户投诉处理；该模块提供集中的服务质量监督功能，提升客户满意度和忠诚度；该模块还能够采集潜在客户资料，分析客户价值，并针对不同客户进行精准营销，最大限度争取忠实用户。

（3）订单管理。订单管理模块负责对客户的委托业务进行全面管理，包括订单的填写、分配、调度和跟踪等功能。在该模块中，实现了订单分类管理，并提供了外部系统订单的导入功能，以便于整合和管理来自不同渠道的订单数据。

（4）调度中心。该模块可以实现公司所有资源的统一监控和调度，包括实时监控、调度指挥、应急管理。

（5）仓储管理。该模块是负责对仓库及其内部物资进行全面管理，旨在充分利用仓储资源，提供高效的仓储服务。该模块涵盖计划、组织、控制和协调等过程，具体功能包括物资的进销存管理、堆码拣货管理和盘点管理。

（6）配送管理。该模块用于对货品配送的物流运输管理，主要包括配送任务管理、配送线路管理、车辆调度管理、配送状态跟踪和签收回单录入。

（7）运输管理。该模块可以记录车辆的载货情况、行车情况以及车辆考核等，实现车辆运行监控跟踪、考核管理、应急配送管理等功能。

（8）货权管理。该模块记录跟踪货物的所有人转移情况，实现暂存费计算等功能。

（9）商品基础管理。该模块维护物流的基础信息，并提供第三方物料的导入接口以及物料的同步与对比功能。

（10）财务结算管理。该模块主要负责客户的仓储费、运输费、过境过桥费等费用的结算处理。同时，也对承运单位的运费支出进行管理。该系统包括费用种类、结算方式、收款处理、付款处理、应收款查询、应付款查询等功能，其目的是为财务系统提供实时准确的相关财务数据，实现系统内部数据的共享并保持一致性。

（11）统计分析。该模块支持数据统计、导出以及深度量化分析。

(12)绩效管理。该模块主要提供员工绩效计算功能,并与财务系统进行对接。

(13)系统管理。该模块负责管理组织机构、系统权限、系统参数和方式类别等信息。其中,权限管理通过对功能、用户和角色的综合设置,实现用户功能权限与数据控制的灵活管理。

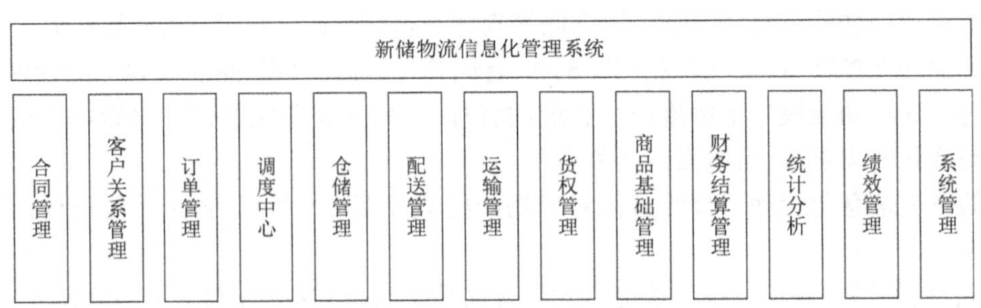

图1-5　新储物流信息化管理系统功能构成

3)物流信息化效果

新储物流信息化持续建设,为新储物流发展注入了新动能。

(1)内部管理效率的提升。如在月度业务数据统计与对账方面,原先每月初,统计员、仓储管理员需要与客户进行仓储数据的对账。在这一过程中,他们需要将各种货品的期初、期末库存量和存放天数等数据进行分类统计,手工操作通常耗时2~4d。系统上线后,统计员可以利用系统功能实时生成所管辖仓库的对账数据。这使得他们能够与仓储管理员迅速进行数据核对,耗时不超过半天。通过这一转变,整体效率和数据准确性得到了显著提升。在财务对账和结算方面,原本财务人员依赖统计员提供的对账信息进行费用统计,并与客户进行费用结算。由于不同客户的费用计算方式各异,手工计算不仅费时费力,还容易出错,然而系统上线后,财务人员能够在几分钟内快速获取结算费用清单,大幅提升了费用统计和结算信息的准确度;如在仓储出入库的现场作业方面,原先基于纸质单据进行手工传递,导致数据传递不及时、单据偶尔遗失以及签字不认真,从而引发责任不清和互相推诿的问题,引入系统后,现场操作人员通过PDA系统实时录入出入库数据,显著提升了数据传递的及时性和准确度,确保了责任清晰;如在货品名称管理方面,过去不同仓管员对同一货品可能使用不同名称,造成统计口径不一致,影响数据统计的准确性,系统上线后,设立了专门的基础资料维护岗位,大大减少了货品名称不一致的问题,避免了统计错误,提高了数据统计效率;如在单据流转方面,过去依靠“多联单”“手工抄写”“换单”等手工流转方式,虽然习以为常,但实际上浪费了大量成本,系统通过“一单流转”机制,只需在第一个业务单元录入原始信息,后续单元可共享数据,从而减少录入量,节约时间,并显著降低出错概率。

(2)企业竞争力的提升。如在与客户洽谈合作时,系统间准确及时的信息传递增强了双方的信任感,为未来的合作奠定了坚实基础。同时,自身服务模式的信息化在实际投标过程中也获得了较高的评分。此外,在物流信息系统的有效支持下,客户规模迅速扩大,服务质量显著提升,投诉率有效控制,最终导致企业效益的显著增长。

(3)局部环节的重大风险控制及经济效益实现。如在系统应用下,二维码防伪措施在现场操作中已经避免了多起因伪造单据导致的经济损失;该系统具备条码扫描功能,在管理某些高档货品时,采用了扫码收费的方式,产生了直接经济效益;过去在外驻网点的业务员需要定期往返公司报递业务单据,导致人力和交通成本耗费巨大,且数据统计的及时性较差,系统上线后,外驻网点与总部实现了业务数据的实时互联互通,极大地提升了数据统计的及时性,减少了单据递送的频次,从而有效降低了人力和交通成本。

通过图1-6可知,新储物流信息化管理系统具备较多优势,因而新储物流的信息化实践为中国第三方物流提供了重要的参考意义。依托于物流信息化管理系统,公司成功打破了流程运转中的信息障碍,减少了相关延迟,实现了高效的信息共享与作业协同。这些改进提升了公司快速响应能力和整体服务水平,同时显著提高了工作效率。企业还借助信息化平台,将管理理念有效传达给客户,并确保了交付的效率和品质,提升了客户满意度和服务体验。凭借这些优势,企业在行业内逐渐建立了良好口碑,并实现了收入的快速增长。

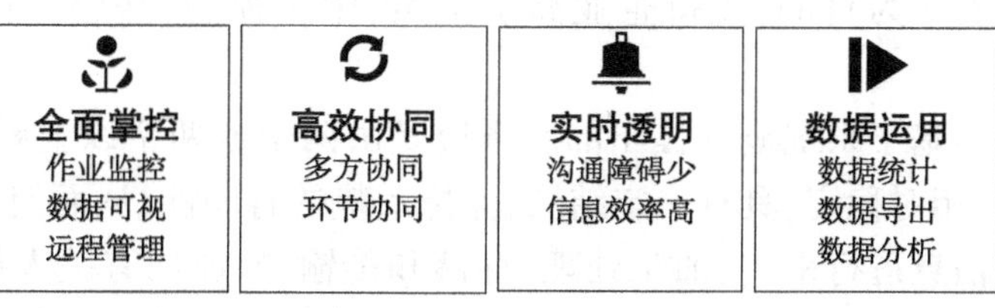

图1-6 新储物流信息化管理系统功效

(资料来源:http://www.chinawuliu.com.cn/xsyj/201502/10/298547.shtml,有删改)

案例相关视频资料

云南物流集团公司:数智赋能 精彩蝶变

(案例来源:公众号"魅力安宁")

案例分析与研讨题

1. 分析在新储物流信息化过程中,哪些关键因素对该系统的成功实施和运行起到重要作用?

2. 探讨新储物流信息化在信息共享、数据准确性和操作监控等方面的作用,以及这些因素是如何有效使企业降低成本、提高效率并防控风险的。

3. 探讨新储物流信息化建设的改进方案或下一步功能设想。

1.7 本章小结

物流信息化管理是信息管理科学技术、理论、方法与物流管理实践相结合的过程。数据是记录下来的可以被鉴别的符号，信息是一个不断变化和发展的概念，它既具有物质性，又具有社会性。信息具有客观性、可传递性、分享性、等级性、可压缩性、扩散性、增值性和不对称性。信息可以分为内部信息和外部信息，固定信息和流动信息，市场信息、生产信息、物流信息、技术信息、经济信息、人事信息，高层管理信息、中层管理信息、基层管理信息。信息管理是人类为了有效地开发和利用信息资源，以现代信息技术为手段，对信息资源进行计划、组织、领导和控制的社会活动。管理信息系统是一个以人为主导，利用计算机硬件、软件、网络通信设备以及其他办公设备，进行信息的收集、传输、加工、存储、更新和维护，以企业战略竞优、提高效益和效率为目的，支持企业高层决策、中层控制、基层运作的集成化的人机系统。

信息系统概念是基于系统概念提出的。系统是由两个或两个以上要素组成，各要素相互联系，使系统保持相对稳定，具有一定结构，保持系统的有序性，从而使系统具有特定的功能。信息系统是对信息进行采集、加工处理、存储和传输，并能向有关人员提供有用信息的系统。一般信息系统都具有输入、输出、存储、加工和传输等功能。这些功能由计算机来承担，输出的信息供各级管理人员使用。信息系统按其服务的层次可以分为作业级信息系统、战术级信息系统和战略级信息系统。

物流是指物品从供应地向接收地的实体流动过程。根据实际需要，将运输、储存、装卸、搬运、包装、流通加工、配送、信息处理等基本功能实施有机结合。物流信息是指与物流活动（如运输、仓储、装卸、搬运、包装、流通加工和配送）有关的信息。物流信息特征体现在种类繁多且来源广泛、信息量大、更新速度快、内外关联性且紧密性强。物流信息可以按功能、信息作用层次、信息来源和信息加工程度进行分类。

物流信息系统（Logistics Information System，LIS）是指使用系统的观点、思想和方法建立起来的，以电子计算机为基本信息处理手段，以现代通信设备为基本传输工具，并且能够为管理决策提供信息服务的人机系统，具有跨企业、跨地域、与作业现场密切联系和大量信息的实时处理等特征，分为基层作业、数据处理、管理控制与战略决策4个层次，通过8个功能实现对物流服务全过程的管理，可以从决策层次、系统配置和企业在供应链位置及作用进行分类。

决策就是人们为了达到某一种目标而进行的有意识、有选择的行动。把决策的理论应用到物流的各种活动中便产生了物流决策。决策问题常划分为结构化问题、半结构化问题和非结构化问题。不同的决策问题需要不同物流信息系统的支持。物流决策有多目标性、实施性、限制性、效益背反性和优选性等特点。物流信息系统对管理计划、管理控制、组织职能和领导职能等都有支持作用。

复习思考题

1. 简述数据与信息的区别与联系。

2. 简述物流信息含义、特征及其作用。

3. 信息系统有哪几项功能?

4. 物流信息系统由哪几部分构成?

5. 物流信息系统定义及其构成要素是什么?

6. 举例说明结构化决策、非结构化决策和半结构化决策的不同及其在各个管理层次上的应用。

7. 物流信息系统对决策支持作用有哪些?

8. 简述物流信息系统分类。

9. 举例说明物流信息系统给企业带来的利益。

实践与讨论

1. 结合本章所学知识,通过网络搜索企业物流信息系统应用案例,分析并总结物流信息技术及应用系统的发展趋势。

2. 调研一个电商企业或物流平台企业,例如京东、淘宝、美团、顺丰等,阐述顾客下单流程和企业履单流程。

3. 结合本章理论内容与案例,讨论第三方物流企业物流信息系统的结构、功能与作用。

第 2 章 数据自动识别技术

核心概念

物流标准化，物流信息标准化，自动识别技术，条码技术，条码分类，二维条码，传感器技术，无线射频识别技术

学习目标

了解物流标准化与物流信息标准化的含义和内容；熟悉常用的自动识别技术含义与特征；掌握条码含义，理解条码结构和常用的条码类型；掌握二维条码含义、类型与特征；理解传感器技术含义、类型及构成；掌握无线射频技术的原理、系统构成与类型；了解各类数据自动识别技术在物流管理领域的应用现状与前景。

2.1 物流信息标准化

2.1.1 物流信息标准化内涵与意义

物流标准是为物流系统服务的，物流的标准化是保证物流系统统一协调的必要条件。其中，物流信息标准化的建设是有效实施物流系统科学化管理、促进企业内部及供应链企业之间或与其他组织之间信息沟通和衔接的首要条件。

物流标准化是指以物流为一个大系统，制定系统内部设施、机械装备、专用工具等的技术标准，包括包装、仓储、装卸、运输等各类作业的标准以及作为现代物流突出特征的物流信息标准，并形成与国际接轨的全国标准化体系。

物流标准化可以包括三个层次的内容：首先是制定物流系统内各分系统设施、装备和工具的技术标准，以及作业和管理标准；其次是研究各分系统技术标准、作业和管理标准的配合性，统一整个物流系统的标准；最后是研究物流系统与其他相关系统的配合性，实现物流大系统的和谐一致。

从物流标准化所包含的三个层次的内容可以看出，物流标准化的目的就是协调和理顺物流各分系统之间，以及物流系统与其他相关系统之间的关系，保障物流环节畅通，最终达

到降低物流成本、提高经济效益的目标。由于我国物流管理存在着严重的条块分割现象,致使各物流节点独自开发的信息系统普遍存在着结构上的差异。因此,物流标准化的核心任务应该是为这些异构的物流信息系统建立统一的信息平台,并在此基础上建立高效率的多式联运体系和物流管理的协同工作机制。

因此,物流信息标准化是物流标准化的重要组成部分,是指制定出不同物流系统之间信息交流与处理的标准协议或规则,作为跨系统、跨行业和跨地区物流运作的桥梁,来顺利实现企业间物流信息的交流、不同地区间物流信息的交流、供应链系统间信息的交流和不同物流软件系统之间的信息交流,最终达到物流系统集成和资源整合的目标。也就是说,借助现代物流的核心技术,主要是计算机网络和信息通信等先进技术,可以将原本分离的采购、运输、仓储、代理、配送等物流环节,以及资金流、信息流、实物流等进行统一的协调控制,实现一体化的物流管理过程。将原属于不同行业部门、不同产业领域的、运作体系相对独立的节点进行有效的整合,提高整个物流系统的运作效率。

良好的物流信息标准化可以推动物流管理信息系统的发展。事实上,物流信息标准化的工作不是简单的一个企业的事情,而是一个供应链整体或一个行业或全社会的事情。一个企业的信息标准化只局限在实现本企业内部信息平台和各种信息的规范化,如企业内部的所有信息,包括物料信息、工件信息、产品信息、钱票信息、人员信息等都进行唯一性编码,在企业内部把所有业务处理和物料流转中存在的每个客观实体进行唯一标识和记录,这是较为容易实现的,因为这个过程只涉及一个利益主体。但供应链上企业之间信息的标准化就需要考虑各个企业物流管理信息系统的结构、功能以及信息处理工具等的统一性,包括硬件和软件两个方面,这样才能保证它们之间传递的电子单证格式和认证标准是统一的,才能实现各个企业之间信息交流时不再需要人工或其他大工作量的单据格式的转化过程,从而大大降低供应链上企业之间信息共享的成本。但因为这个过程涉及很多利益主体,实现起来是有较大困难的。最后就是实现全社会信息的标准化,因为任何一个物流系统都不可能独立存在,它会涉及港口、海关、银行、工商、税务和商务中介等,实现全社会应用信息系统的标准化,甚至实现全球各国信息系统的标准化,可以大大促进信息技术的推广应用,缩小企业之间、各国之间的经济差距,但这个过程不仅涉及企业利益,还涉及国家利益,需要各国共同努力。

2.1.2 物流信息标准化体系

物流信息标准化是物流信息自动识别的前提和基础。目前,物流系统标准化体系建设已经从早期企业各自为政的系统转变为以国家、国际统一的复杂系统。为了有效地推动现代物流系统的发展和推进信息技术在其中的广泛应用,《标准体系构建原则和要求》(GB/T 13016—2018)中对标准体系的研究和编制提出了要求。现代物流是一个大系统,各环节都存在着物流信息问题。全国物流信息管理标准化技术委员会编制了《物流信息标准体系表》(2015 年 4 月),为我国物流信息标准化建设提供了一系列科学依据。物流信息标准化体系主要由基础标准、工作标准、管理标准和技术标准以及单项标准组成,其中,基础标准为第一层,工作标准、管理标准和技术标准处于第二层,各单项标准处于第三层。

（1）物流术语标准化。物流用语常常因国家、地区、行业、人员的不同而具有不同含义，在传递物流信息时可能引起误解和发生差错，因此，必须统一物流专业术语，为物流信息交流提供标准化的语言，这是物流信息标准化的基础工作。国家市场监督管理总局、中国国家标准化管理委员会发布的《物流术语》（GB/T 18354—2021），收录并确定了当前物流领域已基本成熟的术语及其定义，为我国物流信息标准化创造了一个良好的开端。

（2）物流信息分类编码标准化。物流信息分类编码标准化是信息分类标准化工作的一个专业领域和分支，其核心是将信息分类编码标准化技术应用到现代物流系统中，实现物流信息系统的自动数据采集和系统间的数据交换与资源共享，促进物流活动的社会化、现代化和合理化，在实践中做到"货畅其流"。所谓信息分类编码就是对大量的信息进行合理分类，然后用代码加以表示。将信息分类编码以标准的形式发布，就构成了标准信息分类编码，或称标准信息分类代码。统一的信息分类编码是信息系统正常运转的前提。

物流信息分类编码标准体系旨在汇集与物流信息系统相关的现有国家标准，提出待制定的相关国家标准，一方面明确标准制定工作的需求，另一方面反映现有标准化状况，为物流信息系统设计人员提供参考，为进一步采用国际标准和国外先进标准提供支撑。物流信息分类编码标准体系总体分三个层次：第一层次为门类，第二层次为类别，第三层次为项目。整个标准体系分为三个门类：第一门类为基础标准，这些标准是制定标准时所必须遵循的、全国统一的标准，是全国所有标准的技术基础和方法指南，具有较长时期的稳定性和指导性；第二门类为业务标准，它是针对物流活动（装卸、搬运、仓储、运输、包装和流通加工）的技术标准，对物流信息系统建设具有指导意义；第三门类为相关标准，它是伴随人类社会技术进步（特别是通信和信息处理技术进步）而产生的专门领域标准，其中EDI应用于商业贸易和政府审批（如报关等），它与物流活动密切相关，而GNSS系统则是提供对运输工具（含运输物品）动态实时跟踪和导航的工具系统，也与物流活动密切相关。

（3）物流信息采集标准化。对物流信息的采集方法、手段、格式等进行统一规定，如在条形码标准中，对使用条形码的种类、使用范围，以及每种条码的排列规则、起始符、终止符、数据符、校验符和空白区等参数进行规定，并统一条码的阅读和处理程序标准等；在射频识别的电子标签标准中，对电子标签的信息存储格式、外形尺寸、电源形式、工作频率、阅读方式、有效距离、信号调制方式等进行统一规定；全球定位系统技术标准中，对覆盖范围、可靠性、数据内容、准确性以及多用性等指标进行规定。

（4）物流信息传输与交换标准化。对物流信息的通信协议、传输方式、传送速度、数据格式、安全保密、交换程序等进行统一规定。如在EDI标准中，欧洲物品编码协会（European Article Number，EAN）对数据格式和报文标准进行了制定，在联合国的UN/EDIFACT标准基础上制定了流通领域的EANCOM标准；通信标准在ISO—OSI国际标准化组织开放系统互联参考模型的基础上，针对不同的对象采取不同的标准，如对于食品杂货采用统一通信标准（Uniform Communication Standards，UCS），对于大多数商人采用自发的行业内通信标准委员会标准（Voluntary Inter-Industry Standards Committee，VICS）、对仓库采用仓库信息网标准（Warehouse Information Network Standards，WINS）、对运输经营者采用运输数据协调委员会标准（Transportation Data Coordinating Committee，TDCC）、对汽车行业采用汽车行业行动小组标准(Automotive Industry Active Group,AIAG);通信方式采用点对点(Point to Point,PTP)、增值网络(Value Added Network,VAN)和报文处理系统(Message Handing System,MHS)三种方式等。

(5)物流信息记录与存储标准化。对物流信息的记录、存储和检索模式等进行规定。如对存储介质、存储形式、存储过程、数据库类型、数据库结构、索引方法、压缩方式、查询处理、数据定义语言、数据查询语言、数据操纵语言、完整性约束等制定统一标准。

(6)物流信息系统开发标准化。对物流信息系统的需求分析、设计、实现、测试、制造、安装检验、运行维护及软件引退(为新的软件所代替)等建立起标准或规范,例如过程标准(方法、技术、度量等)、产品标准(需求、设计、部件、描述、计划、报告等)、专业标准(职务类别、道德准则、认证、特许、课程等)以及记法标准(术语、表示法、语言等)。

(7)物流信息安全标准化。为防止或杜绝对物流信息系统(包括设备、软件、信息和数据等)的非法访问(包括非法用户的访问和合法用户的非法访问)而制定的一系列技术标准,如物流信息系统中的用户验证、加密解密、防火墙技术、数据备份、端口设置、日志记录、病毒防范等。

(8)物流信息设备标准化。对交换机、集线器、路由器、服务器、计算机、不间断电源、条码打印机、条码扫描器、存储器、数据终端等一系列物流信息设备所制定的通用标准和技术规范。

(9)物流信息系统评价标准化。对物流信息系统产品进行测试、评价的统一规定和要求。

(10)物流信息系统开发管理标准化。对物流信息系统开发的质量控制、过程管理、软件维护等一系列管理工作所制定的统一标准。

目前,国际上在物流信息编码、物流信息采集、物流信息交换等方面已经建立了一套比较实用的标准,为企业物流信息系统的建设创造了良好的环境。而我国由于关键的物流信息标准尚未制定或普及,不同信息系统的接口成为制约信息化发展的瓶颈,物流企业在处理订单时,有时数据交换要面向较多不同的模式。因此,加快我国物流标准化特别是物流信息标准化步伐,是推进我国物流信息化的基础。

关于物品编码的管理与组织机构主要有以下几个:

(1)国际物品编码协会(International Article Numbering Association,IAN),1981 年由 EAN 更名成立,是一个不以营利为目的的国际标准化组织;

(2)美国统一编码委员会(Uniform Code Council,UCC),1972 年成立,负责开发和维护北美地区包括产品标识标准在内的国际标准化组织;

(3)欧洲物品编码协会(European Article Numbering Association,EAN),1977 年成立,2005 年 EAN 和 UCC 合并为一个全球统一的、非营利标准组织 GS1(Global Standard 1);

(4)中国物品编码中心(Article Numbering Center of China,ANCC),是我国商品条形码工作的组织、协调、管理机构,于 1988 年 12 月 28 日经国务院批准正式成立,并于 1991 年 4 月 19 日加入国际物品编码协会,ANCC 是 GS1 标准在中国唯一代表机构,负责 GS1 标准的本地化实施。

2.2 自动识别技术

自动识别技术是以计算机技术和通信技术的发展为基础的综合性科学技术，是信息数据自动识读、自动输入计算机的重要方法和手段。正是自动识别技术的崛起，提供了快速、准确地进行数据采集输入的有效手段，解决了由于物流数据输入速度慢、错误率高等造成的"瓶颈"难题。

2.2.1 自动识别技术类型

（1）光学字符识别（Optical Character Recognition，OCR）技术。该技术已有40多年历史，后来陆续又出现了图像字符识别（Image Character Recognition，ICR）技术和智能字符识别（Intelligent Character Recognition，ICR）技术。实际上这三种自动识别技术的基本原理大致相同。OCR有三个重要的应用领域：办公自动化中的文本输入、邮件自动处理、与自动获取文本过程相关的其他领域。

（2）磁条（卡）技术。磁条技术应用了物理学和磁力学的基本原理。对自动识别制造商来说，磁条就是把一层薄薄的由定向排列的铁性氧化粒子组成的材料（也称为涂料），用树脂黏合在一起并粘在诸如纸或塑料这样的非磁性基片上。在信用卡、银行自动取款机（ATM）卡、机票、公共汽车票、自动售货卡、会员卡、现金卡（如电话磁卡）等很多领域得到广泛应用。

（3）射频识别（Radio Frequency Identification，RFID）技术。RFID技术的基本原理是电磁理论。射频系统的优点是不局限于视线，识别距离比光学系统远，适用于物料跟踪、运载工具和货架识别等要求非接触数据采集和交换的场合。

（4）生物识别技术。该技术是指通过计算机利用人类自身生理或行为特征进行身份认定的一种技术，如指纹识别、虹膜识别技术和头像识别等。所有的生物识别过程大多具有四个步骤：原始数据获取、抽取特征、比较和匹配。指纹扫描器和掌纹测量仪是目前最广泛应用的器材。生物特征识别技术适用于几乎所有需要进行安全性防范的场合，遍及诸多领域，在包括金融证券、信息技术（Information Technology，IT）、安全、公安、教育、海关等行业的许多应用中都具有广阔的前景。随着电子商务应用的越来越广泛，身份认证的可靠性、安全性就越来越重要，就越来越需要更好的技术来实现身份认证。

（5）视觉识别技术。它能获取视觉图像，而且通过一个特征抽取和分析的过程，能自动识别限定的标志、字符、编码结构，或可确切识别呈现在图像内的其他基础特征，如车牌号、车型识别系统。

（6）声音识别技术。声音识别技术的迅速发展以及高效可靠的应用软件的开发，使声音识别系统在很多方面得到了应用。这种系统可以用声音指令和应用特定短句实现"不用手"的数据采集，其最大特点就是不用手和眼睛，但比较容易受到噪声的干扰。

（7）智能卡（Smart Card）。其原理是将具有处理能力和具有安全可靠、加密存储功能的集成电路芯片嵌装在一个与信用卡一样大的"集成电路卡"，国际上称为"Smart Card"（译为

"智能卡")。智能卡与计算机系统相结合,可以方便地满足对各种各样信息采集、传送、加密和管理的需要。可应用于银行、公路收费、水和煤气收费、海关车辆检查(使用射频卡,车辆通过时即已读写完毕)等领域。

(8)便携式数据终端(Portable Data Terminal,PDT)和射频通信(Radio Frequency/Direct Current,RF/DC)。其工作原理是 PDT 可把那些采集到的有用数据存储起来或传送至一个管理信息系统。把它与适当的扫描器相连,可有效地应用于许多自动识别系统中。便携式数据终端一般包括一个扫描器、一个体积小但功能很强并带有存储器的计算机、一个显示器和供人工输入的键盘。在只读存储器中装有常驻内存的操作系统,用于控制数据的采集和传送。PDT 一般都是可编程的,允许编入一些应用软件。PDT 存储器中的数据可随时通过射频通信技术传送到主计算机。操作时只要扫描位置标签,货架号码、产品数量就可输入 PDT 中,再通过 RF/DC 技术把这些数据传送到计算机管理系统,就可以得到客户产品清单、发票、发运标签、该地所存产品代码和数量等。

2.2.2 自动识别技术发展历程

物流业利用自动识别技术可对物品进行识别和描述,从而解决了数据录入和数据采集的"瓶颈"问题,为供应链管理提供了有力支持,是使物流管理现代化、提高竞争力的重要技术手段。下面主要从物流和供应链管理领域来看自动识别技术的发展。

(1)20 世纪 40 年代,也即条形码识别时代。条形码技术是 20 世纪中叶发展并广泛应用的集光、机、电和计算机技术于一体的高新技术。它是使数据信息被自动识读、自动实时输入计算机的重要方法和手段。零售业是我国条形码技术最先广泛应用的领域,当前企业的内部管理、供应链管理、连锁经营和电子商务,也开始应用条形码技术。近年来,我国物流业飞速发展,促使条形码技术的应用从起步阶段走向快速发展阶段。

(2)20 世纪末,也即射频识别时代。射频识别技术是 20 世纪 80 年代出现,20 世纪 90 年代后进入实用化阶段的一种自动识别技术。其最突出的特点是可以非接触识读,识读距离可以从 10cm 至几十米,可识别高速运动物体并可同时识别多个识别对象,抗恶劣环境能力强。一般情况下,污垢覆盖在标签上不影响标签信息的识读,保密性强,应用领域广泛。常用于车辆的自动识别、资产跟踪、生产过程控制等。由于射频标签的成本比条形码标签的成本高,目前很少用于消费品标识,多数用于物流器具,如可回收托盘、包装箱标识等。

(3)21 世纪以来,也即条形码与射频识别技术共存时代。射频技术与传统条形码技术共存是我国物流领域自动识别技术未来的应用方向。如何在现有物流管理信息系统的基础上完成对企业流程管理的改造,实现条形码系统与射频技术的集成应用,是每一个企业物流管理者所关心的问题。

2.3 物流条码技术

物流信息自动化管理系统要求高速、准确地对物流信息进行采集。要及时捕捉作为信息源的每一商品在出库、入库、上架、分拣和运输等过程中的各种信息，迫切要求建立一种自动识别及数据自动录入的手段。用条码对物流信息进行标识无疑是最有效的方法。

2.3.1 条码概念与结构

1）代码

代码即一组用来表征客观事物的一个或一组有序的符号。代码必须具备鉴别功能，即在一个信息分类编码标准中，一个代码只能唯一地标识一个分类对象，而一个分类对象只能有一个唯一的代码，例如按国家标准“人的性别代码”规定，代码“1”表示男性，代码“2”表示女性，而且这种表示是唯一的。在对项目进行标识时，首先要根据一定的编码规则为其分配一个代码，然后再用相应的条码符号将其表示出来。图 2-1 中的阿拉伯数字 6901234567892 即是某物品的商品标识代码。

2）条码

条码是由一组规则排列的条、空及其对应字符组成的标记，用以表示一定的信息。“条”指对光线反射率较低的部分，“空”指对光线反射率较高的部分，这些条和空组成的数据表达出一定的信息，并能够用特定的设备识读，将其转换成与计算机兼容的二进制和十进制信息，如图 2-1 所示。

图 2-1 条码示意图

通常对于任何物品，它具有唯一的编码，对于普通的一维条码来说，还要建立数据库与商品条码信息的对应关系，当条码的数据传到计算机中时，由计算机上的相应应用程序对数据进行存储、查询、表示等操作。因此，普通的一维条码在使用过程中仅作为识别信息，它的意义是通过在计算机系统的数据库中提取相应的信息而实现的。

2.3.2 条码符号结构

一个完整条码的组成次序依次为：两侧静区、起始符、数据符、分割符（主要用于 EAN 码）、校验符、终止符，如图 2-2 所示。

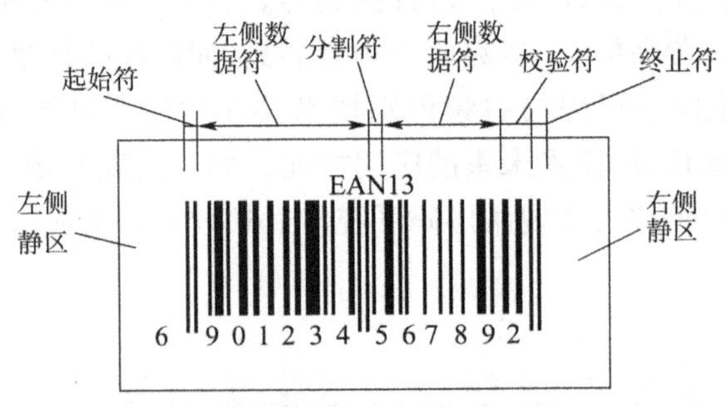

图 2-2 EAN-13 码的符号结构

静区是指条码左右两端外侧与空的反射率相同的限定区域，它能使阅读器进入准备阅读的状态，当两个条码相距距离较近时，静区则有助于对它们加以区分。静区的宽度通常应不小于6mm(或10倍模块宽度)。

起始符、终止符指位于条码开始和结束的若干条、空,标志条码的开始和结束,同时提供了码制识别信息和阅读方向的信息。

数据符是指位于条码中间的条、空结构,它包含条码所表达的特定信息。构成条码的基本单位是模块,模块是指条码中最窄的条或空,模块的宽度通常以mm或mil(1mil = 25.4×10^{-6}m,下同)为单位。构成条码的一个条或空称为一个单元,一个单元包含的模块数是由编码方式决定的,有些码制中,如EAN码,所有单元由一个或多个模块组成;而另一些码制,如三九码中,所有单元只有两种宽度,即宽单元和窄单元,其中的窄单元即为一个模块。

2.3.3　条码的编码方法

条码技术涉及两种类型的编码方式:一种是代码的编码方式,另一种是条码符号的编码方式。代码的编码规则规定了由数字、字母或其他字符组成的代码序列的结构,而条码符号的编码规则规定了不同码制中条、空的编制规则及其二进制的逻辑表示设置。表示数字及字符的条码符号是按照编码规则组合排列的,故当各种码制的条码编码规则一旦确定,就可将代码转换成条码符号。

不同码制的条码在编码方式上却有所不同,一般有以下两种:模块组合法和宽度调节法。

1)模块组合法

模块组合法是指条码符号中,条与空是由标准宽度的模块组成。一个标准宽度的条模块表示二进制的"1",而一个标准宽度的空模块表示二进制的"0"。商品条码模块的标准宽度是0.33mm,每个商品条码字符由2个条和2个空构成,每个条或空由1~4个模块组成,每个条码字符的总模块数为7,如图2-3所示。

2)宽度调节法

宽度调节法是指条码中,条与空的宽窄设置不同,用宽单元表示二进制的"1",而用窄单元表示二进制的"0",宽窄单元之比一般控制在2~3倍。

以二五码为例说明该方法的编码方法。二五码是一种只有条表示信息的非连续型条码。条码字符由规则排列的5个条构成,其中有2个宽单元、3个窄单元。宽单元表示二进制的"1",窄单元表示二进制的"0",如图2-4所示。

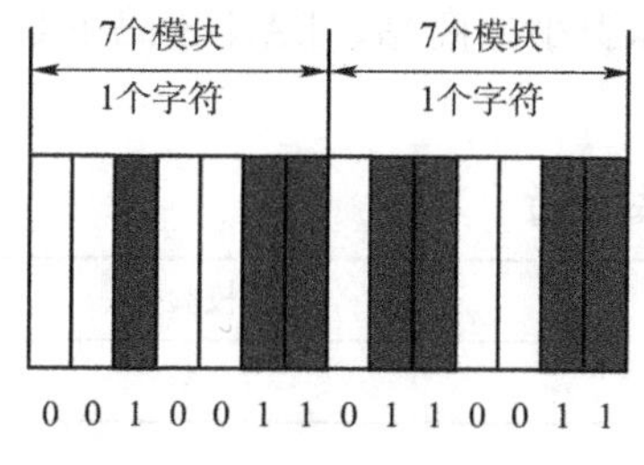

图2-3　条码字符的组成示意图

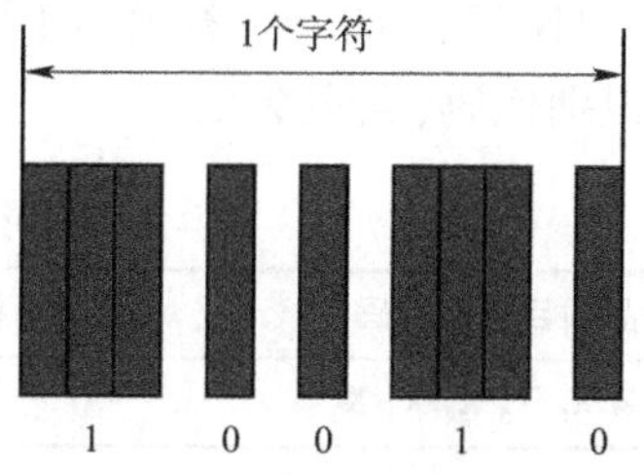

图2-4　二五条码的字符组成示意图

2.3.4 常用条码

1）EAN-13码

EAN-13码由13位数字组成。不同国家（地区）的条码组织对13位代码的结构有不同的划分。在中国大陆，EAN-13码分为三种结构类型，每种结构由三部分组成，见表2-1。

EAN-13码的代码结构 表2-1

结构类型	厂商识别代码	商品项目代码	校验码
结构一	$X_{13}X_{12}X_{11}X_{10}X_9X_8X_7$	$X_6X_5X_4X_3X_2$	X_1
结构二	$X_{13}X_{12}X_{11}X_{10}X_9X_8X_7X_6$	$X_5X_4X_3X_2$	X_1
结构三	$X_{13}X_{12}X_{11}X_{10}X_9X_8X_7X_6X_5$	$X_4X_3X_2$	X_1

注：X_i（$i=1\sim13$）表示从右至左的第i位数字代码。

前置码由2~3位数字（$X_{13}X_{12}$或$X_{13}X_{12}X_{11}$）组成，是EAN分配给国家（或地区）编码组织的代码。前置码由EAN统一分配和管理。随着世界经济的一体化发展，前置码一般并不一定代表产品的原产地，而只能说明分配和管理有关厂商识别代码的国家（或地区）编码组织。厂商识别代码用来在全球范围内唯一对厂商进行标识，其中包含前置码。在中国大陆，厂商识别代码由7~9位数字组成，由中国物品编码中心负责注册分配和管理。根据《商品条码管理办法》，任何厂商不得盗用其他厂商的厂商识别代码，不得共享和转让，更不得伪造代码。只有具备企业法人营业执照或营业执照的厂商可以申请注册厂商识别代码。当厂商生产的商品品种很多，超过了"商品项目代码"的编码容量时，允许厂商申请注册一个以上的厂商识别代码。

商品项目代码由3~5位数字组成，由获得厂商识别代码的厂商自己负责编制。由于厂商识别代码的全球唯一性，因此，在使用同一厂商识别代码的前提下，厂商必须确保每个商品项目代码的唯一性，这样才能保证每种商品项目代码的全球唯一性，即符合商品条码编码的"唯一性原则"。由3位数字组成的商品项目代码有000~999共1000个编码容量，可标识1000种商品；由4位数字组成的商品项目代码可标识10000种商品；由5位数字组成的商品项目代码可标识100000种商品。校验码用于校验条码代码的正误，是根据条码字符的数值按一定的数学方法计算得出。

2）EAN-8码

EAN-8码是EAN-13码的一种补充，用于标识小型商品。EAN-8码由8位数字组成，其结构中没有厂商识别代码，见表2-2。

EAN-8码结构 表2-2

商品项目识别代码	校验码
X_8 X_7 X_6 X_5 X_4 X_3 X_2	X_1

EAN-8码的商品项目识别代码由7位数字组成。在中国大陆，$X_8X_7X_6$为前置码。前置

码与校验码的含义与 EAN-13 码相同。计算校验码时只需在 EAN-8 码前添加 5 个“0”,然后按照 EAN-13 码中的校验位计算即可。从结构上可以看出,EAN-8 码中用于标识商品项目的编码容量要远远少于 EAN-13 码。

以前置码 690 的商品标识代码为例:就 EAN-8 码来说,除校验位外,只剩下 4 位可用于商品的编码,即仅可标识 10000 种商品项目;而在 EAN-13 码中,除厂商识别代码、校验位外,还剩 5 位可用于商品编码,即可标识 100000 种商品项目。

EAN-8 商品条码是表示 EAN-8 商品标识代码的条码符号,是 EAN-13 商品条码的压缩版,由 8 位数字组成,用于面积较小的商品包装上,如图 2-5 所示。与 EAN-13 码相比,EAN-8 码没有制造厂商代码,仅有前置码、商品项目代码和校验码。EAN-8 条码的结构见表 2-3。

图 2-5 EAN-8 条码示意图

EAN-8 条码结构 表 2-3

左侧空白区	起始符	左侧数据符	中间分隔符	右侧数据符	校验符	终止符	右侧空白区
7 个模块	3 个模块	28 个模块 4 个数字	5 个模块	21 个模块 3 个数字	7 个模块 1 个数字	3 个模块	7 个模块

在我国,凡需使用 EAN-8 码的商品生产厂家,需将本企业欲使用 EAN-8 码的商品目录及其外包装(或设计稿)报至中国物品编码中心或其分支机构,由中国物品编码中心统一赋码。

3) GS1-128 码

商品条码和储运条码都属于不携带信息的标识码,在物流配送过程中,如果需要将生产日期、有效日期、运输包装序号、重量、体积、尺寸、送出地址、送达地址等重要信息条码化,以便于扫描输入,这时就可以应用 GS1-128 条码。

GS1-128 条码是一种连续型、非定长、有含义的高密度、高可靠性、有两种独立校验方式的代码。GS1 国际组织所发布的标准中,将紧跟在起始字符后面的功能字符 1(FNC1)定义为专门用于表示 GS1 系统应用标识符的数据,以区别于 Code 128 码。应用标识符(Application Identifier, AI)是标识编码应用含义和格式的字符。其作用是指明跟随在应用标识符后面的数字所表示的含义。GS1-128 条码是唯一能够表示应用标识符的条码符号。GS1-128 码可编码的信息范围广泛,包括项目标识、数量、计量、日期、交易参考信息、位置等。GS1-128 条码示意图如图 2-6 所示。

图 2-6 GS1-128 条码示意图

GS1-128 条码是 Code 128 码的子集。Code 128 码无固定数据结构,而 GS1-128 码是通过应用标识符定义数据,用于开放的供应链管理(图 2-7 和图 2-8)。

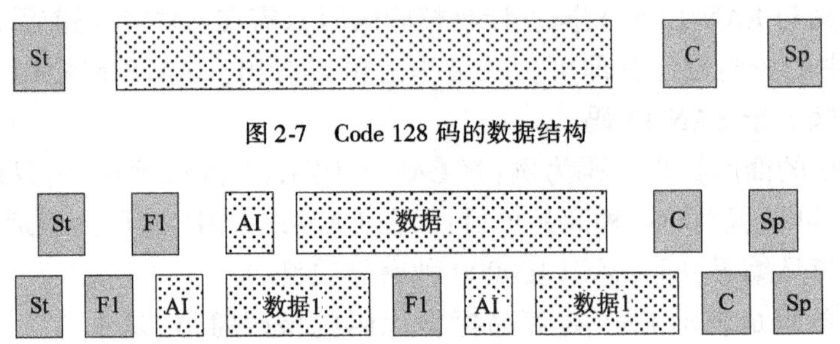

图2-7 Code 128 码的数据结构

图2-8 GS1-128 条码符号的结构

GS1-128 条码的结构见表2-4。

GS1-128 条码符号构成 表2-4

左侧空白区	起始字符	数据字符	符号校验字符	终止字符	右侧空白区
10 模块	22 模块	11N 模块	11 模块	13 模块	10 模块

注:N 为数据字符与辅助字符个数之和。

GS1-128 条码的优点体现在:可使生产过程中一些经常变化的产品信息条码化,它是国际通用的协议标准,可使产品的运送过程得到更佳的品质管理,可更有效地控制生产及配销,提供更安全可靠的供给线。

GS1-128 条码有三种不同的字符集,分别为字符集 A、字符集 B 和字符集 C。字符集 A 包括所有标准的大写英文字母、数字字符、控制字符、特殊字符及辅助字符;字符集 B 包括所有标准的大写和小写英文字母、数字字符、特殊字符及辅助字符;字符集 C 包括 00 ~ 99 的 100 个数字以及辅助字符。字符集 C 中的一个条码字符表示两个数字字符,因此,使用该字符集表示数字信息可以比其他字符集信息量增加一倍,即条码符号的密度提高一倍。这个字符集的交替使用可将 128 个 ASCⅡ码编码。《商品条码 128 条码》(GB/T 15425—2014)列出了 GS1-128 条码的所有 A、B、C 三种字符集。

GS1-128 条码符号最好平行地置于 EAN/UCC-13 或者 ITF 等主码符号的右侧。之所以称 EAN/UCC-13 或者 ITF 为主码符号,是由于它们用来标识贸易项目的代码或编号。相对而言,GS1-128 条码的特点在于标识这些贸易项目的附加信息。在留有足够空白区的条件下,尽可能缩小两个符号间的距离,符号的高度应相同。

2.3.5 储运单元条码

储运单元条码是专门表示储运单元编码的条码,储运单元是指为便于搬运、仓储、订货、运输等,由消费单元组成的商品包装单元。储运单元条码又分为定量储运单元和变量储运单元。定量储运单元是指由定量消费单元组成的储运单元,如成箱的牙膏、瓶装酒、药品、服装、烟等。变量储运单元是指由变量消费单元组成的储运单元,如布匹、农产品、鲜肉类等。

1)定量储运单元

(1)定量储运单元编码规则。

当由相同种类的定量消费单元组成定量储运单元时,定量储运单元可用 14 位数字代码进行编码标识,其编码的代码结构见表2-5。

含相同种类的定量消费单元组成的定量储运单元代码结构 表2-5

定量储运单元包装指示符	定量消费单元代码	校验字符
V	X_1 X_2 X_3 X_4 X_5 X_6 X_7 X_8 X_9 X_{10} X_{11} X_{12}	C

V为定量储运单元包装指示符,用于指示定量储运单元的包装级别,取值范围为V=1,2,…,8。

X_1,…,X_{12}是指包含在定量储运单元内的定量消费单元代码(去掉校验字符后的12位数字代码)。

(2)定量储运单元的条码标识。

定量储运单元14位数字代码的条码标识。定量储运单元14位数字代码的条码标识可用14位交插二五条码(ITF-14)标识定量储运单元,也可用GS1-128条码标识定量储运单元的14位数字代码。

定量储运单元13位数字代码的条码标识。当定量储运单元同时又是定量消费单元时,应使用商品条码(EAN-13条码)标识。

当定量储运单元是由不同种类的定量消费单元组成时,其代码的编码可用商品条码(EAN-13码)或14位交叉二五条码(IFT-14条码)标识。采用14位交叉二五条码(IFT-14条码)标识的方法是:在13位数字代码前加一位"0"变成14位数字代码,然后用IFT-14条码的编码规则编码标识。

2)变量储运单元

变量储运单元编码由14位数字的主代码和6位数字的附加代码组成,代码结构见表2-6。

变量储运单元代码结构 表2-6

主代码			附加代码	
变量储运单元包装指示字符	厂商识别代码与商品项目代码	校验字符	商品数量	校验字符
L_I	X_1 X_2 X_3 X_4 X_5 X_6 X_7 X_8 X_9 X_{10} X_{11} X_{12}	C_1	$Q_1Q_2Q_3Q_4Q_5$	C_2

L_I指在主代码后面有附加代码,$L_I=9$。附加代码($Q_1 \sim Q_5$)是指包含在变量储运单元内,按确定的基本计量单位(如kg、m等)计量取得的商品数量。

变量储运单元的主代码用ITF-14(14位交插二五条码)条码标识,附加代码用ITF-6(6位交插二五条码)标识。变量储运单元的主代码和附加代码也可以用GS1-128条码标识。

3)交插二五条码

交插二五条码在仓储和物流管理中被广泛采用。1983年,交插二五条码完整的规范被编入有关物资储运的条码符号美国国家标准(ANSI MH10.8—1993)中。2003年,我国修订了《信息技术　自动识别与数据采集技术　条码码制规范　交插二五条码》(GB/T 16829—2003),并于2003年12月1日开始实施至今。

(1)交插二五条码的特点。

交插二五条码是一种连续、非定长、具有自校验功能，且条和空都表示信息的双向条码。它由左侧空白区、起始符、数据符、终止符及右侧空白区构成。它的每一个条码数据符由5个单元组成，其中2个是宽单元(用二进制“1”表示)，其余3个是窄单元(用二进制“0”表示)。组成条码符号的字符个数为偶数，如图2-9所示。

在一个交插二五条码符号中，当字符个数是奇数时，应在左侧补0使其变为偶数。条码字符从左到右，奇数位置上的字符用条表示，偶数位置上的字符用空表示，如图2-10所示。

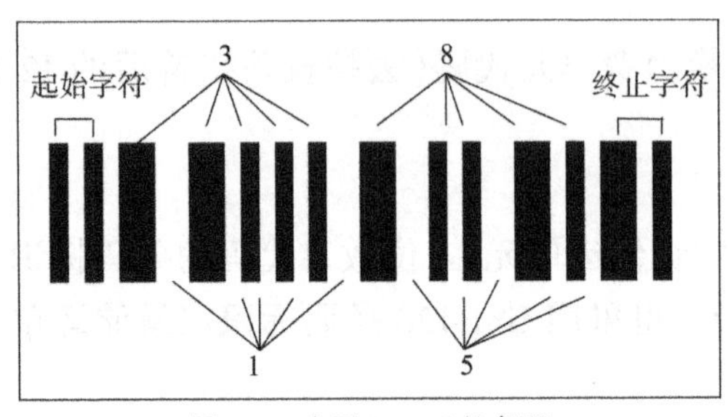

图2-9 表示“3185”的条码

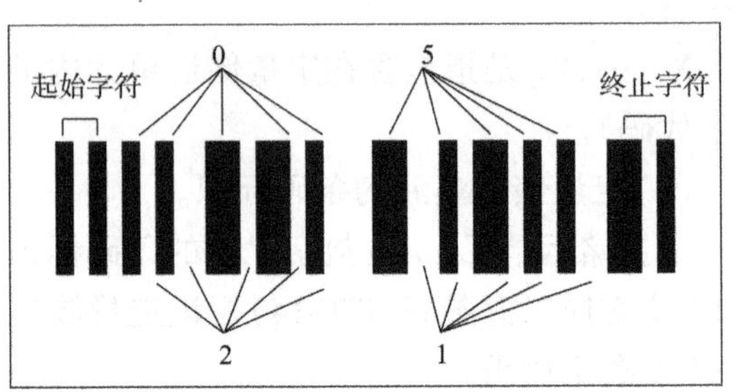

图2-10 表示“0251”的条码

为了防止扫描产生的误差，交插二五条码的符号经常采用托架条，即在符号数据条的顶部和底部各加一个横条，其宽度和宽条相一致，图2-11所示为一带有托架的交插二五条码。

图2-11 带有托架的交插二五码

(2)交插二五条码的校验符。

为了提高交插二五条码的识读可靠性，在需要的时候可以在数据字符的后面加上一个校验字符，校验字符的计算方法如下：

①从第一位开始对每一位数据字符自左至右赋以权数3、1、3、1、3、…；

②将相应的数据字符与权数相乘，然后将所得的积相加；

③所得的和与10的模进行运算，结果就是校验字符的值。

例如：某一交插二五条码的数据字符为52234，其相应的权数为31313，求和的运算为

$$(5+2+4)\times 3+(2+3)\times 1=38$$

将38与10进行模运算得到的结果为2，则2就是校验字符的值。

2.4 二维条码

2.4.1 二维条码的产生背景

随着条码技术应用领域的不断扩展，传统的一维条码渐渐表现出了它的局限性。首先，使用一维条码，必须通过连接数据库的方式提取信息才能明确条码所表达的信息含义，因此，在没有数据库或者不便联网的地方，一维条码的使用就受到了限制；其次，一维条码表达

的只能是字母和数字，而不能表达汉字和图像，在一些需要应用汉字的场合，一维条码便不能很好地满足要求；另外，在某些场合下，大信息容量的一维条码通常受到标签尺寸的限制，也给产品的包装和印刷带来了不便。

二维条码的诞生解决了一维条码不能解决的问题，它能够在横向和纵向两个方位同时表达信息，不仅能在很小的面积内表达大量的信息，而且能够表达汉字和存储图像。二维条码的出现拓展了条码的应用领域，被许多不同的行业所采用。

二维条码是用某种特定的黑白相间的几何图形按一定规律在平面（二维方向上）分布，用以记录数据符号信息的一种条码技术。简单地说，在水平和垂直方向的二维空间存储信息的条码，称为二维条码。图 2-12 为 PDF417 二维条码。

图 2-12　PDF417 二维条码

2.4.2　二维条码的特点和分类

1）二维条码的特点

（1）高密度。二维条码通过利用垂直方向的尺寸来提高条码的信息密度。通常情况下，其密度是一维条码的几十到几百倍，这样就可以把产品信息全部存储在一个二维条码中，要查看产品信息，只要用识读设备扫描二维条码即可，不需要事先建立数据库，真正实现了用条码对物品描述。

（2）具有纠错功能。二维条码的纠错算法与人造卫星和 VCD 等所用的纠错算法相同。这种纠错机制使得二维条码因穿孔、污损等引起局部损坏时，照样可以正常识读，使得二维条码成为一种安全可靠的信息存储和识别的方法，这是一维条码无法比拟的。

（3）可以表示多种语言文字。一维条码表示其他语言文字（如汉字、日文等）是不可能的。多数二维条码都具有字节表示模式，即提供了一种表示字节流的机制。不论何种语言文字，它们都以机内码的形式存储在计算机中，而内部码都是字节码。这样就可以设法将各种语言文字信息转换成字节流，然后再将字节流用二维条码表示，从而为多种语言文字的条码表示提供了一条前所未有的途径。

（4）可表示图像数据。二维条码可以表示字节数据，而图像多以字节形式存储，因此使图像（如照片、指纹等）的条码表示成为可能。

（5）可引入加密机制。例如用二维条码表示照片时，可以先用一定的加密算法将图像信息加密，然后再用二维条码表示。在识别二维条码时，再加以一定的解密算法，就可以恢复到原本所表示的照片。这样便可以防止各种证件、卡片等的伪造。

2）二维条码的分类

二维条码可以分为堆叠式二维条码和矩阵式二维条码。堆叠式二维条码形态上是由多行短截的一维条码堆叠而成。矩阵式二维条码以矩阵的形式组成，在矩阵相应元素位置上用点的出现表示二进制“1”，空的出现表示二进制“0”，由点的排列组合确定代码表示的含义。有代表性的堆叠式二维条码包括 PDF417、Code49、Code16K 等。有代表性的矩阵式二维条码包括 Code one 、Aztec、Data Matrix、QR Code 码等。二维条码可以使用激光或 CCD 阅读器识读。我国已制定了两项二维条码的相关标准:《四一七条码》(GB/T 17172—1997)、《快速响应矩阵码》(GB/T 18284—2000)，分别对应 PDF417 和 QR Code。除 PDF417 外，其他几种常见的二维条码如图 2-13 所示。

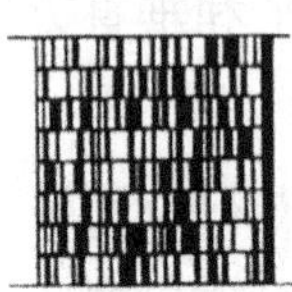
a) Code49符号

b) QR Code符号

c) Maxicode符号

图 2-13 常见的二维条码

堆叠式二维条码中包含附加的格式信息，信息容量可以达到 1kB，例如，PDF417 码可用来为运输/收货标签的信息编码，它作为 ANSI MH10.8 标准的一部分为“纸上 EDI”的送货标签内容编码，这种编码方法被许多的工业组织和机构采用。

矩阵式二维条码具有更高的信息密度(如 Data Matrix、Maxicode、QR 码)，可以作为包装箱的信息表达符号，在电子半导体工业中，将 Data Matrix 用于标识小型的零部件。矩阵式二维条码只能被二维的 CCD 图像式阅读器识读，并能以全向的方式扫描。

新的二维条码能够将任何语言(包括汉字)和二进制信息(如签字、照片)编码，并可以由用户选择不同程度的纠错级别，以便在符号残损的情况下恢复所有信息。

2.4.3 PDF417 码概述

1)PDF417 码简介

PDF417 码是由留美华人王寅敬(音)博士发明的。PDF 取自英文 Portable Data File 三个单词的首字母，意为“便携数据文件”。因为组成条码的每一符号字符都是由 4 个条和 4 个空共 17 个模块构成，所以称为 PDF417 码。

PDF417 码可表示数字、字母或二进制数据，也可表示汉字。一个 PDF417 码最多可容纳 1850 个字符或 1108 个字节的二进制数据，如果只表示数字则可容纳 2710 个数字。PDF417 的纠错能力分为 9 级，级别越高，纠正能力越强。这种纠错功能，使得污损的 417 码也可以正确读出。我国目前已制定了《四一七条码》(GB/T 17172—1997)。PDF417 码需要有 417 解码功能的条码阅读器才能识别。

2)PDF417 码特点

(1)信息容量大。根据不同的条空比例，PDF417 码每平方英寸可以容纳 250 ~ 1100 个字符。在国际标准的证卡有效面积上(相当于信息卡面积的 2/3，约为 76mm × 25mm)，PDF417 二维条码可以容纳 1850 个字母字符或 2710 个数字字符，约 1000 个汉字信息，比普通条码信息容量高出几十倍。

(2)编码范围广。PDF417 码可以将指纹、掌纹、照片、签字、文字、声音等可数字化的信息进行编码,所以可被应用于各种领域。

(3)错误纠正能力。一维条码通常具有校验功能以防止错读,一旦条码发生污损将被拒读。而二维条码不仅能防止错误,而且能纠正错误,即使条码部分损坏,也能将正确的信息还原出来。

例如,PDF417 二维条码采用了世界上最先进的数字纠错算法,在选择适当的纠错级别进行编码后,只要条码破损度(破损面积占整个条码符号的面积)不超过 50%,就可完整地读出整个条码编码信息。

(4)尺寸可调,以适应不同的打印空间。

(5)可用多种阅读设备阅读。PDF417 码可用带光栅的激光阅读器、图像式阅读器阅读。

(6)印制要求不高。普通打印设备均可打印,传真件也能阅读。

(7)码制公开已形成国际标准,我国也已制定了 417 码的国家标准。

2.4.4 复合码

复合码(Composite Symbology,CS)是 EAN 与 UCC 于 1999 年初联合推出的一种全新的适于在各行业应用的物流条形码标准。复合码的应用可以加强对物流商品的单品管理,提高物流管理中商品信息自动采集的效率。

复合码将一维条形码与二维条形码有机地叠加在一起,以实现在读取商品单品识别信息的同时,还能够获取更多描述商品物流特征的信息。复合码作为一种新的条形码码制,很好地保持了国际物品编码体系(EAN/UCC 系统)的完整性及兼容性。

复合码是由一维条形码和二维条形码叠加在一起而构成的一种新的码制,主要用于物流及仓储管理。复合码中的一维条形码可以是任何形式的采用缩小面积的条形码符号(Reduced Space Symbology,RSS),也可以是普通的 EAN/UCC 条形码。其作用为:单品标识;作为二维条形码的定位符,用于成像仪识别时的定位。RSS 的目的在于减少商品条码占用的面积,增加条码所含的商品信息容量。RSS 标准的颁布旨在解决微小物品标识问题而非取代现有的一维条形码。RSS 包括 4 种不同的形式:①RSS-14,由 14 位的 EAN/UCC 编码构成,用于物品的单品标识;②RSS-14 限制型,包装指示符为"0"或"1"的 14 位商品单品编码;③RSS 扩展型,由商品的单品识别码加附加码诸如"重量""最佳使用日期"等构成,如果条形码太宽时,可以叠加为两层;④RSS-14 层叠码,它是 RSS-14 的变体,用多层一维条形码表示。

复合码中的二维条形码部分由 PDF417 条形码构成,用于表示附加的应用标识符的数据串,诸如产品的批号、保质期等商品的描述性信息。

根据所编信息容量的不同,复合码符号有 3 种不同的变体,以适应不同的应用:①CS-A,为 76 ~ 106 个字符,为一维条形码加微型 PDF417 变体;②CS-B,为 359 ~ 391 个字符,为一维条形码加微型 PDF417 二维条形码;③CS-C,为 2378 ~ 2410 个字符,为一维条形码加 PDF417 二维条形码。

在设计复合码时,应使一维条形码数据内容与二维条形码 PDF417 的数据内容相关联,以免扫描条形码时造成张冠李戴的错误。在一维条形码的数据与二维条形码的数据之间建立一种绝对的联系是多年来编码工作者一直考虑的问题。因为用户有时需要既扫描一维条形码，即录入商品或包装箱的单品标识信息；又扫描二维条形码，即录入商品或包装箱的描述性信息。

2.4.5 二维条码在物流系统中应用

1）PDF417 码在物流领域中的应用

（1）二维条码在运输行业中的应用。一个典型的运输业务流程应该为：供应商—货运代理—货运公司—客户等，在每个过程中都牵涉到发货单据的处理。发货单据含有发货人信息、收货人信息、货物清单、运输方式等。单据处理的前提是数据的录入，人工键盘录入的方式存在着效率低、差错率高的问题，已不能适应现代运输业的要求。

二维条码在这方面提供了一个很好的解决方案，将单据的内容编成一个二维条码，打印在发货单据上，在运输业务的各个环节使用二维条码阅读器扫描条码，信息便录入计算机管理系统中，既快速又准确。

例如，在美国，虽然 EDI 应用革新了业务流程的核心部分，但许多 EDI 报文因不能及时确认准确的装运单信息而影响了货物运输和客户单据的生成。美国货运协会（American Trucking Associations, ATA）因此提出了纸上 EDI 系统。发送方将 EDI 信息编写成一张 PDF417 条码标签提交给货运商，通过扫描条码，信息立即传入货运商的计算机系统，大大提高了整个运输过程的效率。

（2）资产跟踪。例如，美国钢管公司在各地拥有不同种类的管道需要维护。为了跟踪每根管子，他们将管子的编号、位置编号、制造厂商、长度、等级、尺寸、厚度以及其他信息编成一个 PDF417 条码，制成标签后贴在管子上。当管子移走或安装时，操作员扫描条码标签，数据库信息得到及时更新。工厂可以采用二维条码跟踪生产设备，医院和诊所也可以采用二维条码标签跟踪设备、计算机及手术器械。

其他类似的应用还有税务申报单、海关报关单、政府部门的各类申请表等。

2）复合码在物流领域中的应用

目前，复合码的应用主要集中在标识散装商品（随机称重商品）、蔬菜水果、医疗保健品、非零售的小件物品以及商品的运输与物流管理中。采用复合码以后，有效增加了单位面积条形码的信息容量。复合码的出现，为商店散装商品及蔬菜水果等的条形码标识提出了理想的解决方案。借助于复合码，不但可以表示商品的单品编码，还可以将商品的包装日期、最佳食用日期等附加商品信息标识在商品上，便于零售店采集，以对存在保质期的商品实施有效的计算机管理和监控。

在物流系统中，越来越多的应用证明，采集和传递更多的运输单元信息是非常必要的，而目前的一维条形码受信息容量的限制，无法提供满意的解决方案。物流管理所需要的信息可分为两类：运输信息和货物信息。运输信息包括交易信息，诸如采购订单编号、装箱单及运输途径等。复合码中包含这些信息的好处在于供应链的各个环节都可以随时采集所需信息而无须在线连接数据库。将货物本身信息编在二维条形码中是为了给 EDI 提供可靠的备份，从而减少对网络的依赖性。这些信息包括包装箱及所装物品、数量以及保质期等。掌握这些信息对混装托盘的运输及管理尤其重要。采用复合码后，这些复合码可将2300个字符输入条形码中，从而解决了物流管理中条形码信息容量不足的问题，极大地提高了物流及供应链管理系统的效率和质量。

2.5 自动传感技术

传感器是一种能够感受到被测物信息的检测装置，能把被感出的全部信息以某种规律转化成电信号或其他形式的需求信息输出，来满足信息的传递、加工、处理、展示、记录和管理等过程要求。《传感器通用术语》（GB/T 7665—2005）将传感器定义为"能感受被测量并按照一定的规律转换成可用输出信号的器件或装置"。

随着物联网、人工智能等技术的发展，传感器在智能工业、智能物流、智能农业、智能交通、智能楼宇、智能环保、智能电网、健康医疗、智能穿戴等领域都有着广阔的应用空间。尤其是在工业自动化领域，传感器作为机械的"触觉"，是实现工业自动检测和自动控制的首要环节。

2.5.1 传感器技术概述

传感器技术是实现测试与自动控制的关键技术。在大多数测试系统中，传感器技术被视为仪表定位，其主要技术是能精准检测和识别最初形式的信息，并将这些信息转换成其他形式的信息。目前把计算机技术、通信技术与传感器技术看作信息技术的三大支柱。从仿生学观点看，如果把计算机看成识别和加工数据信息的"大脑"，把通信系统看成传递数据信息的"神经系统"，那么传感器就是传输数据信息的"感觉器官"。

传感器技术的发展可以划分为三代：第一代结构型传感器、第二代固体型传感器、第三代智能型传感器。第一代结构型传感器，它的技术原理主要是以结构参量变化来识别和转化信号。第二代固体型传感器是20世纪70年代出现的，这种传感器的元器件组成包括半导体、电介质、磁性材料等。固体型传感器的制成原理是利用某些材料的相关特性。第三代智能型传感器是近年来伴随着移动终端发展的，这使得传统的传感器变得更加智能化，而且它同时具备了计算机技术和检测技术。现在是传感器发展的关键时期，传统传感器不断转向智能型传感器，表现出传感器向小型化、数字化、智能化、多功能化、系统化、简单化和网络化方向发展。

常用的传感器有温度传感器、振动传感器、红外传感器、霍尔传感器、超声波传感器、压力应变传感器、光电式传感器和气敏传感器。本书以温度传感器为例进行简单的介绍。

温度传感器是指感受被测物的温度，检测出信息并转换为电信号或其他形式需求信息的一种传感器。温度传感器是大多数温度测量工具的主要组成部分，温度测量工具的种类很多。根据组成传感器的材料和电子元器件的特性可以分为热电阻温度传感器和热电偶温度传感器。根据传感器的使用测量方法可以分为接触式温度传感器和非接触式温度传感器。其中，接触式温度传感器又称温度计，它可以将传感器中敏感元件感受接触部分与被测物直接接触。温度传感器主要利用传导物可传导或对流来平衡热量的原理，使被测物的温度能直接由温度传感器指示，这种温度测量方法的准确性极高。原则上在特定的温度范围之内，温度传感器能够测量被测物不同部位的温度。非接触式温度传感器又称非接触式测温仪表，是指传感器的敏感元件感受接触部分不接触被测物。这种仪表主要测量那些不易接触的复杂对象，例如高速运动、体积极小、热容量小或温度变化迅速（瞬变）的物品，也可用于测量温度场的温度分布。辐射测温仪就是一种非接触式测温仪器，它的技术原理是建立在黑体辐射基本定律基础上的。物体的冷热程度用物理量——温度来表示，同样，温度也是各行各业生产运营过程中一个普遍和基础的测量参数。温度的准确测量在把控产品质量、提高管理效率、节约资源、保证生产安全、保护环境和发展经济方面有着重大价值。目前，温度传感器的数量因为温度测量的普及而在各种传感器中居于首位。

2.5.2 传感器的结构及特点

传感器主要由敏感元件、转换元件、变换电路和辅助电源四部分构成。其中，敏感元件用于直接感受被测物，并输出感受到的被测物相关的物理量信号；转换元件将敏感元件输出的物理量信号以某种规律转换成电信号；转换电路负责放大和调制转换元件转换的电信号。后两者通常需要电源供电。静态特性和动态特性是传感器的基本特性，主要用于描述系统输入与输出的关系。传感器的静态特性是指检测系统的输入为不随时间变化的恒定信号时系统输出与输入之间的关系。输入量和输出量都与时间无关，因此，它们之间的关系，即传感器的静态特性可以用一个不含时间变量的代数方程来描述，或者可以用以输入量为横坐标、以相应输出量为纵坐标形成的曲线来描述。线性度、灵敏度、迟滞、重复性、漂移等指标常常用于衡量传感器的静态特征。动态特性是指检测系统的输入为随时间变化的信号时系统输出与输入之间的关系。在实际应用中，传感器的动态特性通常用其对标准输入信号的响应来表示。阶跃信号和正弦信号是最常用的两种标准输入信号，因此，也常用阶跃响应和频率响应等指标来表示传感器的动态特性。

传感器技术及其产业的特点可以概括为基础与应用的依赖性、技术与投资的集中性、产品与产业的分散性。

（1）基础与应用的依赖性。基础依赖是指传感器技术的发展是基于敏感机理、敏感材料、工艺设备和测量技术四部分的。敏感机理大不相同，敏感材料多，工艺设备不同，测量技术也大不相同，正是这四部分维持了传感器技术的长久发展。没有上述四部分的支撑，传感器技术难以延续。应用依赖是指传感器技术类属于应用技术，其市场发展依赖于检测设备和自动控制系统相结合，这样才能体现出其高附加效益，形成真正的市场。也就是说，传感器技术的发展应该以市场为导向，以需求为驱动。

（2）技术与投资的集中性。技术集中主要是指在传感器的研究和开发中所使用的技术是多样化、边缘化、综合化和技能化的。它汇集了多种高科技技术的成果。投资集中主要是指在传感器产品的研发和制造过程中需要集中投资，特别是在研究和建立大规模经济生产线方面，就需要更大的投资。

(3)产品与产业的分散性。产品与产业分散是指传感器产品门类品种众多(共10大类、42小类,近6000个品种)。传感器技术在各个行业企业得到广泛使用,一方面它的发展同时推动着各行业的发展,另一方面它的研究设计又必须以各行业的需求为基础。只有根据需求的不断变化,来完善产业结构和产品结构,才能实现传感器产业的全面、协调和可持续发展。

2.5.3　传感器技术在物流中的应用

现代化物流的发展离不开信息化,在物流信息系统中,传感器作为系统中的核心设备,在对数据和信息的采集、转换和传输方面都作出了巨大贡献。其中智能传感器就发挥了很大的作用,它能够通过大数据与生产自动化结合,也能够在互联网或"云"环境下实现信息交互。在现代化物流发展中,智能传感器已经成为主要技术和必要设备。同时,各类传感器的发展随着物流行业的迅速崛起而进一步发展。

传感器技术是智能物流系统实现数据信息高效管理的关键技术。传感器技术普遍应用于供应链的各个环节,尤其在商品存储作业时,传感器技术在实现自动化存储过程中发挥着作用。传感器技术还广泛应用在物流系统的运输和分拣环节中,例如温度传感技术或光电传感技术用于读取、检测和重新检查待处理物品的信息。

此外,在查询化学品物流信息系统、冷链物流信息系统和食品物流信息系统中的物品信息和状态时,会应用到传感器、GNSS与RFID等多种技术。传感器技术的出现使物流系统的感知技术迈上了新台阶,改变了传统物流管理物品的方法,将原本仅仅对物品进行单纯的定位、跟踪、管理和运作,发展到感知物品更全面和广泛的信息(包括性能、质量和环境等),更有效地促进了智能物流的发展,特别是在化学品、冷链和食品物流中,具有广阔的应用前景。目前,要通过相关特点来促进传感器技术的进一步快速发展,可以从高性价比、高适应性、高稳定性、高可靠性、高精确度和高分辨率等方面来分析传感器技术未来的发展趋势。

2.6　无线射频技术

2.6.1　RFID概述

无线电射频(Radio Frequency Identification,RFID)技术在国外发展很快,电子标签(Tag)产品种类很多,像复旦微电、远望谷、中电华大科技等上市公司都生产电子标签产品或提供RFID应用系统的集成解决方案。它们的产品各有特点,有的自成系列。射频识别技术越来越受到各行各业的关注,被视为21世纪的重大技术之一,现已被广泛应用于工业自动化、商业自动化、交通运输控制管理等众多领域,汽车、火车等交通监控,高速公路自动收费系统,停车场管理系统,流水线生产自动化,安全出入检查,仓储管理,动物管理,车辆防盗等。

1993年开始,我国政府制定的金卡工程实施计划及全国范围的金融卡网络系统10年规划,是一个旨在加速推动我国国民经济信息化进程的重大国家级工程。现在,电子标签射频识别技术作为一种新兴的自动识别技术,已在中国很快得到普及。我国射频识别技术产品的市场是十分巨大的,现在,国内的高速公路上已启用了非接触射频卡自动收费,城市的公交系统使用了电子月票,若干外贸与出入境口岸也使用了射频识别系统等。

射频识别技术适用于物料跟踪、运载工具和货架识别等要求非接触数据采集和交换的场合,由于射频识别标签具有可读写能力,对于需要频繁改变数据内容的场合尤为适用。

2.6.2 RFID 系统基本原理

RFID 的基本原理是电磁理论,是利用无线电波对记录媒体进行读写。射频识别的优点是不局限于视线,其识别距离比光学系统远,可达几十厘米至几米,且根据读写的方式,可以输入数千字节的信息,同时,具有可携带大量数据、难以伪造和有智能的特点等。

1)RFID 系统构成

从系统的工作原理来看,RFID 系统一般都由标签、阅读器、编程器、天线几部分组成,如图 2-14 所示。

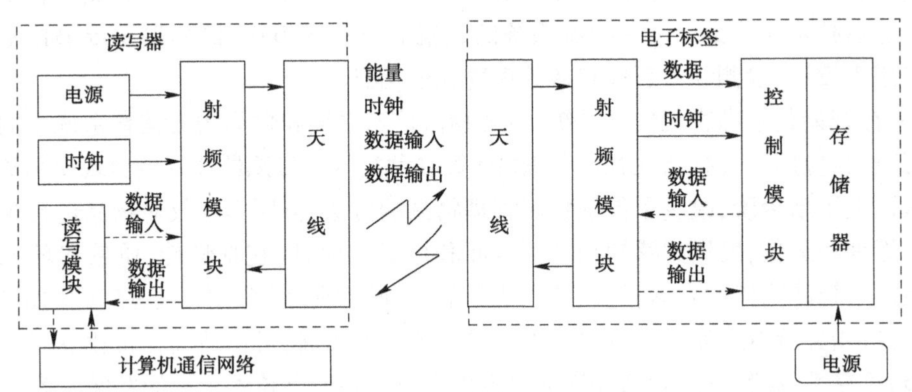

图 2-14 射频识别系统结构框图

(1)标签。在 RFID 系统中,信号发射机为了实现不同的应用目的,会以不同的形式存在,典型的形式是标签(TAG)。标签相当于条码技术中的条码符号,用来存储需要识别传输的信息,另外,与条码不同的是,标签必须能够自动或在外力的作用下,把存储的信息主动发射出去。标签一般是带有线圈、天线、存储器与控制系统的低电集成电路。

(2)阅读器。在 RFID 系统中,信号接收机一般叫作阅读器。根据支持的标签类型不同与完成的功能不同,阅读器的复杂程度是显著不同的。阅读器基本的功能就是提供与标签进行数据传输的途径。另外,阅读器还提供相当复杂的信号状态控制、奇偶错误校验与更正功能等。标签中除了存储需要传输的信息外,还必须含有一定的附加信息,如错误校验信息等。识别数据信息和附加信息按照一定的结构编制在一起,并按照特定的顺序向外发送。阅读器通过接收到的附加信息来控制数据流的发送。一旦到达阅读器的信息被正确地接收和译解后,阅读器通过特定的算法决定是否需要发射机对发送的信号重发一次,或者直到发射器停止发信号,即"命令响应协议"。使用这种协议,即使在很短的时间、很小的空间阅读多个标签,也可以有效地防止“欺骗问题”的产生。

(3)编程器。只有可读可写标签的系统才需要编程器,编程器是向标签写入数据的装置。编程器写入数据一般来说是离线完成的,也就是预先在标签中写入数据,等到开始应用时直接把标签粘附在被标识项目上。也有一些 RFID 应用系统,写数据是在线完成的,尤其是在生产环境中作为交互式便携数据文件来处理时。

(4)天线。天线是标签与阅读器之间传输数据的发射、接收装置。除了系统功率、天线的形状和相对位置影响数据的发射和接收,需要专业人员对系统的天线进行设计、安装。

2)RFID 标签分类

按照不同的分类标准,标签有许多不同的分类。

(1)有源标签和无源标签。按照标签获取电能的方式不同,可以把标签分为有源标签与无源标签。有源标签内部自带电池进行供电,它的电能充足,工作可靠性高,信号传送的距离远。另外,有源标签可以通过设计电池的不同寿命对标签的使用时间或使用次数进行限制,它可以用在需要限制数据传输量或者使用数据有限制的地方,例如,一年内,标签只允许读写有限次。有源标签的缺点主要是标签的使用寿命受到限制,而且随着标签内电池电力的消耗,数据传输的距离会越来越小,影响系统的正常工作。无源标签内部不带电池,要靠外界提供能量才能正常工作。无源标签典型的产生电能的装置是天线与线圈,当标签进入系统的工作区域,天线接收到特定的电磁波,线圈就会产生感应电流,再经过整流电路给标签供电。无源标签具有永久的使用期,常常用在标签信息需要每天读写或频繁读写多次的地方,而且无源标签支持长时间的数据传输和永久性的数据存储。无源标签的缺点主要是数据传输的距离比有源标签短。因为无源标签依靠外部的电磁感应而供电,它的电能就比较弱,数据传输的距离和信号强度就受到限制,需要敏感性比较高的信号接收器才能可靠识读。

(2)只读标签与可读可写标签。根据内部使用存储器类型的不同,标签可以分为只读标签与可读可写标签。只读标签内部只有只读存储器(Read Only Memory,ROM)和随机存储器(Random Access Memory,RAM)。ROM 用于存储发射器操作系统和安全性要求较高的数据,它与内部的处理器到逻辑处理单元完成内部的操作控制功能,如响应延迟时间控制、数据流控制、电源开关控制等。另外,只读标签的 ROM 中还存储有标签的标识信息。这些信息可以在标签制造过程中由制造商写入 ROM 中,也可以在标签开始使用时由使用者根据特定的应用目的写入特殊的编码信息。这种信息可以只简单地代表二进制中的“0”或者“1”,也可以像二维条码那样包含复杂的、丰富的信息。但这种信息只能是一次写入,多次读出。只读标签中的 RAM 用于存储标签反应和数据传输过程中临时产生的数据。另外,只读标签中除了 ROM 和 RAM 外,一般还有缓冲存储器,用于暂时存储调制后等待天线发送的信息。可读可写标签内部的存储器除了 ROM、RAM 和缓冲存储器之外,还有非活动可编程记忆存储器。这种存储器除了存储数据功能外,还具有在适当的条件下允许多次写入数据的功能。非活动可编程记忆存储器有许多种,电可擦除可编程只读存储器(EEPROM)是比较常见的一种,这种存储器在加电的情况下,可以实现对原有数据的擦除以及数据的重新写入。

(3)标识标签与便携式数据文件。根据标签中存储器数据存储能力的不同,可以把标签分成仅用于标识目的的标识标签与便携式数据文件两种。对于标识标签来说,一个数字或者多个数字字母字符串存储在标签中，为了满足识别的目的或者是作为进入信息管理系统中数据库的钥匙（KEY）。条码技术中标准码制的号码，如 EAN/UPC 码，或者混合编码，或者标签使用者按照特别的方法编的号码，都可以存储在标识标签中。标识标签中存储的只是标识号码，用于对特定的标识项目，如人、物、地点进行标识，关于被标识项目的详细特定的信息，只能在与系统相连接的数据库中进行查找。便携式数据文件就是说标签中存储的数据非常大，可以看作是一个数据文件。这种标签一般都是用户可编程的，标签中除了存储标识码外，还存储有大量的被标识项目其他的相关信息，如包装说明、工艺过程说明等。在实际应用中，关于被标识项目的所有的信息都是存储在标签中的，读标签就可以得到关于被标识项目的所有信息，而不用再连接到数据库进行信息读取。另外，随着标签存储能力的提高，可以提高组织数据的能力，在读标签的过程中，可以根据特定的应用目的控制数据的读出，实现在不同的情况下读出的数据部分不同。

2.6.3 RFID 系统在物流领域中的应用

1）电子物品监视技术

很多货物运输需准确地知道它的位置，像运钞车、危险品等，沿线安装的 RFID 设备可跟踪运输的全过程，有些还结合 GNSS 实施对物品的有效跟踪。RFID 技术用于商店，可防止某些贵重物品被盗，如电子物品监视技术（Electronic Article Surveillance，EAS ），是一种设置在需要控制物品出入的门口的 RFID 技术。这种技术的典型应用场合是商店、数据中心等地方，当未被授权的人从这些地方非法取走物品时，EAS 系统会发出警告。

2）定位系统

实现车号的自动识别是铁路从业人员由来已久的梦想。RFID 技术的问世，很快受到铁路部门的重视，从国外实践看，北美铁道协会 1992 年初批准了采用 RFID 技术的车号自动识别标准，到 1995 年 12 月为止 3 年时间在北美洲 150 万辆货车、1400 个地点安装了 RFID 装置，首次在大范围内成功建立了自动车号识别系统。此外，欧洲一些国家，如丹麦，瑞典也先后以 RFID 技术建立了局域性的自动车号识别系统，澳大利亚近年来开发了自动识别系统，用于矿山车辆的识别和管理。我国开发了高精度 RFID 定位系统，例如浙江中产科技有限公司的 RFID 定位系统可应用于各种轨道机车的定位（工厂的天车、皮带机、自动导向车、料车定位，港口码头的堆取料机、门式起重机定位，机器人定位等）。

3）生产线的自动化及过程控制

RFID 技术用于生产线实现自动控制、监控质量、改进生产方式、提高生产率，如用于汽车装配生产线。国外许多著名汽车企业像奔驰、宝马等都可以按用户要求定制，也就是说从流水线开下来的每辆汽车都是不一样的，从上万种内部及外部选项所决定的装配工艺是各式各样的，没有一个高度组织、复杂的控制系统很难胜任这样复杂的任务。德国宝马公司在汽车装配线上配有 RFID 系统，以保证汽车在流水线各位置处毫不出错地完成装配任务。

在工业过程控制中，很多恶劣、特殊的环境都采用了 RFID 技术，摩托罗拉（MOTOROLA）、意法半导体公司（SGS-THOMSON）等集成电路制造商采用加入了 RFID 技术的自动识别工序控制系统，满足了半导体生产对于超净环境的特殊要求，而像其他自动识别技术，如条码在如此苛刻的化学条件和超净环境下就无法工作了。

4)网络监控

在网络监控系统中,固定布置的 RFID 阅读器分散布置在给定的区域,并且阅读器直接与物流管理信息系统相连,信号发射机是移动的,一般安装在移动的物体和人的上面。当物体、人流经过阅读器时,阅读器会自动扫描标签上的信息并把数据信息输入数据管理信息系统存储、分析、处理,达到控制物流的目的。

5)高速公路自动收费系统

高速公路自动收费系统是 RFID 技术最成功的应用之一,它充分体现了非接触识别技术的优势。在车辆高速通过收费站的同时自动完成缴费,解决交通瓶颈问题,避免拥堵,同时也防止了现金结算中贪污通行费等问题。例如国内被高速公路广泛采用的电子不停车收费系统(Electronic Toll Collection,ETC)即是一种利用 RFID 等现代科技实现车辆无须停车即可自动缴纳道路通行费用的 ITS 收费系统。

2.7 本章案例

一汽解放:“物联网 + 智能储运”助力打造数智化整车物流管理平台

1)企业简介

一汽解放汽车有限公司智慧物流分公司(原一汽解放汽车有限公司仓储中心、解放物流公司,以下简称智慧物流公司)成立于 2003 年 4 月 10 日,是一汽解放汽车有限公司的分公司和最主要的物流服务商,为一汽解放各基地整车厂提供一体化物流服务,具有支持和保障汽车生产和销售各环节的综合物流服务能力。公司主要业务涵盖零件物流服务、备品物流服务、整车物流服务、专业运营服务、平台运营服务等,以为客户提供低成本、高效率、高质量的一体化物流服务为目标,不断加强产前、产中、产后物流服务能力,保障解放汽车生产经营。

2)整车储运业务特性

(1)对交付质量要求较高。整车储运管理相比于零部件更重视交付质量以及各环节管控。整车从生产厂生产出来后,一般经过一级经销商、二级经销商,最终到达客户手中。整车的主要特点是批量大、车型之间体型差异小、个体价值高。整车作为公司最终产品交付物,在车辆下线、入库、存储、出库、发运、交付的各个环节,都需要对整车的状态以及质量进行细致、严格地监测和管控。

(2)交付及时性要求高。生产厂一般选择基于订单生产、存储,以便下线后及时按照经销商最终订单要求的车型、品种、数量、交车地点和交车时间进行发车,避免不合理库存积压、节省大量资金、提高整体交付效率。在整个环节,经销商对订单的生产、交付进度信息掌控的及时性要求较高。

(3)在途运输风险大。整车物流运输过程中,运输车辆就是最终需要交付给客户的产品,相比于零件物流,车辆运输过程中,任何违规行为,如超载、违规拉货、加劣质油等都是影响整车交付质量的风险问题。这不仅可能导致车辆损坏或性能下降，还可能损害客户的信任和品牌形象。

3）项目背景

（1）行业背景。随着全球经济的发展和技术的进步，物流行业正经历一场深刻的变革。尤其在汽车制造业，整车物流作为其中的重要环节，面临着日益增长的市场需求和激烈的竞争。客户对交付质量和时效性的要求不断提高，促使企业必须优化物流管理，提升效率，降低成本。此外，数字化和智能化技术的应用也成为行业发展的重要趋势，推动了信息系统的建设和运用。

（2）市场需求。在快速变化的市场环境中，汽车企业需要更高效的物流解决方案以支持生产和销售。消费者对于汽车交付的及时性和质量的期望推动了对整车物流的精细化管理。整车储运业务的复杂性也要求企业具备强大的信息化系统，以便实时监控物流状态、优化资源配置并应对潜在风险。

4）项目概况

2019年，智慧物流公司正式启动整车物流信息系统项目，拟重构整车物流功能，由传统管理站队向直接管理车辆转变，建立整车订单到交付全过程信息共享。通过系统实施及流程优化，实现整车物流全过程在线调度管理，科学分配运输资源，提升库存精细化、交付及时率，缩短整车订单至交付（OTD），降低综合物流成本。

项目的核心理念：实现物流全过程精细化、信息化、可视化管理，打通整车物流各环节，实现数据互联互通，为数据分析与辅助决策、提升物流运作水平建立基础。

项目具体包括以下几个方面。

（1）信息共享平台。建立整车订单到交付全过程的信息共享系统，实现各环节的数据互联互通，提升整体物流效率。

（2）流程优化。通过对现有流程的重新设计，减少人工干预，提升作业效率和准确性，确保交付质量和及时性。

（3）智能决策支持。利用数据分析和辅助决策工具，优化物流资源配置，提高运营决策的科学性和时效性。

（4）综合管理能力提升。加强对整车储运各环节的管控能力，特别是在途管理、风险控制等方面，实现全过程监控和实时反馈。

通过以上措施，项目旨在提升整车物流的整体运作水平，确保高效、稳定、低成本的物流服务，以支持一汽解放汽车的生产和销售。

5）项目实施效果

通过该项目系统实施、流程改善和优化，实现整车物流全业务场景系统覆盖、整车从下线到交付整个过程的数据贯通，实现发运过程管控系统化，整车仓储发运全过程可视化，带来整车仓储发运各环节效率提升。

（1）入库管理。

系统上线前：通过主机厂下线数据，人工校验入库数量，入库质检在线下进行，信息孤立。入库扫描作业时间长，效率低下。

系统上线后：在每辆汽车上贴上 RFID 电子标签，标签中存储车辆的关键信息，包括生产批次、车型、配置、出厂日期等信息。每个标签都是唯一的，确保了每辆车的唯一性和可追溯性。在入库区域设置多个 RFID 读写器，在车辆驶入入库区时，自动读取 RFID 标签中的信息，并通过无线网络，将读取的信息实时传输到企业的库存管理系统中，实现信息的自动更新和同步，无须人工干预。整车物流信息系统接入生产系统下线数据，显示车辆待入库、已入库待出库、库存、库容等信息。App + 拍照质检日志可追溯，线上生成质检分析报告，同时在不能减少扫描数量的情况下，将原先单一角色岗位扫码确认的串行作业，优化为多角色岗位的并行作业，从而使入库效率提升 25% 以上。

(2)库内作业。

系统上线前：库内管理以区段管理，人工统计可用库位，停车随意性较强。库内巡检，更换防冻液、蓄电池，盘点等工作线下进行，效率低、依赖人工记忆。

系统上线后：库内引入 RFID 电子标签，读写器自动识别并记录标签中包含的各种信息，实现单车位精准管理，系统自动推荐空库位，辅助作业，主动预警，整体库位利用率提升 20%。支持 App 端完成所有库内作业，并自动进行库存状态的更改。支持按仓库、库区盘点，明盘、盲盘、抽盘等多样化的盘点模式。支持根据车载设备获取定位，自动地图盘点生成盘点表，库内状态清晰可视。

(3)整车出库。

系统上线前：出库提车任务人工派发，随车工具凭经验配发，出库付车扫码校验环节多，工作集中，且对提车人提车时间不易掌控，影响整体出库效率。

系统上线后：运输商领取出库单、提车签到排队、倒运任务领取、提车路线指引、随车工具配发、出库确认全部实现线上化，原先单一角色岗位付车扫码串行作业，优化为多角色岗位的并行作业，并优化扫描对象，在原有扫描环节基础上，增加扫描站队驾驶员码，确保付车安全可追溯，且提升和优化出库效率。车辆出库时间由平均 12min/辆缩短至 3min/辆，效率提升 75%。

(4)整车发运。

系统上线前：调度员根据经验指派运输商、承运商，运输商线下指派驾驶员，沟通依赖于电话、微信，效率低；二次发运入库出库时间线下沟通，驾驶员提车延迟信息难以掌控；不能及时掌握货物运输动态。

系统上线后：系统支持自动按配额匹配承运商，运输驾驶员指派、二次发运业务全部实现线上化，承运商、驾驶员可通过系统、App 查看运输任务，且提车延迟可实时预警。每辆运输车辆配备的 RFID 设备，能够实时追踪货物的运输状态和位置。这使得物流调度人员能够随时掌握货物动态，确保运输的及时性和准确性。

(5)在途管理。

系统上线前：驾驶员微信上传巡检照片，异常事件线下联系对应运输商，运输商客服对信息进行登记，且驾驶员交接信息无记录，违规拉货、路线偏移等信息无证考核，全在途环节，存在消息遗漏、问题难以追溯、管理困难等问题。

系统上线后：支持驾驶员移动端上传巡检照片、实时对异常事件进行上报，驾驶员间支持移动端扫码交接，且通过GNSS＋手机App双模式支持，以及可视化的运输监控平台，实现了运输状态100%可见，异常作业实时预警，杜绝违规拉货、路线偏移、滞留等现象，提高发运质量。

（6）计费结算。

系统上线前：Excel台账多，沟通效率低。结算组从上游岗位获取仓储发运业务台账后，通过Excel计算、转移、加工处理，得到应收应付结算费用；岗位之间信息共享方式通过人工传递，各方人员沟通全为线下。

系统上线后：系统中支持多种计费模式，有多种计费模型可供选择，可通过计费引擎实现应收、应付费用自动计算，也支持特殊费用线上录入，降低人工Excel的台账结算工作量，提升多岗信息共享效率，且实现费用数据可视化。

6）项目总结

系统从无到有，将原有灵活的人工控制过程、规则固化到信息系统中，需要打破原有流程，对流程进行重塑，这是系统实施过程中最重要的难关。系统成功上线，是公司多部门人员共同努力、投入精力，信息技术人员和业务人员从信息源头开始对每一个细节进行梳理，并对信息进行整合，结合行业成功实践，匹配自身业务特性不断对算法、规则优化的结果。

系统上线优化后，补齐了公司整车储运业务系统短板，实现了结果记录向过程管控的转变。下一步，公司拟将该系统与自动化设备集成，进一步减少人工扫描确认环节，实现人工转自动，并充分运用车联网、地图等数据、服务，结合系统调度功能算法，探索多式联运模式在整车发运业务的可行性，并进一步通过商业智能（BI）、人工智能（AI）等技术，实现数据的即时分析及处理，挖掘数据价值，产生可视化报告，让管理者掌握公司全局/局部实时、准确的状态信息，实现快速、透明的管理。

（资料来源：http://www.chinawuliu.com.cn/xsyj/202407/23/635367.shtml，有删改）

案例相关视频资料

中国一汽与青岛市政府战略合作签约

（案例来源：中国第一汽车集团有限公司官方网站 https://www.faw.com.cn/）

案例分析与研讨题

1. 分析整车物流管理平台是如何实现物流全过程精细化、信息化、可视化管理，运用数据自动识别技术来降低人力成本、提高物流运输效率的。

2. 基于当前整车物流管理平台的运行，探讨未来可能面临的风险，并尝试提出相应的优化策略。

2.8 本章小结

物流信息标准化是指制定出不同物流系统之间信息交流与处理的标准协议或规则，是物流标准化的重要组成部分，也是物流信息自动识别的前提和基础。物流信息标准化体系主要由基础标准、工作标准、管理标准和技术标准以及单项标准组成，其中基础标准为第一层，工作标准、管理标准和技术标准处于第二层，各单项标准处于第三层。

自动识别技术是以计算机技术和通信技术的发展为基础的综合性科学技术，是信息数据自动识读、自动输入计算机的重要方法和手段。主要包括光学字符识别技术、磁条(卡)技术、射频识别技术(RFID)、生物识别技术、视觉识别技术、声音识别技术、智能卡(Smart Card)、便携式数据终端(PDT)和射频通信(RF/DC)。经历了条形码时代、射频时代、条形码与射频技术共存等三个发展阶段。

条码是实现物流数据准确、低成本、高速采集的主要技术之一。代码即一组用来表征客观事物的一个或一组有序的符号。条码是由一组规则排列的条、空及其对应字符组成的标记，用以表示一定的信息。一个完整的条码构成往往包括：两侧静区、起始符、数据符、分割符(主要用于EAN码)、校验符、终止符。条码编码方式包括模块组合法和宽度调节法。常用条码包括EAN-13码、EAN 8码、GS1-128码、储运单元条码、交插二五条码等。

二维条码是用某种特定的黑白相间的几何图形按一定规律在平面(二维方向上)分布，用以记录数据符号信息的一种条码技术。二维条码具有高密度、纠错功能、多语言表达、图像数据存储、可加密等特征。二维条码可以分为堆叠式二维条码和矩阵式二维条码。PDF417二维条码是一种高密度、高信息含量的便携式数据文件，比普通条码信息容量高几十倍，在物流运输、资产跟踪、身份识别卡、文件数据存储等领域有广泛应用。复合码是由一维条形码和二维条形码叠加在一起而构成的一种新的码制，主要用于物流及仓储管理，集中应用在标识散装商品(随机称重商品)、蔬菜水果、医疗保健品及非零售的小件物品以及商品的运输与物流管理中。

传感器技术是实现测试与自动控制的关键技术。其发展主要可以划分为三代：结构型传感器、固体型传感器、智能型传感器。常用的传感器有温度传感器、振动传感器、红外传感器、霍尔传感器、超声波传感器、压力应变传感器、光电式传感器和气敏传感器。传感器主要由敏感元件、转换元件、变换电路和辅助电源四部分构成。在物流中有广泛应用，是智能物流系统实现数据信息高效管理的关键技术。

无线射频技术(Radio Frequency Identification，RFID)是基于电磁理论，利用无线电波对记录媒体进行读写。RFID系统一般都由标签、阅读器、编程器、天线等部分组成。按照不同的分类标准，标签有许多不同的分类。RFID系统应用到电子物品监视技术、定位系统、非接触识别卡、生产线的自动化及过程控制、网络监控和动物的跟踪及管理等诸多领域。

复习思考题

1. 物流信息标准化包括哪些方面？

2. 常用的自动识别技术有哪几种？

3. 条码含义是什么？有几种编码方法？

4. 条码符号由哪几部分构成？

5. 码制含义是什么？目前国际上公认的码制有哪几种？

6. 储运单元条码的分类有哪些？它们的代码结构是怎样的？请画图表示。

7. 复合码含义是什么？具体应用有哪些？

8. 二维条码中的PDF417有什么特点？二维码在货物运输中是如何应用的？

9. 一维码和二维码有哪些区别？

10. 传感器含义是什么？发展历程是什么？常用类型有哪些？由哪几部分构成？举例说明其在物流系统中的应用。

11. 射频识别系统构成及原理是什么？

12. RFID系统的标签根据不同的分类标准可以分为哪几类？

13. RFID技术有哪些主要应用领域？

实践与讨论

1. 结合本章所学知识，通过网络搜索相关的物流数据自动采集技术（例如条码、RFID、各类传感器等技术），分析并总结数据自动采集技术应用现状及发展趋势。

2. 网上调研一个物流技术设备生产企业，例如电子设备类、运输车辆类、自动仓储设备类等企业，阐述该企业产品系列、行业影响、产品在物流领域中的应用情景和价值体现。

第 3 章　先进数据传输与处理技术

核心概念

EDI,物联网,云计算,大数据,人工智能,区块链

学习目标

理解 EDI 概念、特点、构成要素及其标准;掌握物联网概念与特征,理解物联网体系结构及关键技术;掌握云计算概念、特征及其主要服务形式;掌握大数据概念及其特征,理解大数据分析技术;理解区块链概念、特征与关键技术;了解 EDI、物联网、云计算、大数据、人工智能与区块链技术在物流领域的应用现状与发展趋势。

3.1　物流 EDI 技术

3.1.1　EDI 含义与特征

电子数据交换(Electronic Data Interchange,EDI)技术是信息技术向流通领域渗透的产物。EDI 是商业贸易伙伴之间,将按标准、协议规范化和格式化的经济信息通过电子数据网络,在单位的计算机系统之间进行自动交换和处理的技术。EDI 最初由美国企业应用在企业间的订货业务活动中,其后应用范围向其他业务扩展,如 POS 销售信息传送业务、库存管理业务、发货送货信息和支付信息的传送业务等。近年来,EDI 在物流中广泛应用,称为物流 EDI。物流 EDI 是指货主、承运业主以及其他相关的组织之间,通过 EDI 系统进行物流数据交换,并以此为基础实施物流作业活动的方法。物流 EDI 参与的组织有货主(如生产商、贸易商、批发商、零售商等)、承运业主(如独立的物流承运企业)、实际运送货物的交通运输企业(如公路运输企业、铁路运输企业、水路运输企业、航空运输企业等)、协助单位(如政府有关部门、金融企业等)和其他物流相关单位(如配送中心、仓库企业等)。

EDI 是电子商业贸易的一种工具,将商业文件如订单、发票、货运单、报关单和进出口许可证,按统一的标准编制成计算机能识别和处理的数据格式,在计算机之间进行传输。例如,在物流领域,企业间往来的单证都属于物流 EDI 报文所适用的范围。相关作业包括订

购、进货、接单、出货、送货、配送、对账及转账作业等。图3-1所示为物流领域内企业间往来的单证,这些单证均可以用EDI标准报文来实现。图3-1中的实线箭头表示企业间传递的单证种类,虚线箭头表示企业间的业务往来。

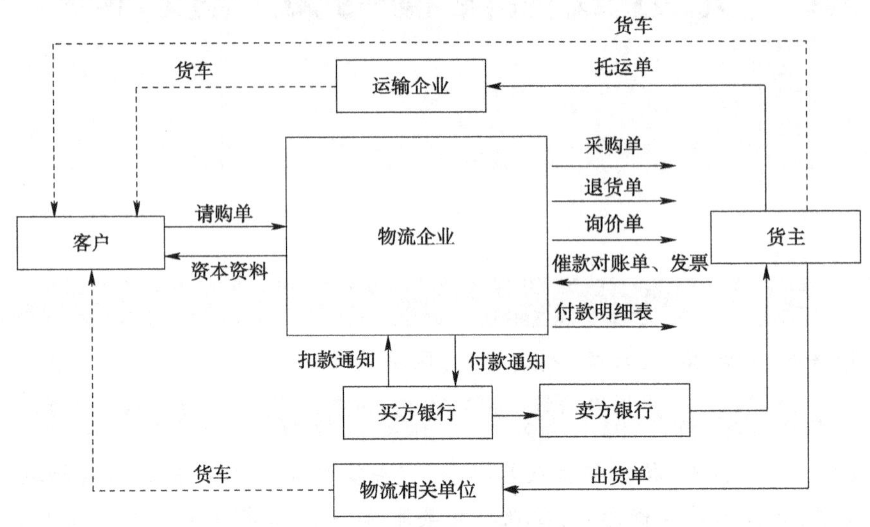

图3-1 物流领域往来单证示意图

可以看出,EDI特点是企业(制造厂、供应商、运输公司、银行等)单位之间传输商业文件数据格式固定标准化,完全实现了数据从计算机到计算机的自动传输,无须人工介入操作,可以减少很多重复输入,大大提高了自动化水平,降低了物流成本。

3.1.2 EDI系统结构与工作原理

1)EDI系统软件与硬件构成

实现EDI通信,需要配备相应的EDI软件和硬件。EDI所需软件具有将用户数据库系统中的信息译成EDI的标准格式,以供传输交换的能力。虽然EDI标准具有足够的灵活性,可以适应不同行业的不同需求,但由于每个公司都有其自己所规定的信息格式,因此,当需要发送EDI电文时,必须用某些方法从公司的专有数据库中提取信息,并把它翻译成EDI的标准格式进行传输,这就需要有EDI相关软件的帮助。EDI所需的硬件设备就是计算机设备和通信网络设备。计算机设备可以是个人计算机、工作站、小型机、主机等,通信网络设备有互联网、专网等。

(1)转换软件(Mapper)。转换软件可以帮助用户将原有计算机系统的文件,转换成翻译软件能够理解的平面文件(Flat file),或是将从翻译软件接收来的平面文件,转换成原计算机系统中的文件。

(2)翻译软件(Translator)。将平面文件翻译成EDI标准格式,或将接收到的EDI标准格式翻译成平面文件。

(3)通信软件。将EDI标准格式的文件外层加上通信信封(Envelope),再发送到EDI系统交换中心的邮箱(Mailbox),或由EDI系统交换中心,将接收到的文件取回。

2)EDI系统工作原理

EDI系统工作原理如图3-2所示。用户在现有的计算机应用系统上进行信息的编辑处理，然后通过 EDI 转换软件将原始单据格式转换为中间文件，再通过翻译软件变成 EDI 标准格式文件，最后在文件外层加上通信交换信封，通过通信软件发送到增值服务网络、互联网或直接传给对方用户，对方用户则进行相反的处理过程，最终成为用户应用系统能够接受的文件格式进行阅读处理。

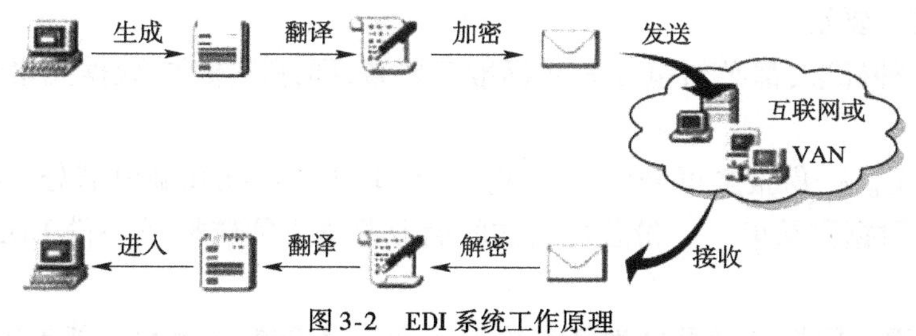

图 3-2 EDI 系统工作原理

从上述 EDI 系统的工作流程可以看出，EDI 系统构成有三要素，即：数据标准化（报文）、软件及硬件（计算机应用）、通信网络，这是广义 EDI 的概念。狭义地讲，EDI 技术是指 EDI 专用的一套结构化数据格式标准。

3.1.3 EDI 标准

EDI 作为在世界范围内跨组织信息系统的桥梁，在计算机系统之间传递数据，必须超越不同的语言、不同的应用业务领域等因素的限制，因此，需要制定一套在不同的计算机系统中，可供各贸易参与方在各个业务领域广泛使用的数据结构化、格式化的标准，才能保证各参与方之间能够顺利完成数据交换。尽管参与方各自的计算机管理系统都大不相同，但是只要他们的计算机系统通过网络在进行数据通信时，所采用的数据格式相互可以读取，就能完成数据交换。

由于 EDI 在全球的应用与 EDI 的系列标准有着极为密切的联系，因此，各国都十分关注 EDI 各项国际通用的标准。一些发达国家不仅积极采用 EDI 国家标准，而且还积极参与 EDI 国际标准的制定工作。在世界范围内通用的 EDI 标准是由联合国有关机构制定的用于行政、商业和运输业的电子数据交换，一般称为 EDIFACT(Electronic Data Interchange For Administration Commerce and Transportation,EDIFACT)系列标准。它包括一系列专用的规则、协议和目录。规则有 EDI 应用级语法规则、语法实施指南、EDI 报文设计指南与规则；协议有通信标准选择方面的约定等；目录则包括报文目录、数据元目录、复合数据元目录、段目录以及涉及具体业务内容的代码集。北美洲的几个国家某些领域使用美国国家 EDI 标准 ANSIX. 12，但是 ANSIX. 12 标准的用户正在逐步转向使用 EDIFACT 标准。而其他国家一般都是采用 EDIFACT 作为自己国家应用 EDI 的战略措施。因此，EDIFACT 标准实际已成为 EDI 的国际标准，包括一系列涉及电子数据交换的标准、指南和规划，共有 10 个部分。我国国家标准化部门从 1990 年起，就开始跟踪、研究国际 EDI 标准的发展趋势，寻找、确定适于我国用户使用的 EDI 标准。迄今为止，上述这些全部的 EDI 基础标准以及在主要应用领域的一些 EDI 标准——EDI 报文标准，已制定成为我国国家标准。

1）EDI 标准分类

EDI 标准在实际应用当中分为语言标准和通信标准两大类。

（1）语言标准。EDI 语言，用于将信息结构化地表达出来，使得计算机相互理解。这种语言主要用于描述传统上结构化的信息,例如贸易单证,而非结构化的信息不包括在内,例如备忘录、信函等。

(2)通信标准。通信标准的作用是负责将数据从一台计算机传输到另一台计算机中。简单地说,它是载运信息手段的标准。

2)EDI 标准三要素

无论是哪一种标准,都必须包含 EDI 标准三要素,即标准报文、数据元素和数据段,具体如下。

(1)标准报文。一份报文可分成 3 个部分:首部、详细情况和摘要部分。报文以 UNH 数据开始,以 UNT 数据段结束。一份公司格式的商业单据必须转换成一份 EDI 标准报文才能进行信息交换。

(2)数据元素。数据元素可分为基本数据元素和复合数据元素。基本数据元素是基本信息单元,用于表示某些具有特定含义的信息,相当于自然语言中的字。复合数据元素由一组基本数据元素组成,相当于自然语言中的词。

(3)数据段。数据段是标准报文中的一个信息行,由逻辑相关的数据元素构成,这些数据元素在数据段中有相应的固定形式、定义和顺序。

3.1.4 物流 EDI 系统

物流 EDI 系统的构成要素是标准、系统和通信。从系统结构上来看,系统基本上是属于存取系统。文件传输管理是将报文实时传输到收件者的邮箱,无须人工干预。图 3-3 所示为物流 EDI 系统的整体结构。

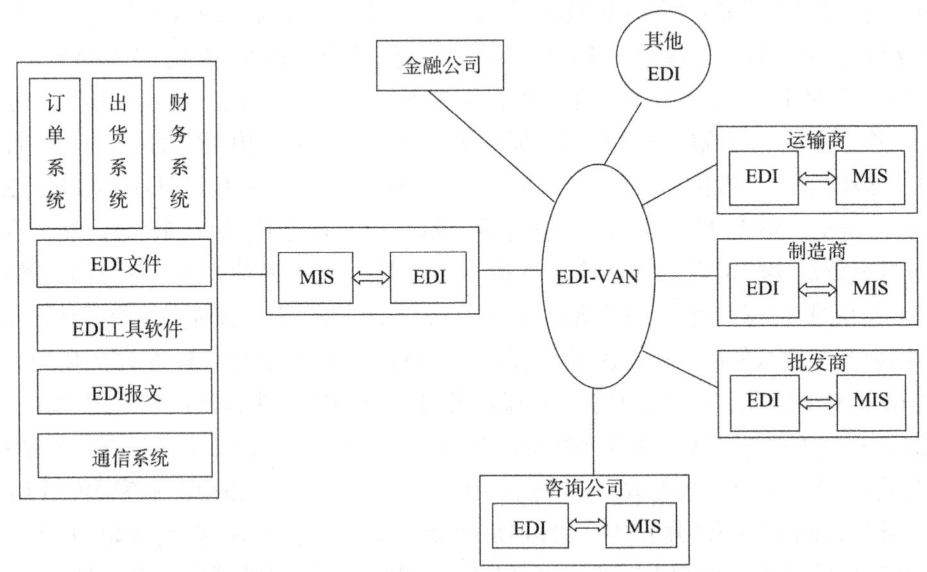

图 3-3 物流 EDI 系统结构

由于电子文件在处理、储存及传输过程中容易伪造或被更改,而且不法分子可能侵入或盗听网络,并对数据内容进行拦截、篡改、复制、重送、删除及插入假数据等,因此,EDI 系统需要提供以下端对端的安全服务功能:报文内容完整,报文顺序完整,报文来源识别,不可否认发送,不可否认接收,报文内容保密。

为了解决这些安全问题,UN/EDIFACT 提供了安全防护功能,如数字签名,加入数据识别码、顺序码、时间等。用非对称加密算法(如 RSA)所产生的数字签名是目前 EDI 领域最广泛使用的安全保护法。采用 RSA 算法,每位 EDI 用户都有一对私有密钥与公开密钥,私有密钥只有用户本人掌握,而公开密钥可公布给其他 EDI 用户。数字签名是 EDI 用户以自己的私有密钥对要传送的文件内容进行加密,接收方以发送者的公开密钥来验证该文件内容是否被篡改过。EDI 报文内容加密则是发送方以接收方的公开密钥将所要发送的文件加密成乱码,只有接收方以自己的私有密钥才能解成明码。

3.1.5　EDI 在物流领域中的应用

1)物流公司的 EDI 应用

物流公司是供应商与客户之间的桥梁,它对调节产品供需、缩短流通渠道、解决不经济的流通规模及降低流通成本有极大的作用。图 3-4 所示为物流公司的交易流程。

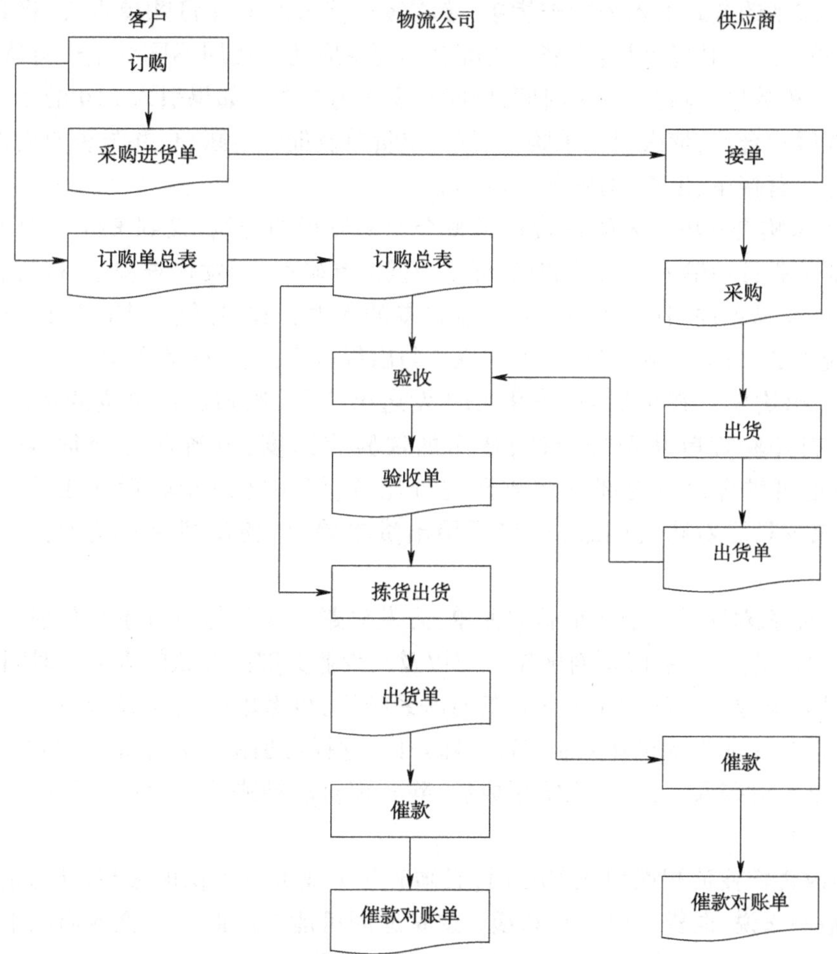

图 3-4　物流公司的交易流程图

如果配送中心引入EDI是为了传输数据，则可以低成本引入出货单的接收；如果希望引入EDI改善作业流程，可依次引入各单证，并与企业内部信息系统集成，逐步改善接单、配送、催款的作业流程。

(1)引入出货单。对物流公司来说，出货单是客户发出的出货指示。物流公司引入EDI出货单后可与自己的拣货系统集成，生成拣货单，这样就可以加快内部作业速度，缩短配货时间；在出货完成后，可将出货结果用EDI通知客户，使客户及时知道出货情况，也可尽快处理缺货情况。

(2)引入催款对账单。对于每月的出货配送业务，物流公司可引入EDI催款对账单，同时开发对账系统，并与EDI出货配送系统集成来生成对账单，从而减轻财务部门每月的对账工作量，降低对账的错误率，以及业务部门的催款人力。

(3)除数据传输及改善作业流程外，企业可以以EDI为工具进行企业再造。

2)制造商的EDI应用

制造商与其交易伙伴间的商业行为大致可分为接单、出货、催款及收款作业，其间往来的单据包括采购进货单、出货单、催款对账单及付款凭证等。企业引入EDI是为数据传输时，可选择低成本的方式引入采购进货单，接收客户传来的EDI订购单报文，将其转换成企业内部的订单形式。其优点是：不需要为配合不同供应商而使用不同的电子订货系统；不需要重新输入订单数据，节省人力和时间，同时减少人为错误。如果引入EDI的目的是为改善作业，可以同客户合作，依次引入采购进货单、出货单及催款对账单，并与企业内部的信息系统集成，逐渐改善接单、出货、对账及收款作业。

(1)引入采购进货单。采购进货单是整个交易流程的开始，接到EDI订单就不需要重新输入，从而节省订单输入人力，同时保证了数据的准确性；开发核查程序，核查收到的订单是否与客户的交易条件相符，从而节省核查订单的人力，同时降低核查的错误率；与库存系统、拣货系统集成，自动生成拣货单，加快拣货与出货速度，提高服务质量。

(2)引入出货单。在出货前，先用EDI发送出货单，通知客户出货的货品及数量，以便客户事先打印验货单并安排仓位，从而加快验收速度，节省双方交货、收货的时间；EDI出货单也可供客户与内部订购数据进行比较，缩短客户验收后人工确认计算机数据的时间，减少日后对账的困难；客户可用出货单验货，使出货单成为日后双方催款对账的凭证。

(3)引入催款对账单。引入催款对账单，开发对账系统并与出货系统集成，从而减少财务部门每月对账的工作量，降低对账错误率以及减少业务部门催款的人力和时间。

(4)引入转账系统。实现了与客户的对账系统后，可考虑引入与银行的EDI转账系统，由银行直接接收EDI汇款再转入制造商的账户内，这样可加快收款作业，提高资金运用的效率。转账系统与对账系统、会计系统集成后，除实现自动转账外，还可将后续的会计作业自动化，节省人力。

企业为改善作业流程而引入EDI时，必须有相关业务主管积极参与，才可能获得成果。例如，对制造商来说，退货处理非常麻烦。退货原因可能是因商品瑕疵或商品下架，对有瑕疵的商品，退货只会增加处理成本；对下架商品，如果处理及时，还有机会再次销售。因此，引入EDI退货单并与客户重新拟定退货策略,对双方都有好处。

3)EDI导入影响因素

企业成功引入EDI的关键因素取决于使用EDI的目的。若只为数据传输而引入EDI,所需的软硬件成本较低,需要参与的业务部门与人员也较少,对企业内部的影响也较小,所以比较容易成功。随着引入程度的深入,需要改善的作业流程越多,对企业各部门的影响越大,所花费的人力与时间越多,取得成功就比较困难。

企业分为两类,即有信息部门的企业与无信息部门的企业。

(1)对于有信息部门的企业,引入EDI的关键点:信息部门及相关业务部门人员要沟通协调,达成共识;高层主管必须强有力地支持;企业领导必须亲自领导,只有亲自参与才能了解问题所在并及时决策;要组成流程改造小组来推动工作;事先的宣传也是必需的。

(2)对于没有信息部门的中小企业来说,引入EDI的关键点:慎重选择信息公司,要评估该公司是否具备相应资源和技术能力;高层主管的支持和参与才能推动EDI的实施;不断进行管理观念的教育;以目前的需求为重点,再逐步深入。

3.2 物联网技术

3.2.1 物联网发展概述

物联网(Internet of Things,IoT)就是物物相连的互联网。其实践最早可以追溯到1990年施乐公司的网络可乐贩售机——Networked Coke Machine。物联网的概念被美国麻省理工学院的凯文·阿什顿(Kevin Ashton)教授于1991年首次提出。1995年,比尔·盖茨在《未来之路》一书中就提出物联网实现场景:人们可以佩戴一个电子饰针与房子相连,电子饰针会告诉房子谁是入住者、入住者在哪儿,房子根据这些信息尽量满足入住者的需求,当入住者沿着大厅移动时,前面的光会渐渐变强,身后的光会渐渐消失,音乐也会随着入住者一起移动。

我国政府对物联网产业发展给予了高度重视,我国物联网技术及应用发展迅速。在2011年11月,我国政府就发布《物联网"十二五"发展规划》。该规划中圈定9大领域重点示范工程,分别是:智能工业、智能农业、智能物流、智能交通、智能电网、智能环保、智能安防、智能医疗、智能家居。2017年1月,工业和信息化部又发布了《物联网发展规划(2016—2020)》,在物联网产业布局、技术创新体系、标准建设、物联网的规模应用以及公共服务体系的建设上都提出了具体思路和发展目标。

国际电信联盟(International Telecommunication Union, ITU)发布的ITU互联网报告,对物联网做了如下定义:通过二维码识读设备、射频识别装置、红外感应器、全球定位系统和激光扫描器等信息传感设备,按约定的协议,把任何物品与互联网相连接,进行信息交换和通信,以实现智能化识别、定位、跟踪、监控和管理的一种网络。

综合国内外关于IoT的主要观点,本书认为:物联网是指人们根据信息采集需要(任何需要监控、连接、互动的物体或过程），利用各种信息传感设备，如传感器、RFID 技术、全球导航卫星系统（GNSS）、红外感应器、激光扫描器、气体传感器等各种装置与技术，采集其声、光、电、力学、化学、生物、位置等各种需要的信息，通过各类可能的网络接入，实现物与物、物与人的泛在连接，实现对物品和过程的智能化感知、识别和管理。在这个网络中，物品之间能够进行自主“交流”，而无须人的干预。其实质是利用 RFID 技术，通过计算机互联网实现物品的自动识别和信息的互联与共享。其目的是实现物与物、物与人，所有的物品与网络的连接，方便识别、管理和控制。

由此可见，物联网是新一代信息技术的重要组成部分。其有两层含义：①物联网的核心和基础仍然是互联网，它是在互联网的基础上进行延伸和扩展的网络；②其用户端延伸和扩展到了任何物品与物品之间，进行信息交换和通信。

在 2015 年之后，物联网技术进入了推广应用阶段，在经过 5 年左右时间的规模发展后，2020 年开始，物联网进入了广泛应用阶段，形成了具备竞争力的产业链条。物联网发展历程如图 3-5 所示。

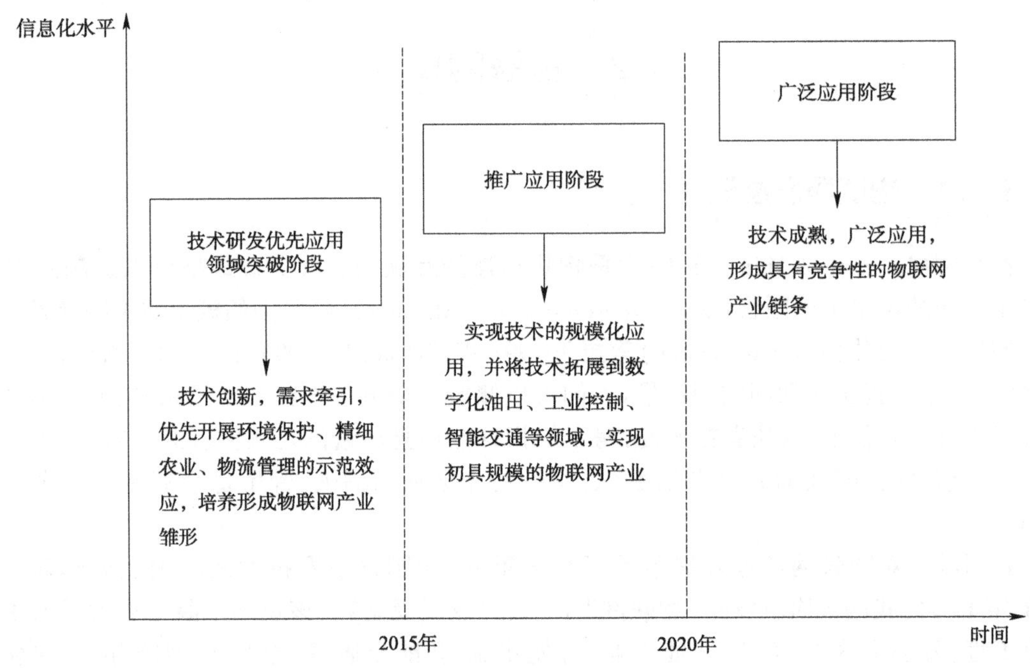

图 3-5　物联网发展历程

3.2.2　物联网体系结构

物联网是在相关协议的基础上，通过信息传感仪器将物品连接到互联网，通过互联网对物品进行监控和定位，实现物流、资金流、信息流和价值流的流通、传输和共享的网络系统。物联网可以分为感知层、网络层、应用层三个层次，与信息安全保障系统共同组成物联网体系，如图 3-6 所示。

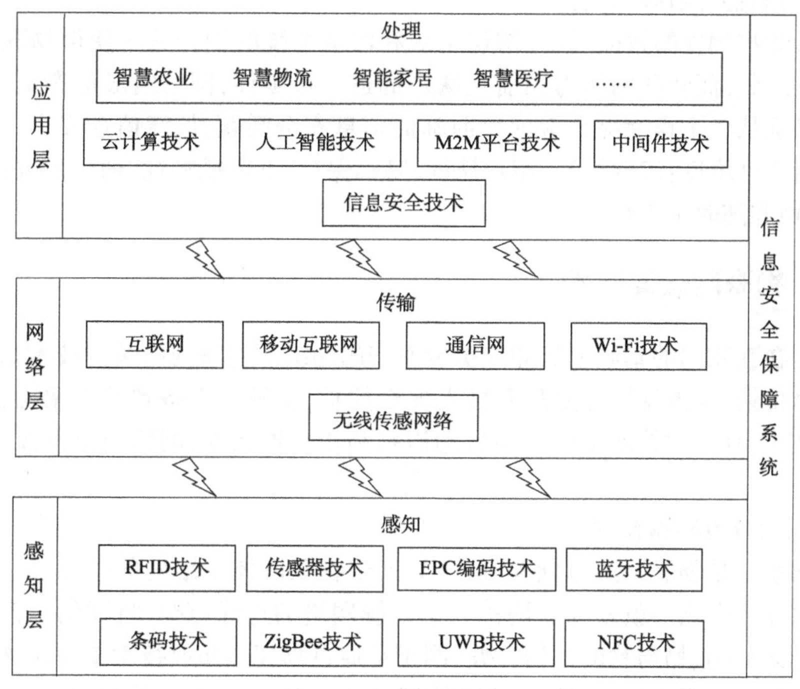

图3-6 物联网体系结构

1)感知层

感知层负责信息采集和物物之间的信息传输,感知周围环境,由不同类型的采集与控制模块构成。其中,各种各样的传感器、RFID、无线传感器网络等基本感应器件及其组成的网络,都可用于数据采集和设备控制。感知层是实现物联网全面感知的核心。感知层的开发内容包括各种硬件设备,如智能仪表、传感器,芯片、模块和各类控制器等,是物联网中关键技术、标准化方面、产业化方面亟待突破的部分,其关键在于具备更精确、更全面的感知能力,并实现低功耗、小型化和低成本。

2)网络层

网络层将感知层获取的信息进行接入与传输,是进行信息交换、传递的数据通路。广泛覆盖的移动通信网络是实现物联网的基础设施,是物联网三层中标准化程度最高、产业化能力最强、最为成熟的部分。由于物联网要求的连接几乎是无处不在的,一些已有的通信技术在分别朝着高速率、低(微)功耗、复杂组网等方向发展。网络层的功能开发包括通信方式的选择、通信硬件设计和实现、协议的开发、通信网络的配置和管理等内容。

3)应用层

应用层是物联网与行业专业技术的深度融合,与行业需求结合,实现行业智能化,完成数据的处理和应用,提供用户接口和具体服务。应用层包括支持服务层和用户服务层。各种支持平台和中间件构成了支持服务层,支持服务层的目的是收集、分析和转换数据,如云计算平台和信息协同处理平台;用户服务层提供国防和军事、物流、农业、智能电网、环境监测、智能家居、智慧医疗等多种行业的服务。

4）物联网信息安全保障系统

物联网是物物相连的智能网络，物理系统和信息系统的耦合关联使得物联网络面临更加复杂的安全威胁，而物联网作为当前互联网的进一步延伸，网络组成形态更加多样，因此物联网系统必须从各个角度综合考虑所面临的信息安全问题，保障信息安全。物联网系统安全主要包括八个维度：读取控制、用户认证、隐私保护、不可抵赖性、通信层安全、数据完整性、数据保密性和随时可用性。

3.2.3 物联网关键技术

物联网是在互联网的基础上延伸和扩展而来的网络。物联网的关键技术从数据感知采集到数据通信传输，从数据运算处理到数据安全保护，从硬件设备到软件架构，涉及多种新一代信息化技术，其关键技术主要包括自动识别和传感器技术、网络与通信技术、物联网安全技术等。

1）自动识别与传感器技术

采集感知系统是物联网的基础关键技术，处于物联网体系结构的感知层。物联网和传统互联网的主要区别之一就是物联网扩大了传统网络的边缘范畴，将通信的范围由人与人的通信扩大到人与物、物与物的通信，物联网正是通过物理感知层技术来解决物理世界数据获取和入网问题的。物理感知层由感知数据采集子层和短距离协同通信子层两个部分组成。

自动识别与传感器技术作为物联网系统的感官和神经末梢，用来感知和采集应用环境中的各种数据，主要包括条码技术、传感器技术、RFID技术等。根据《传感器通用术语》（GB/T 7665—2005）中定义，传感器是能感受规定的被测量并按照一定的规律转换成可用输出信号的器件或装置，它通常由敏感元件和转换元件组成。简单来讲，传感器的工作原理就是将非电学量通过敏感元件和转换电路转换成电信号。物联网传感器也已渗透到诸如工业生产、智能家居、宇宙开发、海洋探测、环境保护、资源调查、医学诊断、生物工程、文物保护等领域。

2）网络与通信技术

物联网必须使用有线或无线网络媒体来实现安全和可信的信息交互。网络和通信技术主要包括短距离无线通信技术和远程通信技术。其中，典型的短距离无线通信技术主要有蓝牙、Wi-Fi、RFID、NFC、UWB、ZigBee等。常用的远程通信技术主要有4G/5G移动通信网络、互联网、卫星通信网络等。

无线传感器网络（Wireless Sensor Network，WSN）系统将是物联网感知体系下一代发展的主要方向。无线传感器网络由部署在监测区域内大量的廉价微型传感器节点组成，是通过无线通信方式形成的一个多跳的自组织的网络系统，其目的是采用互相协作的方式感知、采集和处理网络覆盖区域中被感知对象的信息，并发送给观察者。无线传感器网络作为一种智能的分布式传感网络，通过无线方式通信，跟互联网进行有线或无线方式的连接。无线传感器网络能够实时监测和采集网络分布区域内的各种监测对象信息，具有快速展开、抗毁性强等特点，有着广阔的应用前景。类似于以太网络，WSN通常可以分为五层：物理层、数据链路层、网络层、传输层、应用层。

目前，许多企业和行业协会已制定了大量 WSN 协议，不过大部分该类协议均针对特定应用场景进行优化，仅适用于特定范围。随着国际标准化组织参与无线传感器网络的标准定义，适用于多行业、短距离自适应的无线传感器网络将进入快速发展阶段。

3.2.4　物联网在物流领域的应用

1）运输智能化

运输过程一直是物流业务中较为重要的环节之一。传统物流体系下的物流运输需要大量的资源对物品进行追踪定位，往往存在效率低、成本高的问题。在这种情况下，需要借助物联网技术中的追踪定位技术，在产品上贴上电子标签，或者配合传感器技术，实时了解物流运输中产品的实时状态和运输车辆的具体位置、行动路线等，对产品进行追踪定位并实时反馈，以低成本对运输方案进行优化，使物流运输实现透明化、可视化，从而保证提高物流运输效率，降低运输成本。

2）仓储自动化

仓储环节是物流业务中的关键环节，降低仓储成本和提高仓储质量一直是保证物流行业创新发展的重要手段，以物联网技术为基础创建产品仓储智能系统已成为现实。利用物联网技术的感知技术和信息处理技术，之前传统物流中的人工验货、人工入库等环节都可以被 RFID 标签所取代，现代仓库运用 RFID 技术录入仓储产品、识别目标货物，实现对仓储产品的实时监控。另外，产品仓储智能系统在信息采集的基础上，利用信息处理技术，掌握行业产品的需求模式，从而构建基于仓储状态的自动补货系统。

3）配送动态化

配送过程是物流业务中的重要组成部分，而且对物流企业的声誉有着深远的影响。传统物流中，信息采集不充分、信息传输不及时一直是物流配送效率低的重要原因，因此，需引入物联网技术中的传感器技术和网络通信技术等。传感器技术对配送车辆的车速和车距进行采集和监控，保证物流企业对配送货物信息的精准把握，利用网络通信技术实现配送货物的动态化管理，进而对配送货物进行动态化分析。这些物联网技术保证信息采集的准确性和信息传输的及时性，实现配送效率的提高。

4）增值服务

在如今的物流企业中，物流增值服务已经逐渐成为了利润空间最大的业务，许多物流企业都把发展重心集中在物流增值服务上，从而实现差异化竞争，提高企业核心竞争力。在这种情况下，利用物联网技术中的感知层技术和数据处理技术，将采集到的信息按照不同的内容，以不同的价格提供给不同的市场主体，与此同时，通过数据分析了解不同行业的市场需求，从而提供合适的增值服务，为企业赚取更大的利润。

5）应用发展趋势

物联网作为一种新的信息技术，虽然在某些方面存在着一定的不足，但是在近年来这些缺陷正在被一步步完善，并取得了较为快速的发展，已经逐渐应用于物流业中。在物流领域运用物联网技术获取有效物流状态信息，可以降低人力成本，提高企业核心竞争力，从而获取更大的经济效益。物联网技术的应用领域在未来会不断扩展，市场上持续扩大的需求是物联网技术高速发展的内生动力，物联网技术近年有与大数据、人工智能等技术相互融通的趋势，正逐渐重点应用于智能电网、智能城市、智慧物流等领域。物流业要想在未来更加充分地利用物联网技术，必须要注重对物联网技术的进一步开发，特别是物品特性、流转环境等数据传感器及移动无线传输网络技术的研发应是首要发展方向。此外，还需要培养更多的物流技术应用操作人员。整体而言，物联网技术的独特优势使物联网在物流业中具有良好的应用前景。

3.3 云计算技术

先从一个应用案例来了解云计算。例如，某工程师想为一个客户设计一个物流园区，其中包括仓储区、区内运输线路、各类服务设施。这项设计工作需要许多资源，包括仓储布局规划设计软件、运输线路设计软件、客户关系管理软件、成本分析软件、项目管理软件等软件资源，以及处理这项设计操作相匹配的 CPU 处理能力、所有信息的数据存储和备份存储。通常，完成这些工作需要很多的设备支持，但该工程师可能仅有一台笔记本电脑或智能手机，这并不具备完成上述所有工作的能力，而云计算能帮助工程师解决这个问题。工程师可以在主要的云系统运营商网站上建立一个个人账户，并通过电脑登录云系统，支付云服务费用即可获得相应的云服务。可以获取并使用所有需要的软件，可以存储一切信息，提出系统开发要求并接受服务等。

3.3.1 云计算含义与特征

1）云计算概念

云计算（Cloud Computing）是分布式计算（Distributed Computing）、并行计算（Parallel Computing）、效用计算（Utility Computing）、网络存储（Network Storage Technologies）、虚拟化（Virtualization）、负载均衡（Load Balance）等传统计算机和网络技术发展融合的产物。云计算由一系列可以动态升级和被虚拟化的资源组成，所有云计算的用户共享并且通过网络访问这些资源，用户无须掌握云计算的技术，只需要按照个人或者团体的需要租赁云计算的资源。

美国国家标准与技术研究院（National Institute of Standards and Technology，NIST）定义：云计算是一种按使用量付费的模式，这种模式提供可用的、便捷的、按需的网络访问，进入可配置的计算资源共享池（资源包括网络、服务器、存储、应用软件、服务），就可以快速访问并使用这些资源。云计算只需投入很少的管理工作，或与服务供应商进行简单的交互操作。

本书认为，云计算是一种技术模式，在这种模式中，任何一种资源，包括应用软件、处理能力、数据存储、备份设备、开发工具，都是作为一组服务通过互联网来传递。只需要一台普通网络终端（如简易台式机、智能手机等）、网络接入和网络流量支付卡就可以实施云计算服务了。

云计算的发展历程共经历了三个阶段。第一个阶段开始于 2006 年的《谷歌 101 计划》，云计算技术具有整合资源的能力,应用于物流行业中,有利于物流企业进行信息采集和处理,这项技术吸引了各大物流企业的关注,从此云计算技术融合物流行业成为必然的趋势;第二个阶段是2009—2016年,云计算技术开始应用于各个行业,也逐渐开始融合于智慧物流系统之中,云计算规模同比增长超过55%;第三个阶段是从2016年至今,云计算技术已经走向高速发展,逐渐深入物流行业,促进了智慧物流体系更加完善,这个时期的云计算技术在物流信息传输、供应链管理、运输路线规划、仓储优化和市场预测等方面广泛应用,在信息对接上实现数据信息透明化,传输高速化。

2)云计算特征

(1)按需付费降低用户使用成本。云计算平台是一个庞大的资源池,通过按需分配为用户提供应用程序、数据存储和基础设施等资源服务,在按需服务的基础上按需付费,用户可以充分享受按需付费云计算平台的低成本优势,而且可以根据企业成长的需要扩展和取消相关的服务订购,提高企业资金利用率。

(2)系统数据的高可靠性。云计算使用的分布式数据中心有效保证了数据的安全,可将数据信息备份到地理分隔的数据中心主机上,使用数据多副本容错、计算节点同构可互换等措施来保障服务的高可靠性。使用云计算比使用本地计算机具有更高的数据可靠性。

(3)超大规模计算能力。"云"分布在大量的分布式服务器上,云计算把大量计算资源集中到一个公共资源池中,用户通过租用方式共享计算资源,"云"能赋予用户前所未有的计算能力。

(4)虚拟化资源池的服务灵活性。云计算支持用户在任意位置、使用各种终端获取应用服务。云计算将各种计算及存储资源充分整合和高效利用,将系统中各种异构的硬件资源转换成灵活统一的虚拟资源池。用户无须了解、也不用担心应用运行的具体位置,只需要一台笔记本计算机或者一部手机,就可以通过网络服务来得到需要的一切,甚至完成超级计算这样的任务。

(5)平台模块化的高可扩展性。云计算相应规模可以根据用户对于云计算的需求动态伸缩,满足应用和用户规模增长的需要。目前主流的云计算平台一般根据云计算的服务模式构架在集成功能各异的软硬件设备和中间件软件,形成模块化,在平台端提供通用接口,允许用户在平台扩展设备,集成计算资源,满足用户个性化的需求。

(6)多平台终端接入优势。用户可使用各种设备终端和不同操作系统(个人计算机、智能手机和移动便携设备)随时随地通过互联网获取云计算平台的服务支持。

3.3.2 云计算服务的基本模式

云计算包括以下几个层次的基本服务:软件即服务(Software as a Service,SaaS),基础设施即服务(Infrastructure as a Service,IaaS)和平台即服务(Platform as a Service,PaaS)。

(1)SaaS。它是一种通过互联网提供软件的模式,用户无须购买软件,而是向提供商租用基于Web的软件,来管理企业经营活动。云提供商在云端安装和运行应用软件,云用户通过云客户端(通常是Web浏览器)使用软件。云用户不能管理应用软件运行的基础设施和平台,只能做有限的应用程序设置。用户不需要在本地安装软件,能直接在云端上执行应用。此外,还免去了初期高昂的软硬件投入。SaaS 不受时空限制,用户仅需接上网络就能访问。这不仅能更经济地支持庞大的用户规模,而且能提供一定的可指定性以满足用户的特殊需求。SaaS 主要面向的是普通用户。

(2) IaaS。用户通过互联网可以从完善的计算机基础设施获得服务。IaaS 通过网络向用户提供计算机(物理机和虚拟机)、存储空间、网络连接、负载均衡和防火墙等基本计算资源。用户在此基础上部署和运行各种软件,包括操作系统和应用程序。IaaS 的基本用户是系统管理员。

(3) PaaS。PaaS 实际上是指将软件研发的平台作为一种服务,以 SaaS 的模式提交给用户。因此,PaaS 也是 SaaS 模式的一种应用。但是,PaaS 的出现可以加快 SaaS 的发展,尤其是加快 SaaS 应用的开发速度。平台通常包括操作系统、编程语言的运行环境、数据库和 Web 服务器,用户在此平台上部署和运行自己的应用。用户不能管理和控制底层的基础设施,只能控制自己部署的应用。PaaS 的基本用户是开发者,把服务器平台作为一种服务提供的商业模式。

3.3.3 云计算实现技术

云计算是一种新型的业务交付模式,同时也是新型的 IT 基础设施管理方法。云计算实现应包括以下基本技术。

1) 虚拟化技术

虚拟化技术是实现云计算的基础核心技术,是将物理 IT 资源转换为虚拟 IT 资源的过程。虚拟化大幅度提高了组织过程中资源和应用程序的效率和可用性。虚拟化把物理资源和最终呈现给用户的资源进行了分离,在具有统一良好架构设计的物理资源上创建出多个替代虚拟资源,替代资源和物理资源具有相同的接口和功能,对用户来说虚拟资源具备与物理资源相同的使用功能,同时还可以有不同的属性,如价格、容量、可调整性等。虚拟化主要包括服务器虚拟化、客户端虚拟化、网络虚拟化、存储虚拟化以及基础结构虚拟化。通过虚拟化手段将系统中的各种异构的硬件资源转换成为灵活统一的虚拟化资源池,从而形成云计算的基础设施,为上层云计算平台和云服务提供相应的支撑。

2) 分布式文件系统

分布式存储的目标是利用云环境中多台服务器的存储资源来满足单台服务器所不能满足的存储需求。其特征是存储资源能够被抽象表示和统一管理,并且能够保证数据读写与操作的安全性、可靠性等各方面的要求。云计算催生了一些优秀的分布式文件系统和云存储服务。可伸缩的分布式文件系统利用容错和故障恢复机制,有效克服了单节点故障导致的系统故障,实现了大规模海量级的文件存储。例如 Hadoop 文件系统(HDFS)就是一个运行在普通硬件之上的分布式文件系统。

3) 分布式计算

基于云平台的最典型的分布式计算模式是映射化简(Map Reduce)编程模型。Map Reduce 将大型任务分成很多细粒度的子任务,这些子任务分布在多个计算节点上进行调度和计算,从而在云平台上获得对海量数据的处理能力。Map 操作是可以高度并行的,这对高性能要求的应用以及并行计算领域的需求非常有用;Reduce 操作是指对一个列表的元素进行适当的合并,虽然它不如映射函数那么高度并行,但是因为化简后总是有一个简单的答案,大规模的运算相对独立,所以,化简函数在高度并行环境下也很有用。

3.3.4　云计算在物流领域的应用

1)助力信息有效共享

以云计算为基础建立的物流系统可以实现信息与资源的动态共享,这使物流供应链的上下游合作更加契合。在这种情况下,物流企业对硬件投资规模需求的必要性降低,对硬件的投资规模减小,所承担的投资风险也随之减小,同时伴随着设备折旧损失的减少,有效保证了物流企业的成本优势。

2)推进信息高效处理

大数据时代伴随着物流链上庞杂的信息数据,借助于云计算可以将物流链上的数据信息进行高效地分析和处理,从而挖掘和提炼出高附加价值的数据信息,管理者利用这些信息作出正确的决策。同时,由于云计算系统的流程透明化,物流企业可以花费更大的精力在物流企业的核心业务上,实现了物流企业核心业务的升级和完善,提高服务对象的体验感,有利于培养客户的忠诚度。

3)促进资源有效整合

基于云计算技术,物流企业在物流链上能够根据客户的需求实时为顾客提供服务以实现产品的使用价值,达到物流资源的有效整合,这实质上是一种商业模式和管理方式的创新。云计算技术在物流领域的应用在一定程度上给新时代的物流企业指明了未来发展的方向。

4)应用发展趋势

面临着数字浪潮经济,“互联网+”战略及《中国制造2025》的提出,将进一步推进云计算与物流的深度融合。云计算技术在一定程度上实现了物流信息的高可靠性和低成本性,带来了新的信息处理方式。但是目前来看,云计算技术在物流领域的应用还面临着许多问题。构建云计算模式下的智慧物流,物流企业需要整合自身的系统和物流链上其他合作伙伴的系统,保证数据信息的可靠,更好地为物流领域服务,降低物流企业信息化成本,提升物流服务质量,使基于云计算的物流公共信息平台对物流及当地经济发展起到有力支撑,从而提高物流企业在市场中的核心竞争力。

3.4　大数据技术

3.4.1　大数据含义与特征

1)大数据概念

到目前为止,对于大数据没有统一的概念,但被人们广泛接受的有“大数据之父”维克托

(Viktor)在《大数据时代》中给出的定义:大数据是指不用随机分析法(抽样调查)这样的捷径,而采用所有数据进行分析处理的方法。

对于大数据,研究机构 Gartner 给出了这样的定义:大数据是需要新处理模式才能具有更强的决策力、洞察发现力和流程优化能力的海量、高增长率和多样化的信息资产。维基百科认为大数据是无法在一定时间内用常规软件工具对其内容进行抓取、管理和处理的大量而复杂的数据集合。麦肯锡全球研究所给大数据的定义是:一种规模大到在获取、存储、管理、分析方面大大超出了传统数据库软件工具能力范围的数据集合。我国在《信息技术　大数据　术语》(GB/T 35295—2017)中给出定义:大数据是具有体量巨大、来源多样、生成极快、多变等特征,并且难以用传统数据体系结构有效处理的包含大量数据集的数据。

2)大数据特征

物联网、云计算、移动互联网、车联网、手机、平板电脑、个人计算机以及遍布地球各个角落的各种各样的传感器,无一不是大数据来源或者承载的方式。大数据同过去的海量数据有所区别,其基本特征有 4 个,可以用 4 个 V 来总结,包括数据量(Volume)、数据类型(Variety)、价值密度(Value)及处理速度(Velocity),即数据量大、数据类型多样、价值密度低、处理速度快。

(1)数据量巨大(Volume)。非结构化数据超大规模和快速增长,从 TB 级别,跃升到 PB 级别。计算机最小基本单位是 bit,按顺序给出所有单位:bit、Byte、kB、MB、GB、TB、PB、EB、ZB、YB、NB、DB,它们按照进率 1024(2^{10})来计算。

(2)数据类型多样(Variety)。大数据的异构和多样性,如网络日志、视频、图片、地理位置信息等。

(3)价值密度低(Value)。以视频为例,连续不间断监控过程中,可能有用的数据仅仅有一两秒,需要进行深度复杂分析。

(4)处理速度快(Velocity)。实时分析而不是批量分析,注重事前立竿见影而非事后见效。这一点也是和传统的数据挖掘技术有着本质的不同。

3.4.2　大数据分析与挖掘技术

大数据技术的战略意义不在于掌握庞大的数据信息,而在于对这些含有意义的数据进行专业化处理。换言之,如果把大数据比作一种产业,那么这种产业实现盈利的关键,在于提高对数据的“加工能力”,通过“加工”来实现数据的“增值”。从某种程度上说,大数据是数据分析的前沿技术。简而言之,从各种各样类型的数据中,快速获得有价值信息的能力,就是大数据分析与挖掘技术。

1)可视化分析(Analytic Visualizations)

数据可视化主要是借助于图形化手段,做出完整的分析图表,清晰有效地传达与沟通信息,简单明了,无论对于普通用户或是数据分析专家,这是最基本的功能。可视化分析能够直观地呈现大数据特点,同时能够非常容易被读者所接受。

2)数据挖掘算法(Data Mining Algorithms)

图像化是将机器语言翻译给人看,而数据挖掘就是机器的母语。各种数据挖掘的算法基于不同的数据类型和格式才能更加科学地呈现出数据本身具备的特点，也正是因为这些被全世界统计学家所公认的各种统计方法，才让人们能精炼数据、挖掘价值。这些算法一定要能够应对大数据的量，同时还具有很快的处理速度。

3）预测分析能力（Predictive Analytic Capabilities）

大数据分析最重要的应用领域之一就是预测性分析，预测性分析结合了多种高级分析功能，包括特别统计分析、预测建模、数据挖掘、文本分析、实体分析、优化、实时评分、机器学习等，预测性分析可以让人们根据图像化分析和数据挖掘的结果做出一些前瞻性判断。

4）语义引擎（Semantic Engines）

语义引擎是把已有的数据加上语义，可以把它想象成在现有结构化或者非结构化的数据库上的一个语义叠加层。它是语义技术最直接的应用，可以让用户更快速、准确、全面地获得所需信息，提升用户互联网体验。

5）数据质量管理（Data Quality Management）

数据质量管理是指对数据从计划、获取、存储、共享、维护、应用、消亡生命周期的每个阶段里可能引发的各类数据质量问题，进行识别、度量、监控、预警等一系列管理活动，通过改善和提高组织的管理水平使得数据质量获得进一步提高。

数据分析与挖掘的核心算法与软件主要掌握在大型数据库公司及高校的手中，国际上主要参与者包括 IBM、甲骨文、微软、谷歌、亚马逊、Facebook 等，国内主要参与单位包括数据库企业、高校，以及以百度公司（Baidu）、阿里巴巴集团（Alibaba）、腾讯公司（Tencent）、京东公司（Jingdong）、小米公司（Mi）为代表的大型互联网企业等。数据分析与挖掘的能力直接决定了大数据的应用推广程度和范围，是大数据产业的核心。

3.4.3　大数据技术在物流领域的应用

1）物流运输与配送

可以使用大数据规划运输路线和制定装配计划。大数据技术对物流管理的各个环节都有很重要的影响，例如物流配送过程中关于物品信息的识读、定位和感知等都利用了这些技术，在不同物品配送的不同目的地和不同条件下，也可以快速分析周边的交通状况和环境。根据实际情况，动态调整物流配送方案，为物流运输选择恰当的物流配送工具和最佳的配送路径。如美国 UPS 公司使用大数据优化送货路线，配送人员不需要自己思考配送路径是否最优。UPS 采用大数据系统可实时分析 20 万种可能路线，3s 找出最佳路径。UPS 通过大数据分析，规定货车不能左转，所以，UPS 的驾驶员会宁愿绕个圈，也不往左转。此外，结合物联网技术可以实现物流配送过程的物品跟踪和监控，物流企业可以实现物流信息的共享，提高物流配送效率。在物流配送方案选择后，利用大数据技术也可以充分地降低物流管理成本，大大提高配送效率，同时，个性化的运输服务也会得到客户的肯定，进而实现企业和客户共赢。

2）仓储管理

数据挖掘技术的普遍使用在一定程度上改善了传统物流仓库的管理和存储问题，高效完成了仓库间物资的调货转运作业。以京东的“小区画像”移动仓库为例，通过京东全链条的数据，京东对用户和小区进行画像，可以准确获取数据并挖掘用户行为。京东创新性地在各个小区之间设立移动的仓库。一个个小车会将货物提前准备在各个小区，一旦用户下单完成，就通过最近的移动仓库将货物送达用户手中。由此可见，在仓储管理过程中，充分了解货物的库存情况，对于仓库的利用率、运输分拣效率以及顾客的购物体验都具有重要意义。运用大数据信息预测与分析技术，可以对仓库各种货物库存量进行统计，并对调货补货市场进行预测与分析。

3）企业客户忠诚度提升

数字经济高速发展的浪潮下，大众对于信息获取的渠道广泛而快捷，物流企业的客户忠诚度已经大大降低。而想要提升物流企业的客户忠诚度，那么塑造良好的企业形象就是必然趋势，这就取决于物流企业配送环节的服务水平，在传统信息采集和处理的方式下，物流配送水平有限。然而，在大数据技术下，可以通过大数据技术挖掘分析客户的信息数据，并在此基础上有针对性地开展个性化物流配送，进而提高物流企业的客户忠诚度。

4）应用发展趋势

大数据技术在物流管理中的应用不只局限于上述方面，还在物流系统运作、物流设施选址、供应链管理中有着广泛的应用。在大数据技术成熟发展的背景下，物流企业必须与时俱进，构建自身智能大数据物流系统以提高竞争力。在管理模式上，应主动转变思维方式，投入大量研究资源支持大数据技术的深入应用，推进大数据技术在物流行业的融合深入，并提升企业的整体能力。同时，培养熟练大数据技术操作的员工，投入资源帮助员工熟悉相关业务操作。在此基础上，对大数据应用的专家进行系统的培训。在培训中将数学知识、IT技能和商业知识结合起来，使这些专家成为“先锋”。大数据应用程序可以帮助企业克服“数据差距”，领导并提供专业的数据应用技术服务。

3.5 人工智能技术

3.5.1 人工智能概述

人工智能（Artificial Intelligence，AI）是计算机科学与技术学科领域发展的一个重要方向，主要以研究计算机系统模拟人类智能行为为目标，是一门多学科相互渗透、具有实用价值和重要战略意义的新兴边缘分支学科。自1956年人工智能学科诞生以来，尽管其发展经历了曲折的过程，但人类在知识表示、自动推理、认知建模、机器学习、神经计算、自然语言理解、专家系统、智能机器人、分布式人工智能等方向上开展了大量的研究工作，取得了相当大的进展和丰富的成果，对其他学科的发展也产生了积极的影响。正是由于人工智能学科的重要性和探索机器智能任务的艰巨性，人工智能已成为当代尖端科学工程。

近三十年来，人工智能获得了迅速的发展，在很多学科领域都获得了广泛应用，并取得了丰硕的成果。因此，20世纪70年代以来，人工智能被称为世界三大尖端技术（空间技术、能源技术、人工智能）之一，也被认为是21世纪三大尖端技术（基因工程、纳米科学、人工智能）之一。人工智能已逐步成为一个独立的分支，无论在理论和实践上都已自成一个系统。

人工智能是研究使用计算机来模拟人的某些思维过程和智能行为（如学习、推理、思考、规划等）的学科，主要包括计算机实现智能的原理、制造类似于人脑智能的计算机，使计算机能实现更高层次的应用。人工智能将涉及计算机科学、心理学、哲学和语言学等学科，可以说几乎涉及了自然科学和社会科学的所有学科，其范围已远远超出了计算机科学的范畴。人工智能与思维科学的关系是实践和理论的关系，人工智能是处于思维科学的技术应用层次，是它的一个应用分支。从思维观点看，人工智能不仅限于逻辑思维，要考虑形象思维、灵感思维才能促进人工智能的突破性发展。数学常被认为是多种学科的基础科学，不仅在标准逻辑、模糊数学等范围发挥作用，人工智能学科涉及语言、思维领域，其也必须借用数学工具，它们将互相促进并更快发展。

随着人工智能研究和应用的不断探索，人们对人工智能的理解和认识发生了深刻的变化，对人工智能的定义也出现了许多不同的说法。综合学者们的研究可以认为：人工智能是一门研究如何使计算机能够模拟和执行人类智能任务的科学和技术领域，它致力于开发能够感知、理解、学习、推理、决策，能够自主地解决复杂问题，并与人类进行自然和智能交互的系统。

3.5.2 人工智能发展与关键技术

1）人工智能发展

国际普遍认为人工智能发展经历三个阶段：弱人工智能、强人工智能和超级人工智能。弱人工智能就是利用现有智能化技术，来改善经济社会发展所需要的一些技术条件和发展能力。强人工智能阶段非常接近于人的智能，这需要脑科学的突破，国际上普遍认为这个阶段要到2045年前后才能实现。超级人工智能是指脑科学和类脑智能有极大发展后，人工智能将成为一个超强的智能系统。

在人工智能发展的过程中，已经经历了四个里程碑式的事件：1997年，IBM公司的“深蓝”战胜世界国际象棋棋王卡斯帕罗夫，这是基于知识规则引擎和强大计算机硬件的人工智能系统的胜利；2011年，IBM公司的问答机器人“沃森”在美国智力问答竞赛节目中大胜人类冠军，这是基于自然语言理解和知识谱图的人工智能系统的胜利；2016年谷歌公司的AlphaGo战胜围棋世界冠军李世石，2017年初AlphaGo升级版Master横扫全球60位顶尖高手，这是基于蒙特卡罗树搜索和深度学习的人工智能系统的胜利；2022年11月OpenAI宣布发布ChatGPT，2024年5月OpenAI又发布人工智能文生视频大模型Sora，标志着人工智能系统进入了普适性的应用阶段。

在社会生产生活的多个方面可以注意到，在信息爆炸的当代社会，人们在信息、机器高度密集的环境中，容易变得被动和困惑。人工智能技术体现出了比人更大的优势，特别是在计算的精确性和计算速度上。但随着研究的深入和社会需求的不断变化，人工智能技术的发展应同时具备这样的特征：以人为本（为人类服务意识及能力），现实增强（辅助人类增强环境感知与应对能力），学习适应（自我演化迭代升级能力）。

2）人工智能关键技术

人工智能技术的核心思想是让计算机模仿人类的思维方式来完成复杂的任务，将计算机科学的自然规律与人类意识和思维结合在一起。人工智能关键技术主要包括计算机视觉、机器学习、自然语言处理和语音识别。

(1)计算机视觉。计算机视觉是利用算法和技术,使计算机能够处理、分析和理解数字图像和视频的科学与工程。它包括对视觉信息的获取、分析、理解和处理的各个方面,以实现视觉感知和决策支持。

(2)机器学习。机器学习是指计算机自身具有获取知识的能力,它具有通过分析和学习大量现有数据来预测、判断和做出最优决策的能力。

(3)自然语言处理。计算机拥有人类般的文本处理能力,将人类语言转换成可由计算机程序处理的形式,并将计算机数据转换成人类自然语言的形式。

(4)语音识别。语音识别是通过识别及理解过程,计算机可以自动且准确地转录人类语音的技术。

3.5.3 人工智能在物流领域的应用

1)智能物流生态系统

在人工智能的协助下,多式联运将实现更加高效的运输。通过人工智能结合云计算、大数据、物联网等技术,可实现集铁路、公路、航空、水路"四位一体"的智慧多式联运。依托铁路网络、公路网络、航空网络、水路网络及实体物流园区,充分利用人工智能、云计算、大数据、物联网等技术,可为线上线下物流运输、仓储配送、商品交易、金融服务、物流诚信等业务提供一站式、全方位服务,形成覆盖线上线下的智能物流生态系统,积极服务经济社会发展。

2)智能库存管理

人工智能在大数据的推动下,可以使库存管理人员实现对货物的库存量、库存种类、存储位置、存放时长等众多信息的实时动态管理,可以实现仓库数据的快速读取和共享。人工智能技术通过对历史数据的分析,得出库存货物的存取规律,并对库存进行动态调整。同时利用人工智能可以实现物流数据的自动化录入,提高物流员工的工作效率,有效降低物流企业的库存量和库存成本,而且具有更高的库存管理安全性。

3)智能仓储作业

智能仓储作业改变了传统物流仓储的手工作业方式,实现了货物仓储作业的自动化和作业管理的智能化。人工智能技术建立高效、灵活的自动化、智能化分拣系统,实现了大多数环节都由机器设备作业,使仓库中的各自动化设备能够有序运行、相互配合,并能根据特殊情况及时做出响应,可以节省大量的人工成本,提高物资的周转率。

4)智能运输配送

人工智能下的物流运输通过路径优化算法、调度算法与实时数据相结合,进行最优路径的动态规划,使运输路线规划得更加科学合理。使用智能机器人和无人车等进行配送,智能配送设备将根据规划的最优运输路线自动配送,同时,可以实现货物信息的实时扫描和读取,这将大大提高物流配送效率和降低成本。

5)应用发展趋势

总体来说,人工智能在物流业的创新应用还处于起步阶段。在电商企业爆炸式发展的浪潮下，物流企业齐头并进，“618”京东的“无人机＋无人车＋无人仓”物流配送模式已展现出现代物流商业模式的创新，伴随着人工智能的不断升级，人工智能技术将持续替代人工物流仓储配送。我国以顺丰速运有限公司（简称“顺丰”）为代表，拥有国内一流的人工智能物流服务，在成本可控的前提下规模持续扩大，利润空间比传统物流模式有了大幅度的提升。未来随着人工智能技术的不断发展，人工智能将不断加深与物流行业的合作。

3.6　区块链技术

3.6.1　区块链含义与特征

1）区块链含义

2008年，中本聪最先提出了区块链（Blockchain）这一概念。区块链起源于比特币，是比特币的基础支持技术和基础设施，是一种新型的分布式可信协议。区块链是分布式数据存储、点对点传输、共识机制、加密算法等计算机技术的新型应用模式。区块链实质上是由一系列使用密码学方法相关联产生的数据块组成的一个去中心化的共享数据库，所有数据块都含有电子货币（如比特币）网络交易的数据信息，可用于复核其信息的有效性（防伪）并生成下一个数据块。区块链技术是一种不依赖第三方的技术解决方案，它通过自己的分布式节点存储、验证、传输和交流其网络数据。

在比特币形成的过程中，每个区块都是一个存储单元，它记录每个块节点在一定时期内的所有交流信息。区块链技术形成的基础是互联网的普及和计算机运算能力的大幅度提高，这两点给区块链基于网络分布运算的“去中心化数据存储技术”提供了所需的带宽和运算能力支持。从底层通信层看，区块链是在点对点网络中通过广播在网络节点之间进行交易记录更新，而各网络节点各自完整地存储交易记录备份。从协议和应用层面上看，不同的开发者可以根据自己所需求的应用场景，自行定义交易记录所包含的内容、新区块产生的条件和加解密算法等。在最终用户看来，区块链是一个带有时间戳的账务记录系统，具有公开、透明、可信、历史记录不可更改等特点。因为具有这些特点，区块链技术非常适合作为金融交易的辅助工具，也正因为如此，比特币才被选为区块链技术的第一个正式应用并获得巨大成功。

工业和信息化部指导发布的《中国区块链技术和应用发展白皮书（2016）》这样解释：区块链技术是利用块链式数据结构验证与存储数据，利用分布式节点共识算法生成和更新数据，利用密码学的方式保证数据传输和访问的安全，利用由自动化脚本代码组成的智能合约编程和操作数据的一种全新的分布式基础架构与计算范式。

2）区块链特征

（1）去中心化。区块链技术是一种不依赖第三方管理和中心管制的技术解决方案，任意节点之间的权利和义务都是均等的，且任一节点的损坏或者失去都不会影响整个系统的运作。任何交易中的各方都知道，一切都将按照议定的协议完成。随时可用且值得信赖的数据也消除了任何中介的需求。

(2)开放透明。在区块链系统中，有节点的共有链上除了交易各方被加密的私有信息外，其他信息都可被所有人通过公用的接口寻找和使用，因此，整个系统信息高度透明。

(3)防篡改。除非能够同时控制整个系统中超过51%的节点，否则单个节点上对数据库的修改是无效的，也无法影响其他节点上的数据内容。因此，参与系统中的节点越多且计算能力越强，该系统中的数据安全性越高。

(4)系统独立。基于依赖于密码学和数学的巧妙的分布式算法，不需要第三方机构来进行背书，所有节点不需要人工干涉就可以自动安全地验证和交换系统中的数据。

(5)可追溯。区块链采用带时间戳的块链式存储结构，有利于追溯交易从源头状态到最近状态的整个过程。时间戳作为区块数据存在的证明，有助于将区块链应用于公证、知识产权注册等时间敏感领域。

(6)匿名性。因为是点对点的交易，除非有法律规范要求，否则区块节点之间并不需要公开或验证身份信息，信息传递可以匿名进行。

3.6.2 区块链技术框架与关键技术

1)区块链技术框架

从系统架构上看，区块链分为核心层、服务层和用户层。核心层提供了区块链正常运行的环境和基础组件，包括分布式账本、对等网络、密码学应用、共识机制、智能合约以及跨链技术等要素；服务层通过调用核心层组件为用户层提供可靠的接入服务，并满足操作的原子性（Atomicity）和高性能的要求；用户层将不同类型的应用程序接口（Application Programming Interface，API）封装成区块链服务，供不同的用户使用。区块链的系统架构如图3-7所示。

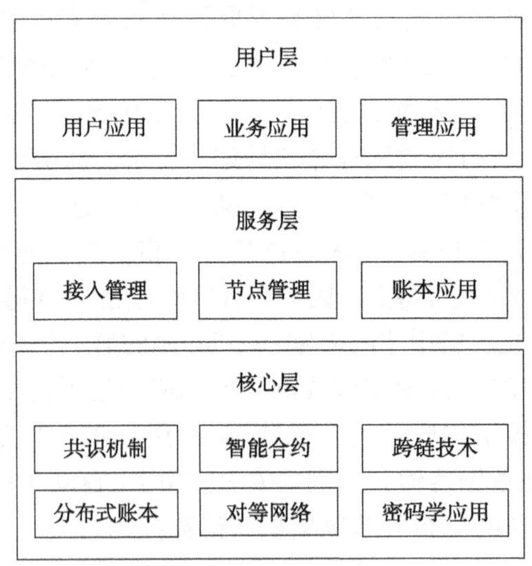

图3-7 区块链系统架构

2)区块链关键技术

(1)对等组网方式。在整个区块链系统中，主要利用了对等网络的组网方式，这里不存在特殊节点、中心节点和层次结构，所有节点都以分布式方式存储和维护最新的区块链数据信息。当某些节点发生问题时,只要存在一个正常运行的节点,区块链主链的全部数据都可以找回,也不会影响区块的正常记录和工作。

(2)区块的链接方式。当运行的区块被其他节点识别为有效区块时,它将会被链接到当前区块链的末端以形成新的区块链主链。当主链分叉时,计算节点会在主链分叉时选择链接到备选链上,并且可以证明备选链的当前工作量最大化,从而形成较长的新主链。

(3)基于工作量证明的共识机制。去中心化的区块链系统的主要挑战是怎样操作可以保证每个节点数据的一致性和防篡改性。分布式节点在新加入算力竞争后可以有效地达成一致,这种基于工作量证明的共识机制可以解决无法达成共识这一难题。具体操作是需要解一个随机数,使区块的哈希函数值小于或等于某个目标哈希值,从而大大增加了计算难度。这通常出现在区块计算的最后一步。

3.6.3　区块链技术在物流领域的应用

1)保证货物安全

物流行业通过区块链技术加快物流订单履行过程,压缩物流流程中间环节,大大提高了物流资源利用率。物流信息的安全确保了账本相关记录的公开透明,对货物运输的每一个节点进行清晰地记录,实现了货物信息的全程可查,物流企业可以通过区块链技术对货物运输进行全程跟踪,保证了物流货物的安全性。

2)优化运输路线

区块链的多种核心技术能够在保证信息真实可靠的前提下实现交易自动化、高效化。区块链技术应用于物流运输中的集装箱上,集装箱的相关信息记录于区块链的分布式账本中,区块链存储方案自动分析智能集装箱的运输路线和时间规划。区块链技术下的智能集装箱具有分析以往运输路线的能力,并在此基础上改正以往经验的错误,规划出全新的最佳路线和时间调度,与此同时,方便工作人员根据规划及时调整运输路线,实现工作效率的有效提升。

3)缓解融资困难

近年来随着智慧物流的发展,物流企业之间的竞争逐渐激烈。很多中小物流由于企业信用评级普遍较低,很难获得银行等金融机构的融资。在这种情况下,区块链技术广泛应用于物流领域,有利于物流业相关产品的资产化,伴随着相关商品价值化、资产化,凭借区块链技术下商品具有真实性的特点,商品的唯一权利将得到实现,可以保证资金快速匹配到相关物流行业,从而解决中小企业融资困难问题。

4)提高供应链管理水平

区块链可以提高供应链信息透明度,并降低整个供应链的成本和风险,因此,区块链在供应链管理中有着广泛的应用前景。企业可以通过更加透明和准确的“端到端”跟踪改善供应链管理。通过区块链,可以对物理资产进行数字化处理,并创建一个分散的、不可变的交易记录,从而可以跟踪目前可能需要数周时间才能获得的所有相关信息。呈现通过区块链验证的数据,有助于提高公众对供应链数据的信任度。透明度的要求也可以让企业更加重视质量检查,在供应链中实施区块链解决方案需要相互合作,为所有利益相关者共享的数据建立真实性。

5)应用发展趋势

区块链技术在物流领域中的应用能显著降低成本并提升数据流程的安全性和溯源性。然而,当前我国物流行业与区块链技术的融合发展尚处于初始阶段,仍存在着技术局限。未来,我国应加快推进区块链物流的试点工作,率先在部分流通业发达地区建立示范基地,推进区块链与物流信息系统、仓储运输智能化等细分领域的创新发展。

3.7 本章案例

IoT与AI技术在顺丰物流系统中的应用

1)项目背景

物联网(IoT)技术的加速应用,让物流与供应链行业迎来了不少"高光时刻"。那么,物联网技术究竟在物流场景中碰撞出了怎样的火花?在《财富》举办的全球科技论坛上,32家企业荣登2022年度最具影响力物联创新榜单。它们广泛分布于智能制造、智慧能源、智慧城市等领域,值得关注的是,智慧物流领域项目频频上榜。作为智慧物流领域的代表企业之一,顺丰科技凭借"顺丰智慧物流与供应链物联网平台"从上百家企业中脱颖而出,荣登该榜单。

物流与供应链行业涉及的众多环节与线下场景,成为了物联网技术应用的天然沃土。虽然科技的力量是巨大的,但在具体场景中的应用却是一个循序渐进的过程。顺丰应用物联网技术的契机,要从2003年顺丰引入的第一代"巴枪"谈起。那一年,基于快速采集快递单据与运营流转数据的迫切需要,顺丰开始推动相关设备的引入应用,成为国内首个推行手持终端的公司,也让顺丰初步尝到了物联网技术的"甜头"。2018年,随着业务规模快速增长,以及顺丰在智能物流装备和基础设施上的持续加码,给管理和运营效率带来了新的挑战,这些都让IoT技术在顺丰的重要性急剧提升。2019年7月,顺丰正式开始建设"智慧物流与供应链标准化物联网平台",将物联网技术全面应用于"收派—中转—运输"各环节,面向设备、人、车、货、场等对象,由点及面,探索物联网技术在物流场景下的规模化应用。

2)技术应用过程

对于顺丰科技有限公司(简称"顺丰科技")来说,在成千上万个生产对象面前,从0到1搭建一套智慧物联网平台,一切并不如想象中那般容易。

首先,要织一张巨大且严密的感知网络,这张"大网"可以感知设备、人员、车辆、货物、场地等物流场景中常见的生产对象的动态,任何变化都能被这张"大网"随时随地"轻松捕获",可想而知,这将是一个庞大的工程。例如,在物流中转环节,需要随时随地追踪大量的作业叉车、笼车等载具的使用、流转等情况;这个过程中除了需要安装物联网终端,或通过对象自身的控制器完成各个对象的数据采集,还需要考虑网络连接(中短距离/长距离、有线/无线)、电量续航、物联终端分散管理等问题。

此外,随着这张网越织越大,还面临一个典型的场景问题,即如何让这张网快速地把感知到的,分散在天南海北的大量信息进行快速处理。为了缩短数据处理和传输的时间,顺丰科技在靠近各生产作业数据的源头处(例如中转场),设立了很多个“边缘节点”(用于采集与处理数据的设备),用来实现数据就近采集和分析处理,同时也可以提高数据的安全性和隐私性。但“边缘节点”的形态是多元化的,它可能是一台 X86 服务器、工控机,也可能是个工业网关;因此,需要对边缘节点进行统一纳管,相比同一类型硬件设备的统一接入,边缘节点与云侧数据中心的云边协同,无疑更具难度。

再者,随着物联的生产对象规模大到一定程度后,每天产生 TB 级海量数据,如何有效地存储、处理、分析和流转这些数据,满足下游业务实时应用和离线大数据分析的需求,从中挖掘出业务价值,对物联网平台的大数据能力提出了较大的挑战。

笼车调拨是资产调拨中极为常见的场景。过去,通常通过给笼车安装 2G 终端设备以实现远程管理。但蜂窝通信功耗大,电池无法支撑长时间的续航,在低电量或电量耗尽时,需要安排工作人员给设备及时充电,而这会衍生管理成本。这个看似很小的操作,对企业组织的管理能力提出了额外要求,一旦工作人员忘记充电,就无法正常运行。但随着低功耗广域网技术 LPWAN(能实现中远距离和低功耗的通信技术)的出现,笼车等物流作业载具的追踪流转问题得到了解决。通过这种技术,相关感应设备续航时长可达 5 年,极大提升了物流作业中的大批量资产流转、追踪效率,最重要的是它有效支撑了集团大网对快件的集装集运,提升了快件时效。

针对前面提及的“云边协同”挑战,即边缘节点与云端数据中心的协作配合问题,顺丰科技基于云原生技术,对物流场景中的生产对象进行了“身份标识”的统一。为了让这些设备能更丰富地呈现和表达自己,顺丰科技还给它们逐个建立起了数字空间上的“物模型”(可以用来查看某实体设备的功能特征)。例如,一台大型自动分拣机是由扫描设备、感应通道门、单件分离等多个独立部件组成的,而这些部件则生成了一个个独立的在数字空间上的物模型;当这些独立的物模型组合在一起时,你就可以看到一个大的、完整的“自动分拣机物模型”。现场管理人员可以通过这个模型直观看到这台分拣机的实时运行状态,当分拣线出现拥塞、作业质量异常、产能空闲或超负荷时,模型会进行提示,方便工作人员及时地定位、处理相关问题。同时,分拣机的数据接入与管理、物模型定义、边缘数据处理算法、数据路由规则,则均由云端统一定义和管理,再结合云端的大数据分析,可实现生产精细化运营,这正是云边协同带来的好处。顺丰能够拥有领先行业的物联网云边协同实践,除了应用先进技术,还受益于对物流与供应链场景的深度理解。

针对海量数据分析,依托前沿大数据技术,通过极致弹性、存算分离、多云融合计算加速等核心能力,以及大数据实时或离线分析策略,对设备上报的海量物模型数据进行联合时空分析,并基于大数据流式处理引擎实现数据实时流转能力。同时,建立围绕物模型的 IoT 数据资产开放体系和指标中心,为基于物联网数据进行业务创新提供了可视化的建模工具。

目前,顺丰科技仍在持续建设物联网,并向更高效、更便捷的方向迈进。在分拣中心中转环节,普遍会涉及数据清洗、过滤、算法分析等工作,为了让云边协同变得更加友好,顺丰科技的物联网平台团队研究了一套工具化、低代码的方法,让用户无须从 0 开始写代码,仅需轻松拖拽鼠标就可完成相关开发工作。

同时,顺丰科技也在打造边缘计算中枢。该中枢可以统一收集生产现场各种设备、人员、车辆、货物等数据，如分拣机扫描/落袋、输送线拥塞、货物重量体积等信息，并把数据推送至相关应用环节，解决了生产数据不全、数据利用率低、数据质量低等问题，从而提高中转环节的作业效率。

3）系统功能

顺丰科技自主研发构建的物联网泛在感知、分析和决策体系，目前已在公司内全面铺开应用。当前顺丰物联网涉及的相关设备数量规模超过100万，覆盖全国300+分拣中心，助力20000+网点的网络互联；且通过自动化设备或作业工具，实现全网40万作业人员与物联网平台的链接，极大地推动了物联网技术在顺丰物流场景中的广泛应用。

但对于顺丰科技而言，最大的收获并不是实现了多少个设备的连接，而是这些连接带来的“价值”。这些价值，分布于顺丰的中转场内、分拣线上以及运输途中。

当一辆载满包裹的车辆缓缓驶入中转场时，现场大屏立即根据不同卸车口的繁忙程度进行综合计算，并直观地告知作业人员可停靠的卸车口，这一便捷的“神操作”在高峰时期作用尤为突出。同时，它还可以量化车辆装载情况，提前预判场地产能，掌握卸车口的忙闲状态，实现车辆的动态调度。

对于分拣中心来说，输送设备就是它的大动脉。当物联网捕捉分析到正在分拣的货物量并非处于高峰值，就会减缓相关分拣线的运行速度，这不仅可以节省电量，还可以相应地减少设备的磨损程度，从而实现设备的智能运维。

一辆飞驰的货车车厢里，某个顺丰包裹中潜入了一个物联网终端设备。在包裹与物联网终端设备同行的途中，包裹的轨迹、温湿度、颠簸情况、是否开箱以及相对应的时间节点都被该终端实时记录着，通过对这些数据的分析，就可以发现那些频繁发生异常的生产环节。顺丰通过对这些生产环节针对性改善，提升整体作业质量，避免如包裹破损和遗失等问题的发生。

4）物联网与AI的融合应用

物联网技术的应用，不仅实现了设备的互联互通和数据的采集，也进一步推动了顺丰科技在AI领域的探索实践。

以慧眼神瞳为例，这是一款综合运用计算机视觉技术与边缘计算技术的AIoT感知平台。该平台最大的优点在于可以将感知数据和算法结合，可实时、智能地完成对关键生产要素分析，并将智能分析结果反馈给用户，帮助用户作出正确的判断和决策。目前，该产品已成熟应用在大型场地作业场景中，帮助集团实现质量管控、安全管理、精益运营以及风险管控。

例如，在快件质量管控场景中，慧眼神瞳以场地摄像头为“瞳”，以场地服务器为“脑”，利用违规抛扔检测算法，以AI代替人工的方式，督查中转作业不规范问题，尽可能避免因操作不当导致的快件损坏。当前该算法已100%覆盖大小件中转场，相关识别准确率达到93%，相关覆盖范围内的违规抛扔行为已降低30%。在生产精益运营场景中，慧眼神瞳通过智能AI补码技术，对六面扫设备显示读码失败的包裹进行二次解码，同时联动WCS（仓储控制系统）进行实时再分拣。这有效地降低了小件回流率，减少了人工补码工时，每年降本金额可达数千万元。此外，对于风险管控场景，慧眼神瞳—智慧安检凭借自主研发的AI安检系统，借助高速安检机，对除人体以外的行李、物品等进行透视性的扫描，对危险品可做到实时预警，能毫秒级识别出违禁品，做到快件100%安检的同时，实现95%的准确率。这只是

AIoT 各种落地应用中的冰山一角。未来，顺丰科技期望能将更多普惠的 AI 能力下沉到靠近数据源的地方，探索新兴技术为物流与供应链行业带来的更多可能性。

5）物联网应用前景

随着更多新兴技术的发展，与物联网一同“起飞”的还有数字孪生（Digital Twin）。数字孪生是一种通过在虚拟世界中搭建一个与真实世界高度相似的虚拟世界，在虚拟世界中以极低的成本和试错代价，验证并优化真实世界中各项策略、算法的技术，而物联网正是数字孪生用于感知真实世界的核心组成技术之一。顺丰科技基于数字孪生技术，每天对相关的真实物流场景进行数万次仿真和迭代优化，最终助力输出更优的运营与管理决策。

目前，顺丰主要在中转场内应用数字孪生技术。未来，随着相关技术的不断成熟，数字孪生技术将覆盖越来越多的场景与环节。基于此，也进一步启发了顺丰科技对于未来实现物联网平台“一图知全局”的构想，实现现实世界中的各种场景与策略都可以在仿真环境中进行模拟与优化的目标。顺丰科技也期望基于仿真的优化可以形成行业共识，当整个行业共同应用数字孪生技术对相关的策略进行优化时，我国物流与供应链行业整体的竞争力将再上一个台阶。

面向更长远的未来，在数字中国、数字驱动等一系列的国家政策驱动下，物联网技术会成为助力产业数智化转型的核心技术之一。作为行业龙头企业，顺丰科技积极地承担社会责任，作为牵头单位负责研制《邮政业物联网技术应用指南》行业标准，基于自身多年经验制定适用于邮政行业的物联网技术应用规范，帮助行业有效应对物联网技术应用过程中的高门槛问题。随着不断涌现的新兴技术和业务形态，一个具有全局视角、强联动、高体验的物联网世界正向物流与供应链行业敞开大门。顺丰科技也更加坚定地应用物联网技术对行业相关场景进行深度探索，持续为更多客户、行业上下游伙伴创造具有极致体验的智慧物流服务。

（资料来源：https://baijiahao.baidu.com/s?id=1763155317792667957&wfr=spider&for=pc，有删改）

案例相关视频资料

顺丰物流的新一代信息技术应用

（案例来源：顺丰科技有限公司官方网站 https://www.sf-tech.com.cn/）

案例分析与研讨题

1. 顺丰科技为何积极采用物联网、人工智能等新一代信息技术？
2. 与传统物流模式比较，信息技术驱动的物流系统具有哪些特征和优势？
3. 网上查询顺丰科技最新的物流信息技术研发及应用进展，分析物流业发展趋势。

3.8 本章小结

电子数据交换(EDI)是信息技术向流通领域渗透的产物,是商业贸易伙伴之间,按标准、协议规范化和格式化的经济信息通过电子数据网络,在单位的计算机系统之间进行自动交换和处理的技术。EDI由数据标准化(报文)、软件及硬件(计算机应用)、通信网络三部分组成。EDI标准在实际应用中分为语言标准和通信标准两大类,无论是哪种标准,都必须包含EDI标准三要素,即标准报文、数据元素和数据段。EDI在物流领域中应用广泛。

物联网是指人们根据信息采集需要,利用各种信息传感设备,采集其声、光、电、力学、化学、生物、位置等各种需要的信息,通过各类可能的网络接入,实现物与物、物与人的泛在连接,实现对物品和过程的智能化感知、识别和管理。物联网可以分为三层:感知层、网络层和应用层。感知层负责信息采集和物物之间的信息传输,感知周围环境;网络层将感知层获取的信息接入和传输,是进行信息交换和传递的数据通路;应用层完成信息的处理和应用,提供用户接口和具体服务。物联网关键技术主要包括识别和感知技术、网络与通信技术、物联网安全技术等。物联网在物流领域中的应用涉及运输智能化、仓储自动化、配送动态化、增值服务等。

云计算是分布式计算、并行计算、效用计算、网络存储、虚拟化、负载均衡等传统计算机和网络技术发展融合的产物。由一系列可以动态升级和被虚拟化的资源组成,所有云计算用户共享并且按照个人或团体需要租赁云计算资源。云计算有下列特征:按需付费降低用户使用成本、系统数据的高可靠性、超大规模计算能力、虚拟化资源池的服务灵活性、平台模块化的高可扩展性、多平台终端接入优势。云计算包括以下几个层次的基本服务:软件即服务(SaaS)、基础设施即服务(IaaS)和平台即服务(PaaS)。云计算在物流领域中的应用包括助力信息有效共享、推进信息高效处理、促进资源有效整合等。

大数据是具有体量巨大、来源多样、生成极快、多变等特征,并且难以用传统数据体系结构有效处理的包含大量数据集的数据。大数据的战略意义不在于掌握庞大的数据信息,而在于对这些含有意义的数据进行专业化处理。从各种各样类型的数据中快速获取有价值信息的能力就是大数据分析与挖掘技术。大数据分析与挖掘技术包括:可视化分析、数据挖掘算法、预测分析能力、语义引擎和数据质量管理。大数据技术可以规划运输路线、提高物流配送效率;改善传统物流仓库的管理和存储问题;开展个性化物流配送、提升企业客户忠诚度。

人工智能是一门研究如何使计算机能够模拟和执行人类智能任务的科学和技术领域。它致力于开发能够感知、理解、学习、推理、决策、自主地解决复杂问题,并与人类进行自然和智能交互的系统。人工智能技术的核心思想是让计算机模仿人类的思维方式来完成复杂的任务,将计算机科学的自然规律与人类意识和思维结合在一起。目前,人工智能关键技术包括计算机视觉、语音识别、自然语言处理、机器学习。人工智能在物流领域被用于智能物流生态系统、智能库存管理、智能仓储作业、智能运输配送等。随着科学技术的发展,人工智能技术在物流行业的应用将更加广泛。

区块链技术是利用块链式数据结构验证与存储数据、利用分布式节点共识算法生成和更新数据、利用密码学的知识保证数据传输和访问的安全、利用由自动化脚本代码组成的智能合约编程和操作数据的一种全新的分布式基础架构与计算范式。区块链具有去中心化、开放透明、防篡改、系统独立、可追溯、匿名性的特征。区块链关键技术包括对等组网方式、区块的链接方式、基于工作量证明的共识机制。区块链在物流领域中的应用能显著降低成本并提升数据流程的安全性和溯源性。然而,当前我国物流行业与区块链技术的融合发展尚处于初始阶段,仍存在部分技术局限。

复习思考题

1. 简述 EDI 概念及其主要特点。
2. EDI 构成的三要素是什么?
3. EDIFACT 报文标准的基本组成三要素是什么?
4. 实现 EDI 通信,需要配备哪些 EDI 软件?
5. 简述物联网概念及特征并应用举例。
6. 物联网体系结构是怎样的?其每一层的用途是什么?
7. 物联网的关键技术有哪些?
8. 简述云计算概念、特征及主要服务形式。
9. 简述大数据概念、特征与分析技术。
10. 简述人工智能概念、特征与关键技术。
11. 简述区块链概念、特征与关键技术。
12. 举例说明 EDI、物联网、云计算、大数据、人工智能与区块链技术在物流领域的应用。

实践与讨论

1. 结合现学知识,通过网络查找相关案例,举例说明如何在物流管理中应用人工智能、云计算等新一代信息技术。
2. 设计基于物联网的物流管理系统框架,讨论如何选用先进数据传输和处理技术,以便提高物流运输效率和提升客户体验。可分小组完成。

第 4 章 空间信息技术

核心概念

地理信息,GIS,空间数据结构,空间信息分析,GNSS,北斗卫星定位系统

学习目标

掌握地理信息概念与特征,了解我国 GIS 发展历程及发展趋势,理解 GIS 应用系统构成,理解空间数据模型和空间数据结构,理解 GIS 技术在物流系统中的应用;熟悉 GNSS 含义与特征,了解全球主要的四大卫星导航系统,理解 GNSS 构成与工作原理,了解基于 GIS/GNSS 结合的物流信息系统应用。

4.1 地理信息系统

地理信息系统(Geographical Information System,GIS)是集计算机科学、地理地质学、测绘科学、环境科学、空间科学、信息科学和管理科学等为一体的多学科结合的新兴边缘科学。地理信息系统是在计算机硬件、软件系统的支持下,采集、存储、管理、分析和描述整个或部分地球表面(包括大气层在内)与空间和地理分布有关的数据的空间信息系统。地理信息系统是将计算机图形和数据库融为一体,用来存储和处理空间信息的高新技术,它把地理位置和相关属性有机地结合起来,根据用户的需要将空间信息及其属性信息准确真实、图文并茂地输出给用户,满足城市建设、企业管理、居民生活对空间信息的要求,借助其独有的空间分析功能和可视化表达功能,进行各种辅助决策。

4.1.1 GIS 概述

1)地理信息含义及其特征

大多数人均有使用手机端 App 版电子地图(例如百度地图、高德地图、Google 地图等)的经历,通过电子地图查找地点、公交线路、驾车线路、步行路径以及学校、旅游景点、商场、办公场所等信息,以方便出行。支持电子地图功能实现的信息就是地理信息。

(1)地理信息含义。

地理信息(Geographic Information)是指与所研究地理实体的空间地理分布有关的信息,包括数量、质量、空间位置、空间特征、联系和规律等,它是对表达地理特征与地理现象之间关系的地理数据的解释。而地理数据则是各种地理特征和现象之间关系的符号化表示,包括空间位置、属性特征(简称属性)及时域特征三部分。从地理实体到地理数据,再到地理信息的发展,反映了人类认识的巨大飞越。空间位置、属性及时间数据是地理空间信息分析的三大基本要素。

(2)地理信息特征。

区别于一般信息,地理信息的特征主要有:

①区域性。区域性是指地理信息的定位特征。地理信息属于空间信息,其位置信息通过数据进行标识。例如,用经纬度坐标确定空间位置来指定一个区域。

②多维性。多维性是指地理信息可以在二维空间的基础上实现第三维结构,从而获得多方面的信息,即在同一平面位置上具有多个专题和属性的信息结构。例如,在一个地面点位上,可取得高度、噪声、污染、交通等多种信息。

③动态性。动态性是指地理信息有明显的时序特征,是动态变化的,因此要求及时采集和更新采集到的信息,并根据变化规律进行分析,寻找随时间变化的分布规律,进而对未来作出预测或者预报。

④地域性。地域性是指地理信息中的地理数据是各种地理特征和现象之间关系的符号化表示,是由地理位置所决定的。

2)地理信息系统的含义及其特征

(1)地理信息系统的含义。

电子地图提供的信息功能是通过地理信息系统来实现的,首先需要将用到的信息存储到后台数据库中,再通过构造操作界面实现用户的使用。1963 年 Tomlinson 首次提出地理信息系统这一术语,GIS 这一概念于 20 世纪 80 年代开始走向成熟,但是由于不同的研究方向、不同的应用领域、不同的 GIS 专家对其理解不一样,因此,GIS 没有统一的定义。本书认为:GIS 是在计算机硬件、软件系统的支持下,以地理空间数据库为基础,采集、存储、管理、分析和描述整个或部分地球表面(包括大气层在内)与空间和地理分布有关的数据,为地理研究和地理决策服务的空间信息系统。

(2)地理信息系统特征。

区别于其他信息系统,GIS 的主要特征有:

①具有多学科特征和强大的空间数据处理能力。GIS 具有采集、管理、加工、分析和输出多种地理空间信息的能力,同时具有空间性和动态性。而且由于地理信息的多维性,GIS 要处理相关多个学科的数据。一般数字地图及制图是 GIS 的重要组成部分,数字地图是 GIS 的重要数据源,同时分析处理结果也需要以数字地图形式来表现和输出。

②以地理研究和地理决策为目的,以地理模型方法为手段,具有区域空间分析、多要素综合分析和动态预测能力,从而产生高层次的地理信息。

③基于一般信息系统,但资源需求高于一般信息系统。计算机系统的支持是 GIS 能够快

速、准确、综合地对复杂地理系统进行空间定位和动态分析的基础。由计算机系统支持进行的空间地理数据管理，同时作用于空间数据，产生有用的信息，可以完成人类难以完成的任务。

3）地理信息系统发展简史

（1）国外 GIS 发展过程。

1963 年，加拿大测量学家 Tomlinson 首先提出了地理信息系统这一术语，建成世界上第一个 GIS（加拿大地理信息系统 CGIS），并用于自然资源的管理和规划。GIS 最初为解决地理问题而诞生，至今已成为一门涉及测绘、环境科学、计算机技术等多学科的交叉学科。之后，美国哈佛大学开发出较完整的系统软件 SYMAP。进入 20 世纪 70 年代后，计算机软硬件水平的提高促使 GIS 朝着实用方向迅速发展，一些经济发达国家先后建立了许多专业性的 GIS，在自然资源管理和规划方面发挥了重大的作用。例如，从 1970 年到 1976 年，美国国家地质调查局建成了 50 多个信息系统。其他国家如加拿大、德国、瑞典和日本等也相继开发了自己的 GIS。20 世纪 80 年代后，计算机网络技术的兴起使地理信息的传输时效得到了极大的提高，GIS 也从基础信息管理与规划转向更复杂的实际应用，成为辅助决策的工具，并促进了地理信息产业的形成。1995 年以来，市场上涌现出了很多有代表性的 GIS 软件（如 ArcGIS、Mapbox、QGIS 等）。

（2）国内 GIS 发展过程。

我国 GIS 的发展起步较晚，经历了四个阶段，即起步（1970—1980 年）、准备（1980—1985 年）、发展（1985—1995 年）、产业化（1996 年后）等阶段。GIS 已在许多部门和领域得到应用，并引起了政府部门的高度重视。从应用方面看，地理信息系统已在资源开发、环境保护、城市规划建设、土地管理、农作物调查与生产、交通、能源、通信、地图测绘、林业、房地产开发、自然灾害监测与评估、金融、保险、石油与天然气、军事、犯罪分析、运输与导航、110 报警系统、公共汽车调度等方面得到了具体应用。国内已建成城市基础地理信息系统和国家基础地理信息数据库，一批地理信息系统软件已研制开发成功（如 MapGIS、GeoStar、CityStar 等），一批高等院校已设立了一些与 GIS 有关的专业或学科，一批专门从事 GIS 产业活动的高新技术产业相继成立。此外，还成立了中国地理信息产业协会、中国卫星导航定位协会等。

我国地理信息系统方面的工作自 20 世纪 80 年代初起步。以 1980 年中国科学院遥感应用研究所成立全国第一个地理信息系统研究室为标志，之后的发展阶段中，我国地理信息系统在理论探索、硬件配制、软件研制、规范制定、区域试验研究、局部系统建立、初步应用试验和技术队伍培养等方面都取得了进步，积累了经验，为在全国范围内展开地理信息系统的研究和应用奠定了基础。

地理信息系统进入发展阶段的标志是第七个五年计划开始。地理信息系统研究作为政府行为，正式被列入国家科技攻关计划，开始了有计划、有组织、有目标的科学研究、应用实验和工程建设工作。自 20 世纪 90 年代起，地理信息系统步入快速发展阶段。地理信息系统和遥感联合科技攻关计划开始执行，强调地理信息系统的实用化、集成化和工程化，力图使地理信息系统从初步发展时期的研究实验、局部实用走向实用化和生产化，为国民经济重大问题提供分析和决策依据。努力实现基础环境数据库的建设，推进国产软件系统的实用化、遥感和地理信息系统技术一体化。

4)GIS 基本构成

GIS 的应用系统由五个主要部分构成,即计算机硬件系统、计算机软件系统、地理空间数据、用户和应用模型,如图 4-1 所示。

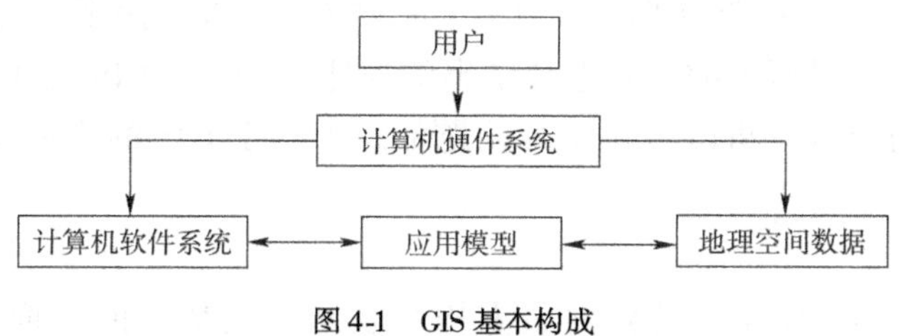

图 4-1 GIS 基本构成

(1)计算机硬件系统。

地理信息系统的硬件系统一般由计算机与一些外围设备组成。计算机是硬件系统的核心,用作数据和信息的处理、加工与分析。外围设备包括数据的采集设备,如数字化仪、解析测图仪、扫描仪、测绘仪器及光笔和手写笔等。数字化仪用来将地图转换成数字形式(矢量格式),扫描仪用来扫描输入栅格数据,或再经计算机矢量化处理后成为数字形式。解析测图仪可从遥感影像上采集空间数据。数据可以通过以上这些外围设备以计算机联机方式输入,也可由数字测图部门直接提供。GIS 的输出和存储设备也是标准的计算机外围设备。输出设备有绘图仪及高分辨率显示器等,而磁带机或大容量硬盘、光盘则可用来存储大量的空间地理数据。

(2)计算机软件系统。

GIS 软件系统是 GIS 的核心组成,它直接关系到 GIS 的功能。软件是指 GIS 运行所必需的各种程序,提供存储、分析和显示地理信息的功能和工具。GIS 软件由计算机系统软件、地理信息系统工具或地理信息系统实用软件以及应用程序等内容组成。地理信息系统工具或地理信息系统实用软件用于完成空间数据的输入、存储、转换、输出及用户接口功能等。GIS 应用程序是根据所处理对象的地理信息模型进行分析并编制的实现特定应用功能的程序,是 GIS 功能的扩充和延伸。按照 GIS 对数据的采集、加工、管理、分析和表达,可将 GIS 软件系统中与用户有关的软件分为五大子系统,即数据输入与转换、图形及文本编辑、数据存储与管理、空间查询与分析以及数据输出与表达。

(3)地理空间数据。

地理空间数据是一个 GIS 应用系统最基础的组成部分。GIS 必须建立在准确使用地理空间数据的基础上,数据来自室内地图数字化、外业采集、遥感图像解析或从其他数据转换。数据包括空间数据和属性数据,空间数据的表达可以采用栅格和矢量两种形式。空间数据表现了地理空间实体的位置、大小、形状、方向以及几何拓扑关系等。地理数据类型可分为空间数据和属性数据。

(4)系统用户。

系统用户包括系统的开发、使用和管理人员,是 GIS 中重要的构成要素,GIS 不同于一幅地图,它是一个动态的地理模型,仅有系统硬件和数据还不能构成完整的 GIS,需要人员进行系统的组织、管理、维护、更新、扩充、完善以及应用程序开发，并采用空间分析模型提取多种信息。因此，GIS 应用的关键是掌握实施 GIS 来解决现实问题的人员。这些人员既包括从事设计、开发和维护 GIS 的技术专家，也包括那些使用 GIS 完成专业领域任务的领域专家。

（5）应用模型。

GIS 应用模型和经验，是衡量 GIS 应用系统成败至关重要的因素。它是在对专业领域的具体对象与过程进行大量研究的基础上总结出的规律的表示。GIS 应用就是利用这些模型对大量空间数据进行综合分析以解决实际问题的。如基于 GIS 的物流系统分析模型、运输系统规划模型等。

5）GIS 原理

（1）空间模型。GIS 将现实世界抽象为相互联结不同特征的层面（Layer）的组合，如图 4-2 所示。这一简单实用的概念为解决各种纷繁复杂难题提供了途径。

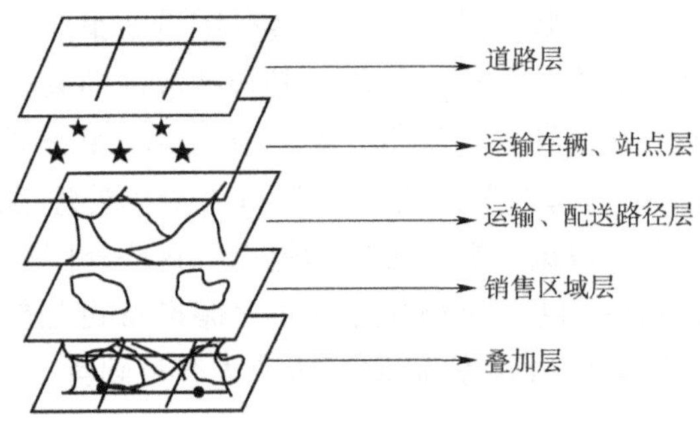

图 4-2　GIS 对现实世界抽象分层存储示意图

（2）地理参考系。空间数据包括绝对位置信息，如经纬度坐标以及相对位置信息，包括地址、编码、统计调查值等。GIS 的地理坐标系可有效帮助用户在地球表面任意空间定位。

（3）矢量和栅格数据结构。GIS 数据包括矢量和栅格两种基本模式。矢量数据以点、线、面方式编码并以（x，y）坐标串储存管理，是表现离散空间特征的最佳方式；栅格数据（扫描图像或照片）是通过一系列网格单元表达连续地理特征。GIS 软件中矢量、栅格数据结合使用，取长补短。

6）GIS 功能

GIS 技术之所以在全球范围迅速发展并具有强大的生命力，与其对地理空间信息的强大处理功能是紧密相连的。GIS 就是通过对空间信息及其相关属性信息的处理，将各种详细的地理资料（包括和地理空间有关的图形资料和属性资料）整合成综合性的地理信息资料库，通过应用软件，将各种相关信息以文字、数字、图表、声音、图形或配以地图的形式，提供给规划者及决策者使用。GIS 作为一个空间信息系统具有 5 项基本功能，即数据采集与输入、数据编辑与更新、数据存储与管理、空间数据查询与分析、数据输出与表达。

（1）数据采集与输入。数据采集与输入是指在数据处理系统中将系统外部的原始数据传输给系统内部，并将这些数据从外部格式转换为系统便于处理的内部格式。数据的采集和输入也是建立地理数据库的第一步，是建立地理数据库的基础过程。由于 GIS 可以有多种数据源，如地形数据、地图数据、影像数据、属性数据等，需要对不同格式的数据进行格式转换,以保证数据格式的一致性。GIS 的数据通常抽象为不同的专题或层。数据采集与输入的功能就是保证各层实体的地物要素按顺序转化为(x,y)坐标对应的代码并输入计算机中。

(2)数据编辑与更新。数据编辑与更新是指在 GIS 的数据输入过程中,各种输入设备采集到的数据难免会产生或输入一些差错,如使用扫描仪得到的数据,可能会有一些噪声斑块或线条出现。所以一般要求对 GIS 中的空间数据进行编辑和完善,使数据具有一定的意义。这里的数据编辑主要包括图形编辑和属性编辑。图形编辑主要包括拓扑关系建立、图形编辑、图形整饰、图形变换、投影变换、误差校正等功能。而数据更新是反映空间数据动态变化的,就是通过插入、修改、删除等一系列操作来实现用新的数据项或记录替换旧的相对应数据项或记录过程。数据更新可以满足动态分析的需要,也可以对自然现象的发生和发展做出合乎规律的预测和预报。

(3)数据存储与管理。数据的有效存储与管理是 GIS 系统应用成功与否的关键,主要包括空间与非空间数据的存储。目前,在 GIS 中对数据的存储管理主要是通过数据库管理系统来完成的,对于空间数据的管理,是将各种图形或图像信息以严密的逻辑结构存放在空间数据库中;对于非空间的属性数据管理,一般直接利用商用关系数据库软件(如 Oracle、SAP、SQL Sever 等)进行管理。

(4)空间数据查询与分析。空间数据查询与分析是 GIS 最重要的功能,也是 GIS 区别于其他信息系统的本质特征。它主要包括数据操作运算、空间数据查询检索与空间数据综合分析。GIS 有丰富的查询功能,既具有属性查询功能也有图形查询功能,还可以实现图形与属性之间的交叉查询,如从数据文件、数据库或存储设备中查找和选取所需的数据;还可以为了满足各种可能的查询条件实现系统内部数据操作,如数据格式转换、矢量数据叠合、栅格数据叠加等,以及按一定模式关系进行的各种数据运算,包括算术运算、关系运算、逻辑运算和函数运算等;为了提高系统评价、管理和决策的能力,可以实现空间数据拓扑分析、属性数据分析、空间数据与属性数据的联合分析等。

(5)数据输出与表达。GIS 的数据输出与表达是指借助一定的设备和介质,将 GIS 的分析或查询检索结果表示为某种用户需要的可以理解的形式的过程,或者将上述结果传送到其他计算机系统的过程。GIS 通常以人机交互方式来选择现实的对象与形式。对于图形数据,根据要素的信息密集程度,可选择放大或缩小显示;可以输出全要素地图,或根据用户需要分层输出各种专题图、统计图、图表以及数据等。

4.1.2 GIS 数据组织

GIS 数据组织包括空间数据的采集与编辑、空间数据结构两部分内容,具体如下。

1)空间数据的采集与编辑

(1)空间数据的基本特征。

在地理信息系统中,空间数据代表着现实世界地理实体或现象在信息世界中的映射,因此它反映的特征应该同现实世界地理实体向人们传递的基本信息一致,同现实世界中各个现象的基本特征相同。在现实世界中,要完整地描述空间实体或现象的状态,一般需要包括空间、时间和专题属性。因此,空间数据具有以下 3 个基本特征:

①空间特征。空间特征指空间地物的位置、形状和大小等几何特征以及与相邻地物的空间关系。空间位置可以用坐标表示，因此 GIS 中地物的形状和大小一般也是通过空间坐标来体现的。如一个长方形实体，GIS 软件大多用 4 个顶点的坐标来描述。同时，GIS 的坐标系统也有相当严格的定义，如经纬度地理坐标系、一些标准的地图投影坐标系或者任意的直角坐标系等。

②时间特征。时间特征指现象或物体随时间的变化。严格来说，空间数据总是在某一特定时间或时间段内采集得到或计算得到的。

③属性特征。属性特征指除了时间和空间特征以外的空间现象的其他特征，例如，地形的坡度、坡向，某地的年降雨量、土地酸碱度、土地覆盖类型、人口密度、交通流量、空气污染程度等。这些属性数据可能是为一个地理信息系统派专人采集的，也可能是从其他信息系统中收集的。

(2)空间数据的获取。

因为空间数据的多层次、多角度和多时段特征，空间数据的获取相对较为复杂，表现为 GIS 数据源具有多样性，需要不同的输入编辑设备、硬件设备、软件设备（如标准化软件、接口软件等），以实现数据结构及其数据交换格式的标准化。

空间数据的获取是指将各种数据源，如地图、遥感影像、文本资料等中的信息转换成 GIS 可以处理与接受的数字形式，通常要经过验证、修改、编辑等处理过程。据统计，GIS 中数据获取的费用占 GIS 所有成本的 50% ~80%，这是因为不同空间数据的输入需要采用不同的设备和方法，并且使用不同设备和方法采集到的数据需要经过一定的标准化处理后才能输入计算机进行存储。

(3)空间数据的编辑处理。

空间数据的编辑处理指的是对空间数据进行分类、存储、检索、加工、变换和传输等过程，包含两方面含义：一方面，是对不符合空间数据存储要求的数据进行转换和处理，使之适合 GIS 的要求；另一方面，是对于存储在数据库中的数据进行处理以得到更多的其他信息。

数据处理的主要内容包括数据裁剪、数据类型转换、线数据集拓扑处理、坐标系统设置、数据集融合、追加数据集、数据集采样、重新计算范围及重建空间索引。

数据裁剪的主要目的是使所存储的数据更加精确；数据类型转换是实现点、线和面等各种数据之间的转换或复合数据的生成与分解，以及文本数据和字段之间的转换；线数据集拓扑处理实现拓扑错误处理，生成拓扑错误信息字段、拓扑构建网络数据和拓扑构建面数据等；坐标系统设置包括设备坐标到真实世界坐标变换、地图投影变换等；数据集融合就是将一个面数据集中，两个或两个以上彼此相邻或相交且某个字段相同的对象融合成一个对象；追加数据集包括追加行和追加列，类似一般数据库的追加操作；数据集采样就是当地图对象节点过于密集时，重新采集坐标数据，简化地图绘制；最后的重新计算范围和重建空间索引是指当删除了数据集中的对象时，整个数据集的范围会发生变化，所以需要重新计算数据集的范围，而且需要对数据集重新建立空间索引，以便进行快速查询。

2)空间数据结构

空间数据结构是空间数据组织的形式，指适合于计算机存储、管理和处理的数据逻辑结构,对空间数据而言则是地理实体的空间排列方式和相互关系的抽象描述。如果数据不按一定规律存储在计算机中,不仅用户无法理解,计算机也不能正确处理,将成为一堆无用的数据垃圾。

(1)空间数据的表达与数据结构。

数据是对现实世界状况的数字符号记录,信息是经过重新组织的,能揭示现实世界内在机理的并有利于研究工作的数据。数据建模是指把现实世界的数据组织转为有用的且能反映真实信息的数据集的过程。根据一定的方案建立的数据逻辑组织方式叫做数据模型。数据建模过程分为三个步骤:首先,选择一种数据模型来对现实世界的数据进行组织;其次,选择一种数据结构来表达该数据模型;最后,选择一种适合于记录该数据结构的文件格式。

空间数据的组织形式目前尚无一种统一的数据结构能同时存储地形、地图、影像、属性4种类型的数据,而是将它们分别以矢量数据结构、栅格数据结构、二维关系表及其他类型的数据结构方式存储,其中最常见的就是矢量数据结构和栅格数据结构。在矢量模型中,用点、线、面表达世界。在栅格模型中,用空间单元或像元来表达世界。

(2)矢量数据结构及其编码。

①矢量数据结构的定义。矢量数据结构直接以取样点的坐标为基础,尽可能精确地表示点、线、面(多边形)等地理实体,适合描述地理实体的空间属性。它是地理信息系统中空间数据的另一种常用表示方法。

②空间实体的表示方法。

点实体:点实体用一对单独的(x,y)坐标来进行定位,还应存储其他一些与点实体有关的数据来描述点实体的类型、制图符号和显示要求等。点用来描述地图上的各种标志点,如监控点、居民点等。

线实体:线实体是由线段元素组成的各种线性要素,直线元素由两对以上的(x_1,y_1),(x_2,y_2),(x_3,y_3),…,(x_n,y_n)坐标定义。线包括直线和曲线,曲线又包括一般曲线和封闭曲线,分别用来表示河流、道路及行政区界等,此外还包括一些特殊曲线,如等高线等。

面实体:面实体由(x_1,y_1),(x_2,y_2),(x_3,y_3),…,(x_n,y_n)坐标对表示。面实体的矢量编码,不但要表示位置,更重要的是能表示区域的拓扑关系,如形状、邻域和层次结构等,以便使这些基本的空间单元可以作为专题图的资料进行显示和操作。面用来描述一块连续的区域,如湖泊、林地等。

③矢量数据的获取方式。

a. 利用各种定位仪器设备采集空间坐标数据。如GNSS平板测图仪等,利用它们可以测得地面上任意一点的地理坐标(通常是经、纬度数据),就可以用来描述点、线、面地理实体的空间位置。

b. 通过栅格数据转换而来。这种方法在利用遥感数据动态更新地理信息系统数据库时更有用。

c. 通过纸质地图数字化得到。通常的数字化方式有手扶跟踪数字化和扫描矢量化两种方式。

d. 利用已有的数据通过模型运算得到。如叠加复合分析、缓冲区分析等空间模型运算都可以生成新的矢量数据。

④矢量数据编码注意事项。

a. 参照系。在GIS中，地理实体要表现在二维的平面直角坐标系中，需要进行投影变换，投影方式有上百种，并且描述地球椭球体的参数也不一致。目前，在地理信息系统中常采用的坐标记录方式是经纬度坐标。

b. 非空间属性数据。非空间属性数据一般是结构化的，可以利用关系型数据库进行管理，而空间属性数据通常采用文件进行管理，其间的连接通过编码来实现。例如，在点矢量文件中，可以为一个点实体（如配送中心），编码为01，在存储非空间数据的数据表中，必然存在一个字段，如“编码”，描述了编码属性。如果该数据表中某一条记录的“编码”字段数值为01，则该记录就是配送中心的属性数值。

c. 面实体的记录编码。在GIS中，面实体是通过记录边界来进行编码存储的，而边界是封闭的环形，所以直接记录环上点的坐标即可。另外在现实世界中，面实体常常会有“飞地”和“洞”情形存在，这就要求编码时记录多个环，并且加以区分，如图4-3所示。

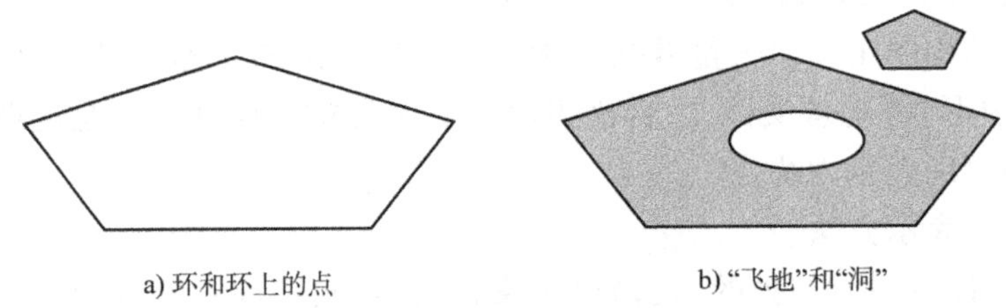

a) 环和环上的点　　b) “飞地”和“洞”

图4-3　面实体的编码

（3）栅格数据结构及其编码。

①定义。栅格结构是最简单最直观的空间数据，GIS的数据很大部分来自遥感、数字摄影、测量和扫描地图，这些数据都是基于栅格形式的。栅格是指网格中代表某一部分的像元。

②空间实体的表示方法。

栅格数据模型用规则的正方形或者矩形栅格组成，每个栅格点或者像素的位置由栅格所在的行列号来定义，栅格的数值为栅格所表达内容的属性值（图4-4）。从这种意义上来讲，栅格数据可以称为“属性明显，位置隐含”空间数据表达方式。

0	0	0	0	0	0	0
0	0	0	0	0	0	0
0	0	0	3	0	0	0
0	0	0	0	0	0	0
0	3	0	0	0	0	0
0	0	0	0	0	3	0
0	0	0	0	0	0	0

a) 点

0	0	0	0	0	0	0
0	5	0	0	0	0	0
0	5	0	5	5	5	0
0	5	0	0	0	0	0
0	5	0	0	0	0	0
0	0	0	0	0	0	0
0	0	0	0	0	0	0

b) 线

0	9	9	0	3	3	3
0	9	9	6	0	3	3
0	0	6	6	6	0	0
0	0	6	6	6	6	0
0	0	0	6	6	6	0
0	0	0	0	6	0	0
0	0	0	0	0	0	0

c) 面

图4-4　点、线、面的栅格网

每个栅格点代表了实际地表上的一个区域。一个栅格单元代表的地表区域越小，数据越精确，数据量就越大。栅格单元的大小通常叫做数据的分辨率（Resolution），这与遥感图像数据中的空间分辨率概念是一致的。例如，有两份栅格数据，前者分辨率为250m×250m，那么1km的范围需要用16(4×4)个栅格点来表达，但如果分辨率为1km×1km，那么只需要一个栅格点就够了。很明显，前者表达更加精确，但占用存储空间大。

此外，在栅格数据模型中，栅格点的数值含义由用户指定。一般来讲，其含义有两种类型：一是指实际的测量数值，如温度、数字高程模型等；二是代表某种类别的编码，如土地利用等。

③栅格数据的获取方式。

a. 地图扫描。通过扫描仪，特别是大幅面扫描仪可以快速获取大量地图扫描图像，这些图像都是基于栅格格式的。

b. 遥感图像解译。遥感是一种实时、动态地获取地表信息的手段，目前已经广泛应用于各个领域，特别是遥感与GIS的集成技术的研究，使得利用遥感数据来动态更新GIS空间数据库成为可能。图像是遥感数据的主要表现形式，通过对图像进行解译处理，可以得到各种专题信息，如土地利用、植被覆盖等，这些专题信息通常就是以栅格数据的格式在地理信息系统中进行存储管理。

c. 规则点采样。此方法适用于研究区域不大、要求数据分辨率不高的情况。首先要将研究区域划为均匀的网格，然后得到并记录每个网格的数值，即该区域的栅格数据。

d. 不规则点采样及内插。由于各方面（自然条件、人力、物力、财力等）的限制，规则布点的采样不太容易实现，采样点可以不均匀分布，每个栅格点的数值通过观测数值的内插计算得到，常用的内插计算有三角网插值、趋势面拟合、克里格插值等。此外，等值线内插也可以得到相应的栅格数据，但往往等值线也是通过不规则离散点计算得到的。

e. 其他。除了上述方式可以得到原始的栅格数据之外，也可以通过矢量转栅格运算、栅格图层的运算得到派生的栅格数据。

④栅格数据编码注意事项。

由于栅格数据在记录时，相对占用空间较大，所以在进行存储记录时，往往要进行数据压缩。从另一个角度来讲，日常图像也是栅格数据，不同的图像格式如GIF、JPEG等，分别对照不同的数据压缩方式。栅格数据的压缩可以分为有损压缩和无损压缩两种，在地理信息系统中，通常采用无损压缩的编码方式。

在各种栅格数据编码方式中，直接栅格编码是最简单、最直观的方法。利用该编码方式时，未对栅格数据进行任何压缩，而直接将栅格数据看作一个矩阵，逐行逐个记录代码。

大多数GIS平台都支持矢量结构和栅格结构两种数据结构，而在应用过程中，应该根据具体的目的，选用不同的数据结构。例如，在集成遥感数据以及进行空间模拟运算（如污染扩散）等应用中，一般采用栅格数据为主要数据结构；而在网络分析、规划选址等应用中，通常采用矢量结构。在GIS平台中，同时支持矢量结构和栅格结构。但是要建立同时基于这两种数据结构的空间分析模型是困难的，这就要求进行数据转换。目前矢量与栅格数据转换的算法已经成熟，包括矢量转栅格算法和栅格转矢量算法。

（4）GIS 空间信息基本分析方法。

①叠置分析（Overlay Analysis）。叠置分析是将两层或多层地图要素进行叠加产生一个新要素层的操作，其结果是将原来要素分割生成新的要素，新要素综合了原来两层或多层要素所具有的属性，生成了新的空间关系和属性关系，分为多边形、点与多边形、线与多边形叠加三种分析。

②网络分析（Network Analysis）。网络分析是运筹学模型中的一个基本模型，它的根本目的是研究、筹划一项网络工程如何安排，并使其运行效果最好。网络分析中的基本概念有链（Links）、障碍（Barriers）、拐角点（Turns）、中心（Centers）、站点（Stops），具体包括路径分析、地址匹配、资源分配等分析。

③缓冲区分析（Buffer Analysis）。缓冲区分析是针对点、线、面实体，自动建立其周围一定宽度范围以内的缓冲区多边形，包括基于点、线、面的三种分析方法。

④空间统计分析（Spacial Analysis）。空间统计分析具体包括常规统计分析、空间自相关分析、回归分析、趋势分析、专家打分模型。

4.1.3 GIS 发展趋势

1）三维 GIS 技术

传统的 GIS 本质上是基于符号系统的，在应用中并不能完全反映出现实世界的真实情况，尤其是在第三维高度信息有需求的情形。三维 GIS 技术需要将高度信息与二维 GIS 中 x、y 坐标同等对待。与二维 GIS 相比，三维 GIS 有二维 GIS 不可比拟的优势，三维 GIS 更接近于人们的视觉习惯，更加真实，容易被更多的用户接受。同时，三维技术能够提供更多的信息，表现更多的空间关系。三维可视化仅是三维 GIS 的一个方面，三维 GIS 技术与二维 GIS 技术一样，涉及从数据获取、数据管理、可视化、空间分析、系统定制到数据平台发布与共享的各个环节。

2）云 GIS 技术

云计算与 GIS 的结合也成为 GIS 领域里大受关注的技术方向之一。由于 GIS 具有海量的数据存储、处理与管理，复杂的模型运算，大量数据的网络传输与可视化处理等特点，云计算处理技术可以方便地解决 GIS 的数据存储处理瓶颈问题。云 GIS 建设模式可分为公有云 GIS 和私有云 GIS。公有云 GIS 由专业的云 GIS 供应商负责提供各种类型的 GIS 资源服务，包括云 GIS 数据和云 GIS 功能应用。用户无须关心云端所有资源的安全、管理、部署和维护，只要按需获取并使用即可。私有云 GIS 是由于一些其他原因，如网络条件的限制、对数据安全的更高要求等，部分企业用户需要搭建企业自己的 GIS 云环境，并由企业自己来管理和维护云端的各种资源，即建设企业的私有云 GIS。

3）移动 GIS 技术

移动 GIS 是建立在移动计算环境和有限处理能力的移动终端（智能手机、掌上电脑、平板电脑等）上，能够提供移动的、分布式的、随机性的移动地理信息服务的 GIS。移动 GIS 主要由无线通信网络、移动终端设备、地理应用服务器及空间数据库组成，涉及嵌入式技术、无线网络技术、分布空间数据管理技术、移动数据库技术、GNSS 等关键技术。移动 GIS 为人们的地理信息获取、动态规划分析、便捷信息传递、实时定位跟踪等提供了极大便利。可以预见,在移动计算、移动终端及通信网络迅猛发展的环境下,移动 GIS 必将具有更加广阔的应用前景。

4)WebGIS 技术

WebGIS 在结构上属于分布式地理信息系统模型,通过互联网机制有效实现分布式地理信息处理,GIS 的功能通过互联网机制得到了扩展,从互联网的任意一个节点,人们可以获取和浏览网上各种地理空间数据、属性数据、图形、文件,进行地理空间分析、制作专题地图等。WebGIS 从在互联网上简单地发布地理信息发展到实现地理信息互操作和地理信息 Web 服务,使用空间数据的压缩与解压缩技术、基于 Web 技术的浏览技术、分布式 WebGIS 数据库管理技术等,能够实现从多个数据源集成数据,跨地区跨部门地理信息服务,具有平台无关、分布式、互操作、系统投资建设成本低、操作简单、用户界面友好、发布速度快、范围广、维护方便以及高效利用空间数据资源等多种优点。

4.1.4 GIS 在物流领域中的应用

1)基于 GIS 的物流信息系统

物流活动具有复杂性、动态性、规模性等特点。物流信息贯穿于物流活动的全过程,这意味着物流信息及数据的获取、加工和处理需要及时、准确。而绝大部分物流活动均与地理位置及信息密切相关,物流信息系统需要处理各种空间数据和属性数据。因此,将空间信息技术引入现代物流管理技术中并进行有效的集成,组建可视化、智能化的物流信息系统管理平台,已成为现代物流发展的必然趋势。物流系统与 GIS 的集成实质是实现数据集成和功能集成,主要包括图形数据库的集成、空间数据和属性数据的集成,以及 GIS 空间统计分析功能的集成。

(1)图形数据库集成。一般物流信息系统在查询、管理、分析各种信息时存在许多缺点,如可视性差、查找慢、属性数据与图形不能同时链接显示等,为企业提高运营效率和物流方案设计带来不便。图形数据库集成作为信息系统应用的一部分,不仅能够提供充足的信息和快捷的查询手段,而且能够在某种环境中同时显示图形和数据信息。物流信息中多涉及地理信息及数据,而地理信息多通过各种图形输出表达,将物流信息系统与图形数据库集成,使物流企业管理中的各种信息与图形信息链接,可以及时、准确获得各种实时信息,如在电子地图上显示、搜索客户位置,跟踪配送车辆,规划配送路径,显示车辆运行轨迹等,并且能够通过图形及属性数据进行物流方案辅助决策与分析。通过图形数字化输入、编辑和修改,把企业管理中的很多具体内容抽象为数字、文字和表格的形式展示给管理人员,把应用数字、文字形式抽象化的信息进一步与地理信息结合在一起,强化了数据的形象感,使其向图形化转化,这是提高管理能力和效率的关键。

(2)空间数据和属性数据集成。物流信息管理系统主要处理的是一般的、规则的属性数据,而地理信息还要处理海量的、复杂的空间数据,由于传统数据库系统的数据模型主要针对简单对象,无法有效支持以复杂对象(如图形、影像等)为主体的物流规划设计应用模型。因此,为了实现系统的构建从低层次的软件开发向高层次的集成化过渡,必须保证地理信息空间数据和属性数据之间的密切对应关系，使空间信息和属性信息形成一个有机的整体，避免图形与相应的属性数据相分离。很多大型软件公司也提供了空间数据与属性数据集成的解决方案，如 MapInfo 公司推出空间数据库服务器，能够把复杂的 MapInfo 地图对象存入大型数据库中，并能为其建立空间数据索引，从而实现数据库服务器上对属性数据和空间图形对象数据进行统一管理。通过地理信息空间数据和物流信息管理系统中的属性数据集成，能够给物流企业资源的全面管理带来极大的方便。

(3) GIS 空间统计分析功能集成。物流信息系统的数据库中一般储存有客户历史订货量、配送中心、仓库、车辆、人员等各种基本信息资料，但是缺乏一些诸如客户分布地点、密度、各种设施之间距离、两地之间配送路径等相关信息。为实现 GIS 与物流信息系统的集成，结合物流信息管理系统数据库中的基本资料，使用 GIS 空间统计分析功能可以迅速获取物流信息管理系统中缺乏的相关信息数据，还可以通过地理图形及其属性分析统计，预测市场变化，根据预测作出相应的投资、采购等方面的决策，使物流企业资源合理配置。

2) GIS 在物流分析中的应用

GIS 应用于物流分析，主要是指利用 GIS 强大的地理数据功能来完善物流分析技术。商业 GIS 物流分析软件提供了专门的分析工具，如车辆路线模型、最短路径模型、网络物流模型、分配集合模型、设施定位模型等，这些模型既可以单独使用，解决某些实际问题，也可以作为基础，进一步开发适合不同需要的应用程序。下面就这些模型分别简单介绍。

(1) 车辆路线模型。车辆路线模型用于解决在一个起点、多个终点的货物运输问题中，如何降低操作费用并保证服务质量的问题，包括决定使用多少车辆、每个车辆经过什么路线的问题。物流分析中，在一对多收发货点之间存在多种可供选择的运输路线情况下，应该以物料运输的安全性、及时性和低费用为目标，综合考虑，权衡利弊，选择合理的运输方式并确定费用最低的运输路线。例如，一个公司只有 1 个仓库，而零售店却有 50 个，并分布在各个不同的位置上，每天用货车把货物从仓库运到零售商店，每辆货车的载重量或者货物尺寸是固定的，同时每个商店所需的货物重量或体积也是固定的。因此，需要多少车辆以及所有车辆要经过的路线就是一个最简单的车辆路线模型。实际问题中，车辆路线问题还应考虑很多影响因素，问题也变得十分复杂。例如，仓库的数量不止一个，而仓库和商店之间不是一一对应的；部分或所有商店对货物送达时间有一定的限制，如某商店上午 8 时开始营业，因此要求货物在上午 5 ~7 时之间运到；仓库的发货时间有一定的限制，如当地交通规则要求货车上午 7 时之前不能上路，而驾驶员要求每天 18 时之前完成一天的工作；在每个车站，需要一定的服务时间。最常见的情况是不管货车所运货物多少，在车站上都需要固定的时间让货车进站接受检查，当然也有检查时间随着所运货物多少而变化的情况等。

(2) 设施定位模型。设施定位模型用来确定仓库、医院、零售商店、配送中心等设施的最佳位置，其目的同样是为了提高服务质量，降低操作费用，以及使利润最大化等。设施定位模型可以用于确定一个或多个设施的位置。在物流系统中，仓库和运输线路共同组成了物流网络，仓库处在网络的节点上，运输线路就是连接各个节点的线路，从这个意义上看，节点决定着线路。具体地说，在一个具有若干资源点及若干需求点的经济区域内，物流资源要通过某一个仓库的汇集中转和分发才能供应各个需求点,因此,根据供求的实际需要并结合经济效益等原则,在既定区域内设立多少仓库,每个仓库的地理位置在什么地方,每个仓库应有多大规模(包括吞吐能力和存储能力),这些仓库间的物流关系如何等问题,就显得十分重要。而这些问题运用设施定位模型均能很容易地得到解决。设施定位模型也可以加入经济或者其他限定条件。运用模型的目的既可以是使各服务设施之间的距离最大或使其服务的人数总和最大,也可以是在考虑其他已经存在设施影响的情况下,确定设施的最佳位置等。

(3)网络物流模型。举例说明网络物流模型的一般应用形式。例如,需要把货物从15个仓库运到100个零售商店,每个商店有固定的需求量,因此需要确定哪个仓库供应哪个零售商店,从而使运输代价最小。在考虑线路上的车流密度前提下,怎样把空的货车从所在位置调到货物所在位置。这些都属于网络物流模型需要解决的问题。

(4)分配集合模型。分配集合模型可以根据各个要素的相似点把同一层上的所有或部分要素分成几组,用于解决确定服务范围、销售市场范围等问题。在很多物流问题中都涉及分配集合模型。例如,某公司要设立12个分销点,要求这些分销点覆盖整个地区,且每个分销点的顾客数目大致相等。在某既定经济区域(可大至一个国家,小至某一地区、城市)内,考虑各个仓储网点的规模及地理位置等因素,合理划分配送中心的服务范围,确定其供应半径,实现宏观供需平衡。这就是分配集合模型解决的问题。

4.2 全球导航卫星系统

4.2.1 全球导航卫星系统概述

全球导航卫星系统(Global Navigation Satellite System,GNSS)具有全天候、高精度的独特优势,为整个地球空间提供导航定位和授时服务,是极其重要的空间信息基础设施,是国防建设和国家经济建设的基础设施,也是政治大国、经济强国、科技强国的基本特征。目前全球主要有四大卫星导航系统:中国的BDS(简称北斗系统)、美国的GPS、俄罗斯的GLONASS和欧洲的Galileo系统。

1)BDS

北斗卫星导航系统(Beidou Navigation Satellite System,BDS)是中国着眼于国家安全和经济社会发展需要,自主研发建设运行的全球卫星导航系统,是为全球用户提供全天候、全天时、高精度的定位、导航和授时服务的国家重要时空基础设施。

20世纪后期,中国开始探索适合国情的卫星导航系统发展道路,逐步形成了三步走发展战略:2000年底,建成北斗一号系统,向中国提供服务;2012年底,建成北斗二号系统,向亚太地区提供服务;2020年,建成北斗三号系统,向全球提供服务。截至2024年9月,BDS在轨运行的卫星共有60颗。我国2035年前还将建设完善更加泛在、更加融合、更加智能的综合时空体系。

BDS由空间段、地面段和用户段三部分组成:第一部分空间段,由若干地球静止轨道卫星、倾斜地球同步轨道卫星和中圆地球轨道卫星等组成；第二部分地面段，包括主控站、时间同步/注入站和监测站等若干地面站，以及星间链路运行管理设施；第三部分用户段，包括北斗兼容其他卫星导航系统的芯片、模块、天线等基础产品，以及终端产品、应用系统与应用服务等。

BDS 特点体现在：一是 BDS 空间段采用三种轨道卫星组成的混合星座，与其他卫星导航系统相比高轨卫星更多，抗遮挡能力强，尤其低纬度地区性能优势更为明显。二是 BDS 提供多个频点的导航信号，能够通过多频信号组合使用等方式提高服务精度。三是 BDS 创新融合了导航与通信能力，具备定位导航授时、星基增强、地基增强、精密单点定位、短报文通信和国际搜救等多种服务能力。

BDS 的建设实践，走出了“在区域快速形成服务能力、逐步扩展为全球服务”的中国特色发展路径，丰富了世界卫星导航事业的发展模式。BDS 提供服务以来，已在交通运输、农林渔业、水文监测、气象测报、通信授时、电力调度、救灾减灾、公共安全等领域得到广泛应用，服务国家重要基础设施，产生了显著的经济效益和社会效益。基于 BDS 的导航服务已被电子商务、移动智能终端制造、位置服务等厂商采用，广泛进入中国大众消费、共享经济和民生领域，应用的新模式、新业态、新经济不断涌现，深刻改变着人们的生产生活方式。中国将持续推进北斗应用与产业化发展，服务国家现代化建设和百姓日常生活，为全球科技、经济和社会发展作出贡献。

BDS 为经济社会发展提供重要时空信息保障，是中国实施改革开放 40 余年来取得的重要成就之一，是新中国成立 70 年来重大科技成就之一，是中国贡献给世界的全球公共服务产品。中国将一如既往地积极推动国际交流与合作，实现与世界其他卫星导航系统的兼容与互操作，为全球用户提供更高性能、更加可靠和更加丰富的服务。

2）GPS

美国全球定位系统（Global Positioning System，GPS）是 20 世纪 70 年代由美国陆海空三军联合研制的新一代空间卫星导航定位系统。其主要是为陆、海、空三大领域提供实时、全天候和全球性的导航服务，并用于情报收集、核爆监测和应急通信等一些军事目的。经过 20 余年的研究实验，耗资 300 亿美元，到 1994 年 3 月，全球覆盖率高达 98% 的 24 颗 GPS 卫星星座已布设完成，它们均匀地分布在 6 个轨道上。每颗卫星距地面约 1.7 万 km。该系统是以卫星为基础的无线电导航定位系统，具有全能性（陆地、海洋、航空和航天）、全球性、全天候、连续性和实时性的导航定位和定时功能，能为各类用户提供精密的三维坐标、速度和时间。在军事和民用领域取得了卓越的成绩并得到广泛的应用，是目前具有代表性的卫星导航系统。截至 2021 年 1 月，GPS 在轨提供正常服务的工作卫星 31 颗。

GPS 的服务分为两类，即标准定位服务（Standard Positioning Service，SPS）和精密定位服务（Precise Positioning Service，PPS）。标准定位服务是向全球用户提供的免费和开放的服务，用户通过接收和处理 GPS 卫星播发的民用导航信号，即可享受提供的导航定位授时等服务。精密定位服务是用于美国军事和政府机构，授权用户配置专门的模块设备，通过接收和处理 GPS 卫星播发的军用信号接入该服务。GPS 卫星播发的精密定位信号采用反欺骗（Anti-Spoofing，AS）和选择可用性（Selective Availability，SA）等技术措施进行信号加密，以应对有意和无意干扰，避免敌方使用定位服务或恶化精度。美国政府于 2000 年 5 月宣布停止使用 SA 技术。2018 年 12 月 23 日，美国第一颗 GPSⅢ卫星使用 SpaceX 公司的猎鹰 9 号运载火箭成功发射。相比前期的 GPSⅡ卫星，其精度提升 3 倍，抗干扰能力提升 8 倍，并具备点波束、信息上行等扩展服务能力。GPSⅢ卫星采用模块化和数字化设计技术，具备按照任务要求迅速关闭特定地理位置的导航信号播发能力。

3）GLONASS

俄罗斯的 GLONASS 是与美国 GPS 同时代发展起来的 GNSS，可为军用和民用用户提供位置、速度、时间信息服务。1995 年俄罗斯建成 24 颗卫星的完整星座，并宣布提供全球运行服务能力。24 颗卫星均匀分布在 3 个近圆形的轨道平面上，每个轨道面均匀分布 8 颗卫星，轨道高度 1.91 万 km，保证在任何时刻，在地球任何地方都可以看到 5～10 颗卫星。

第一颗 GLONASS 卫星于 1982 年发射，该系统 1993 年才宣布进入工作状态，1995 年底整个系统初步建成。但由于苏联的解体和经济原因，GLONASS 系统在其后几年里无法得到星座更新和补充，导致 2001 年底卫星数量锐减到 6 颗，且只有 4 颗能提供正常导航信号。为扭转局面，俄罗斯政府积极推进 GLONASS 系统现代化进程。截至 2019 年 4 月，GLONASS 卫星数量一共有 26 颗。

4）Galileo 系统

Galileo 系统由欧盟建设，由欧洲航空局（European Space Agency，ESA）负责 Galileo 系统的部署、设计、开发与运营，于 2016 年 12 月 15 日宣布提供初始服务。卫星星座由 30 颗均匀分布在 3 个轨道高度为 2.3 万 km 的轨道面上卫星组成，每个轨道上分布 10 颗卫星（包括备用卫星），卫星采用“一箭多星”的发射方式，每次发射可以把多颗卫星同时送入轨道。

Galileo 系统的导航信号覆盖范围遍及全球，在系统设计寿命期间要满足定位与授时精度、完好性、连续性要求，要求在地球表面任一位置的服务可用性达到 99.5%。系统建设阶段分为两个阶段：第一阶段为系统开发与验证阶段，第二阶段为全面部署与长期运行阶段。Galileo 系统于 2002 年 3 月正式启动。

与 GPS 和 GLONASS 不同，Galileo 系统是由政府和私人企业合作资助的民用系统。为满足不同用户的需求，并且为了保证市场收入，以维持系统运行和追求商业回报的目标，Galileo 系统定义了完备的服务系统，包括开放服务、商业服务、生命安全服务、公共管制服务、搜索与救援支持服务。

4.2.2　GNSS 构成

GNSS 由三大部分组成：GNSS 卫星星座（空间部分）、地面支撑系统（地面监控部分）、GNSS 接收设备（用户部分）。

空间部分包括在轨卫星，它们向用户设备提供无线电测距信号和数据电文。地面监控部分负责对空间的卫星进行跟踪、测量和维护，监视卫星的健康状况和信号的完好性，并维持卫星的轨道布局，此外还负责定期更新卫星的时钟校正量和星历，以及其他对确定用户位置、速度和时间至关重要的参数。用户部分完成导航定位、授时和其他有关的功能，实现并体现卫星导航系统的服务能力及效果。

1）GNSS空间部分

GNSS空间部分即在轨运行的导航卫星星座。卫星星座是指多颗卫星部署在空间特定轨道上，形成稳定、适当的空间几何结构，同时卫星之间保持固定的时间空间关系，完成特定航天任务的卫星系统。导航卫星星座是完成GNSS的核心组成部分，是GNSS中时空基准建立、维持与传递的关键环节，是用户导航定位的空间与时间基准，直接决定着GNSS功能和服务性能指标能否实现。

导航卫星星座的性能主要受两方面的设计因素影响。一是整个星座的构型设计，导航星座构型设计涉及诸多参数的优化组合，不同参数组合构成的星座，在系统播发信号覆盖性能、信号传递衰减和卫星投资成本等方面存在较大的差异。导航星座构型设计的目标就是寻找一组星座参数组合，使其构成的星座在指定覆盖区域内既能获得最优的系统信号星座性能，又节省工程系统建设成本和星座长期维持费用。二是与导航卫星的设计相关，与导航卫星的在轨工作状态、卫星接收与测量精度、卫星钟性能指标、导航电文编排、卫星播发的导航信号质量特性等密切相关。

导航卫星一般包括卫星平台和有效载荷两部分，一颗典型的导航卫星需要具备以下主要功能：

（1）具备适应运载火箭发射环境、空间环境和卫星内部温度环境变化的能力。

（2）保证卫星的工作状态安全稳定，接收、执行地面系统上行的遥控指令并将卫星状态等遥测参数下传给地面。

（3）按照GNSS要求，接收地面系统注入的导航电文参数，存储、处理生成导航电文，产生相应的多个导航信号，向指定覆盖区域范围内进行播发，以保证导航信号的可用性、连续性和完好性。

（4）接收地面上行发射的无线电信号或激光信号，完成精密时间比对测量，实现与地面系统的时间同步，并将测量结果传回地面。

（5）具备星座自主管理与运行的能力。

（6）具备按照星座部署策略，在一定范围内进行工作轨道位置或者轨道内相位调整的能力。另外，在卫星工作寿命末期，具备离轨能力。

导航卫星主要的有效载荷是用于完成定位、测速和授时各项功能的导航载荷，其他有效载荷还包括空间环境与信号探测定位、核爆炸探测、短报文通信等与位置时间信息服务相关的业务载荷。同时，新一代的导航卫星还配置星间链路测量与通信设备。

导航卫星平台各系统主要包括卫星能源与配电分系统、结构与机构分系统、热控分系统、位姿轨控分系统、推进分系统、测控分系统和星上数据与信息管理分系统等，完成卫星与地面系统的遥测遥控、卫星姿态保持，维持卫星载荷指向地球、太阳帆板指向太阳等功能。

2）GNSS地面监控部分

GNSS地面监控部分建立整个系统工作的统一时间和位置基准坐标系，负责整个GNSS的运行处理、测量与管理控制任务，负责对空间的卫星进行跟踪、测量和维护，监视卫星的健康状况和导航信号的完好性，并维持卫星在空间轨道上的布局。地面监控部分可由地面测控系统和地面运控系统组成。

地面测控系统包括地面天线与伺服分系统、发射信号分系统、高频接收分系统、多功能数字基带分系统、数据传输分系统、监控分系统、记录分系统、时频分系统和测量标校分系统等。地面测控系统主要完成对导航卫星在发射和卫星进入工作轨道早期段的控制与状态监视、卫星轨道测量与确定、卫星轨道控制、上注遥控操作指令等测控任务，完成导航卫星长期在轨工作期间的星座状态管理。

地面运控系统一般包括地面主控站、监测站、时间同步与注入站、时频系统等部分。地面运控系统利用地面的高精度原子钟产生地面的时间基准，溯源至协调世界时（Universal Time Coordinated，UTC），通过完成站间时间比对观测与处理，实现地面站的时间同步；通过卫星与地面站时间比对，完成星地时间同步。分布在不同地区的监测站，通过对其可视范围内的导航卫星进行监测，采集各类观测数据，并将数据发送至主控站；主控站完成全部星座卫星的精密轨道确定及其他导航参数的确定、广域差分信息和完好性信息处理，通过注入站向卫星注入广播参数，卫星按照规定的协议播发导航信号和参数。

地面主控站是卫星导航系统的地面业务运行控制中心。主控站的主要任务是：建立、维持和传递系统时间基准；收集系统导航信号监测、时间同步观测比对等原始数据，进行系统时间同步及卫星钟差预报、卫星精密定轨及广播星历预报、电离层改正、广域差分改正、系统完好性监测等信息处理；完成任务规划与调度，完成系统运行管理与控制等。同时，主控站还需与所有空间段卫星进行星地时间比对观测，与系统中时间同步/注入站、监测站等进行站间时间比对观测，向卫星注入导航电文参数、广播信息等。

监测站的主要任务是：利用高性能监测接收机对卫星导航信号进行全面连续监测，为系统精密轨道测定、电离层校正、广域差分改正及完好性确定提供实时观测数据。北斗系统监测站分为一类监测站和二类监测站：一类监测站主要用于卫星轨道测定及电离层延迟校正；二类监测站主要用于系统广域差分改正及完好性监测。

时间同步/注入站的主要任务是配合主控站完成星地时间比对观测，向卫星上行注入导航电文参数，并与主控站进行站间时间同步比对观测。

3）GNSS 用户部分

用户部分包括用户组织系统和根据要求安装相应的设备，但其中心设备是 GNSS 接收机。GNSS 接收机是一种特制的无线电接收机，用来接收导航卫星发射的信号，并以此计算出定位数据。GNSS 信号接收机能够捕获到按一定卫星高度截止角所选择的待测卫星信号，并跟踪这些卫星的运行，对所接收到的 GNSS 信号进行变换、放大和处理，以便测量出 GNSS 信号从卫星到接收机天线的传播时间，解译出 GNSS 卫星所发送的导航电文，实时地计算出测站的三维位置，甚至三维速度和时间。接收机硬件和机内软件以及 GNSS 数据的后处理软件包，构成完整的 GNSS 用户设备。

根据不同性质的用户和功能要求，要配置不同的 GNSS 接收机，其结构、尺寸、形状和价格也大相径庭。例如，用于航海和航空的接收机要具有与存有导航图等资料的存储卡相接的能力；用于测地的接收机要求具有很高的精度，并能快速采集数据；用于军事的接收机要求附加密码模块，并能高精度定位。

GNSS 卫星发送的导航定位信号，是一种可供无数用户共享的信息资源。对于陆地、海洋和空间的广大用户，只要用户拥有能够接收、跟踪、变换和测量 GNSS 信号的接收设备，即 GNSS 信号接收机，就可以在任何时候用 GNSS 信号进行导航定位测量。根据使用目的的不同，用户要求的 GNSS 信号接收机也各有差异。用户接收机可以按照用途、载波频率、通道数和工作原理等方面分成不同类型。

4.2.3 GNSS 工作原理

GNSS 的工作原理，简单来说，是利用了大家熟知的几何与物理上一些基本原理，首先假定卫星的位置为已知，而又能准确测定测量者所在地点 A 至卫星之间的距离，那么 A 点一定是位于以卫星为中心所测距离为半径的圆球上。进一步，又测得点 A 至另一卫星的距离，则 A 点一定处在前后两个圆球相交的圆环上。若还可测得与第三个卫星的距离，就可以确定 A 点只能是在三个圆球相交的两个点上。根据一些地理知识，可以很容易排除其中一个不合理的位置。当然也可以再测量 A 点至另一个卫星的距离，也能精确进行定位。综上所述，要实现精确定位，要解决两个问题：其一是要确知卫星的准确位置；其二是要准确测定卫星至地球上测量者所在地点的距离。

1）卫星位置的确定

要确知卫星所处的准确位置，首先要优化设计卫星运行轨道，而且要由监测站通过各种手段连续不断监测卫星的运行状态，适时发送控制指令，使卫星保持在正确的运行轨道。将正确的运行轨迹编成星历，注入卫星，且经由卫星发送给 GNSS 接收机。正确接收每个卫星的星历，就可确知卫星的准确位置。

2）卫星至用户距离的测定

卫星至用户距离的测定可依据公式：距离 = 时间 × 速度计算。并且电波传播的速度是 30×10^4km/s，只要知道卫星信号传到测量者所在位置的时间，就能利用距离等于速度乘以时间这个公式来求得距离。所以，问题就归结为测定信号传播的时间。

要准确测定信号传播时间，须解决两方面的问题：一是时间基准问题，就是说要有一个精确的时钟；二是要解决测量的方法问题。

3）时间基准问题

GNSS 在每颗卫星上装置有十分精密的原子钟，并由监测站进行校准。卫星发送导航信息，同时也发送精确时间信息。GNSS 接收机接收此信息，使其与自身的时钟同步，就可获得准确的时间。所以，GNSS 接收机除了能准确定位之外，还可产生精确的时间信息。

4）卫星信号传输时间的测定

测量者在所处的地点和卫星上同时启动一段叫作伪随机码的二进制电码。延迟 GNSS 接收机产生的伪随机码，与接收到卫星传来的码字同步，测得的延迟时间就是卫星信号传到 GNSS 接收机的时间。至此，测量者也就解决了测定卫星至用户的距离问题。

5）GNSS 技术的误差

在 GNSS 定位过程中，存在三部分误差：第一部分是每一个用户接收机所共有的，例如卫星钟误差、星历误差、电离层误差、对流层误差等;第二部分为不能由用户测量或由校正模型来计算的传播延迟误差;第三部分为各用户接收机所固有的误差,例如内部噪声、通道延迟、多径效应等。利用差分技术第一部分误差可完全消除,第二部分误差大部分可以消除,这和基准接收机至用户接收机的距离有关。第三部分误差则无法消除,只能靠提高 GNSS 接收机本身的技术指标来改进。

6)差分 GNSS 技术消除公共误差原理

假如在距离用户 500km 之内,设置一部基准接收机,和用户接收机同时接收某一卫星的信号,那么测量者可以认为信号传至两部接收机所途经电离层和对流层的情况基本相同,故所产生的延迟也相同。由于接收同一颗卫星,故星历误差、卫星时钟误差也相同。若测量者通过其他方法确知所处的三维坐标(也可以用精度很高的 GNSS 接收机来实现,其价格比一般 GNSS 接收机高得多),那就可从测得伪距中推算其中的误差。将此误差数据传送给用户,用户就可从测量所得的伪距中扣除误差,达到更精确的定位。

4.2.4　GNSS 在物流领域中的应用

1)GNSS 在货物运输系统中的应用

随着我国物流业的发展,货物运输量日益增多,对车辆和货物的经营管理和合理调度就成为物流运输管理系统中的一个重要问题。过去,用于交通管理系统的设备主要是无线电通信设备,由调度中心向车辆驾驶员发出调度命令,驾驶员只能根据自己的判断说出车辆所在的大概位置,而在生疏地带或在夜间无法确认自己的方位时甚至会迷路,因此,从调度管理和安全管理方面,其应用受到限制。GNSS 的出现,给车辆、轮船等交通工具的导航定位提供了具体的实时的定位能力。通过车载 GNSS 接收机,驾驶员能够随时知道自己的具体位置。通过车载电台将 GNSS 定位信息发送给调度指挥中心,调度指挥中心便可及时掌握各车辆的具体位置,并在大屏幕电子地图上显示出来。目前,用于公安、交通系统的主要有车辆 GNSS 定位与无线通信系统相结合的指挥管理系统,应用 GNSS 差分技术的指挥管理系统。

可以说,GNSS 在公安、交通系统中的应用前景是非常广阔的。在开发车辆导航应用的同时,也将带动相关的通信技术、信息技术、控制技术、多媒体技术和计算机应用技术的发展。

2)网络 GNSS 在物流业中的应用

网络 GNSS 就是指在互联网上建立起来的一个公共 GNSS 监控平台,它同时融合了卫星定位技术、GSM(数字移动通信技术)以及国际互联网技术等多种目前世界上先进的科技成果。

车载单元(即 GNSS 接收机)在接收到 GNSS 卫星定位数据后,自动计算出自身所处的地理位置坐标,后经 GSM 通信机发送到 GSM 公用数字移动通信网,并通过与物流信息系统连接的 DDN(数字数据网)专线将数据送到物流信息系统监控平台。中心处理器将收到的坐标数据及其他数据还原后,与 GIS 的电子地图相匹配,并在电子地图上直观地显示车辆实时坐标的准确位置。各网络 GNSS 用户可用自己的权限上网进行自有车辆信息的收发、查询等工作,在电子地图上清楚而直观地掌握车辆的动态信息(位置、状态、行驶速度等)。还可以在车辆遇险或出现意外事故时进行种种必要的遥控操作。

4.3 基于GNSS/GIS结合的物流信息系统应用

物流的运输配送过程不仅具有资本密集型特点,还具有劳动密集型特点,因此,加强运输配送中的控制和管理,保证其安全平稳运行,降低成本是企业主要关注的问题。如何提高车辆的运输效率、减少运营过程中的消耗、降低配送成本,这是目前物流运输企业普遍关注的焦点。尤其是我国地域辽阔,交通网络错综复杂,实现车辆和货物在运输途中的监管和可视化非常必要。已经有很多企业通过采用地理信息系统(GIS)和全球导航卫星系统(GNSS)来帮助调度中心实时和运输途中的车辆建立联系,基于GIS的辅助,随时在电子地图上定位车辆位置,将业务调度单传递给目标车辆,目标车辆接受调度命令,并向调度员反馈信息,以确保随时能跟踪车辆,来保证整体供应链的正常运转。

以某家专业为汽车装配厂进行供应配送的第三方物流企业的运营过程为例,来说明其运输中如何应用GIS和GNSS等功能,结合互联网信息传递技术来实时监控运行在配送系统网络中的车辆流向、流量、流速、密度、路网负荷程度等各种交通信息,实现物流运输驾驶员运输途中的有效管理与控制。

该企业配送运营过程采用了循环取货(Milk-run)模式,就是同一货运车辆从零配件的仓储中心出发,按顺序经过各个供应商,取得各个供应商的零部件后,返回制造厂或仓储中心。类似于早期的牛奶配送,配送车辆按照事先规划好的行驶路线,将客户所需的牛奶分别送到客户门口,同时将前一天客户喝完的空奶瓶收回。这种运作模式可以最大限度地整合各个供应商的零配件供应过程,避免空车往返所造成的不必要浪费,提高车辆的满载率。

Milk-run配送模式下支持的管理信息系统的数据包括:

(1)每日配送调度的相关数据,包括车辆运行的线路,各条线路上依次访问的供应商厂家,各条线路上每日运行的车辆数,每辆车次到达、离开各个供应商的时间。

(2)配送驾驶员运行日报表的相关数据,包括驾驶员运行情况的基本信息,如驾驶员姓名、车牌号码、线路名称、所属公司、起始时间、结束时间、所用时长、行驶里程、车辆装卸货的次数、车辆行驶的平均时速、车辆行驶的最高时速、最高时速发生时间、早到或延迟的次数等信息。

(3)基于GNSS和GIS电子地图结合的相关数据,即每辆配送车都配有结合GNSS和GIS的定位功能和其他扩展功能。除了GNSS的车辆定位功能,系统拥有强大的地图显示功能,包括自动避让功能、制图概括功能、鹰眼功能、影像数据叠加功能、方便的图层控制功能、动态拓扑功能;进一步,能对一定区域内所有目标进行监控和目标锁定跟踪,还有电子围栏划定,对目标进行分组监控,增加、删除、切换监控窗口,监控地图自动切换,报警目标声光提示,属性数据查询,预先路线设定,偏航自动报警,车辆轨迹记录及捕捉,车辆轨迹平滑显示,提供车辆多态符号标识,提供多态符号编辑器,设定车辆标记显示样式等功能。系统中提供的电子地图数据详细且准确,支持地图漫游、距离测量和查询相关地理信息,包括测量面积、轨迹回放、区域报警和信息打印等多种功能。

(4)车辆维护的相关数据,包括车辆增加、删除、属性修改、查询;车台装车、车台卸载、车辆所有信息浏览、车台数据维护,车台增加、删除、属性修改查询;车台装卡、卸卡、装车等车辆信息的维护,以及对用户和通信卡等数据的操作。这些可以保证系统数据的安全、完整和准确性,为系统稳定运行提供保障。

管理信息系统具备的模块功能包括:

(1)驾驶员配送线路的分析。该系统能够根据系统中存储的地理信息,将每日的实时配送计划表导入系统的数据库,来生成可视化的图表格式报表,即每日的配送调度表。另外,系统也能实现配送车辆与某条特定线路、车辆与某个特定区域的绑定功能,并自动计算生成车辆可以到达、离开已经绑定区域的实际时间;还可对预先设定的线路、车辆数、总共投入的车辆数和绑定的区域进行查找与修改。基于 GIS 的支持,管理人员能够清晰地展示出企业每日的车辆调度情况和实时运行情况,包括车辆的出发、途经各个供应商处的时刻、到达及其在停靠站场的停留时间等。

(2)驾驶员运输过程中的行为监控分析。根据驾驶员的运输实际行为情况,系统可以自动生成各个车辆配送过程的里程速度图和时间速度图。管理者从这些图中能够了解到驾驶员在配送过程中的行驶状况,如是否遇到交通堵塞、是否是在一条拥挤的路段上行驶等,从而可以结合驾驶员运输的运行路线图,对不合理的路线进行重新设计、修改和变更。同时,系统还可以记录驾驶员运输途中的一些装卸货和运输时刻的行为,包括打开货车车门次数、卸载货车次数、平均时速、早到供应商处的次数、延迟到达供应商处的次数等。经过对这些信息的分析,可以更好地对配送驾驶员运输途中的情况进行全面掌控,如驾驶员是否按照企业预先设定的路线送货、是否准时发车、是否消极怠工等。通过对驾驶员日常运行活动的监控,可以保证他们按计划进行运输,并及时纠正各种和计划不符的偏差,为企业下一步的工作安排和调度提供分析依据,不断挖掘降低成本、提高经济效益的潜力。

(3)实际路线和计划路线的比较分析。基于 GIS 和 GNSS 结合的信息系统,还能实时接收运输车辆上自动报警装置发出的信号。如车辆行驶过程中,若车辆开始偏离预先设定的行驶路径,系统就可以自动报警,并能自动存储报警记录。如果企业在系统中预先设定了各个车辆到达、离开供应商厂家的时间范围,若车辆没能按照指定的时间到达或离开,系统也会自动报警,且保留下相关的报警记录。当配送驾驶员完成了一次 milk-run 路径后,系统就会自动生成实际路线和计划路线的对比图形,通过两条路线的比较分析,很容易就可以检测驾驶员在配送途中是否按照要求进行了相关作业,明确其中偏差出现在哪里、原因是什么等。

4.4 本章案例

华力方元：基于北斗系统的集装箱位置服务平台解决方案

北京华力方元科技有限公司成立于2016年，是深圳证券交易所上市公司北京华力创通科技股份有限公司（证券代码：300045）旗下专门从事轨道交通业务的国家高新技术企业，公司坚持创新驱动、合作共赢，致力于为轨道交通行业提供先进技术、解决方案及服务。公司业务聚焦卫星应用、基础设施监测、智能装备，涉及仿真测试、虚拟现实、云计算、大数据等领域，目前公司已通过高新技术企业认证、ISO9001认证、进出口权备案，技术上不断积累，拥有多项软件著作权。

1）项目建设背景和解决的问题

（1）项目建设背景。

自2008年中欧班列首次试运行，至2018年10月中旬，中欧班列已经累计开行了1.1万列，累计运送货物92万TEU，运行线路已达65条，覆盖了欧洲15个国家的44个城市，产生了巨大的社会效益。随着中欧班列开行线路的增加和欧洲回程货流市场的培育成长，使得更多城市能通过铁路直通欧亚国家，但在市场容量有限的情况下，多条线路必将产生同质竞争、重量轻质和去回失衡等问题，严重阻碍了各地中欧班列的资源共享、互联互通、货运接续和运输组织优化。

近年来，国家发展改革委、交通运输部等部门先后出台了一系列支持多式联运发展的政策措施，以铁水联运、国际联运为重点，积极推进多式联运示范项目、工程建设。2017年4月国家发展改革委、交通运输部、中国铁路总公司印发的《“十三五”铁路集装箱多式联运发展规划》中明确提出，要构建信息共享服务平台，加强物联网、云计算、大数据、RFID、EDI、铁路运输管理信息系统（Transportation Management Information System，TMIS）等技术应用，加快集装箱铁水联运公共信息服务平台、全程货物追踪信息系统建设，实现集装箱多式联运物流信息交换、开放、共享。

（2）解决的问题。

过去，铁路集装箱管理所使用的全路集装箱管理信息系统主要依托铁路车号自动识别系统，实现了集装箱在运输途中节点式追踪管理，但该系统目前存在很大的局限性：

①不能连续动态对集装箱进行追踪，车号自动识别系统采用节点式追踪方法，通过某些固定位置时才会通过铁路线路上预设的识别装置识读到车载标签，进而得到车辆或集装箱的位置；

②集装箱位置信息相对滞后，绝大多数情况下集装箱的位置不能及时更新，特别是集装箱在堆场内堆放或者未经过识别地点时，就无法实时掌握集装箱在站堆存情况，影响集装箱周转；

③无法追踪公铁、水铁联运及中欧班列境外集装箱位置信息，对铁路集装箱的资产管理

非常不利；

④集装箱在站场管理依靠人工录入、导致箱车匹配信息差错率高。

2）系统推进过程

（1）方案论证。

集装箱定位监控系统是为中欧班列运输的集装箱而提出的综合性解决方案。该系统中的定位终端相较于市面上其他产品，重点要突破的有：①适应线路上众多国家通信制式的差异；②适应亚欧大陆从城市到平原、从沙漠到草原、从山区高高原等多样的环境；③要在任何恶劣情况下，不管是寒冷地区、高温地区、潮湿地区，设备都能稳定地工作；④设备既要功耗低而且还得结实耐用，在不更换电源的情况下要至少保证5年以上的正常运行时间。

国内外在集装箱追踪方面用到的技术主要有人工识别、图像识别、RFID识别、有源定位等多种方式，其中人工识别不需要外部设备，但是人力成本高、出错率也高，不适合作业量较大的集装箱堆场；图像识别、RFID扫描识别等非接触类的技术，适合作业量较大的场站做出入场识别，建设周期长、场站改造费用高，并且对于物流来说只能做节点式追踪；有源主动定位建设工程量少，周期短、见效快，但需要更换电池。

随着低功耗芯片技术、节能控制技术、高性能电池技术的进步，以及我国北斗卫星导航系统大规模商业化推广运用，追踪器的稳定性更好、工作时间更长、价格成本更进一步降低，使得大规模运用成为可能。综合以上各种因素，最终选定了“4G全网通+多频点GNSS”的解决方案。

（2）技术验证。

在确定定位终端基本思路后，公司研发团队快速搭建了测试软件系统、并定制开发了定位终端产品的原型样机，随即展开了一系列的实验。

为了使中欧班列沿线的各个国家设备采集的数据均可以稳定可靠地回传给数据中心，项目组还开展了沿线国家网络制式、频段、信号强度等一系列的测试实验，最终确定的通信方案可以满足亚欧大陆绝大部分地区的数据要求，支持未来5~10年内移动通信制式的升级。

考虑到设备随箱运输，要在各种恶劣环境下使用5年以上，除了在实验室内模拟各种恶劣环境进行测试外，公司还通过真实的中欧班列运输环境，在实际线路上进行了多批多次的实际检验，证明了产品各项指标均能很好地满足要求。

（3）系统实现。

结合设备的基本功能，云端系统实现了设备生产、配送、领用、装箱、维修、报废等各个过程的管理，解决了设备远程控制和远程监管的难题，系统主要特点有：

①使用低功耗、高性能、高可靠的物料设计产品，包括微控制单元（Microcontroller Unit，MCU）、电源管理集成电路（Power Management IC，PMIC）、2G/3G/4G全网通通信模组等，实现μA级待机电流及较低的工作电流；

②硬件架构采用高性能的物联网电池包，选用高容量、大脉冲电流、低自放电率的容量型物联网电池；

③集成GIS技术，提供一张图位置服务，方便终端用户使用；

④设备生产、出厂、运输、装箱、维修、报废整个过程，系统均提供了相应的管理功能，实

现产品全生命周期的管理；

⑤根据集装箱运动状态、网络信号、GNSS位置等动态调整集装箱定位终端的工作状态，同时还会将上述信息主动上报给云端系统；

⑥基于定位信息的运营大数据分析，方便使用者按地域、按辖区、按状态等不同维度进行统计分析，生成运营大数据，方便集装箱资产管理决策；

⑦提供更严格的安装及更换流程管理，系统通过多种手段严格控制设备安装和拆卸的流程，避免错号乱号现象发生；

⑧系统存储采用缓存库、临时库、归档库多种机制，对数据进行分级存储管理，提升了系统的效率；

⑨软硬件通信采用特有的数据加密和解析机制，采用非阻塞式多线程多队列设计等，极大地提升了系统的安全性和可靠性；

⑩提供与第三方软件平台的API接口，方便系统对接。

3）主要效益分析与评估

（1）提高铁路集装箱运输市场竞争力。提供监控技术手段，保证货物运输时限，提前推断货物到达时间，提前安排装卸及生产，提高客户满意度。

（2）提升集装箱资产管理水平。提供位置查询、轨迹回放、区域分布、监控报警、流量流向分析等功能，防止集装箱丢失。

（3）掌握场站集装箱保有量，提高调拨效率。实现位置信息自动采集，可根据需要及时将集装箱调拨到有需要的最近场站。

（4）准确掌握集装箱路外停留时间，加速站外周转效率。通过定位信息，自动判断集装箱路外滞留时间，有效督促货主及时还箱。

（5）促进集装箱国际联运和多式联运发展。追踪公铁联运、水铁联运及离开国境的集装箱位置信息，满足了国际联运、多式联运和现代物流对货物实时追踪的要求。

4）系统下一步改进方向

当前，中欧铁路合作日益紧密，中欧班列快速发展，已累计开行超过14000列，覆盖中国60个城市与欧洲15个国家50个城市，成为“一带一路”建设的标志性成果，可以预计的是未来铁路集装箱运输将会进一步扩大规模。

近年来，大数据、云计算、移动互联网和物联网的兴起及发展，进一步颠覆了以往通行近百年的资源配置优化的传统，数字技术开始脱颖而出，数字技术带来的信息完整性和决策支持给多式联运带来了新的思路。作为智能集装箱配套系统生产厂商，华力方元将紧跟时代步伐，在当前技术产品基础上进一步挖掘信息化潜力：

（1）继续挖掘智能硬件的潜力，打造多元化产品线，除了普通集装箱外将继续扩展针对其他罐箱、冷藏箱等特种集装箱的信息化支持能力。

（2）结合大数据、云计算、人工智能等技术，进一步扩展平台支持能力，将最大限度地满足集装箱运输企业业务链及业务系统的对接需求，为集装箱多式联运提供快速、准确的时空位置信息支持。

（资料来源：http://www.chinawuliu.com.cn/xsyj/202005/20/504439.shtml，有删改）

案例相关视频资料

北斗卫星导航系统的研发与应用

（案例来源：央视网）

案例分析与研讨题

1. 国际集装箱运输为何采用这种定位技术？有哪些益处？
2. 基于GNSS的集装箱位置服务平台是怎样工作的？
3. 基于GNSS的集装箱位置服务平台运用了哪些信息技术？

4.5 本章小结

地理信息系统(GIS)是一门多学科结合的新兴边缘科学。地理信息是指与所研究地理实体的空间地理分布有关的信息,具有区域性、多维性、动态性和地域性的特征。GIS的特征主要有多学科特征、以地理研究和地理决策为目的以及较高的资源需求。相较于国外的GIS,我国GIS的发展较晚,经历了起步、准备、发展和产业化四个阶段。GIS的应用系统由硬件、软件、地理数据、用户和模型五个主要部分构成。GIS通过空间模型、地理参考系、矢量和栅格数据结构发挥其功能,具体为数据采集与输入、数据编辑与更新、数据存储与管理、空间数据查询与分析以及数据输出与表达。空间数据代表着现实世界地理实体或现象在信息世界中的映射,具有空间、时间和属性特征,空间数据结构是对地理实体的空间排列方式和相互关系的抽象描述。GIS发展趋势有三维GIS技术、云GIS、移动GIS和WebGIS。GIS在物流领域中的应用具体表现为基于GIS的物流信息系统以及利用GIS功能来完善物流分析技术。

全球导航卫星系统(Global Navigation Satellite System,GNSS)是以卫星为基础的无线电导航定位系统,具有全能性、全球性、全天候、连续性和实时性特点。全球主要有四大卫星导航系统:中国的北斗卫星导航系统、美国的GPS、俄罗斯的GLONASS和欧洲的Galileo。GNSS包括GNSS卫星、地面支撑系统和GNSS接收设备三大部分。GNSS工作原理涉及卫星位置确定、卫星至用户距离的测定、时间基准、卫星信号传输时间的测定、技术误差以及公共误差问题。GNSS在物流中的应用表现为在货物系统中的应用以及网络GNSS在物流业中的应用。

基于GIS/GNSS结合的物流信息系统,可以帮助调度中心实时和运输途中的车辆建立联系,进而保证整体供应链的正常运转。

复习思考题

1. 简述地理信息含义及其特征。
2. 简述地理信息系统(GIS)含义及其特征。
3. 简述GIS的基本构成与功能。
4. 简述空间数据的基本特征。
5. 简述空间数据的表述与数据结构类型。
6. 简述GIS空间信息基本分析方法。
7. 简述GIS发展趋势。
8. 简述GIS在物流分析中的应用类型。
9. 简述北斗卫星导航系统特点。
10. 简述全球导航卫星系统(GNSS)构成。
11. 简述GNSS工作原理。
12. 举例说明GNSS/GIS在物流领域中的应用。

实践与讨论

1. 结合本章所学知识,通过网络搜索相关的GIS和GNSS技术,分析并总结该领域技术的应用现状及发展趋势。

2. 网上调研一个从事GNSS行业的企业,阐述该企业的经营战略、行业影响力以及其产品在物流行业中的应用场景及产品竞争力。

第 2 篇

物流信息系统项目开发

第 5 章　物流信息系统战略规划与开发

核心概念

物流信息系统战略规划,业务流程重组,信息系统开发,组织资源分配

学习目标

掌握物流信息系统战略规划含义、基础、内容及过程;理解基于诺兰模型的信息系统建设阶段;掌握物流信息系统规划常用方法;理解业务系统规划法的原理及实施步骤;理解物流信息系统开发的组织管理工作,掌握组织资源分配方法;理解物流信息系统开发过程与方式;理解物流信息系统开发方法。

5.1　物流信息系统战略规划概述

5.1.1　物流信息系统战略规划含义与作用

1)物流信息系统战略规划含义

如何获得竞争优势是物流信息系统所需解决的中心问题,物流发展战略的制定已经成为企业在激烈的市场竞争中能否取胜的重要条件之一。物流信息系统战略规划(Logistics Information System Strategy Planning,LISSP)也称物流信息系统总体规划,是企业总体战略中极为重要的一部分。物流信息系统战略规划是指根据企业整体战略和物流业务要求,系统地设计信息技术在物流领域的长期发展路径,旨在通过数字化手段优化供应链效率、降低成本并提升竞争力。其核心是通过信息技术与物流业务的深度融合,构建支持企业战略目标的智能化物流管理体系。物流信息系统战略规划的目的是改善与用户的交流,增强对企业物流管理和决策层的支持,更好地预测物流供给与需求,更好地进行物流资源配置,为物流信息技术的应用提供更多战略机会,找到更多的物流信息技术应用功能,发现更多的战略机会。

物流信息系统战略规划的目标是根据组织整体目标和发展战略,在对组织所处环境、现行系统的状况进行初步调查的基础上,明确组织总的物流信息需求,在组织战略规划的大框

架下,确定物流信息系统的发展战略,制定系统建设的总体计划,其中包括确定拟建物流信息系统的总体目标、功能、规模及资源需求,并根据需求的轻重缓急程度,以及资源和应用环境的约束,把规划的建设内容分解成若干个分系统开发项目,以便分期分批进行系统开发。

2)物流信息系统战略规划作用

物流信息系统战略规划是企业物流信息系统建设的基础,根据物流信息系统战略规划,企业能在总体规划、分步实施、急用先行、滚动发展的原则下,充分利用企业的资源,使物流信息系统有序、高效、有机、合理地建设。

本章提到的企业物流信息系统战略规划强调的是帮助企业实施其物流战略,提高企业的竞争力,实现企业的经营战略目标,规划企业物流信息技术的应用。它从企业物流信息需求和企业物流信息管理角度出发,采用对企业和物流业务过程进行自下而上分析的方法,明确实现企业物流业务目标所需数据的形式和获取方式,更加强调企业的物流信息需求。这一阶段的工作决定着物流信息系统生命周期的发展方向、系统规模和开发计划,对系统开发的成败至关重要。物流信息系统战略规划的作用体现在:有助于实现组织的战略目标,促进信息资源的合理分配与利用,节省物流信息系统建设投资;有助于物流组织管理改革与流程重组,并形成核心竞争力;有利于物流信息系统的开发成功;有助于为将来考核开发工作确立标准。

3)诺兰阶段模型

诺兰(Nolan)曾为哈佛大学商学院教授,是著名的信息技术领域"阶段理论"的创始人。诺兰于 20 世纪 80 年代初提出了企业信息系统建设阶段理论,通称诺兰模型,诺兰模型把信息系统建设划分为初装阶段、蔓延阶段、控制阶段、集成阶段、数据管理阶段、成熟阶段 6 个阶段(图 5-1)。

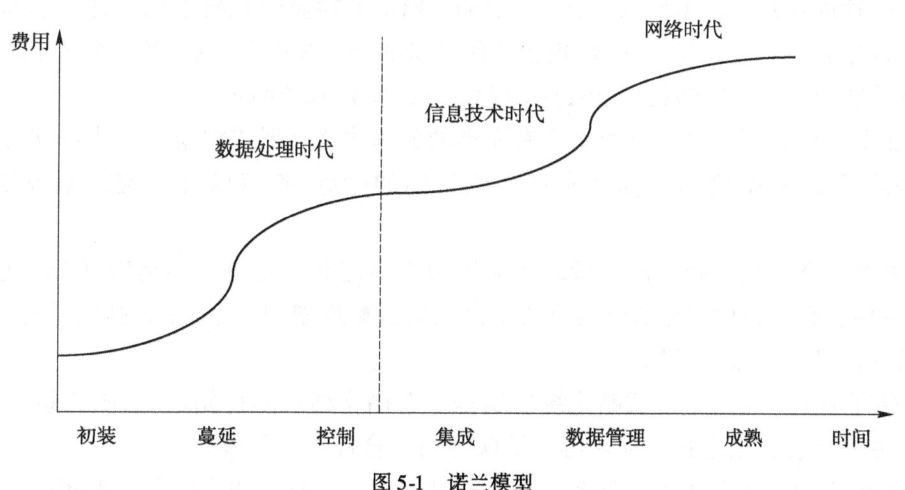

图 5-1　诺兰模型

(1)初装阶段。组织购置第一台计算机并初步开发管理应用程序。在该阶段,计算机的作用被初步认识,个别人具有初步使用计算机的能力。一般而言,初装阶段大多发生在单位的财务、人事等数据处理量大的部门。

(2)蔓延阶段。随着计算机应用初见成效,信息系统从少数部门扩散到多数部门,并开发了大量应用程序，使组织的事务处理效率有了较大提高。但这个阶段由于系统开发缺乏综合性，出现了数据冗余性、不一致性、难以共享等问题，只有少部分计算机的应用收到了实际效益。

(3)控制阶段。各管理部门逐渐认识到了计算机信息系统的优越性，纷纷购置设备，开发支持自身管理的信息系统，使得硬件、软件投资和开发费用急剧增长。计算机预算高比例增长，但投资回收不理想。应用项目不断积累，要求加强组织协调，出现了由组织的领导和职能部门负责人参加的领导小组，对整个组织的系统建设进行统筹规划，特别是利用数据库技术解决数据共享问题。诺兰认为，第三阶段将是实现从以计算机管理为主向以数据管理为主转换的关键。

(4)集成阶段。在控制的基础上，对子系统中的硬件进行重新连接，建立集中式的数据库及能充分利用和管理各种信息的系统。由于重新装备大量设备，预算费用又一次迅速增长。

(5)数据管理阶段。信息系统开始从支持单项应用发展到在逻辑数据库支持下的综合应用。组织开始全面考察和评估信息系统建设的各种成本和效益，全面分析和解决信息系统投资中各个领域的平衡与协调问题。

(6)成熟阶段。成熟的信息系统可以满足组织中各管理层(高、中、基层)的要求，从而真正实现信息资源的管理。

5.1.2 物流信息系统战略规划基础

(1)现代物流信息技术。它对企业影响的广泛性和深刻性是过去任何一项技术无法比拟的。高层管理者必须认识到，RFID、GIS、BDS、EDI 等物流信息技术的应用不仅能够影响企业内部各方面的运行状况，还能影响企业所提供的产品和服务，基于现代物流信息技术的物流信息系统战略规划能够帮助和促进企业经营战略计划的制定。

(2)企业总体发展战略。企业必须有完整的公司战略计划或物流战略计划、没有完整的物流战略计划、没有明确的目标和实现这些目标的措施，物流信息系统战略规划将无法进行。

(3)物流业务战略。企业高层管理者必须明确界定和阐述企业的运输、配送、仓储等业务战略，并将企业的各种业务战略与物流信息系统战略规划相联系，从而制定适合企业物流业务战略的信息系统战略规划。

(4)循序渐进。物流信息战略系统规划是一个循序渐进的计划过程，不应该急于求成，应根据企业的人、财、信息技术应用等方面实际情况合理安排部署。

(5)物流专业人才。物流信息系统战略规划不仅需要具有物流信息技术知识，也需要具有物流管理知识和物流系统规划、实施、监控等物流业务知识的复合型物流专业人才。

5.1.3 物流信息系统战略规划内容

物流信息系统战略规划的内容丰富，涵盖了组织的总目标到各职能部门的目标，及其政策和计划，外加信息部门的现状与发展规划。物流信息系统战略规划应包括组织的战略目标、政策和约束、计划和指标的分析，物流信息系统的目标、约束以及计划指标的分析，应用系统或系统功能结构，物流信息系统的组织、人员、管理和运行，物流信息系统的效益分析和实施计划等。

物流信息系统战略规划一般包括：物流信息系统总体目标与策略分析、现有资源分析、物流信息技术的未来发展预测、物流信息系统总体架构、实施的时间框架、物流信息系统规划的更新等。

1）物流信息系统总体目标与策略分析

包括组织的总体目标及策略分析；组织外部环境（例如物流业状况、相关法规、顾客及供应商的状况等）分析；组织内部限制（如经营理念、资源状况等）；企业面临的现实与潜在风险及预期结果分析；信息系统总体目标及策略分析。

2）现有资源分析

这部分说明现有信息系统的状况，主要包括：清理现有信息系统资源，如硬件设备、软件设备、应用系统、人力资源等；分析现有信息系统资源运行情况及相关费用；对现有信息系统进行评估，包括主要功能系统（如财务系统、运输系统、跟踪定位系统）、系统软件、数据库管理系统、应用软件等，对它们的组织策略、运行情况等方面进行评估；了解组织业务流程的现状、存在的问题和不足，为业务流程重组提供依据；分析人力资源状况，了解各类人员分类（系统分析员、程序设计员、操作员等），以及各部门对各类人员的配置。

3）物流信息技术的未来发展预测

物流信息技术的现状与未来的发展都会影响物流信息系统的规划。因此，应该对规划中所涉及信息技术与方法的发展变化及其对物流信息系统的影响及时作出预测与评估，以确保技术选型与产品选型的正确性，从而使开发出来的物流信息系统具有更优越的性价比与更强的生命力。这里的信息技术主要包括计算机软硬件技术、网络技术、数据处理技术等。影响物流信息系统建设的各种信息技术与方法范围很广，如互联网、网络电话、语音辨识、生物识别技术、虚拟现实、自动数据采集与条码技术、IC 卡技术、BDS 技术、自动化立体仓库、EDI 技术、大数据、云计算、物联网、人工智能技术、区块链技术、数字孪生技术等。

4）物流信息系统的总体架构

物流信息系统的总体架构分为应用构架和技术构架两个方面。

（1）应用架构。在物流信息系统总体目标的指导下，通过现状分析和对将来的预测，产生整个企业的组织功能模型和数据模型，并实地考察这些业务功能和数据的产生和使用。根据这些模型提出一个应用架构规划，即企业执行其业务功能所需的物流信息系统的描述。然后，根据已经存在的系统和其他因素，勾画出需要实现的系统轮廓。

（2）技术架构。根据需要实现的物流信息系统清单，确定技术架构规划，即为了实施规划的物流信息系统所需的硬件、软件和通信网络的相关描述。在确定技术构架时，必须调查信息技术发展的趋势，并召开专门的会议来确定采用的技术方案，以及可能的技术提供商。

5）实施的时间框架

实施的时间框架具体说明了物流信息系统总体构架的实施方案与时间计划，包括硬件实施计划、软件实施计划、系统转换计划、人员培训计划以及财务预算等。

6）物流信息系统规划的更新

在理想的条件下，一个综合的物流信息系统战略规划将会解决物流信息系统设计所面临的所有问题。但外界环境的迅速变化使得规划必须不断地更新。诸多因素会影响原有的物流信息系统的战略规划，如设备的更新、人事的变动、科技的进步、经验的积累、对系统需求的转变以及组织的变动都会影响未来的规划。因此，要对这些变化加以预测评估，不断地对物流信息系统建设进行评价，并根据轻重缓急修正原规划。

每次选择一个子系统进行实施，需要定义该系统项目的范围，确定系统的需求，设计系统，加以实现，并进行支持。

5.1.4 物流信息系统战略规划过程

参考诺兰模型和国内主要学者的成果，物流信息系统战略规划过程包括：确定组织战略规划、制定物流信息系统战略规划、组织物流信息需求分析、组织资源分配、制定项目计划五个阶段。

1）确定组织战略规划

组织战略规划是制定物流信息系统战略的前提与基础，物流信息系统战略目标的实现，归根结底是为了实现组织战略。组织战略规划是组织的方向与目标、约束与政策、计划与指标的集合，具有未来导向性、资源分配导向性、环境约束导向性以及动态性等特征，因此，在制定组织战略时，不但要考虑外部环境（社会、政治、经济、技术、法规、行业环境等）中的机会与风险，而且要考虑到组织内部（财务状况、管理制度、人力资源、技术力量等）的优势与劣势。一个有效的组织战略通常具有良好的可执行性、灵活性、前瞻性等特征。制定组织战略规划的方法很多，如PEST分析法、SWOT分析法、波士顿矩阵法、“五力”模型分析法等。这些方法在战略管理类书籍中均有介绍，在此不展开阐述。

2）制定物流信息系统战略规划

物流信息系统战略规划是组织为建立与发展物流信息系统而做出的一种特殊战略计划，它以组织战略为导向，以外界环境为依据，以物流业务与信息技术的整合为重心，从而正确定位物流信息系统在整个组织中的作用，保证物流信息系统的战略目标能够和组织发展目标相协调。物流信息系统战略规划是物流信息系统开发工作的指导方向与依据，它能够合理分配组织资源、合理安排实施进度，确保开发工作协调有序进行，并为系统开发人员及项目管理人员日后的绩效考评提供质量标准和控制机制。一个典型的物流信息系统战略规划包括战略目标、总体结构及约束等内容。

企业物流信息系统中的信息类型主要分为四种：仓储保管信息（以仓储运作相关业务为主的信息，如进库数据、出库数据、库存管理数据、储位管理数据等）、运输配送信息（以配送运输的调度与指派为主的信息，如配送车辆计划、路线规划、分拣货物计划等）、汇总分析信息（进一步整合、分析的管理信息，如绩效管理、决策支持分析、资源计划等）、营运管理信息（通过信息技术手段对物流中心各方面进行管理所提供的信息，如财务管理信息、人事管理信息等）。

根据所要实现的功能架构，企业物流信息系统通常可以划分为八个子系统：进货管理系统、出货管理系统、库存储位管理系统、财务管理系统、营运与绩效管理系统、客户管理系统、决策支持系统、辅助管理系统。

3)组织物流信息需求分析

物流信息系统的战略目标确定之后,下一步工作就是找出组织的物流信息需求。这需要分别针对组织的各个部门与各个层级,确定出与物流系统相关的信息需求,这些需求既包括日常事务处理的信息需求,也包括决策支持类的信息需求。然后,在此基础上进行信息的整合、分析与处理,并据此建立物流信息系统的总体功能结构,以指导系统的开发。与系统设计阶段的信息需求相比,物流信息系统规划阶段的信息需求描述相对简略。现实中,获取物流信息需求的方法主要有:企业系统规划法、关键成功因素法等。

4)组织资源分配

经过上述三个阶段的工作,物流信息系统的总体功能结构得到基本确定,即整个物流信息系统包括哪些子系统,以及这些子系统之间的关系如何都已经较为清晰。然而,由于组织资源的有限性,这些子系统不可能同时开发,必须依据它们的重要性与优先级确定开发次序,这是组织资源分配阶段需要解决的问题。而且,在系统开发与维护过程中,需要耗费组织的人、财、物、信息等资源,这些资源在各系统之间如何分配也是资源分配阶段需要解决的问题。常用的资源分配方法主要有:投资回收分析法、内部计价法、零点预算法、指导委员会决定法等。

5)制定项目计划

在组织资源分配阶段识别出各子系统开发的先后顺序,并对组织中的开发资源与运行资源进行分配后,就要对物流信息系统开发项目做出详细的计划安排。这类计划属于近期计划,不同于时间跨度较长的战略计划,其主要涉及对系统开发所耗资源的成本预算和对开发活动的时间安排。对系统开发所耗资源的成本预算是指依据项目支出,建立财务资金预算需求计划等;对开发活动的时间安排主要包括硬件购置时间表,软件购置时间表,各子系统开发时间表,软件升级及系统切换与维护时间表,人力资源需求、聘雇、培训计划等。制定项目计划的方法有阶石法、计划评审法、甘特图等。

5.2　物流信息系统规划主要方法

物流信息系统规划是一种战略规划,也是一种决策,其方法基本依据常规的决策方法,同时,增加了物流信息、物流信息技术和物流信息系统的特色。

用于物流信息系统规划的方法有许多种,每种都有自己的特点和不足,需要根据具体情况进行选取。常用的方法包括关键成功因素法、战略目标集转化法、业务系统规划法、价值链分析法。

5.2.1　关键成功因素法

关键成功因素法(Critical success factor,CSF)是20世纪80年代麻省理工学院的John

Rockart 教授所提出的一套用以定义组织信息需求的方法，其目的是确定企业成功的关键因素。关键成功因素法的前提是：假定任何一个企业经营成功，必须掌握若干关键因素。例如，就总裁层而言，一个物流企业经营成功的关键因素可能有：服务质量、成本控制、企业形象、物流网络。

1）关键成功因素的来源

企业若能掌握少数几项重要因素（一般为6～9个），便能确保相当的竞争力。如果企业想要持续成长，就必须对这些少数的关键领域加以管理，否则将无法达到预期的目标。同一个产业中的企业也可能存在不同的关键成功因素，企业在确定关键成功因素时，不能一味照搬，还要从企业自身入手，在分析论证的基础上确定企业关键成功因素。企业的关键成功因素有以下四个主要来源。

（1）产业结构。不同产业因产业本身特质及结构不同，而存在不同的关键成功因素，该产业内的每个公司都必须注意这些因素。

（2）竞争策略、产业中的地位及地理位置。企业的产业地位是由过去的历史与现在的竞争策略决定的。每家公司因其竞争地位的不同，关键成功因素也会有所不同。对于由一两家大公司主导的产业而言，领导厂商的行动常给产业内小公司带来重大影响，所以对小公司而言，大公司竞争者的策略可能就是其生存竞争的关键成功因素。

（3）环境因素。外在因素（总体环境）的变动都会影响每家公司的关键成功因素。如在市场需求波动较大时，存货控制可能就会被管理高层视为关键成功因素之一。

（4）临时因素。这类因素大多都有具特殊理由，是在某一特定时期对组织的成功产生重大影响的活动领域。

2）关键成功因素识别步骤

识别一个组织的关键成功因素需要与管理人员做一系列的访谈，这些访谈通常分为两个阶段（图5-2）：

（1）第一阶段，向管理人员询问组织的目标以及实现这些目标的关键成功因素，并通过充分的讨论来确定这些目标与关键成功因素之间的内在联系，然后决定哪些关键因素可以合并，哪些因素可以删除，哪些因素需要重新阐释。

（2）第二阶段，首先在进一步理解关键成功因素与组织目标之间联系的基础上，确定每个关键成功因素的性能指标和评估标准；其次识别测量性能指标的数据有哪些，并对这些数据进行描述，建立数据字典。

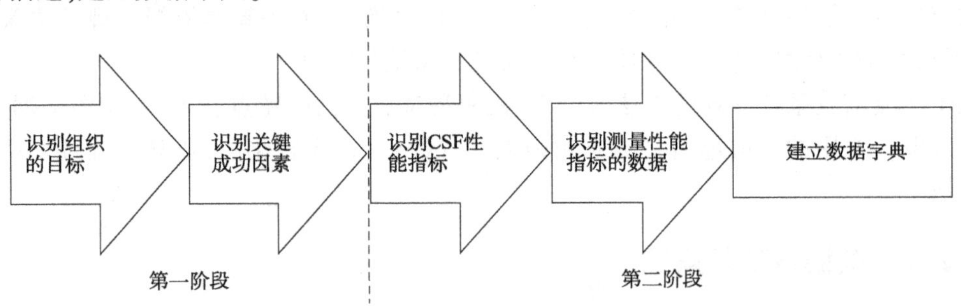

图5-2　关键成功因素识别主要步骤

3)关键成功因素识别的主要工具

确定关键成功因素所用的工具是因果图。因果图又称树状图、石川图、鱼骨图等,指的是一种发现问题"根本原因"的分析方法。例如,某企业指定"提高产品的市场占有率"的目标,可以用因果图列出影响它的各种因素,以及影响这些因素的子因素,如图 5-3 所示。

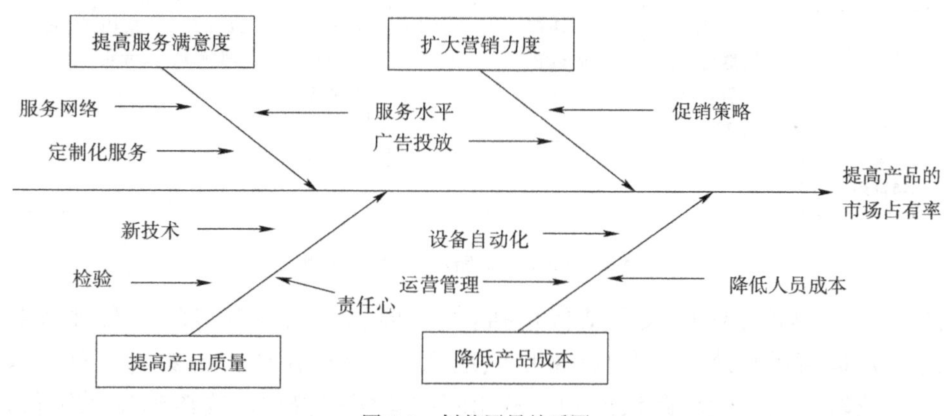

图 5-3　树状因果关系图

5.2.2　战略目标集转化法

战略目标集转化法(Strategy Set Transformation,SST)是 1978 年由威廉·金(William King)提出的一种确定管理信息系统战略目标的方法。它把整个战略目标看成是一个信息集合,由使命、目标、战略和其他战略变量(如管理的复杂性、改变习惯以及重要的环境约束)组成。战略规划过程就是将组织的战略目标信息集合并转化为物流信息系统目标与战略,转化过程如图 5-4 所示。

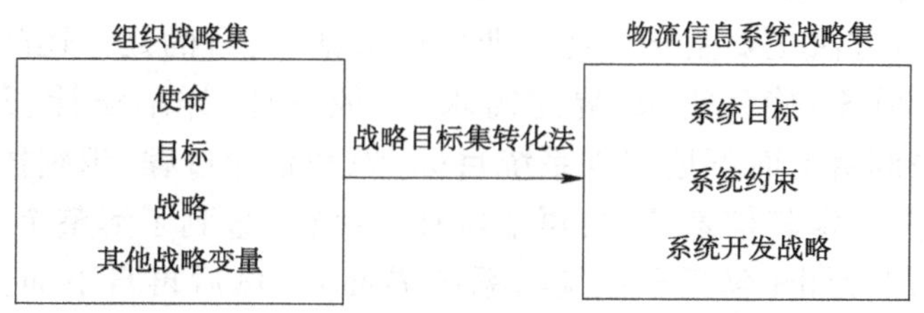

图 5-4　战略目标集转化法

这个方法的第一步是识别组织的战略集,先考查一下组织是否有成文的长期战略规划,如果没有,就要去构造这种战略集合。构造方法可按以下步骤:①罗列出组织的各类人员结构;②识别出每类人员的目标;③对于每类人员,识别其使命及战略。当组织战略被初步识别后,应立即交送总经理审阅和修改。第二步是将组织战略集转化成物流信息系统战略集,物流信息系统战略集应包括系统目标、系统约束以及系统开发战略等。这个转化的过程包括对组织战略集的每个元素识别出对应物流信息系统的战略约束,然后提出整个物流信息系统的结构并选出一个方案。图 5-5 是一个简单的物流组织战略目标集转化实例。

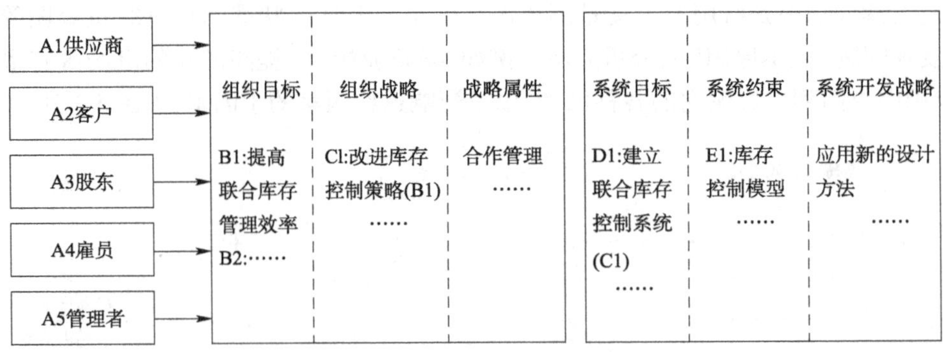

图5-5 物流组织战略目标集转化实例

在图5-5中，物流组织的人员结构包括：供应商、客户、股东、雇员、管理者等，组织的目标之一是提高运输效率，该目标来自供应商、客户和管理者的要求。对于该目标，企业的一个战略是改进运输路线规划。从组织战略集中得到的物流信息系统目标是建立运输路线规划系统，该系统目标的主要约束是路线规划模型，其系统开发战略可能是应用新的设计方法。这样，就将物流组织的一个战略规划转换为物流信息系统的战略规划。战略目标集转化法的特点是能够全面地将组织中各类人员的要求反映出来，转化为物流信息系统的战略规划；其不足之处在于可能会由于组织目标较多而导致重点问题不够突出。

5.2.3 业务系统规划法

业务系统规划（Business System Planning，BSP）法是IBM提倡的一套用以定义组织信息需求的方法，该方法主要基于支持企业的处理活动，目的是详述问题和决策。它将系统开发分为六个阶段：确认需求、界定需求、一般设计、详细设计、开发与测试、安装与正式作业。它强调由上而下地识别系统目标、识别企业过程、识别数据。也就是从高层主管开始，了解并界定其信息需求，再依次往下推衍，直到了解整个组织的信息需求，完成整体的系统构架为止（包括子系统与系统界面）。然后再自下而上设计系统，以支持目标。

BSP方法将业务过程和数据类两者作为定义信息系统结构的基础，并采用过程/数据类矩阵（U/C矩阵）来表达它们的关系。业务过程（又称管理功能组）指的是企业管理中必要的、管理上相关的一组活动，例如库存控制、销售等业务处理活动。数据类是指支持业务过程所必需的逻辑上相关的数据。对数据分类是按业务过程进行的，即分别从各项业务过程的角度，将与该业务过程有关的数据按逻辑相关性整理归纳成数据类。U/C矩阵本质是一种聚类方法，它通过一个普通的三维表来分析汇总数据。表5-1所示的是某个企业的U/C矩阵，一般将表的横坐标栏目定义为数据类变量 X_i，纵坐标栏目定义为业务过程类变量 Y_i，将X与Y的关系填于表内就构成了所谓的U/C矩阵。

某企业的 U/C 矩阵(调整前)　　表 5-1

功能	客户	订货	产品	作业处理	材料表	成本	零件规格	材料库存	成品库存	职工	销售区域	财务	计划	设备负荷	物资供应	任务单
	数据															
经营计划						U						U	C			
财务计划						U				U		C	U			
资产规模												U				
产品预测	U		U								U		U			
产品设计	U		C		U		C						U			
产品工艺			U		C		U	U								
库存控制								C	C						U	U
调度			U											U		C
生产计划				U										C	U	
材料需求			U		U										C	
作业流程				C										U	U	U
销售	C	U	U						U		U					
市场分析	U	U	U								C					
订货服务	U	C	U													
发货		U	U						U							
财务会计	U		U							U						
成本会计		U				C						U				
用人计划										C						
业绩考评										U						

表 5-1 中用功能与数据交叉点上的符号 C 表示这类数据由相应功能产生,用符号 U 表示这类功能使用相应的数据类。例如经营计划功能需要使用有关财务和成本数据,则在这些数据相应处记入符号 U,最后产生的计划数据,则记入 C。注意,因为每类数据仅由一个功能产生,但可以被多个功能使用,因此每列中只能有一个 C,但可以有多个 U。

BSP 法对于其他方法的主要冲击是其强大的数据结构规划功能,BSP 方法包括确定业务处理过程、列出支持每个处理过程的信息需求以及建立所需的数据项。通过这种分析就能够定义支持多重业务处理过程的数据项,还可以通过使用共享数据库的方式构建信息结构。BSP 法最终确定了一种实现集成数据库结构的方法,同时还为将数据作为一种资源进行管理铺平了道路。

如果将该U/C矩阵重新排列,把功能按功能组排列,然后调换数据类的位置,使得矩阵中C最靠近对角线,如表5-2所示。在表5-2上将U和C最密集的地方框起来,构成子系统,框外的U表示子系统之间的数据流。这常成为划分子系统的方法。表5-2例中的企业信息系统可以划分为经营计划、技术研发、生产制造、销售、财会和人事等子系统。

某企业的U/C矩阵(调整后) 表5-2

功能		数据															
		计划	财务	产品	零件规格	材料表	材料库存	成品库存	任务单	设备负荷	物资供应	作业处理	客户	销售区域	订货	成本	职工
经营计划	经营计划	C	U													U	
	财务计划	U	C													U	U
	资产规模		U														
技术准备	产品预测	U		U									U	U			
	产品设计	U		C	C	U							U				
	产品工艺			U	U	C	U										
生产制造	库存控制						C	C	U		U						
	调度			U					C	U							
	生产计划									C	U	U					
	材料需求			U		U					C						
	作业流程								U	U	U	C					
销售	销售			U				U					C	U	U		
	市场分析			U									U	C	U		
	订货服务			U									U		C		
	发货			U				U							U		
财会	财务会计			U									U				U
	成本会计		U												U	C	
人事	用人计划																C
	业绩考评																U

5.2.4 价值链分析法

当了解了IT如何能支持组织的运行后,需要进一步确定IT所能支持的所有重要的业务过程,确定哪些过程是重要的及如何发现它们。迈克尔·波特(Michael Porter)教授提出的价值链(Value Chains Method,VCM)理论是一个很好的分析工具。

1）价值链的构成

价值链将组织看作一个过程链，或过程系列，每一个过程都增加价值到组织的产品或顾客服务中。顾客惠顾组织正因为这些附加的价值，而组织必须提供更完善的服务。如果将组织看作一个价值链，就能确定为顾客增加价值的重要过程，进而确定支持这些过程的 IT 系统。图 5-6 所示为一个价值链的组成。

<table>
<tr><td rowspan="4">辅助价值过程</td><td colspan="5">管理、财务、资金、法律</td><td rowspan="5">附加价值</td></tr>
<tr><td colspan="5">人力资源</td></tr>
<tr><td colspan="5">研究与开发</td></tr>
<tr><td colspan="5">采购</td></tr>
<tr><td>主要价值过程</td><td>接收和存储原材料</td><td>制造产品或服务</td><td>配送产品或服务</td><td>市场营销产品或服务</td><td>售后服务</td></tr>
</table>

图 5-6　价值链结构示意图

从图 5-6 中可以看出，价值链分为三大部分：第一部分是主要价值过程，包括接收和存储原材料、制造和配送产品或服务市场营销产品或服务、售后服务；第二部分是辅助价值过程，包括管理、财务、资金、法律、人力资源、研发和采购等，它们支持和保证主要价值过程流畅地运行。所有这些价值链上的过程都有自身的价值，但在大多数组织中，这些价值结合起来产生的价值要大于单个价值之和。这些另外的价值为附加价值，它们组成了价值链的第三部分。这种附加价值越大，采用组织的产品和服务的顾客就越多。对组织而言，这意味着拥有更大的竞争优势和更多的利润。

2）价值链分析步骤

企业完整价值链是包括跨越企业边界的供应链中的顾客、供应商以及价值链上节点企业所有相关作业的一系列组合。因此，需要充分考虑价值链上顾客和供应商之间相互依赖的关系，使价值链上所有节点企业具有共同的价值取向，共同进行完整价值链分析。完整价值链分析就是企业将其自身的作业成本和成本动因信息与价值链中节点企业的作业成本和成本动因信息关联起来，共同进行价值链分析。具体步骤如下：

（1）把整个价值链分解为与战略相关的作业、成本、收入和资产，并把它们分配到“有价值的作业”中；

（2）确定引起价值变动的各项作业，并根据这些作业，分析产生成本及其差异的原因；

（3）分析跨越整个价值链上的多个节点企业之间的关系，确定节点企业与顾客和供应商之间作业的相关性；

（4）利用分析结果，重新组合或改进价值链，以更好地控制成本，产生可持续的竞争优势，使企业在激烈的市场竞争中获得优势。

另外，企业是否能进行完整价值链分析，取决于价值链中节点企业是否自愿参与。而参与的前提就是要使这些节点企业相信，与节点企业自身通过个别行为和权威的力量追求企业自身最优化相比，企业进行整个供应链的合作管理会更加有效。这会增加顾客和供应商的合作意向，从而使公司的完整价值链分析成为可能。事实上，价值链中的节点企业一旦参与企业完整价值链分析项目,便与其他伙伴形成战略联盟,可以共享与价值链有关的成本和业绩信息,比公司从外部角度对这些企业的作业和成本假设而进行分析的精确性更高、范围更广。另外,参与完整价值链分析的节点企业具有共同的价值取向,它们共享敏感信息,可以有效地协调和管理供应链上节点企业之间的关系。这样不仅能够增加合作者的信任度,提高购货方的收货效率,减少存货滞留,降低供应链成本,还可以使供应链上节点企业中相同类型的作业更有效率,从而提高整个价值链的运营效率,并在未来吸引价值链中更多的企业加入企业联盟,使企业在更大范围内进行完整价值链分析。因此,企业与节点企业之间,以及节点企业之间的合作、协调,共享与价值链有关的成本和业绩的信息非常重要。

5.3　企业业务流程重组

5.3.1　企业业务流程重组概述

1)提出背景

自亚当·斯密提出专业化分工理论以来,该理论在经济管理领域蓬勃发展,并为社会经济的繁荣、社会财富的积累做出巨大贡献。尤其是在管理实践领域,形成了以职能划分为基础、以统一领导与分级管理为核心的金字塔式组织结构。这种组织结构管理严密、分工明确,充分发挥了各职能部门的专业化优势。然而由于过于强调专业分工,各部门只负责其职能范围的工作,企业中的众多业务都被分解得支离破碎,这不仅容易造成各部门之间信息传递失真、协调困难、重复劳动、计划控制工作复杂、人员积极性不高,而且严重影响了任务完成的质量与效率,还导致各部门本位主义泛滥,只顾局部利益忽视全局效益,使得专业化分工带来的优势被大打折扣。尤其是 20 世纪 70 年代以后,随着信息技术在组织中的广泛应用与推广,以及全球经营环境朝着竞争驱动、顾客驱动、变革驱动方向发展,专业化分工已经不再是管理理论与实践领域的主流,取而代之的是对组织的业务流程进行重新审视、思考与设计的企业流程再造。

2)企业业务重组含义

业务流程重组(Business Process Reengineering,BPR)是由美国管理学家迈克尔·哈默(Michael Hammer)和詹姆斯·钱皮(James Champy)在 1993 年正式提出。BPR 是以业务流程为改造对象和中心、以顾客需求和满意度为目标、对现有业务流程进行根本性的再思考和彻底的再设计,利用先进的制造技术、信息技术以及现代化的管理手段,最大限度地实现技术上的功能集成和管理上的职能集成,打破传统的职能型组织结构,建立全新的以流程为核心的组织结构,从而实现企业在成本、质量、服务与速度等方面的显著改善。其中,“根本性”表明业务流程重组所关注的是企业核心问题,是要对现行系统进行彻底的解剖,这种变革是本质的、革命性的,而不流于表面和“枝节”;“彻底的”表明要抛弃所有的陈规陋习以及忽视一切规定的结构与过程,设计全新的完成工作的方法,它是对企业进行重新构造而不是进行改良、调整或增强;“显著”表明业务流程重组寻求的不是一般意义的业绩提升或改善,而是能够给企业业绩带来极大的飞跃。

3）业务流程重组与信息系统战略规划的关系

业务流程与企业的运行方式、组织的协同合作、人力资源的管理、新技术的应用等紧密相关，因而业务流程重组不仅涉及技术，也涉及人文因素，包括观念的重组、流程的重组和组织的重组。其中 IT 技术的应用是关键。IT 技术既是流程重组的出发点，也是流程重组最终目标的体现者。如果没有 IT 技术的支持，企业即使可以理顺业务流程，也难做到优化业务流程。可以想象，没有信息在流程上的连续传输，要消除信息的重复录入和处理等无效劳动是不可能的；没有信息共享机制，要想将原来的串行业务处理流程改造为并行处理流程也是不可能的；没有信息系统，要将决策点定位于业务流程执行的地方也是困难的。

企业的业务流程重组实际上是站在信息的高度，对企业流程的再设计，它蕴含在系统规划、系统分析、系统设计、系统实施与评价等整个规划与开发工程之中。

5.3.2　企业业务流程重组的实施步骤

1）确定物流组织的战略规划

物流组织进行流程再造的最终目的是实现组织的战略目标，因此，在这一阶段必须先明确物流组织的战略目标、服务对象等根本问题，才能够使以后的业务流程再造活动有的放矢。确定组织战略规划的方法主要有 PEST 分析法、SWOT 分析法、波士顿矩阵法、五力分析模型等。

2）确定需要重新设计的业务流程

根据组织的战略目标，在熟悉物流组织整体业务运作的基础上，确定影响战略目标实现的关键流程与作业，然后仔细检查这些流程的现行状况，对其进行全面的效率和功能分析，发现其存在的问题，并绘制详细的业务流程图。

3）确定信息技术对业务流程的影响

信息技术在 BPR 中扮演着关键性角色，因为它可能改变组织中的很多活动。例如，组织中的非结构性工作因信息技术的采用而变成例行的结构性作业，一些在流程上属于串行的作业因信息技术而变为并行过程，信息技术的运用加速了管理者的日常规划、决策与控制活动，信息技术促进了组织中的沟通与交流等。因此，在进行流程再造时一定要考虑到信息技术的影响与作用。

4）新流程的确立

重新思考与设计组织的业务流程。在设计过程中要以过程管理为基础，打破部门间的界限，提高关键流程对客户的价值。并且从关键流程出发，精简过于分散的流程，纠正错位的流程，删减冗余的流程，取消不增值的流程等，使重新设计的流程能够全面提高顾客满意度，提升物流组织竞争力。

5）制定与 BPR 相配套的组织变革方案

BPR 的本质就是一种组织变革，因此，要想使 BPR 实施成功，就必须对组织结构、企业文化、管理制度、员工价值观等方面进行一系列的调整与改革，制定系统的再造方案，使其适应 BPR 的推行。在 BPR 的推行过程中，必然会触动原有的利益格局，高层管理者必须大力支持、精心组织、谨慎推进。在流程再造过程中，有些变化事先无法预料，因此，新设计的流程在实施过程中也必须不断改进、持续调整，以求更能反映组织的战略目标。

6）建立物流信息系统战略规划

此步骤的工作是在新流程确立的基础上进行的，新业务流程与运营模式的确立将引出新的信息需求，在考虑信息技术可行性的基础上，确立物流信息系统的技术框架，形成新的物流信息系统战略。

7）物流信息系统战略规划的实施

此步骤的主要任务是制定物流信息战略规划的实施计划，确保组织战略目标与物流信息系统战略规划能够顺利实施，这一步骤的主要工作为确定信息系统开发顺序、制定项目开发计划。

5.4 物流信息系统领导组织与进度计划

5.4.1 明确领导组织

物流信息系统的建立是一项涉及多个学科领域、多项业务范围、多层次管理人员的系统工程。对现有系统进行计算机化重建更是一项技术性极强的工作。严密的组织管理工作是系统开发顺利进行并取得成功的保证。它分为领导组织和工作组织两个方面。

1）物流信息系统的领导组织

（1）物流信息系统开发领导小组。系统开发领导小组是领导整个系统开发工作的组织部门，负责对开发工作的规划、计划、资金预算等工作进行审核；协调各机构满足对物流信息系统数据流程、工作制度、数据标准等事项的需求；安排参加各阶段开发工作的人员及任务；组织召集各类人员对各阶段开发工作的方案文件、说明书等进行审核，并负责对系统开发实施后进行最终的验收和评审。在开发大型系统时，应将领导小组设为常设机构。

（2）物流信息系统项目负责人。项目负责人是系统开发工作的总指挥，要对系统开发的全过程负责。项目负责人的责任是制定计划、掌控进度、协调平衡和权衡决策。目前，制定计划主要靠经验，因此，良好的掌控能力是很重要的。在系统开发过程中，项目负责人要保持各开发组、每个工作人员工作的同步。当工作中出现困难、异常、矛盾时，项目负责人必须进行取舍和裁定，还必须负责组织人员、分配工作、指挥人员。项目负责人要估计、发现、解决问题，还应主持和参与系统分析和设计。系统开发过程是一个随时间推进的过程。项目负责人要善于克服各种困难，排除干扰与阻力，掌握主动权。开发组人员最初和用户接触，注意要给用户一种信任感与安全感，便于后续工作开展。对难点问题要组织攻关，保证系统的开发进度。物流信息系统的成功与否，还要取决于用户的合作程度。所以，项目负责人在开发过程中应该负责做好用户的工作，随时掌握用户的心理，理解用户的思想和情绪。

2）物流信息系统的工作组织

工作组织应着眼于系统分析、系统设计、系统实施中的具体工作，如工作计划、编制预算、人员组织等。

(1)系统开发人员的组织工作。开发物流信息系统的组织和人员的结构是否合理,直接影响到系统开发的速度和质量。合理的开发机构一般根据开发工作的需要、工作性质的分类和职能设置,设立领导组、开发组、应用组、维护组及资料组。

(2)系统开发的组织工作。系统开发的组织工作要按照系统开发的总体规划、系统分析、系统设计、系统实施与评价的过程来进行。其任务就是合理地配置人、财、物等资源,高质量地按时完成各阶段的工作内容,保证整个系统开发工作的成功。

(3)系统开发方式的选择工作。物流信息系统开发有多种方式,各有其优点和不足。在选择时,应根据资源、技术力量、企业基础工作、外部环境等统筹考虑。系统开发不论采用什么方式必须有本企业领导和职能人员的参加,并在此过程中培养本企业的系统开发维护人员。

5.4.2 资源分配方法

组织资源是相对稀缺的,其分配合理与否直接影响到物流信息系统实施的效率与效果。确定组织资源分配的方法主要有:成本效益分析法、内部计价法、基于零点预算的指导委员会决定法等。

1)成本效益分析法

该方法是一种进行项目规划的有效方法。在物流信息需求分析阶段划分出来的各个子系统具有不同的投资回报率,有些子系统在建设时耗费的资源不多,但建成运行后能给组织带来巨大的经济效益,对于这类子系统应考虑优先实施。根据成本效益分析法确定各子系统的实施顺序及分配资源时应依次做好相关工作:首先,要量化各子系统的成本与收益,计算出投资回报率;其次,将各子系统按投资回报率的大小降序排列;最后,选择排在前面并且其投资回报率达到一定标准的子系统率先实施。

很显然,在实际确定系统开发顺序与资源分配时,投资回报率并非唯一指标,还要综合考虑各子系统在组织中的重要地位、组织的资源约束以及实施风险等因素。例如某个子系统的投资回报率虽然不高,但该子系统的运行是其他子系统开发的前提条件,该子系统的开发优先级也要重点考虑。成本效益分析法对于成本与效益可以量化的物流信息系统项目来说,是一种简便易行的方法。但是不少物流信息系统项目的成本与收益很难量化或不易估算,这时该方法的作用就很有限。

2)内部计价法

该方法是一种将信息系统的成本分摊给系统使用者的资源分配方法。内部计价法通常采用两种方式:第一种方式是直接将系统开发、运行与维护的总成本按照一定的标准分配给不同的使用者,这时,各部门的使用者不能控制成本,但能够了解系统总成本的生成以及资源的利用情况。第二种方式是把物流信息系统看作一个服务中心,它向组织内各部门提供服务并依据服务类型和服务数量收取费用。在这种方式下,接受服务的部门能够控制它们的信息使用成本,这很符合“成本中心”“利润中心”的原则。在第二种方式下,新系统开发费用的分担原则是接受服务的部门是否愿意购买针对本部门的这些应用,如果愿意,则需要支付开发费用,信息部门负责组织人员进行开发。

内部计价法(特别是第二种方式)有利于成本控制,但是以收费概念为基础建立的信息系统规划往往只顾局部利益,而和组织的总体战略目标与规划之间缺乏联系,这就使得组织内部信息系统的开发自下而上、各自为政,常常只能满足本部门的需要与短期目标。

3)基于零点预算的指导委员会决定法

基于零点预算的指导委员会决定法包括三个过程:首先,假设所有的信息系统开发工作都还没有进行,一切从零开始;其次,把将要开发的信息系统中所有的子系统都罗列出来,并按照它们的应用层次详细分类,同时对每一个细分的应用层次列出期望的效益和开发系统所需要的支持资源,这就形成了一个应用系统的总清单;最后,将这份清单交给系统建设指导委员会(以高层管理者为领导,以信息部门的主管以及各职能部门的主管为成员),由指导委员会来决定各子系统开发的先后顺序,计算需要的资源并分配资源。

与成本效益分析法相比,该方法更为灵活,因为它不需要将所有的成本与效益都定量化;与内部计价法相比,该方法侧重于从组织整体的角度考虑系统开发与资源分配,并且通过指导委员会集中决策,因此,实施效果能够较好地体现组织的整体目标与利益。

5.4.3 项目进度计划方法

物流信息系统项目的规划与构建是一个周期长、成本高的系统工程。它需要更合理的计划,从各层次角度规定系统开发中的活动与资源分配,以提高效率、节省时间、降低成本。在实践中广泛应用着各种计划,这些计划可按纵横两个方面进行分类。在纵向上,按照计划所跨越的时间,可分为战略规划、战术规划和战役性规划;在横向上,按计划所涉及的管理职能,可分为财务、人事、生产、采购、技术、物流等方面。

物流信息系统项目计划的常用方法包括:甘特图法、网络计划法等。

1)甘特图法

甘特图(Gantt Chart,GC)又称为横道图,是表示项目中完成每项活动所需要时间的条形图。它以亨利·劳伦斯·甘特先生的名字命名,他制定了一个完整地用条形图表示进度的标志系统。图5-7所示为某一信息系统开发的甘特图。其中,每项任务完成的标准并不是能否继续下一阶段任务,而是必须交付应该交付的文档与通过评审。

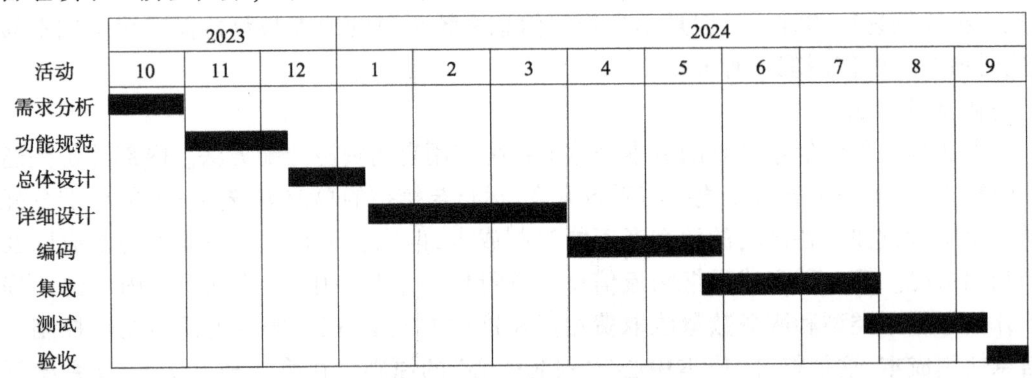

图5-7 某物流信息系统开发项目的甘特图

在甘特图中,横道线显示了每项活动的开始时间和结束时间,横道线的长短代表了各项活动持续时间的长短。甘特图直观明了、容易绘制,但不能系统地将项目各活动之间的复杂关系表示出来,难以进行定量分析与计算,同时也没有指出影响项目进度的关键所在。因此,甘特图通常比较适用于简单的小项目,对于复杂的大项目,甘特图往往难以应对。

2)网络计划法

网络计划法也称计划评审法(Program Evaluation and Review Technique,PERT),是一种运用特定的、有顺序的网络逻辑来反映和表达整个项目的安排,并依据这些网络逻辑选择最优方案,合理安排各项资源的运用,组织、协调、控制项目进度,以达到预定目标的科学管理方法。

网络计划法的主要步骤包括:①将整个项目任务划分为若干具体的作业过程或阶段;②根据作业间的逻辑关系绘制反映整个项目状况的网络图;③根据经验或历史数据估计完成每项作业的时间值,并运用概率论求出按此时间完成项目任务的可靠程度;④通过数学计算找出对全局有影响的关键活动和关键路线;⑤从时间分析、费用分析、资源分析方面调整与优化网络计划,对整个项目任务进行统筹规划,选择一个最优方案,从而得到加快系统开发进度、降低成本、节约资源的效果。

网络计划法的实施过程较为烦琐,但应用范围很广。它特别适用于一次性的大型复杂项目,而且项目越复杂,采用网络计划法获得的效益越大,该方法成为很多信息系统开发项目编制计划、控制进度的首选方法。

5.5　物流信息系统开发过程与方式

5.5.1　物流信息系统开发过程

任何事物都有其产生、发展、成熟、更新的过程,信息系统也不例外。组织在使用信息系统的过程中,由于所处的环境不断变化,需要对信息系统进行跟踪维护和更新。如果信息系统已经不能满足组织实际生产运营需求,那就需要开发新系统以替代旧系统。建立一套新信息系统(信息系统开发过程)其实是一种有计划的组织变革过程。

信息系统开发过程是一个将用户需求转换为生成信息系统方案,以便解决组织问题或提供可能性的一切活动的集合。物流信息系统开发也是一种结构化解决问题的形式,包括不同的活动,一般分为五个阶段:系统规划、需求分析、系统设计、系统实施、系统运行与维护。各个阶段的主要内容如下。

1)系统规划

系统规划阶段的主要任务是对企业环境、企业目标及现行系统的状况进行初步调查,根据企业目标和发展战略,对新系统的需求作出分析和预测,并对新系统建设的必要性和可能性进行分析论证,同时对新系统建设中所需要的各项条件进行分析和部署。给出新系统建设的备选方案,对这些方案进行可行性分析,并形成可行性分析报告。可行性分析报告提交企业管理层审批通过后,再将新系统的建设方案和实施计划编写成系统规划报告。

2)需求分析

需求分析阶段的主要任务是根据系统规划报告所确定的范围,对现行系统进行详细调查，描述现行系统的业务流程，并指出现行系统存在的不足之处和局限性，进一步明确新系统的建设目标和逻辑功能需求，进而提出新系统的逻辑模型，最后形成系统说明书。

3）系统设计

根据系统规模的大小，系统设计阶段进一步分成总体设计和详细设计。总体设计包括系统的总体结构、模块划分、模块的功能说明以及模块之间的调用关系等内容；详细设计则包括模块内部的实现算法、输入/输出设计、数据库设计，最后形成软件设计说明书。

4）系统实施

系统实施阶段的主要任务是将设计的系统付诸实施，主要工作包括：信息系统依赖的硬件设备的购置、安装和调试，应用程序的编制和调试，职工培训，数据文件转换，系统测试与切换等。系统实施是按实施计划分阶段完成的，每个阶段应写出系统实施进度报告。系统测试之后写出系统测试报告。

5）系统运行与维护

系统运行与维护指对已投入运行的系统进行完善性维护、正确性维护和适应性维护，包括系统功能的局部修改、故障的排除、性能的提高等，并评价系统的工作质量和经济效益。

通常情况下，信息系统开发活动是按照顺序进行的，但某些活动可能重复或同时进行，这取决于信息系统开发方法。

5.5.2 物流信息系统开发方式

物流信息系统的开发方式主要有独立开发方式、委托开发方式、联合开发方式、购买软件包与二次开发方式，实际上，在签订合同的时候，就必须确定开发方式。因为不同的开发方式对于合同的细则，如知识产权、开发费用等有直接的影响。上述四种开发方式各有优点和不足，需要根据企业的技术力量、资金情况、外部环境等各种因素进行综合考虑和选择。但是，不论哪一种开发方式都需要企业领导和业务人员参加，并在物流信息系统的整个开发过程中培养和锻炼企业的信息技术队伍。

1）独立开发

具有较强信息技术队伍的企业适合独立开发，又称最终用户开发。独立开发有开发费用少、开发的系统能够适应本单位的需求且满意度较高、便于维护的优点；缺点是由于不是专业开发队伍，容易受业务工作的限制，系统优化不够，开发水平较低，且由于开发人员是临时从所属各单位抽调出来进行信息系统开发工作，这些人员在其原部门还有其他工作，因而精力有限，容易造成系统开发时间长、系统整体优化较弱、开发人员调动后系统维护工作没有保证的情况。因此，一方面可向专业开发人士或公司进行咨询，或聘请他们作为开发顾问；另一方面需要大力加强领导，实行“一把手”原则。

专门的第四代软件工具和信息系统生成器的发展使越来越多的企业进行自行开发成为可能，尽管这些工具与常规的编程语言相比，运行速度较慢，但由于目前硬件的成本越来越低，完全可以弥补软件运行速度的不足，使该方法在经济上可行。

2）委托开发

委托开发方式适合于资金较为充足但物流信息系统开发队伍力量较弱的单位。委托开发方式具有省时、省事,开发的系统技术水平较高的优点;缺点是费用高,系统维护需要开发单位的长期支持,需要企业的业务骨干参与系统的论证工作,开发过程中需要企业和开发单位双方经常沟通,及时进行协调和检查。

业务外包是委托开发的形式,这时不需依靠企业内部资源建立信息系统,可以聘请专门从事开发服务的外部开发商负责信息系统的建设,甚至是日常管理的方式。可见,委托开发多是就一次性项目来签订委托合同,而业务外包则有可能是签订一个长期的服务合同,对企业有关信息技术的业务进行日常支持。

业务外包的流行,是因为有些企业发现业务外包方式建立信息系统比企业维持内部计算机中心和信息系统工作人员更能节约成本,同时负责系统开发服务的外部开发商能从规模经济中(相同的知识、技能和能力由许多不同的用户共享)降低成本,从而获得收益,并能以富有竞争力的价格收费。因为一些企业内部的信息系统人员对知识的掌握无法与技术变化同步,所以企业可以借助业务外包进行开发。但是,并非所有企业都能从资源外包中获得好处,一旦不能对系统很好地理解和管理,那么业务外包的缺点也有可能给组织带来严重的问题。

3)联合开发

有一定的信息技术人员,但不太了解信息系统开发规律,或者是整体优化能力较弱,希望借助信息系统的开发完善和提高自己的技术队伍,利于后期系统维护工作的企业适合采取联合开发方式。该方式相对于委托开发方式具有比较节约资金,可以培养、增强企业的技术力量,便于系统维护工作的优点;但在双方在合作中易出现推诿现象,因此需要双方及时达成共识,进行协调和检查。

4)购买软件包与二次开发

为了避免重复劳动,提高系统开发的经济效益,也可以购买信息系统的成套软件或开发平台。此方式具有节省时间和费用、技术水平较高的优点,缺点是通用软件的专用性较差,需根据用户的需求有一定的技术力量做软件改善和接口工作等二次开发工作。

各种开发方式比较见表 5-3。

各种开发方式比较一览表　　表 5-3

要求及说明	独立开发	委托开发	联合开发	购买软件包与二次开发
开发费用	少	多	较少	较少
分析设计能力的要求	较高	一般	逐渐培养	较低
编程能力的要求	较高	不需要	需要	较低
系统维护难易程度	容易	较困难	较容易	较困难
注意事项	可得到适合本企业的系统,并培养了自己的系统开发人员,但开发时间较长。该方式需要强有力的领导及进行一定的咨询	开发费用高,省事,但必须配备精通业务的人员,需要经常进行监督、检查和协调	双方的沟通非常重要。通常在具有一定编程力量的基础上进行联合开发,合作方有培训义务且成果共享	现成软件即使完全符合本企业业务处理要求,仍需编制一定的接口软件。因此要有鉴别与校验软件包功能及适应条件的能力

5.6 物流信息系统开发方法

物流信息系统的效率、质量、成本及用户的满意程度,除了管理、技术等方面的因素外,很大程度上取决于系统开发方法的选择。目前常用的系统开发方法有:结构化生命周期法、原型法、面向对象开发方法、计算机辅助软件工程方法、综合开发法等。

5.6.1 结构化生命周期法

任何系统都会经历一个发生、发展和消亡的过程,一个系统用了若干年以后,由于新的问题的出现,从而要求更新现有的系统,这种周而复始、循环不息的过程被称作系统的生命周期。

1)开发步骤

结构化生命周期法把信息系统开发视为一个生命周期,运用系统工程的思想和系统工程的方法,按照用户至上的原则,以结构化、模块化的方式,自上而下地对系统进行分析和设计。整个生命周期划分为以下六个阶段。

(1)确定物流系统的总目标。包括现运行物流系统的初步调查,新物流系统开发策略、性能、功能的确定,新系统可行性研究,要从有益性、可能性和必要性三个方面对未来物流系统的经济效益、社会效益进行初步分析。

(2)需求分析。主要是对开发的软件进行详细的调查和分析,准确把握用户的需求,确定哪些需求是可以满足的,明确这些需求的逻辑结构,并加以确切的描述。写出软件需求说明书或功能说明书。

(3)软件设计。设计是软件工程的核心,其基本任务是将用户要求转换成一个具体的软件系统的设计方案,该阶段包括概要设计(或称总体设计)、详细设计等步骤,每一步骤考虑的详细程度有所不同。概要设计是在软件需求说明书的基础上建立软件的系统结构,包括数据结构和模块结构。模块结构中的每个模块意义明确且和某些用户需求相对应,继而进行详细设计,对每个模块进行具体的描述,确定模块的功能、接口和实现方法,以便为程序编写打下基础。

(4)程序编写。把软件设计转换成计算机可以接受的程序,即写成以某一程序设计语言表示的"源程序清单"。所编写的程序应该是结构良好、清晰易读,且与设计相一致。

(5)系统测试。测试是保证软件质量的重要手段,其任务是发现并排除错误。测试又分为模块测试、集成测试、确认测试、系统测试。

(6)系统的运行与维护。已交付的软件投入正式使用便进入了运行阶段。在运行阶段,假如运行中发现了错误,为了适应变化了的软件工作环境或为了增强软件功能,需要对软件系统进行修改,每一项维护活动都应准确记录下来,作为正式的归档文件加以保存。

结构化生命周期法严格按阶段进行,每个阶段都有明确的目标与任务。每一阶段完成之后,要完成相应的归档文件资料,作为本阶段工作的总结,也作为下一阶段工作的依据。为便于掌握,归纳以上内容见表5-4。

结构化生命周期法　　　表5-4

序号	阶段名称	基本任务	执行者	归档文件
1	确定物流系统的总目标	初步调查,系统开发的可行性研究,编写可行性报告,审批、立项,制定开发计划	系统分析员,用户	可行性研究报告,项目开发计划
2	需求分析	详细调查,分析用户环境、需求、流程、数据结构,确定系统目标与功能,开发新系统逻辑模型	系统分析员	系统分析报告、软件需求说明,数据要求说明
3	软件设计	总体设计(模块设计、硬件配置设计),详细设计(代码设计、数据库设计、输入设计、输出设计、处理过程描述)	系统分析员,系统设计员	测试计划,概要设计说明,详细设计说明,数据库设计
4	程序编写	完成程序编制	程序员	源程序清单
5	系统测试	程序模块调试,功能模块调试,子系统调试,系统联调,系统测试,试运行	分析员,设计员,程序员,用户	开发卷宗,测试报告,用户手册,操作手册
6	系统的运行与维护	移交运行,硬件、软件维护,系统评价	用户	运行手册,维护手册

2)结构化生命周期法的优缺点

结构化生命周期法的优点如下:

(1)采用系统观点和系统工程方法,自顶向下进行分析与设计并自下而上进行实施。

(2)开发过程阶段清楚,任务明确,并有标准的图、表、说明等组成各阶段的归档文件资料。

(3)吸收用户单位的管理人员和业务人员参加,每个阶段的成果都经用户审批。

(4)适用于大型信息系统的开发。

(5)逻辑设计与物理设计分开,在系统分析阶段,开发人员用一定的图表工作构造新系统的逻辑模型,使用户看到新系统的梗概,设计人员依据系统的逻辑模型进行具体的物理设计。

结构化生命周期法的缺点如下:

(1)开发周期长,缺乏一定的灵活性。

(2)缺乏适应性,不能很好地适应开发过程中的环境和需求变化。

5.6.2　原型法

原型法基本思想是系统开发者在初步了解用户需求的基础上,构造系统开发的初步模型——原型。这个原型可能是粗糙的、不完善的,经用户和开发人员共同探讨、改进和完善,提出修改方案，开发人员根据修改方案对原型进行修改，得到新的原型，再去征求用户意见，反复多次直到取得满意的原型为止。

1）开发步骤

（1）系统调查。系统开发人员首先要进行详细的系统调查，识别出系统基本的信息需求，以便建立系统初始模型。内容包括：环境对信息系统的限制政策法规，系统与外界的接口等；系统的输入与输出媒介、内容与格式；数据系统需要的数据形式及特征；功能系统如何实现对数据的转换；保密要求。

（2）初始模型开发。开发初始模型是根据系统的基本需求建立原型的初始方案，以便该模型成为可在计算机上初步实现的信息系统，它包括了数据库模型、系统功能模型。这只是一个粗糙的模型，不应为了追求完美而做得太大，以免浪费时间。

（3）验证模型。在这个阶段中，开发者应鼓励所有相关人员提出修改意见和要求，在和用户的交流中完善系统。

（4）修正和改进。这个阶段在现有模型的基础上进行修改，为了使修改工作能顺利完成，必须建立一套完整的文档资料，特别是数据字典，它是用来描述系统中的数据和功能，还可以作为修改的依据。

（5）判定原型完成。对于模型来说，每一个成功的改进都会促进模型的进一步完善，判断模型是否完成是判断有关用户的各项应用需求是否已经被掌握并开发出来。

（6）整理原型提供归档。归档文件是对原型进行整理和编号，并将其写入系统开发归档文件资料中。原型法也必须有一套完整的归档文件资料，包括用户的需求说明、新系统的逻辑方案、系统设计说明、数据字典、系统使用说明书等。

2）原型法的优缺点

原型法的优点如下：

（1）开发周期短，开发成本低。

（2）需求或设计不正确时可以及时修改。

（3）用户参与开发，能及时修改错误。

原型法的缺点如下：

（1）不适合处理大系统、复杂系统开发。

（2）开发过程管理难度大，开发人员容易用原型取代系统分析。

5.6.3 面向对象开发方法

面向对象开发方法（Object Oriented System Analysis）起源于面向对象的程序设计语言。面向对象的分析是分析系统中的对象和这些对象之间相互作用时出现的事件，以此把握系统的结构和系统的行为。面向对象的分析模拟着人们理解和处理现实世界的方式，系统被视为对象的集合。每个对象处于某种特定的状态。面向对象的设计将分析的结果映射到某种实现工具的结构上。当实现工具面向对象时，这个映射过程有着比较直接的一一对应。这种方法的主要思路是所有开发工作都围绕对象展开，在设计中将对象严格规范，在实现时严格按照对象的需要来研制软件工具，并由这个工具按设计的内容，直接地产生出应用软件系统。

1)基本概念

(1)对象。对象是一个封闭体,它由一组数据和施加于这些数据上的一组操作构成。对象可用名称、属性、操作、接口等描述。对象的本质就是数据与操作的封装。通过封装,对象有了控制自身状态的独立性。唯一能改变对象状态的方式是其他对象发来的消息。面向对象的这一特征使外界的变动对整个系统结构的影响程度降低到最低。

(2)类。类是对象的模板,或称类是所有相似对象的状态和操作构成的模板。模板可以想象成浇铸毛坯用的模具。模具是固定的,当钢水一倒入并冷却时,便出现一个具有该模具形状的毛坯。因而,对象可由类来生成。

(3)实例。实例是由同一个类建立起来的具体对象。

2)开发步骤

(1)定义问题。即需求分析和确定系统目标,对所要研究的系统进行需求调查分析,清楚其目的是什么,给出前进的方向。

(2)抽象识别对象。根据系统目标分析问题和求解问题,在众多的复杂现象中找出需要的对象,清楚对象结构及其属性,清楚可能被施予对象的操作,为对象与操作的关系建立接口。

(3)详细设计问题。给出对象的实现描述,整理问题,详细地设计对象,对分析结果作进一步的抽象、归纳、整理。

(4)程序实现。采用面向对象的程序设计语言实现抽象出来的格式形式的对象,使之成为程序软件。

3)面向对象开发方法的优缺点

面向对象开发方法的优点如下:

(1)面向对象的封装性在很大程度上提高了系统的可维护性和可扩展性。

(2)面向对象的继承性大大提高了软件的可重用性。

(3)面向对象开发方法描述的现实世界更符合人们认识事物的思维方法,因而用它开发的软件更易于理解,易于维护。

面向对象开发方法的缺点如下:

(1)需要一定的软件基础支持才可以应用。

(2)由于开始就自底向上地采用该方法,会造成系统结构不合理、各部分关系失调等问题。

5.6.4　计算机辅助软件工程方法

计算机辅助软件工程(Computer Aided Software Engineering,CASE)是20世纪80年代末期产生的计算机辅助编程工具,它的产生不仅在技术上提高了软件开发的质量与效率,降低了开发成本,使软件的可维护性大大提高,而且可使开发工作的组织、人力与资源得以优化,技术投资得到保证。在信息系统的不同开发阶段,CASE不同程度地取代了某些简单重复的工作,提高了效率,并且对各个阶段开发工作进行统一管理,使他们能够相互联系,保持工作过程的连续性和一致性。

1)CASE 基本思想

在前面所介绍的任何一种系统开发方法中，如果自对象系统调查后，系统开发过程中的每一步都可以在一定程度上形成对应关系的话，则完全可以借助于专门研制的软件工具来实现上述每一个系统开发过程。

另外，由于在实际开发过程中上述几个过程很可能只是在一定程度上对应(不是绝对的一一对应)，故这种专门研制的软件工具暂时还不能一次“映射”出最终结果，还必须实现其中间过程，即对不完全一致的地方由系统开发人员再作具体修改。

2)CASE 特点

CASE 方法与其他方法相比，一般来说有如下几方面的特点：

(1)解决了从客观世界对象到软件系统的直接映射问题，强有力地支持了软件/信息系统开发的全过程。

(2)使结构化方法更加适用。

(3)自动检测的方法大大提高了软件的质量。

(4)使原型化方法和面向对象方法付诸实施。

(5)简化了软件的管理和维护。

(6)加速了系统的开发过程。

(7)将开发者从繁杂的分析设计图表和程序编写工作中解放出来。

(8)使软件的各部分能重复使用。

(9)产生出统一的标准化的系统文档。

(10)使软件开发的速度加快而且功能进一步完善。

3)CASE 优缺点

虽然计算机辅助开发方法在系统开发过程中提供了很大的便利，它能够加快分析和设计的速度，利于重新设计，但是该方法不能做到系统设计的自动化，并且无法使业务中的需求自动地得到满足。

5.6.5 各种开发方法比较

上述四种常用的系统开发方法，迄今还很难绝对地从应用角度来评价其优劣。虽然每种方法都是在前一种方法存在不足的基础上发展起来的，但就目前技术的发展来看，这种发展只是局部弥补了其不足，整体而言很难完全替代。另外，这种发展和弥补不足还必须建立在一定的技术基础之上，没有一定的基础，一切都无从谈起。

1)各种开发方法在应用上的差异

信息系统是现代化管理的工具，而计算机技术又是信息系统的工具。工具技术的特点和发展趋势是越高级、越先进的东西就越简单、越好用。目前，计算机技术和信息处理技术的发展日新月异，为建立数据库系统、辅助工程设计、绘制各类图形、生成各种程序模块和管理应用系统等提供了很大的便利，信息系统的开发周期大大缩短。但是，目前这些工具技术的发展主要支持的都是在信息系统开发的后几个环节，例如系统实施、系统设计和系统分析中各种流程图的绘制等,这导致了目前信息系统开发工作量重心的偏移。就国外最新的统计数据来看,在信息系统开发过程中系统调查、需求分析、系统设计、系统实现各环节工作量所占的比重分别为大于30%、大于40%、小于20%、小于10%。不难看出,系统调查、需求分析两个环节占到总开发工作量的60%以上,而系统设计和系统实现占总开发工作量的不到40%,其中,原来在开发工作中占工作量最大的编程与调试工作,如今只占不到10%的工作量,这一切都要归功于4GLS(非过程编程语言)、RDBS(关系型数据库)以及各种开发工具的出现。

前面讨论过的几种常用方法对比分析如下:

(1)原型法。它是一种基于4GLS的快速模拟方法,它通过模拟以及对模拟后原型的不断讨论和修改最终建立系统。要想将这样一种方法应用于一个大型信息系统开发过程中的所有环节是根本不可能的,故它多被用于小型局部系统或处理过程比较简单系统中从设计到实现这一环节。

(2)面向对象法。它是一种围绕对象来进行系统分析和系统设计,然后用面向对象的工具建立系统的方法。这种方法可以普遍适用于各类信息系统开发,但不能涉足系统分析以前的开发环节。

(3)CASE方法,它是一种除系统调查外全面支持系统开发过程的方法,同时也是一种半自动化的系统开发方法。它具有前面所述方法的各种特点,同时又具有高度自动化的特点。值得注意的是,在这个方法的应用以及CASE工具自身的设计中,自顶向下、模块化、结构化却是贯穿始终的。这一点从CASE自身的文档和其生成系统的文档中都可看出。

2)目前适用的方法

可以看出,能较全面支持系统开发过程的是结构化系统开发方法,其他几种方法尽管有很多优点,但都只能作为结构化系统开发方法的补充,暂时还不能替代其在系统开发过程中的主导地位,尤其是在占目前系统开发工作量最大的系统调查和系统分析这两个重要环节。

5.7 本章案例

京东物流仓储管理玄武系统

京东集团股份有限公司(简称"京东")作为中国领先的自营式电商企业,自建物流体系毫无疑问是其核心竞争力之一。京东商城日处理数百万订单,大促销期间日处理订单上千万单,数十万操作人员在这个物流网络中服务,信息化智慧化物流系统已经成为迫切需求。从2009年开始启动1.0版本开发,到2016年规划的集多种自动化物流设备于一体的智慧物流仓储5.0系统,京东打造了一套兼容并蓄,融会贯通的电商仓储物流信息系统——玄武系统。强大的物流系统就像京东商城遍布全身的血管,为京东商城这个巨人的发展时时刻刻提供着充足的营养。

1)京东物流背景概述

京东拥有中国电商领域规模最大的物流基础设施,通过完善布局,京东将成为全球唯一拥有中小件、大件、冷藏冷冻仓配一体化物流设施的电商企业。

截至2016年9月30日，京东物流在全国54座城市运营254个大型仓库，超过550万 m^2 仓储设施。京东物流实现了全国2646个区县覆盖，其中中小件区县覆盖率达93%，大件大陆省级行政区100%覆盖，七地生鲜仓覆盖全国核心区域，全国超1800家服务中心，1600多家京东帮服务店，1300多个京东派校园店，6780个配送站/自提点。

京东物流致力为商家打造线上线下、多平台、全渠道、全生命周期、全供应链一体化物流解决方案，实现商家B2B、B2C、B2B2C模式下库存共享和订单集成处理；可为商家提供总分仓及平行分仓的多仓运营服务；开通海外仓、国际运输、国内保税仓，为商家提供跨境物流服务；开放大件运营能力，为大件商品卖到全国向商家提供解决方案；使用大数据为商家提供库存健康分析；结合金融服务产品开展仓单质押等金融服务。

2）京东玄武系统演进过程

京东物流仓储系统即玄武系统，从2009年开始启动1.0版本开发，到2016年规划的集多种自动化物流设备一体的智慧物流仓储5.0系统，打造了一套兼容并蓄，融会贯通的电商仓储物流信息系统，其发展历程如下。

（1）玄武1.0时代。

2009年电商时代开始展现，京东结合自身业务发展需要，仓储业务负责人清醒认识到仓储作业环节的痛点，存在拣货效率低、打包错误率高等缺点，积极协调研发资源进行封闭开发，并于2010年2月开发完成玄武1.0版本进行上线，上线之初虽然功能仍然相对简单，但已经初具雏形，能支持简单的硬件设备，代替原有全仓纸单作业的操作，且大大提升了仓储作业效率，为京东仓储物流的发展翻开了新的篇章。

（2）玄武2.0时代。

筑基修已，日臻完善。玄武2.0时代起于2010年下半年，公司业务发展迅猛，1.0时代系统已满足不了公司发展要求，单量呈指数级增长，亟需进行突破改善。在仓储负责人带领下积极调研分析，学习国内外先进成熟的仓储作业理念，进行重新规划改善，在研发部门的大力支持下，于2010年下半年进行改造升级，由原有的B/S架构彻底改进，启用C/S架构进行开发并上线，到2011年3月全国升级切换成功，引入了电子标签复核、输送线合流等设备提升库内作业效率；经过4年的不断升级，通过JIT（零库存）、拣货路径优化、离线生产、离线发票打印、新内配、入库预约、库内盘点、移库、无纸化等功能上线更新，圆满支撑公司业务发展需要，伴随着全国开仓布点，京东仓储一跃成为业界龙头。

（3）玄武3.0时代。

积极探索，寻求突破。2.0时代系统虽然功能比较健全，能满足当时业务发展，但在系统运行过程中，由于架构的局限性，2.0分仓部署导致的维护工作量大、开仓成本高、数据存储分散不利于数据抽取等弊端开始显露，需要进一步优化。公司领导及架构师们高瞻远瞩，开始打造3.0版本。经过一年的修整及研发，全新的系统（WMS3.0）于2012年12月登陆北京测试仓。经过架构师、产品经理、UI（用户界面）设计师、研发人员的层层雕琢，该系统既继承了2.0版的业务模式，在外观和架构上也远胜2.0版的.net系统架构，3.0架构上采用了国际主流的SOA服务化架构设计思想，采用SOA服务化、功能定制化，任务引擎处理模块间消息,支持集中/分仓部署双重模式,业务上不仅支持京东自营模式,并且首次接入物流开放平台外单,为京东的物流开放业务提供了强有力的保障。

(4)玄武亚一时代。

自动化设备无缝对接。玄武亚一时代始于2013年,亚一项目作为公司战略级项目,在结合3.0系统架构的基础上,根据自身业务发展需要,于2014年6月在上海成功上线,引入提升机、堆垛机、分拣机、输送线等高度智能化自动化设备,同时加入了WCS(仓库控制系统)子系统,可根据系统策略灵活调动自动化设备,高度智能化,充分减轻人力成本。亚一系统的上线,标志着京东仓储在自动化方面迈进了一大步,成为令业界标杆型示范企业。

(5)玄武5.0时代。

兼容并蓄,融会贯通,全面开放,快速开仓。随着国家提出的互联网+战略及智慧物流时代的高速发展,公司高层领导于2014年底深思熟虑后作出一个重要决定:再次升级WMS,全面覆盖WMS2.0、WMS3.0、亚一的所有功能,并全面推广替换WMS2.0、WMS3.0,于是WMS5.0应运而生,重装打造兼容自动化设备与非自动化设备、自营与开放业务、单货主与多货主、人工与机器人的系统。

经过五代的发展,玄武系统日臻完善,已包含生鲜、医药、保税、加工、图书、食品、服装、3C、B2B大宗、总代等不同业态作业要求,结合机器人、提升机、货到人、分拣机、AS/RS(自动化仓库系统)等自动化设备,圆满承接自营订单生产需要,同时有力支撑了开发业务的引入,构建了完善的电商仓储物流作业系统。

3)京东玄武系统主要优势

京东玄武系统,以大数据处理技术为基础,利用软件系统把人和设备更好地结合起来,让人和设备能够发挥各自的优势,达到系统最佳的状态,服务于物流仓储、配送,降低物流成本,提高物流效率。京东玄武系统主要的优势有以下几个方面。

(1)分布广、部署快、可扩展、抗干扰。

京东在全国50多个城市进行仓储布点,每年有大量的新仓投入,通过自动化部署方式实现快速开仓部署,满足业务要求,同时由于采用分布式部署方式,不同仓库之间互不干扰,将风险降到最低;应用服务实例的水平扩展,应用服务全部为无状态,只需增加实例配置路由策略即可;数据库实例的垂直扩展,按服务组/模块拆分;数据库实例的水平扩展,由于单次服务请求必然只属于单个仓库,这种策略可以避免出现分布式事务而带来的系统性能急剧下降;应用服务至少保证有两个应用服务实例,其中一个实例故障,都不会导致系统失效,采用分组方式管理应用服务器,即使某个分组内的机器不可用,通过切换分组也能在1min内迅速恢复生产,数据库使用MySQL主从机制,主库故障时,从库提升为主库,确保业务正常运营。

(2)多业态、多系统、低耦合、高配置。

京东作为综合性电商平台,涉及生鲜、医药、保税、图书、食品、服装等各种业态不同作业模式,玄武系统结合不同业态进行不同模式操作,同时做到系统间不同操作要求的可配置管理。例如,质期商品生鲜和食品要求的时效管理是不一样的,生鲜商品保质期时效很短,普通食品保质期时间相对较长,如何保证商品在有效时间内发给客户并不被投诉,玄武系统根据不同商品进行不同策略配置，做到有效库存管理操作，并可根据不同单据类型做到先进先出或后进先出的配置化管理。再如，玄武系统外围对接京东其他业务上千个系统，通过不同的消息路由有效地将相应信息传递给不同业务系统，做到有的放矢。

(3)更加高效、智能。

玄武系统从商品入库开始进行全流程跟踪，精细化管理，并不断优化每一个作业动作，结合大数据销售预测进行库存分布管理，如库内智能补货，根据历史出库情况预测未来每天的出库销量，对拣货位库存进行合理动态管理，当低于安全库存时进行补货操作，当高于最大库存时将商品移至高架或偏远区域进行管理，做到出库效率更高。

(4)高性能、多线程高并发处理。

Clover(分布式系统组件)灵活配置主机个数、线程数量、处理任务数量，同时Clover自带分片机制，防止多线程之间重复处理相同的业务数据。全国各库房每天入库总量上百万件，如何确保商品快速入库，玄武系统通过储位对照、库存分配策略等信息将不同商品进行分开上架及存储，指引作业人员快速上架到指定货位，确保在库库存结构的合理性。

目前每天全国日均出库量在500万单以上，订单时效要求高，如何有效将这些订单快速进行出库，玄武系统结合储位库存分配策略，将订单给予合理的定位，确保路径最短，同时在组建拣货任务时根据不同订单的路径分布情况，选择路径最优的订单集合到一起，在最短路径前提下能够拣选更多的订单。

针对每天大量的订单出库，各种差异必不可少，玄武系统结合不同环节差异通过差异处理中心进行统一管控，并将不同差异类型主动分发到相应处理人员中，及时处理，确保订单正常出库，如拣货或复核环节出现差异，差异中心接收到差异信息后，及时将差异信息进行下发追加拣货任务，拣货员第一时间获取到追加信息进行操作处理，确保订单的快速出库。

(5)数据异步处理并确保一致性。

每天都会产生大量的实时数据，如何将这些数据交互做到影响最低，玄武系统通过不同模块间部分数据异步处理操作，将事务分解为大事务和小事务，任何一个事务只在本模块/服务组内，跨模块处理异步执行，如拣货下架、入库上架的更新库存均为异步处理，大大缓解了各系统间的压力，同时确保数据的一致性，在单一事务内完成本模块/服务组的业务，同时写入待执行任务(待更新其他模块/服务组的任务)，员工定时扫描待执行任务并调用外部服务。

(6)完善的监控体系。

通过不同监控机制，及时监控各业务间是否正常预测，如方法监控、JVM(Java虚拟机)监控、URL(统一资源定位器)、端口、流量监控、自定义监控等，京东任何一个库房任一环节系统出现异常都可以进行监控，并及时通知研发进行处理。

4)京东仓储物流信息化未来发展方向

未来，京东将构建一个以云计算、人工智能、机器人技术为核心的智能化商业体，京东物流的信息化已经向智能化升级，京东物流的智能化表现在三个层次：自动化作业、数据化运营、智慧化布局，同时在这三个层面之上，还有管理层面的智能分析决策。

基础层面的自动化运作，主要靠硬件设备、软件系统和数据、算法实现。在硬件设备的自动化实践中，京东引领了前沿物流技术，包括无人机、无人车、无人仓的研发和应用，还有京东在局部自动化、整体自动化方面也有较大建树，包括“亚洲一号”、机器人仓库等。

自动化的设备和系统存在于仓储、运输、配送等各个环节，包括视觉识别、自动码垛设备、搬运机器人、AGV、AS/RS、货架穿梭机、货到人、自动包装、复核打包设备等，在运输和配送环节，包括无人货车、无人机和分拣机器人。“亚洲一号”现代化物流中心是当今中国最大、最先进的电商物流中心之一，目前已有7个“亚洲一号”项目投入使用。2016年“双十一”活动期间，无人机在四地农村完成送货，无人车也在北京执行了配送任务，无人仓智慧物流设备原型落地，智慧物流项目将全面提升京东运营效率。

京东探索的无人化和解决就业问题并不矛盾，智能物流不是纯粹地减少人，而是让人更体面地工作，提升一线员工的工作体验。2016年“双十一”期间，在北京的京东机器人仓里面只有10个人，24h运行，每天出库近万单，京东在广东的机器人分拣中心“双十一”期间累计分拣超过10万单。

京东需要通过数字化运营，把一流管理人员的经验快速拓展到全国、全系统、全流程中，提高整体的运营管理水平。京东的数字化运营横向分布于仓配、安客、售后的全业务流程，纵向贯穿于决策、预测、评估、可视化管理的全过程。京东还总结了最优秀的采销采购经理、供应链管理经理的经验，实现了数字化的库存管理。

京东的数字化运营实践主要表现在全流程的全链路智能排产和运营规则智能设置，仓储环节的WMS系统、智能拣选、智能耗材推荐等，运输层面的智能调度和TMS，配送环节的智能分拣、路径规划和青龙系统等。

目前京东物流的数字化运营基本实现，下一步的目标是打造智慧化布局能力，包括大数据网络规划和供应链的深度协同，让京东供应链有自我学习、自我迭代、自我决策的能力。京东应该是在行业里，最有条件实现智慧化供应链的。这是因为智慧化离不开数据，而京东的大数据是一手的、没有被修饰的，是全品类的、全流程的，也是最贴近客户的。智能分析决策属于管理层面的智能化，以大数据和云计算技术为支撑，包括管理可视化、辅助决策、智网和大数据平台。京东仓储物流在信息化建设过程中也是在不断摸索、不断学习、不断优化并结合公司发展方向和公司战略要求进行迭代升级，从而探索出适合电商仓储作业要求的一条信息化之路。

虽然在规划之初利用社会行业经验及先进的信息技术，将不同层面的业务需求进行了最大的融合，但困难之处在于，物流业务模式不断变化，在基本没有确定的情况下，很难做出一个成熟的信息平台。这要求京东不断加强信息化建设，以满足市场不断增长的需求。

未来物流信息化建设将结合京东发展方向，依托先进的物流信息技术、自动化物流设备，来提高物流作业效率，降低物流成本。

（资料来源：http：//www.chinawuliu.com.cn/xsyj/201812/07/336959.shtml，有删改）

案例相关视频资料

京东物流集团:中国领先的技术驱动的供应链解决方案及物流服务商

（案例来源:京东物流集团公司官方网站 https://www.jdl.com/videos/）

案例分析与研讨题

1.京东集团为何要规划建设物流仓储管理系统?

2.信息化物流系统与传统物流系统有什么区别?

3.信息化物流系统规划建设的难点有哪些?应如何应对?

4.登录京东物流网站(https://www.jdl.com),查询了解京东物流发展战略实施进展情况。

5.8 本章小结

物流信息系统战略规划(LISSP)也称物流信息系统总体规划,是企业总体战略中极为重要的一部分。物流信息系统战略规划是企业物流信息系统建设的基础。“诺兰模型”把信息系统建设划分为出装阶段、蔓延阶段、控制阶段、集成阶段、数据管理阶段和成熟阶段。物流信息系统战略规划需要现代物流信息技术、企业总体发展战略、物流业务战略、循序渐进、物流专业人才五大基础。物流信息系统战略规划一般包括系统总体目标与策略分析、现有资源分析、信息技术的未来发展预测、信息系统总体架构、实施的时间框架、信息系统规划的更新等。物流信息系统战略规划过程包括确定组织战略规划、制定物流信息系统战略规划、组织物流信息需求分析、组织资源分配、制定项目计划五个阶段。

物流信息系统规划常用方法有关键成功因素法、战略目标集转化法、业务系统规划法、价值链分析法。企业关键成功因素包括物流业结构,竞争策略、产业中的地位及地理位置,环境因素及临时因素。因果图是确定关键成功因素的主要工具。战略目标集转化法就是将组织的战略目标信息集合转化为物流信息系统的目标与战略。业务系统规划法主要基于支持企业的处理活动,目的是详述问题和决策权。业务系统规划法方法将业务过程和数据两者作为定义信息系统结构的基础,并采用过程/数据类矩阵(U/C矩阵)来表达它们的关系。价值链方法将组织看作一个过程链,企业完整价值链是由跨越企业边界的供应链中的顾客、供应商以及价值链上节点企业所有相关作业的一系列组合。

企业业务流程重组(BPR)实际上是站在信息的高度,对企业流程的再设计,蕴含在系统规划、系统分析、系统设计、系统实施与评价等整个规划与开发工程中。企业业务流程重组的实施步骤为：确定物流组织的战略规划、确定需要重新设计的业务流程、确定信息技术对业务流程的影响、新流程的确立、制定与BPR相配套的组织变革方案、形成物流信息系统战略规划及其实施方案。

物流信息系统开发的组织管理工作分为领导组织和工作组织两个方面。确定组织资源分配的方法主要有：成本效益分析法、内部计价法、基于零点预算的指导委员会决定法。物流信息系统项目计划的常用方法包括甘特图法和网络计划法。

物流信息系统开发过程分为系统规划、需求分析、系统设计、系统实施、系统运行与维护五个阶段。物流信息系统开发方式有独立开发、委托开发、联合开发以及购买软件包与二次开发。

物流信息系统开发方法有：结构化生命周期法、原型法、面向对象开发方法、计算机辅助软件工程(CASE)方法和综合开发法。

复习思考题

1. 简述物流信息系统战略规划含义。
2. 简述物流信息系统战略规划基础、内容及过程。
3. 简述基于诺兰模型的信息系统建设阶段。
4. 简述物流信息系统规划常用方法及其含义。
5. 简述BSP方法的原理，并举例说明。
6. 简述物流信息系统开发过程。
7. 简述物流信息系统开发方法及其含义。
8. 简述物流信息系统开发方式及其含义。

实践与讨论

1. 结合本章所学知识，搜集整理国内知名企业物流信息系统规划与实施的相关案例信息，并对它们进行比较和评判。

2. 重点调查一个从事物流信息系统开发的企业，阐述该企业的市场定位、产品矩阵以及市场竞争力。

第 6 章　物流信息系统分析

核心概念

信息系统分析，可行性分析，物流组织结构，数据流程图，数据字典，功能分析

学习目标

熟悉物流信息系统分析工作步骤及其分析工具；理解物流信息系统初步调查和详细调查的各自内容，理解物流信息系统可行性分析主要内容；掌握信息系统投资收益分析法和现金流贴现法；掌握物流组织结构类型；掌握业务流程与数据流程的分析方法；理解决策树与决策表的原理。

6.1　信息系统分析概述

6.1.1　信息系统分析的任务

信息系统分析是对组织的信息需求、业务流程和数据流动进行系统化研究、评估和规划的过程，目的是设计或改进信息系统以满足组织目标。信息系统分析阶段的任务是定义或制定将来新的系统应该“做什么”，暂不涉及“怎样做”，这一阶段的任务主要是由系统分析员来完成。具体来讲，在物流信息系统分析阶段要求系统分析员详细了解每一个物流业务过程和业务活动的工作流程及信息处理流程，理解各类用户对信息系统的需求，然后运用各类信息系统开发理论、开发方法和开发技术确定出系统应具有的逻辑功能，再用适当的方法表达出来，形成这个系统的逻辑方案。这个方案不但要能够充分反映用户的信息需求，并和用户取得一致的意见，而且要能够使系统设计员和程序员由此设计、开发出一个信息系统。

在系统分析工作中，系统分析员主要依靠广大的最终用户，通过对他们各项业务活动和管理活动的调查研究来实现其最终的工作目标。但是在这些用户中，每个人的经历不同、知识不同、对客观事物的看法也不尽相同，因此，在工作中经常会遇到这样的一些人，他们对自己的业务工作非常熟悉，但是要清楚地表达出来却比较困难，还有一些人由于缺乏计算机知

识和信息系统方面的知识,因而所提出的一些需求使得系统分析员难以理解。而作为系统分析员来说,他们是系统开发方面的专家,但不是某项具体管理业务方面的专家,他们缺乏专门领域的业务知识,所“理解”与“表达”出来的新的系统逻辑结构可能与用户需求不一致。这种系统分析员和用户之间缺乏共同语言、缺乏良好的“通信手段”,是系统分析工作的主要难点。相应的对策可以从以下几个方面来考虑:

(1)做好用户的组织与培训工作。对用户进行计算机知识、信息系统知识的培训,使他们能够正确理解未来新系统给他们具体工作带来的变化,积极配合信息系统的开发。

(2)做好系统分析员的培训工作。系统分析员通过学习业务知识,使他们能够懂得并正确理解用户的工作,从而理解用户对信息系统的功能需求,同时提出自己的见解。

(3)要有正确的开发方法和良好的表达工具。系统分析员要在统一的、正确的方法指导下,从事系统分析工作,同时用适当的工具作为用户和系统分析员之间的通信媒介。

6.1.2 信息系统分析的特点

1)采用直观且容易理解的图示方法

在对现行系统的业务流程和数据流程进行描述时,不是用烦琐的语言来描述,而是用画图的方式,简单明确地表达这个系统的现行状态,使用户从这些图中就能直观地了解系统的概貌,这样可以避免用语言描述所带来的理解上的偏差,保证系统分析员能够正确理解现行系统。同时系统分析员在理解的基础上所提出的新系统的逻辑结构仍然是用图形工具来描述,也使用户能够充分理解新系统的概况及其逻辑功能,提出修正意见。另外作为系统设计员来说,他也能够直接根据这些图形进行系统设计,并保证设计的正确性。因此,图形工具是系统分析员和用户、系统分析员和系统设计员之间的通信手段。

2)“自顶向下”的工作原则

采用“自顶向下”的工作原则,对一个复杂的系统由粗到细、由表及里地分析、认识,符合人类的认识规律,是信息系统开发过程中一直倡导的工作原则。运用这一原则,用户和系统分析员不但对系统有一个总的概念性印象,而且随着逐级向下的扩展,对那些具体的、局部的组成部分也有深刻的理解,系统分析员能够很快了解现行系统并提出新系统的逻辑结构,用户也能够对此进行评审,提出修改意见。相应地,系统设计员还可以运用这一原则进行系统设计工作。

3)强调逻辑与功能结构

系统分析阶段的主要任务是确定新系统能够实现用户提出的一些需求,能够达到什么目标,至于用哪种计算机、用什么技术、怎么去实现的问题不是系统分析阶段所要解决的。这样做的优点是系统分析员在分析阶段可以不用过多地考虑具体的实现细节,而把精力放在逻辑功能的确定上,确保设计基础准确,进而才能保证未来系统的有效性。

4)避免了重复工作

系统分析资料一方面可以用来与用户进行交流,另一方面用来进行系统设计,这就大大增强了系统开发的一致性。正确而规范的文档资料虽可以提高系统的可修改性,但它并不能保证系统分析不出错。实际上系统分析过程也是文档资料的编制过程，系统分析员在编制文档资料的过程中要相当仔细，尽量避免出现错误，特别是逻辑上的错误或矛盾。一旦发现错误就要及时更正，不要把它们带到下一阶段的开发工作之中。

6.1.3 信息系统分析工作的步骤及工具

1）信息系统分析步骤

（1）对现行系统进行详细的业务调查分析。首先要对信息系统战略规划阶段产生的企业模型中的业务过程和业务活动，采用"自顶向下"的工作方式进行详细的调查，确定其工作流程。调查结果可以用业务流程图来表达，然后从业务流程图中识别出信息流程，画出数据流程图。这是对现行系统总的、概要的描述。在此基础上调查了解系统的综合要求，其中包括：

①系统的功能要求。这是未来系统必须完成的各项功能。

②系统的性能要求。用户对未来系统在性能方面，如联机系统的响应时间、系统需要的存容量以及后备存储、重新启动和安全性等方面的考虑。

③系统的运行要求。这类要求集中表现在对系统运行及所处环境的要求，如用户希望使用哪种数据库管理系统、需要什么样的存储器等。

④将来可能提出的要求。这类要求是指目前不属于系统开发的范畴，但将来随着外界环境的变化以及系统的发展可能会提出的要求。

（2）进行数据分析，建立数据库逻辑模型。在充分了解现行系统的业务处理流程和数据处理流程基础上，按照战略规划中提出的主题数据库模型，运用数据库设计技术，对系统中所涉及的主题数据库进行详细的逻辑设计，并根据系统的实际需求建立系统内的一些专用数据库，然后建立数据字典。

（3）进行功能分析，确定新系统逻辑结构。这一步骤的任务是确立新系统的开发目标，依据数据库模型确定出系统的逻辑功能结构，其功能结构仍可采用数据流程图表示，同时为反映系统各项功能与数据库之间的关系，还可以用"输入—处理—输出"图来表示。对系统内的功能描述运用结构式语言、判断树、判断表等工具完成其定义工作，同时明确处理方式。最后，提出系统分析总结报告。

2）信息系统分析工具

（1）业务流程图、数据流程图。这是对系统进行描述的工具，它反映了系统的全貌，是系统分析的核心内容，但是对其中的数据与功能描述的细节没有进行定义，这些定义必须借助于其他的分析工具。

（2）数据字典。这是对上述流程图中的数据部分进行详细描述的工具。

（3）数据库设计工具——规范化形式。运用它可以对系统内数据库进行逻辑设计。它是数据分析过程中的一个重要的技术和工具。

（4）功能描述工具——结构式语言、判断树、判断表。这是对数据流程图中的功能部分进行详细描述的工具，它也起着对数据流程图的注释作用。

6.2　物流信息系统调查与可行性分析

为了使新物流信息系统更好地满足用户的需求,必须首先做好对现行信息系统的调查分析。调查分析一般分两个阶段,即初步调查和详细调查。

6.2.1　初步调查

初步调查分析的目的是确定新信息系统开发的必要性和可行性,其结果以可行性分析报告的形式表达。

1)初步调查内容

初步调查是可行性分析的前提和基础,其主要内容有:

(1)系统的基本情况,包括系统的外部约束环境、规模、历史、管理目标、主要业务以及当前面临的主要问题。

(2)系统中信息处理的概况,包括现行系统的组织机构、基本工作方式、工作效率、可靠性、人员素质和技术手段等。

(3)系统的资源情况,包括系统的财务状况、技术力量以及为改善先行系统能够投入的人力和财力资源等。

(4)系统各类人员对系统的态度,包括领导和有关管理业务人员对现行系统的看法,对新系统开发的支持和关心程度等。

2)可行性分析的内容

开发新系统的必要性取决于需求的迫切性和实现的可行性。可行性并不等于可能性,它还包括必要性。可行性分析的主要内容有:

(1)技术可行性分析。技术可行性分析是指技术资源能否满足用户的需求软件、人力资源以及系统预定的开发技术等。

(2)经济可行性分析。经济可行性分析包括成本分析和效益分析。成本分析是对系统开发、运行整个过程的总费用进行估算和预测;效益分析只能凭借经验根据已建成的类似系统取得的效益,预测可能取得的效益。

(3)管理可行性分析。管理可行性分析主要包括管理人员对系统开发的态度和管理方面的基础工作等。

3)可行性分析的方法

(1)投资决策方法。可行性分析是一种投资决策分析,投资决策是一种非常重要的决策,它涉及在一个较长的时期内投入一笔相当大资金的合理性。它比其他的决策具有更大的风险,开发物流信息系统的可行性分析就具有这种特点。

①投资效益分析法,又称财务报表分析法、账面价值法。其基本特点是把一个项目在建设期间所发生的全部建设费用和投产后生产经营活动所发生的一切费用,逐年进行计算和平衡,用报表格式表示,以便反映出整个企业投产后的经济效益。即估算出某投资项目所得

的收益与该项目总成本之比：

$$投资效益 = \frac{税后年利润}{原始投资总额}$$

例如：某物流信息系统建设项目投资总额为260万元，能使用5年，使用期间的税后利润总数估计为120万元。平均每年为24万元，则投资收益率为9.2%。计算出投资收益率后，可以与一个可接受的会计收益标准相比，大于该标准的收益可考虑接受。

投资效益分析法是按年平均利润计算的，它不考虑投资项目在各年之间的不均衡性。在实践中，投资初期收益较低，以后逐年增加。

②现金流量贴现法。为了在投资决策中取得正确结论，需要考虑现值和时间价值，把投资后将来发生的收益额，按现在系数转换成现值收益，然后再与现值投资支出相比。这种把将来值换算成现在值的方法叫作贴现，而把这种分析方法称为现金流量贴现法。

某物流信息系统建设项目现金流量如表6-1所列。

现金流入量和支出量（单位：千元） 表6-1

项目	年份						总计
	0	1	2	3	4	5	
营业收入	0	600	1100	2200	2600	2200	8700
营业现金支出	0	450	850	1450	1950	1600	6300
税金支出	0	0	0	95	170	115	380
投资支出	1500	0	0	0	0	0	1500
总支出	1500	450	850	1545	2120	1715	8180
净现金流量	-1500	150	250	655	480	485	520

为简单起见，假定各年的现金流都在年底发生，利率为8%，则各年贴现现金流数如表6-2所列。

各年贴现现金流（单位：千元） 表6-2

年份(i)	净现金流量(A)	现值系数(B)	现值额(C)
0	-1500	1.000	-1500
1	+150	0.926	+139
2	+250	0.857	+214
3	+655	0.794	+520
4	+480	0.735	+353
5	+485	0.681	+330
合计	+520		+56

表中：$B = \frac{1}{(1+8\%)^i}$，$C = A \times B$。

由此得出：

现值总收入 = 139 + 214 + 520 + 353 + 330 = 1556（千元）

净现值 = 现值总收入 - 现值总支出 = 1556 - 1500 = 56(千元)

净现值是一个正数,表示投资收入大于投资支出,说明该投资项目可以实施。

(2)风险评估技术。风险评估技术可用来评估影响管理信息系统的各个工程项目。可以帮助人们较好地掌握所开发项目的全貌、该项目与其他项目的关系,以确切掌握该项目的重要性。

风险评估有助于人们更好地安排项目,更为重要的是,通过风险评估可以更有效地管理项目,对不同的项目指派不同的人。风险大的项目对资源、技术的要求不同于风险小的项目。风险可分为三个方面:规模风险、结构风险和技术风险。

①规模风险,是指项目开发的工作量、开支、时间跨度等指标程度。例如时间跨度越长,环境变化越大,风险越大。

②结构风险,是指结构化程度高的项目,设计的选择余地不大。结构化程度低的项目有相当大的可塑性,选择余地大。

③技术风险,通常与一个单位的技术经验密切相关,因此未用过的新技术风险大。采用几种新的硬件设备,风险就大;如果还使用新的软件,则风险就更大。用户的知识与经验,在风险评估中,也应予以考虑。

6.2.2　可行性研究报告

可行性研究就是对拟建的信息系统工程项目,在投资决策以前,运用技术经济分析的方法,研究评价该项目实现的可能性、经济性以及对不同的可行方案进行选优,从而为项目的投资建设者提供科学的决策依据,保证所建项目技术上先进可行、经济上合理。可行性研究的最终成果是提交可行性研究报告。可行性研究报告是初步调查分析的结果,是信息系统建设的一个必备文件,其主要内容见表 6-3。

可行性研究报告的主要内容　　表 6-3

第一部分 引言	1. 摘要。摘要说明系统的名称、目标和功能。 2. 背景。说明系统建设的承担者、用户及本系统与其他系统或机构的联系和背景。 3. 参考和引用的资料及专门术语定义。说明本系统的经核准的文件、合同及本系统有关的文件、资料;本报告所用的专门术语和定义等
第二部分 系统建设的背景、必要性和意义	1. 现行系统分析摘要。对现行系统进行初步调查结果,包括现行系统的组织机构、业务流程、工作负荷;现行系统的人员情况、运行费用开支及设备状况和设备使用情况;现行系统的硬件配置、使用效率和局限性;现行系统在上述各方面的问题和要求。 2. 需求调查和分析。对系统的需求进行调查和说明,并考虑各种制约因素。 3. 需求预测
第三部分 拟建系统的候选规模及方案	1. 拟建系统的目标。 2. 系统的建设规模和初步设计方案。 3. 系统建设的实施计划
第四部分 可行性分析	1. 技术可行性。包括人员与技术力量、软硬件技术基础、管理组织等方面可行性。 2. 经济可行性。包括设备、开发、运行和培训等费用以及收益估计两方面内容。 3. 管理可行性。包括管理人员态度和管理基础等内容

续上表

第五部分 几种方案的比较研究	对所有的候选方案从技术、经济和管理三个方面进行比较分析
第六部分 建设性结论	论述可以按某种方案立即开始开发，或等待某些条件成熟时再按某方案开发，或干脆不必开发

6.2.3 详细调查

1）系统需求分析

在系统需求分析过程中，可以使用一些常用的需求信息收集方法，具体包括以下方法。

（1）问卷调查法。通过问卷调查可以收集大量与系统相关的信息，这种方式的优点是不受系统相关者地理分布的影响，同时还可以借助网络、电子邮件、电话和即时通信等方式辅助调查问卷的发放。调查问卷收集的信息是比较具体的结构化信息，所以存在着很大局限性，不能获得业务处理过程、工作细节和技术方面的信息。收集这类信息最好采用与用户面谈或者观察业务管理过程的方式。

（2）查阅现行系统报表、表格以及相关资料。该方法有助于系统分析员初步掌握系统的相关背景知识，为了解用户的业务流程和规则做准备。对于资料中不理解的地方还可以在与用户面谈时提出。与系统相关的资料一般包括各种报表、工作手册、与工作相关的规则和描述文件等。由于系统分析员一般拿到的是这些资料的复印件，在查阅这些资料时，还有助于识别出面谈中可能没有关注到的商业规则、数据结构等，因此，这个过程是收集系统信息的重要方法。

（3）与用户面谈。与用户面谈是了解用户业务处理过程与规则的最有效方法，但是比较耗费时间和资源。系统分析员在这个过程中将仔细了解商务过程与规则，在与用户面谈后采用描述业务过程的各种模型绘制现有业务流程，并对业务流程的处理细节做具体说明。

（4）观察业务过程。观察业务过程是了解业务处理程序的好方法。系统分析员可能对用户的某些业务过程没有清楚的认识，可通过观察业务过程快速清晰地建立起相应的业务过程模型。在观察时，分析员还可以亲自体验用户的工作过程，这样可以对用户实际使用计算机系统处理业务的细节加深认识，同时了解系统的难点。

（5）召开调查会。这是一种集中调查的方法，它把与系统相关的用户、技术人员、项目组成员集中在一起，以参加会议的形式快速有效地完成系统需求分析工作。该方法把系统需求调查的活动集中在一起，有利于缩短系统分析的时间，同时系统分析员也可以很好地全面了解系统各方面的需求。成功的调查会需要一个有经验的、受过专门训练的会议主持者，同时还需要与系统相关的用户、技术人员出席。

2）详细调查的内容

详细调查的内容包括管理业务的调查分析和数据流程的调查分析。

（1）管理业务的调查分析。

管理业务调查包括：系统环境调查、组织机构调查、功能调查、管理业务流程调查等。

①系统环境调查。系统环境调查的内容包括：现行系统的管理水平，原始数据的精确程度、是否健全和切实可行，用户单位对开发新系统的认识等。

②组织机构和职责的调查。调查系统内部各级组织机构，详细了解各部门人员的业务分工情况和有关人员的工作职责、决策内容、存在问题和对新系统的要求等，具体内容在6.2.4节中详细阐述。

③管理业务流程调查。应按照原有信息流动过程，逐个调查所有环节的处理业务、处理内容、处理顺序和对处理时间的要求，清楚各个环节需要的信息、信息来源、流经去向、处理方法、计算方法、提供信息的时间和信息的形态等。描述管理业务流程的图表主要有：管理业务流程图和表格分配图。

a. 管理业务流程图。这是一种表明系统内各单位、人员之间业务关系、作业顺序和管理信息流动的流程图，可以帮助分析人员找出业务流程中的不合理之处等。图6-1是某工厂成品销售及库存子系统的管理业务流程图。图中采用了流向线、单据、人员和单位名四种符号。图意是推销员与用户订立销售合同。销售科计划员将合同登录入合同台账。计划员对合同台账和库存台账进行查询后决定发货对象和数量，填写发货通知单交成品库。对于确实无法执行的合同要向用户发出取消合同通知。每隔一段时间，要对合同执行情况做出统计表，交本部门负责人审查后，送厂长办公室。发货员按发货通知单出库并发货，填写出库单交成品库保管员。保管员按出库单和从车间来的入库单登记库存台账。出库单的另两联分别送销售科和会计科。销售计划员按出库单将合同执行情况登录入合同账。销售部门负责人定期将合同、合同执行情况及库存情况汇总后向生产科提交有关需求预测报告，用来辅助制定生产计划和作业计划。

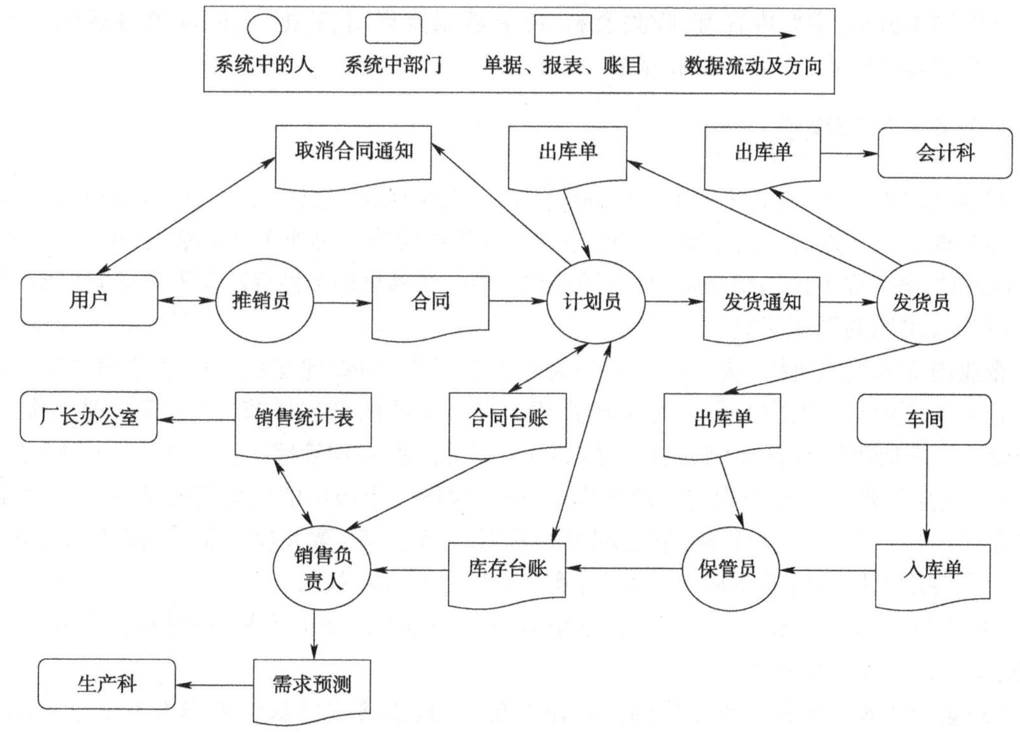

图6-1　销售及库存子系统的业务流程图例

b. 表格分配图。为了传达信息，管理部门经常将某种单据或报告复制多份分发到其他多个部门。在这种情况下，可以采用表格分配图描述有关业务。图6-2是一张描述物资采购业务的表格分配图。图中采购部门准备采购单一式四份:第一张送供货单位;第二张送收货部门,用于登入待收货登记册;第三张交财会部门作应付款处理,记入应付账;第四张留采购部门备查。表格分配图表达清晰,可以帮助系统分析人员描述系统中复制多份的报告或单据的数量,以及这些报告或单据都与哪些部门发生业务联系。

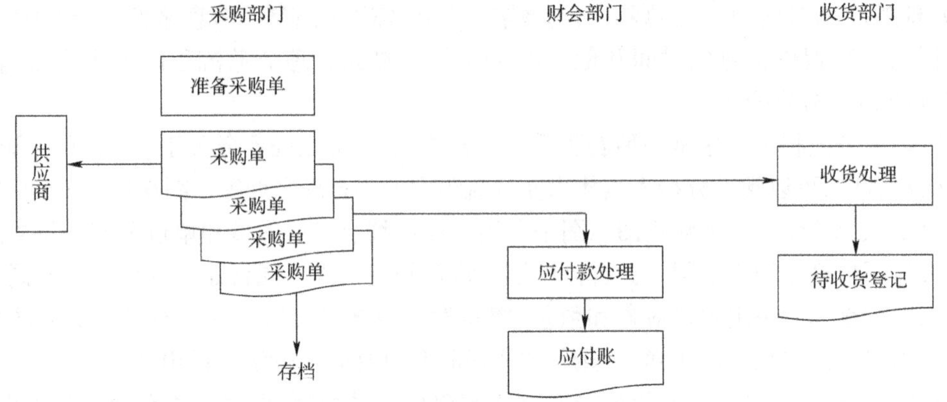

图6-2 采购业务的表格分配图

(2)数据流程的调查分析。

物流管理业务流程图和表格分配图形象地表达了物流系统中信息的流动和存储情况,得到了现行系统的物理模型。为了进一步得到系统的逻辑模型,还需要进行数据及数据流程的详细调查分析,主要内容有:收集资料、绘制数据流程图、数据字典、功能分析四个方面内容。相关具体内容,在第6.3节介绍。

6.2.4 物流组织

在详细调查中,需要清楚地了解物流组织内部各级机构,这样可以使系统分析人员进一步明确调查对象和方向。企业组织结构是企业内部根据分工协作关系和领导隶属关系有序结合的总体,各个企业的组织结构因组织的历史、规模和领导的个性等因素不同而有所不同。

1)物流组织的管理层级

企业内部的组织机构,从纵向可划分为若干个层次,即管理层次。所谓管理层次,就是指从企业经理到基层工作人员之间体现着领导隶属关系的管理环节,即经营管理工作分为几级管理。企业组织机构的管理层次,一般划分为高层管理、中层管理和基础管理三个层次机构。

(1)高层管理。以经理为首的领导班子,统一领导各个层次的经营管理活动。其主要职能是制定经营目标、方针和战略;制定利润的使用、分配方案;重大规章制定、修改和废止;指挥和协调各组织机构的工作和相互关系,确定它们的职责和权限。

(2)中层管理。根据经营管理工作的需要设置的承上启下的中间层次机构,主要有经营业务、职能管理和行政办事机构。

(3)基层管理。经营管理工作的执行操作机构,是直接领导基层工作人员的管理层次,是企业中的最低管理层。

2)物流组织结构

组织的结构一般用组织结构图来描述。组织结构图用于展示组织内部的层级关系、部门划分、职位设置及汇报关系，帮助员工和管理者清晰理解组织架构，明确权责分工。组织结构图的类型由组织的结构类型所决定。组织结构常见的有直线制、直线职能制、事业部制、矩阵制和混合式编组等形式。大多时候中小物流公司采用的是直线职能制，大型物流公司采用事业部制和矩阵制。直线职能制组织结构图采用层次模块的形式绘制，图的结构为分层树形，如图6-3所示。

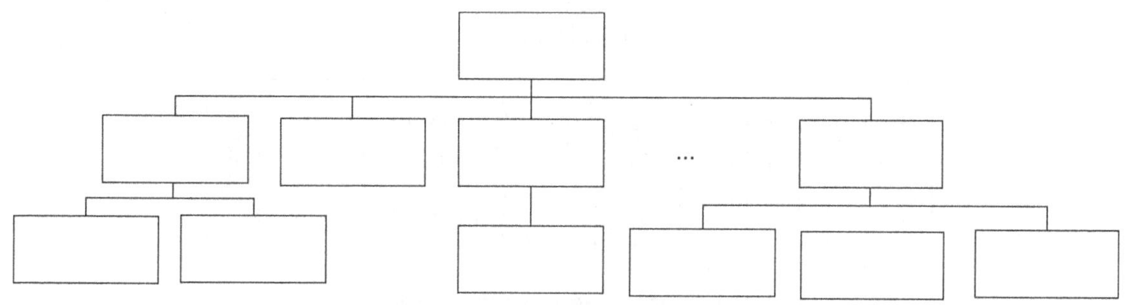

图6-3　组织结构图

在图6-3中，矩形块表示机构的名称，一个矩形块代表一个机构。最高层只有一个矩形块，用来表示组织最高层的管理机构；同级别的机构在图中处于同一层次上，不同层次上的各管理机构通过连线来表明隶属关系。如图6-4所示为某物流企业的组织结构图，图6-5描述的是一个中小型企业物流部门的组织结构图。

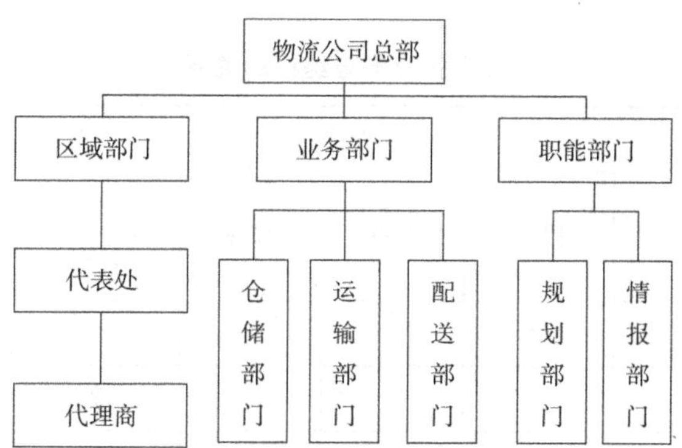

图6-4　某物流企业组织结构

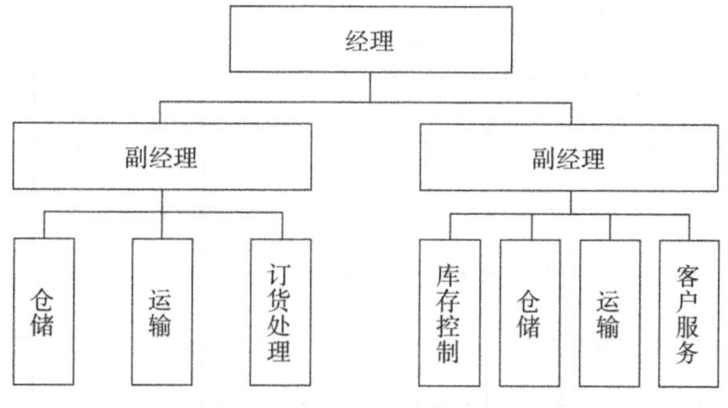

图6-5　某中小型企业物流部门组织结构

3）物流组织功能

物流组织的功能可以用业务功能图来表示。业务功能图与组织结构图类似，只不过它是用来反映组织内业务关系的图。业务功能图全面、概括和明确地描述，对信息系统分析和设计工作、对划分子系统、对系统的改善都起重要作用。图6-6所示为某企业的业务功能图。

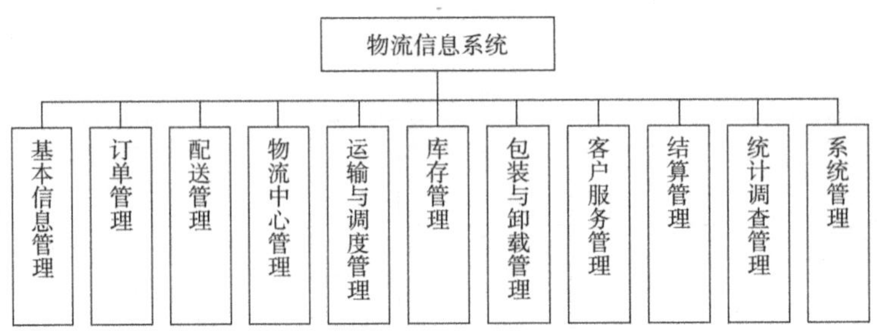

图6-6 某企业物流信息系统业务功能

4）业务与组织的关系图

组织结构图和业务关系图都不能反映组织中的主要业务和业务所承担的部门、机构之间的关系，不能反映承担业务部门在业务上的作用和重要程度。组织/业务关系图将组织和业务联系起来，进一步反映组织内部各机构与业务的关系。某企业业务与组织的关系见表6-4所示。

某企业业务与组织的关系 表6-4

业务	组织						
	上级公司	计划科	财务科	生产科	供应科		
					计划管理	采购管理	仓库管理
用户计划任务书		M			Y		
计划物资分析					Y		R
计划供需平衡表					Y	R	R
单据审批					Y		
采购计划			R		Y	R	
合同管理						Y	R
合同分析						Y	
在途物资管理						Y	
到货验收						R	Y
库存统计			M		R		
出库统计			M				Y

续上表

业务	组织						
	上级公司	计划科	财务科	生产科	供应科		
					计划管理	采购管理	仓库管理
入库统计			M		R	R	Y
用户统计			M		R		Y
发货统计			Y				Y
库存收支分析					R		Y
备品管理					Y		
统计报表	M						

注："M"表示对应组织的主要业务；"R"表示业务协调单位；"Y"表示业务相关单位；"空格"表示组织与业务无关。

6.3 物流信息系统数据流程分析

物流管理业务流程图和表格分配图形象地表达了物流系统中信息的流动和存储情况，得到了现行系统的物理模型。为了进一步得到系统的逻辑模型，还需要进行数据及数据流程的详细调查分析。主要内容有收集资料、绘制数据流程图、数据字典、功能分析四个方面。

6.3.1 收集资料

(1)收集现行系统全部输入单据、输出报表和数据存储介质的典型格式。

(2)清楚各环节上的处理方法和计算方法。

(3)在上述各种单据、报表、账本的典型样品上注明制作单位、报送单位、发生频度、存放地点、发生的高峰时间及发生量等。

(4)在上述各种单据、报表、账本的典型样品上注明各项数据的类型、长度、取值范围。

6.3.2 绘制数据流程图

数据流程图是描述物流信息系统逻辑模型的主要工具。它有两个特点：一是抽象性，把具体的组织机构、工作场所、物流等内容抽掉，只剩下信息和数据存储、流动、使用及加工处理的情况，使得系统分析人员有可能抽象出信息系统的任务，以及各项任务之间的顺序和关系；二是概括性，它把系统对各种业务的处理过程联系起来，形成一个总体。

数据流程图利用一定的基本符号综合地反映出信息在系统中流动、处理和存储的情况。由以下四种基本元素组成，其符号如图6-7所示。

(1)外部实体。指本系统之外的人或单位。它们和本系统有信息传递关系。在绘制某一个子系统的数据流程图时，凡属本子系统之外的人或单位，也都列为外部实体。

（2）数据流。数据流表示流动的数据，可以是一项数据，也可以是一组数据，也可用来表示数据文件的存储操作。通常在数据流符号的上方标明数据流的名称。

（3）处理（加工）。表示对数据进行操作，用一个长方形来表示。图形的下部填写处理的名称，上部填写该处理的标识符。

（4）数据存储（文件）。指通过数据文件、文件夹或账本等存储数据，用一个有开口的长方形来表示。图形右部填写该数据存储的名称，左部填写标识符。

绘制数据流程应采用自顶向下逐层分解的方法，先将整个系统按总的处理功能画出顶层的流程图，然后逐层细分，画出下一层的数据流程图。顶图只有一张，它说明了系统总的功能和输入输出的数据流。

图 6-8 是订货处理的顶层数据流程图，表示销售部门接到用户的订货单后，根据库存情况向用户发货。

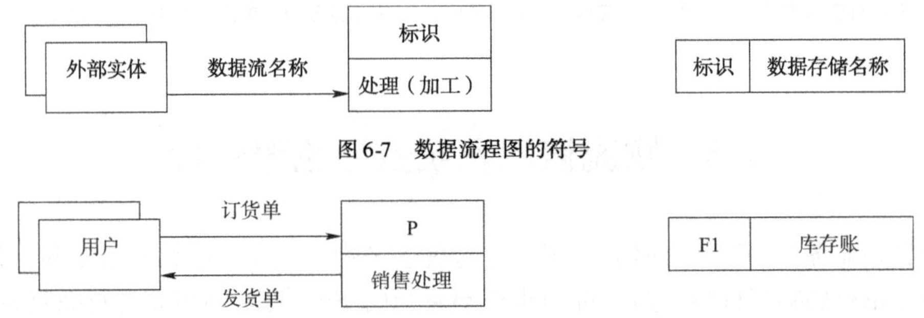

图 6-7　数据流程图的符号

图 6-8　订货处理的顶层数据流程图

对顶层数据流程图的分解从“处理”开始，将“销售处理”分解为五个主要的处理逻辑，如图 6-9 所示。

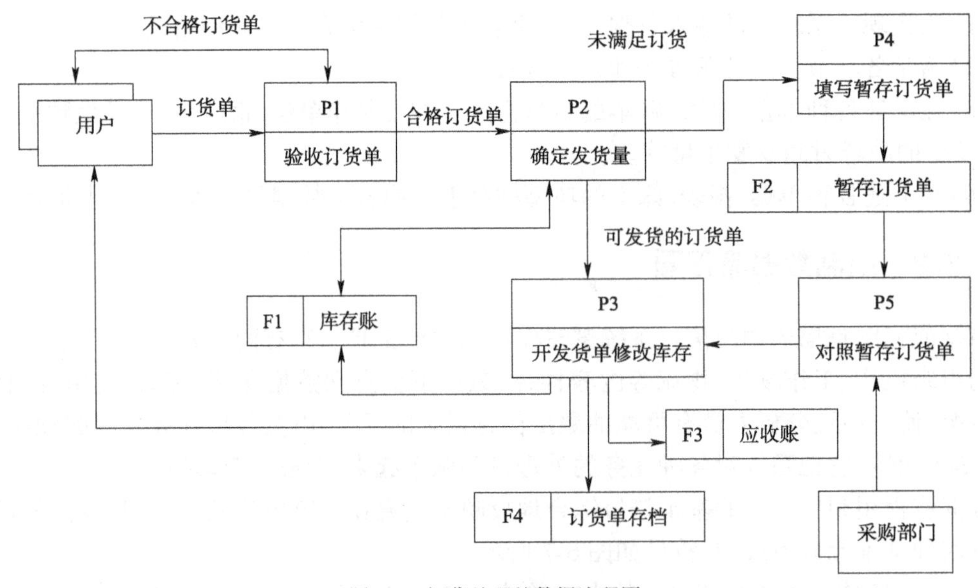

图 6-9　订货处理的数据流程图

①验收订货单 P1。将填写不清的订货单和无法供货的订货单退回用户,将合格的订货单送到下一步"处理"。

②确定发货量 P2。查库存台账,根据库存情况将订货分为两类"处理"。

③开发货单、修改库存、记应收账和将订货单存档 P3。

④填写暂存订货单 P4。对未满足的订货填写暂存订货单。

⑤对照暂存订货单 P5。接到采购部门到货通知后应对照暂存订货单,执行"开发货单和修改库存"处理功能。

数据流程图与传统的程序流程图是不同的。数据流程图是从数据的角度来描述一个系统,数据流程图中的箭头是数据流;程序流程图则是从对数据进行处理加工的人员角度来描述系统,图中的箭头是控制流,它表达的是程序执行的次序;数据流程图适用于描述一个组织业务的概况,而程序流程图只适用于描述系统中某个处理加工的执行细节。

数据流程图分多少层次要视实际情况而定,一般来说,数据流程图由顶层、中间层和底层组成。顶层图说明了系统的边界,即系统的输入和输出数据流,顶层图只有一张;中间层的数据流程图描述了某个处理(加工)的分解,而它的组成部分又要进一步被分解,较小的系统可能没有中间层,而大的系统中间层可达八九层之多;底层图由一些不必再分解的处理(加工)组成。

6.3.3 数据字典

数据流程图从数据流向的角度描述了系统的组成和各部分之间的联系。为具体说明各个组成部分和数据流的内容,数据字典的任务就是对数据流程图上的各个元素作出详细的定义和说明。数据流程图加上数据字典,就可以从图形和文字两个方面对系统的逻辑模型进行描述。

数据字典的内容包括:数据项、数据结构、数据流、处理逻辑、数据存储、外部实体等。

(1)数据项。数据项是数据的最小单位。对数据应从静态和动态两个方面进行分析。在数据字典中,主要是对数据静态特性加以定义,其内容包括:数据项的名称、编号、别名和简述;数据项的取值范围;数据项的长度。

例如:

数据项定义
数据项编号:F200801
数据项名称:库存量
别　　名:数量
简　　述:某种配件的库存量
长　　度:6 个字节
取值范围:0 ~ 999999

(2)数据结构。数据结构描述了某些数据项之间的关系。一个数据结构可以由若干数据项也可以由若干个数据结构组成。例如，下列订货单就是一个由三个数据项组成的数据结构。若用T表示数据结构，用A表示数据项，则订货单的数据结构见表6-5。

订货单的数据结构 表6-5

T1:用户订货单		
T2:订货单标识	T3:用户情况	T4:配件情况
A1:订货单编号 A2:日期	A3:用户代码 A4:用户名称 A5:用户地址 A6:用户姓名 A7:用户电话 A8:开户银行 A9:账号	A10:配件代码 A11:配件名称 A12:配件规格 A13:订货数量

数据结构的定义包括以下内容:数据结构的名称和编号;简述;数据结构的组成。

如果是一个简单的数据结构，只要列出它所包含的数据项。如果是一个嵌套的数据结构，只需列出它所包含的数据结构的名称。

例如:

数据结构定义

数据结构编号:DS04

数据结构名称:用户订货单

简　　　述:用户所填写用户情况及订货要求等信息

数据结构组成:DS08－01＋DS0802＋DS0803

(3)数据流。数据流由一个或一组固定的数据项组成。定义数据流时，不仅要说明数据流的名称、组成等，还要说明它的来源、去向和流通量等。描述数据流时需要使用以下一些简单的符号:

A+B　表示数据项A与数据项B("与");

[A|B]　表示数据项A或B("或")即选择括号中的某一项;

{A}　表示若干个A(可以是0个)重复，即括号中的项要重复若干次;

(A)　表示可选项，即此项可有可无。

例如:

数据流定义

数据流名称:发货单

编　　号:F2008001

简　　述:销售部门为用户开出的发货单

数据流来源:开发货单处理功能

数据流去向:顾客

数据流组成:订货单编号 + 日期 + 客户代码 + 客户名称 + 客户地址 + 客户姓名 + 电话 + 开户银行 + 账号 + 配件代码 + 配件名称 + 配件规格 + 订货数量

流 通 量:70 份/每天

高峰流通量:90 份/每天上午 8:30

(4)处理逻辑。处理逻辑的定义仅对数据流程图中底层的处理逻辑加以说明,内容包括:处理逻辑名称及编号;简述;输入的数据流;处理过程;输出的数据流;处理频率。

例如:

处理逻辑定义

处理逻辑名称:验收订货单

处理逻辑编号:P001 - 01

简 述:确定用户所填写的订货单是否有效

输 入 数 据 流:来自客户的订货单

处 理:检验订货单数据,查明是否符合供货范围

输 出 数 据 流:合格的订单去向"确定发货量";不合格的订单去向

处 理 频 率:70 次/天

(5)数据存储。数据存储是数据结构停留或保存的场所。在数据字典中,数据存储只描述数据逻辑存储的结构,而不涉及它的物理组织。主要内容有:数据存储的名称及编号;简述;数据存储的组成;关键字;相关联的处理。

例如:

数据存储定义

数据存储名称:库存账

数据存储编号:F2008 - 02

简 述:存放配件的库存量和单价

数据存储组成:配件编号 + 配件名称 + 单价 + 库存量 + 备注

关 键 字:配件编号

相关联的处理:P1,P2

(6)外部实体。外部实体的定义包括:外部实体的名称及编号;简述;输入数据流;输出数据流。

例如:

外部实体定义

外部实体名称:用户

外部实体编号:WS200801

简 述:购置本单位配件的客户

输 入 数 据 流:发货单、收据

输 出 数 据 流:订单

综上所述,数据字典是关于数据的数据库。一旦数据字典建立起来,就是一本可供查阅的字典。编制和维护数据字典是一项十分繁重的任务,不但工作量大,而且单调乏味。在数

据字典编写的基础上，通过综合分析，根据数据量和数据处理内容，可估算出现行系统的业务量。根据数据存储的情况，可以估算出整个系统的总数据量，并进一步分析系统的处理特点和存在问题。

6.3.4 功能分析

数据流程图中的处理逻辑已在数据字典中作了简要的定义。功能分析的任务是对比较复杂的处理逻辑作详细的说明。数据流程图中的处理，包括以下几种含义：算术运算；逻辑判断，并根据逻辑判断的结果执行不同的功能；与数据存储或外部实体进行信息交流。

算术运算很容易用数学工具来表达，信息交流也比较容易描述，比较困难的是逻辑判断功能的描述。为了能够清楚准确地表达逻辑功能，可以采用决策树和决策表两种工具。

（1）决策树。

决策树是计量决策效果的一种方法，一般用于计量长期目标的决策结果。形式较直观，易于理解，但当条件太多时，不容易清楚地表达出整个决策过程。

①决策树的图形结构。其结构图如图6-10所示。

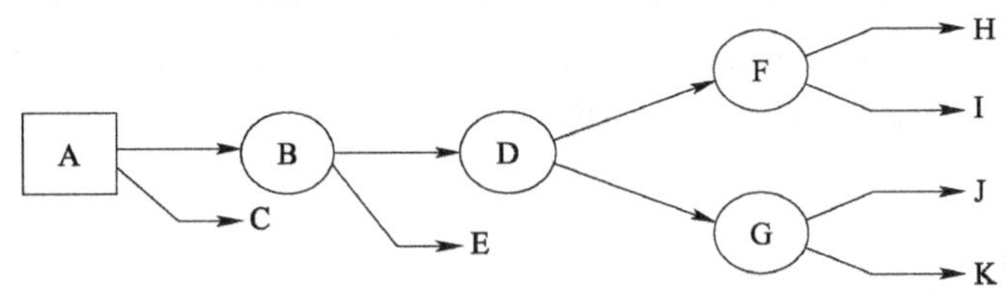

图6-10 决策树

图6-10中，方框A为决策树的决策出发点，称为决策点。从决策点出发画出若干条直线，每条直线代表一个方案，称为方案枝。每个方案枝末端的圆圈，称为方案点。从方案点引出若干条直线，代表自然状态，称为概率枝。把各个方案在各种自然状态下损益的数字记在概率枝的末端，这样构成的图形，称为决策树。

②期望值的计算。期望值（也称损益期望值）是决策树方法中所使用的一个专用词汇，是用以比较各种选择方案效果的一个准则。

对于某决策问题的各个选择方案，如果所考虑的是利润额或投资回收额，则在比较各方案时，取其期望值的最大值；如果所考虑的是费用的支出额，则在比较方案时，取其期望值的最小值。

例如：为提高整个物流信息资源共享效率，某企业拟开发区域公共物流信息平台，设计了两个建设方案，一个是建大规模（功能齐全），另一个是建小规模（主要功能）。大规模需要投资300万元，小规模需要投资160万元，两者的使用期限都是8年。估计在此期间，信息系统盈利的可能性是0.7，信息系统亏损的可能性是0.3。两个方案的年度损益表见表6-6，试确定哪个方案比较合理。

年度损益表(单位:万元) 表6-6

自然状态	概率	大规模	小规模
盈利	0.7	110	60
亏损	0.3	-30	20

决策树图形见图6-11。

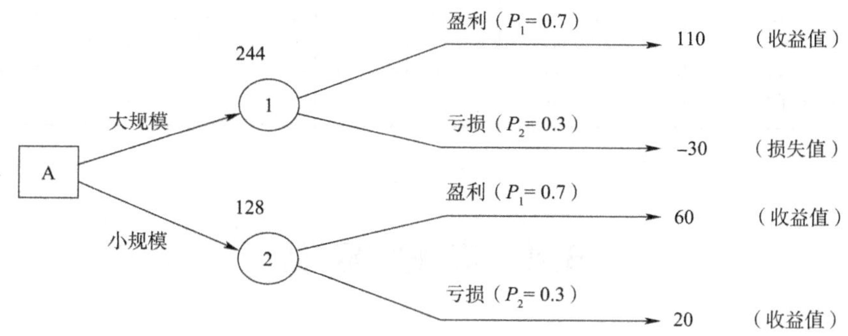

图6-11 确定合理方案的决策树

计算期望值:

方案1的期望值 $=[0.7\times110+0.3\times(-30)]\times8-300=244$(万元)

方案2的期望值 $=[0.7\times60+0.3\times(20)]\times8-160=128$(万元)

两者比较,建大规模的方案比较合理。

求解决策树首先要计算各概率枝上的收支费用,然后乘以各自的概率,得出各概率枝的期望值,最后把同一方案点上的各概率枝上的期望值相加,就得到该方案点的期望值。

(2)决策表。

决策表可以在复杂的情况下,很直观地表达出具体条件、决策规则和应采取行动之间的逻辑关系。表6-7是库存控制过程的决策表,利用它可以很快知道各种具体条件下应当采取的行动。表中决策规则号1~9表示9种不同的情况,它们各有自己的具体条件,每一列中的√号表示根据具体条件应当采取的行动。

库存控制过程的决策表 表6-7

决策规则号		1	2	3	4	5	6	7	8	9
条件	库存>极限量	是	是	否	否	—	—	—	—	—
	库存>订货点	—	—	是	是	否	否	否	—	—
	库存>最低储备量	—	—	—	—	是	是	是	否	否
	是否已订货	是	否	是	否	是	是	否	是	否
	订货是否迟到	—	—	—	—	是	否	—	—	—

续上表

决策规则号		1	2	3	4	5	6	7	8	9
应采取的行动	取消订货	√	—	—	—	—	—	—	—	—
	要求订货延期	—	—	√	—	—	—	—	—	—
	什么也不做	—	√	—	√	—	√	—	—	—
	催订货	—	—	—	—	√	—	—	√	—
	订一次货	—	—	—	—	—	—	√	—	—
	紧急订货	—	—	—	—	—	—	—	—	—

6.4 本章案例

库存管理信息系统的分析与设计

1)问题提出

(1)开发背景。

随着改革的不断深入和经济持续稳定的发展,企业的生产任务日益繁重,从而对库存管理的要求也更加严格。在传统的手工管理阶段,一种物品由进货到发货,要经过若干环节,且由于物品的规格型号众多,加之业务人员素质较低等因素,易造成物品供应效率低下,严重影响了企业的正常生产。同时,由于库房与管理部门之间的信息交流困难,也易造成库存严重积压,极大地影响了企业的资金周转速度,也使物资管理、数据汇总成为一大难题。

当今企业面临的竞争越来越大,企业间的竞争压力越来越突出,企业要想生存,就必须在各个方面加强管理,这就要求企业有更高的信息化集成度,能够对企业的整体资源进行集成管理。现代企业之间的竞争是综合实力的竞争,要求企业具备更强的资金实力、更快的市场响应速度和更集成化的信息系统,也即要求企业各部门之间统一计划,协调生产步骤,汇总信息,调配集团内部资源,实现既独立又统一的资源共享管理平台。随着信息技术的发展,某企业为了提高库存周转率,加快资金周转速度,决定开发“库存管理信息系统”。

(2)项目目标。

在充分利用现有设备的基础上,采用 VB6.0 作为开发工具,利用 Access 数据库建立一个高效、准确、操作方便,具有查询、更新及统计功能的库存管理信息系统,以满足管理人员进行综合的、模糊的查询及更新的要求,从而能够更加方便地管理库存物品。该系统的开发与建立将极大地提高管理人员、工作人员的工作效率。

2)对现有系统进行需求调查

需求调查是信息系统分析与设计的基础。要开发并实施一个完整的信息系统,首先必须理解用户的需求,并形成系统需求分析说明书,在此基础上才能进行系统分析、系统设计和程序设计、编码等工作。该企业在需求调查过程中发放了8种不同种类的需求调查表,要求相关人员逐条逐项填写,从而完成详细调查现行系统业务流程的任务。

(1)现行系统业务流程。

通过大量的调查,了解到当前该企业的业务流程为:各车间向物品供应部门提出对某种物料的需求计划,仓库将相应的物料发放给各车间,一般要经过计划、库房管理等流程。具体业务流程图如图6-12所示。

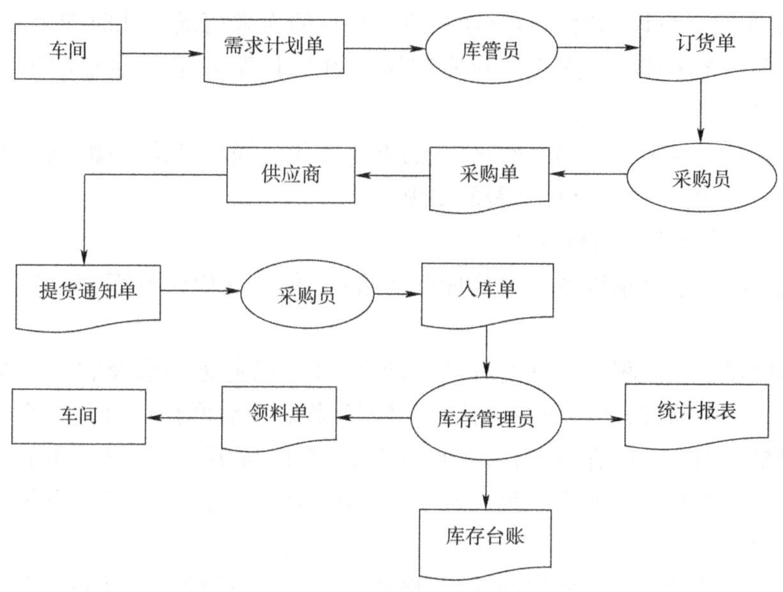

图6-12 业务流程图

(2)现行系统存在的问题。

由于采用的是手工管理,账目繁多,加之多个仓库之间距离较远,库存管理员、计划员和有关领导相互之间的信息交流困难,使得物料供应效率低下,直接影响生产。同时每月的月末报表会耗费大量的人力,而且由于手工处理容易造成操作失误,也影响了数据的效率和准确率,易造成不必要的损失。因此,该企业必须打破原有手工管理的模式,建立相应的库存管理信息系统,使其能根据市场情况及时合理地采购所需物料,同时又能科学地对物料进行管理,统筹安排人力、物力、财力,有效地改善当前管理的混乱状况。

根据对该企业的库存管理情况所做的调查并查阅相关资料,发现目前该企业在库存管理方面存在以下几个方面的问题。

①不能及时获得库存信息。在企业运作过程中,管理人员必须获知各种物料目前的库存量,在库存数量小于物料最低库存限度的时候,向供应商进行订货;而在库存数量大于物

料的最高库存限度，即物料积压的时候，应该停止进货活动。但在实际操作中，由于物料的种类多、数量大，需要进行仔细核算，这不仅费时，而且容易出错，从而影响了企业的快速有效运转。

②库存信息不够准确。仓库管理员根据各种入库单、需求计划单和领料单进行物料的入库、出库操作后，要随时修改物料的库存信息和出库、入库信息，以便实时反映库存状况。但在实际工作中仍然存在以下问题：由于物料种类多、数量大、出库入库操作频繁等原因，造成库存记录和实际库存量通常达不到严格一致，这就需要通过盘点来纠正差错，这不仅耽误时间，而且增加了工作量。

③无法及时了解车间对库存物料的需求情况。在需求计划单下达后，由于库存物料与车间的关系复杂，常常根据送料员的个人经验给各车间分配，而缺少入库、出库信息和相关信息，直至出现车间缺少该物料的时候才知道该物料的需求情况。此时如果库存量不足，将导致车间的停产。无法及时了解车间对库存物料的需求情况，会使企业的生产和销售环节发生混乱，使企业无法正常运转。

随着市场需求日益多样化和个性化，产品更新换代的周期越来越短，这就要求企业必须改变库存管理的现状，以适应时代发展的要求。

(3)企业库存管理系统的特点。

传统企业库存管理已难以适应现代库存管理的要求，现代企业库存管理系统要具有以下特点。

①科学的库存管理流程。存货的种类不同，所涉及的业务环节及它们所组成的业务流程也存在差异。一般而言，库存业务包括入库处理、物料保管和出库处理三个主要部分。通畅的业务流程是实现高效库存管理的基础，应具备优化、无冗余、并行作业的基本属性。企业库存管理系统是对企业的业务流程进行流程再造，使其更加通畅，从而有效地提高企业在同行业中的竞争力。

②物料代码化管理。代码管理问题，严格来说是一个科学管理的问题，设计出一个好的代码方案对系统的开发工作极为有益。好的代码设计方案可以使很多机器处理变得十分方便，还可以把一些现阶段计算机很难处理的工作变成很简单的工作。

库存物料种类繁多，在库存管理过程中极易产生混乱、不一致的问题，而IT技术与层次编码技术的结合为物料的高效管理提供了可能。这种编码技术将所有库存物料按照层次和类别赋予唯一的编码设计。编码是区分不同物料的最主要标准，具有易读和易记的特点，使得管理者只需知道物料的编码，就可以了解该物料的有关信息。

③库存异常报警。当库存数量小于物料的最低库存限度时，系统会发出警报，提醒管理人员应该向供应商进行订货；在库存数量大于物料的最高库存限度时，也就是物料积压的时候，系统同样会发出警报，提醒管理人员应该停止物料的进货活动。也就是说企业库存管理信息系统不仅能防止物料供应滞后于车间对它们的需求，而且能防止物料过早地进货，以免增加库存。

3)系统分析

系统分析的主要任务是在全面调查的基础上，通过对现行管理业务的分析，提出系统的目标要求和功能分析的总体逻辑模型。

(1)数据流程图。

根据系统调查阶段的数据资料,并依据用户的需求,确定该厂信息系统的基本功能和工作过程:车间科室提出需求计划,库房管理员根据库存情况,决定是否需要购货,如不需要购货则通知车间前来取料,否则库房管理员通知采购员购料,当物料到达后进行入库处理并通知车间科室前来取料。

根据相应的功能要求绘制系统的数据流程图,如图6-13所示。

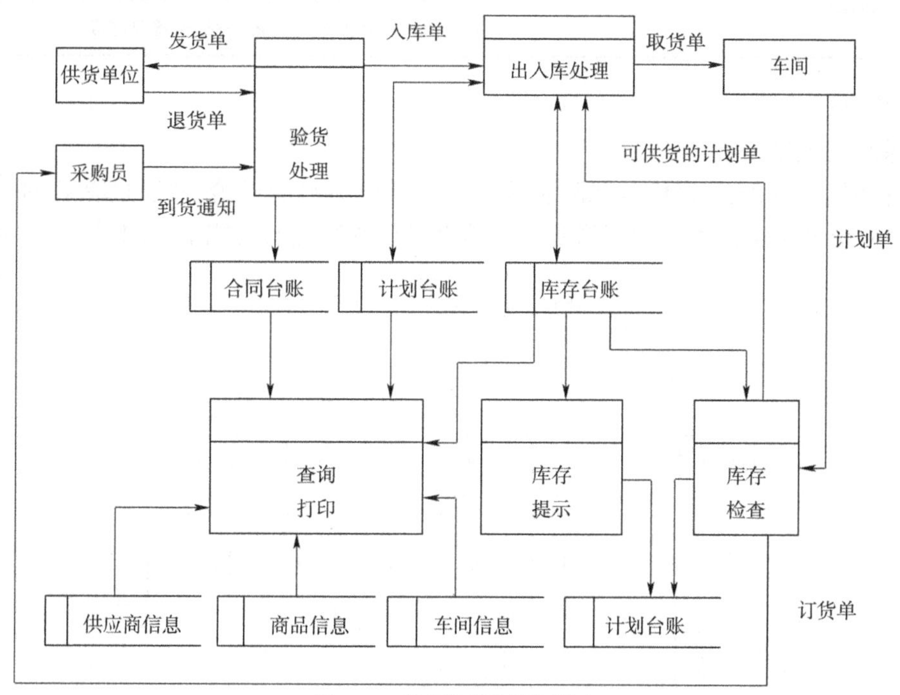

图6-13 库存管理数据流程图

(2)数据字典。

数据字典是对描述数据流程图中的数据项、数据流、数据存储、加工处理逻辑等组成部分的严格定义,详见表6-8。关于数据字典的有关知识详见本教材对应部分。

数据字典示例 表6-8

①数据项的定义 数据项名称:物料编号 别名:无 简述:某种物料的编号 类型:字符型 度:8字节 取值范围:数字+英文字母	②数据流的定义 数据项编号:1-01 数据流名称:入库单 编号:F1 简述:采购人员填写的物料入库凭单 数据流来源:采购人员 数据流去向:登记库存台账 数据流组成:日期+入库单编号+物料编号+购入数量 流通量:25份/天 高峰流通量:50份/天 数据流名称:发货单

续上表

③数据存储的定义 数据存储的名称:库存台账 数据存储编号:DI 简述:记录物料的编号、名称、单价与库存数量等信息 数据存储组成:物料编号 + 购入单价 + 库存数量 关键字:物料编号	④处理逻辑的定义 处理名:库存检查 编号:P1 输入:数据流 F5 输出:数据流 F6 描述:当车间将计划单发给库管员后,库管员要将计划单与库存台账进行比较,看是否需要订货

4)系统设计

(1)系统功能结构设计。

库存管理信息系统的目标是保障企业生产所需原材料的供给,并通过有效的管理提高库存周转率,降低资金占用。根据系统分析结果可得本系统的功能结构图,如图 6-14 所示。

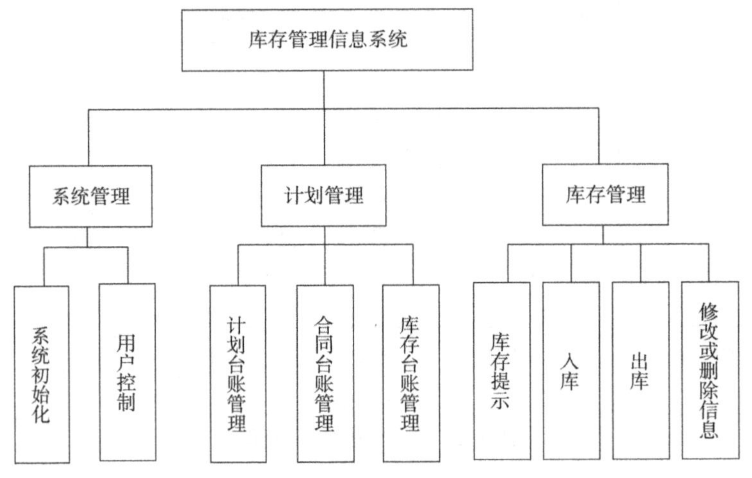

图 6-14　功能结构图

计划管理模块的主要功能是根据各生产部门上报的生产、维修及工程用料计划,以及已有的采购合同计划、库存情况等信息建立数据库,并及时根据生产计划的变更修改物料计划,生成物料采购清单。

库存管理模块中的各个子模块都由数据录入、修改、删除、查询等模块构成。其中数据录入模块包括对物料库存文件的数据录入、商品购入文件的数据录入、物料出库文件的数据录入;数据修改是对上述三种文件中的数据进行修改;数据删除则是将记录从相应的数据库文件中删除。

系统管理模块主要是实现系统初始化和完成对用户信息的增加、删除、修改等操作。

(2)代码设计。

为了和工作人员以往的物料管理习惯一致,物料信息编码以数字形式体现。根据行业标准,所有商品分为 19 大类(用两位数字表示),每大类又分为若干小类(用两位数字表示),在小类中根据物料规格型号的不同以四位数字再进行区分。此外,为了使数据录入、物料信息管理、信息查询、汇总统计等工作方便快速，还应根据需要物料的去向与来源进行信息编码和部门编码。

(3)数据库设计。

数据库是数据库应用程序的核心。数据库设计是建立应用程序最重要的步骤之一。数据库设计一般要在需求分析和数据分析的基础上，再进行概念设计、逻辑设计和物理设计。

①概念设计。经过对该企业的调查，了解到系统中的实体类型有供应商、物料、领用单位等，这些实体之间的相互关系包括：供应商与物料之间存在“供应”联系，是多对多的联系；物料与领用单位之间存在“出库联系”，“出库”是多对多的联系。

每个实体的属性：一是供应商，例如供应商编号、名称、地址、电话、邮箱、银行账号等；二是物料，例如物料编号、名称、类别、规格、单价、单位、库存量、存放位置、用途等；三是车间，例如车间编号、名称、联系人、电话等。

通过分析，最终画出库存管理的 E-R 图，n 表示多对多的关系，如图 6-15 所示。

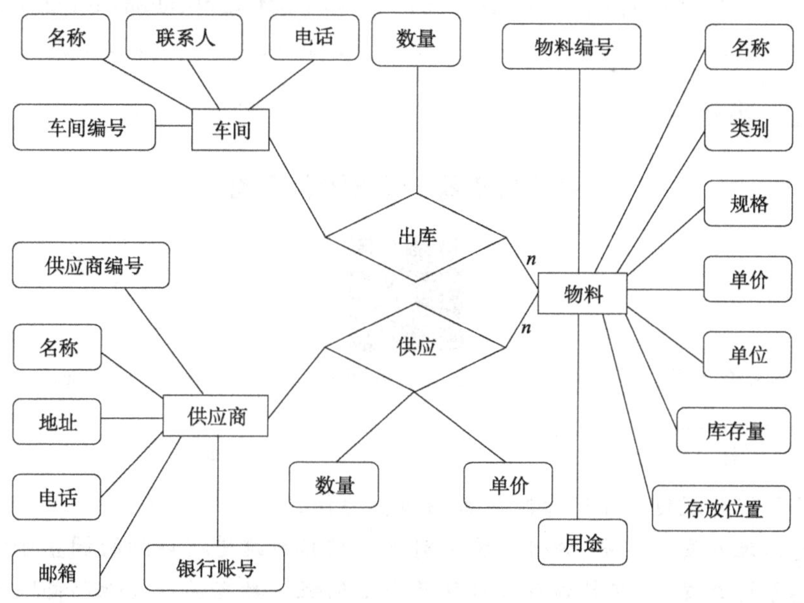

图 6-15 库存管理 E-R 图

②逻辑设计。逻辑设计的任务是根据数据库管理系统的特征把概念结构转换为相应的逻辑结构。概念设计所得到的 E-R 模型，是独立于数据库管理系统的，这里的转换就是把表示概念结构的 E-R 图转换成表示关系模型的逻辑结构。

③物理设计。物理设计的目的是根据具体数据库管理系统的特征，确定数据库的物理结构(存储结构)。关系数据库的物理设计任务包括：确定所有数据库文件的名称及其所含字段的名称、类型和宽度，确定各数据库文件需要建立的索引，以及在什么字段上建立索引等。

5)系统处理流程设计

该企业的库存管理信息系统包括计划管理、库房管理等子系统。系统运行流程如图 6-16 所示。

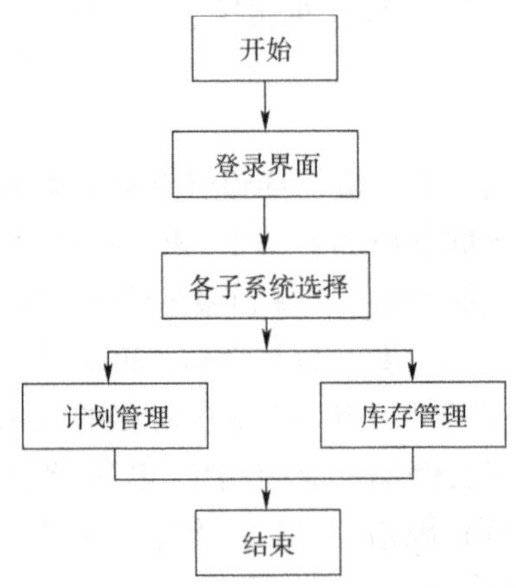

图6-16　库存管理系统流程图

（资料来源：https：//wenku. baidu. com/view/38424239eefdc8d376ee3276. html. ，有删改）

案例相关视频资料

金蝶精斗云·云进销存系统

（案例来源：金蝶国际软件集团有限公司官方网站 https：//www. jdy. com/products/invoicing/）

案例分析与研讨题

1. 信息系统开发过程中哪个阶段最困难？为什么？
2. 信息系统开发过程中，为什么需要对现行信息系统进行详细的调查分析？
3. 信息系统开发中，在数据库设计环节中如何保证数据的一致性和关联性？

6.5　本章小结

信息系统分析是在战略规划的指导下，对各系统进行调查研究，确定新系统逻辑功能的过程。信息系统分析主要任务是针对每一个子系统进行详细的分析，主要由系统分析员完成。信息系统分析特点包括运用图示方法、“自顶向下”的工作原则、强调逻辑与功能结构、避免重复工作。系统分析步骤包括：对现行系统进行详细的业务调查分析，建立数据库逻辑模型，确定新系统逻辑。可以采用业务流程图与数据流程图、数据字典、数据库设计工具和功能描述工具等分析工具。

物流信息系统调查分为初步调查与详细调查。初步调查分析的目的是确定新系统开发的必要性与可行性,其结果以可行性分析报告的形式表达,可行性分析的主要内容包含技术、经济和管理的可行性分析。投资决策分析包含投资收益分析法和现金流贴现法,风险评估包含规模、结构与技术三方面分析。详细调查方法包括:问卷调查法,查阅现行系统报表、表格以及相关资料,与用户面谈,观察业务过程以及召开调查会。详细调查内容包括:管理业务调查分析与数据流程调查分析。其中,管理业务调查分析包括:系统环境调查、组织机构调查、功能调查、业务流程调查、管理业务流程调查等。物流组织结构一般用组织结构图来描述,主要包含:直线制、直线职能制、事业部制、矩阵制和混合式编组等形式。组织与业务的关系图能将组织和业务联系起来。

物流信息系统数据流程分析能帮助系统分析员在了解现行系统的物理模型基础上,进一步得到系统的逻辑模型,其主要内容有:收集资料、绘制数据流程图、数据字典和功能分析。数据流程图是描述物流信息系统逻辑模型的主要工具,具有抽象性与概括性两个特点,主要包含:外部实体、数据流、处理(加工)和数据储存(文件)四种基本元素。绘制数据流程采用自顶向下逐层分解的方法,先画出顶层流程图,再逐步细分画出下一层数据流程图。数据字典的任务就是对数据流程图上的各元素作出详细的定义与说明,其内容包括:数据项、数据结构、数据流、处理逻辑、数据存储、外部实体等。功能分析的任务是对数据流程图中比较复杂的处理逻辑作详细的说明,采用决策树与决策表两种工具进行处理。

复习思考题

1. 简述物流信息系统分析工作步骤。
2. 简述物流信息系统初步调查和详细调查的各自内容。
3. 现金流量贴现法如何计算?
4. 物流信息系统建设项目可行性分析包括哪些内容?
5. 简述物流组织结构类型。
6. 如何理解数据字典?其包括哪些内容?
7. 数据流程图由哪几种元素组成?
8. 决策树与决策表的原理是什么?如何实施?

实践与讨论

1. 结合本章所学知识,分析国内不同快递公司物流信息系统的区别与相同点,并思考是什么原因导致它们的不同。

2. 通过网络搜索某物流企业的详细业务流程,试着描述其现行信息系统的物理模型。

第7章 物流信息系统设计

核心概念

系统设计,结构化设计,功能模块,代码,数据库,数据库系统

学习目标

理解物流信息系统设计的基本目标、总原则及其过程,熟悉结构化设计方法的思想、目标与步骤;理解系统功能模块结构化设计的原则、模块划分与设计方法;理解代码含义、设计原则与类型,了解数据存储、处理与设计方案说明的内容;理解数据库与数据库管理系统的含义,熟悉数据模型类型,理解数据库设计方法和过程。

7.1 信息系统设计概述

7.1.1 物流信息系统设计目标与过程

物流信息系统设计是在系统分析的基础上,根据系统分析阶段所提出的新系统逻辑模型,建立起新系统的物理模型。具体地说,就是根据新系统逻辑模型所提出的各项功能要求,结合实际的设计条件,详细地设计出新系统的处理流程和基本结构,并为系统实施阶段的各项工作准备好全部必要的技术资料和有关文件。

物流信息系统设计的基本目标就是要使所设计的系统必须满足系统逻辑模型的各项功能要求。同时要尽可能地提高系统的性能。系统设计的目标是评价和衡量系统设计方案优劣的基本标准,也是选择系统设计方案的主要依据。评价和衡量系统设计目标实现程度的指标主要有:系统的可靠性、系统的可变更性、系统的效率、系统的通用性、系统质量等。

物流信息系统设计总的原则是保证系统设计目标的实现,并在此基础上使技术资源的运用达到最佳。具体地说,对系统设计的一般要求可以包括:简单性、经济性、可靠性、完整性、管理可接受性等。

物流信息系统设计过程一般分为初步设计和详细设计两个阶段。初步设计阶段的主要任务是完成对系统总体结构和基本框架的设计,如系统结构设计、处理流程图设计、代码设

计、输入输出设计、数据文件和数据库设计等内容。在初步设计工作完成后,设计人员要向用户和有关部门写出详细报告,说明设计方案的可行程度和更改情况,得到批准后转入详细设计。系统详细设计阶段的主要任务是在初步设计的基础上,将设计方案进一步详细化、条理化和规范化,如输入输出格式的详细设计、处理流程图的详细设计、编写程序设计说明书等。在实际系统设计工作中,以上两个阶段的内容是相互交叉、相互关联的,设计过程中需要反复地进行。

系统设计阶段的主要工作成果是提出系统的实施方案,经过审定之后成为下一阶段的工作依据,对于数据处理系统或软件系统来说,系统实施方案也称为模块说明书或程序编写说明书。它们通常由模块结构图和模块的功能说明两部分组成。模块说明书(或程序编写说明书)是编写程序的基础,也是测试的依据。

7.1.2 信息系统设计方法

信息系统设计通常采用结构化设计(Structured Design,SD)方法,该方法是各种设计方法中最成熟、最完整的一种方法,因而也是使用最广的一种设计方法,适用于任何信息系统的总体设计,它可以同系统分析阶段中的结构化系统分析与实现阶段中的结构化程序设计方法前后衔接起来使用。

结构化设计方法是从建立一个系统的良好结构的观点出发,给出了从表达用户要求的数据流程图导出模块结构图的规则,并提出了评价模块结构质量的两个具体标准——模块凝聚和耦合。

结构化设计方法的任务之一是把整个系统模块化。模块定义了一组逻辑上有关的对象,这组对象是一组数据和施加于这些数据上的操作,通过模块说明和引用方式把这组数据的内部结构和操作细节掩藏了起来,提供给模块外部使用的只是这些数据和操作的名称等。模块可以看作是一座围绕有关数据和操作的围墙。

1)结构化设计思想及其目标

结构化设计方法的基本思想是将系统设计成由相对独立、单一功能的模块组成的结构。模块之间的相对独立性使每个模块可以独立地被理解、编写、测试、排错和修改,这就使复杂的研制工作得以简化。另外,模块的相对独立性还能有效地防止错误在模块之间扩散蔓延,因此提高了系统的可靠性。

模块单一功能的特性是指在划分时,应该使每个模块尽可能地小,最好做到一个模块只执行一种功能,一种功能只用一个模块来实现。这使得模块最小化、最简化,同样提高了模块的可维护性,减少了错误发生。另外,模块的细化还有利于发现模块的可重用性,减少重复编程。

结构化设计方法的目标是使系统模块化,并使模块间的联系最小、模块内部元素之间联系最大。模块间联系和模块内联系是同一系统结构的两个方面,是结构化设计方法的重要概念,它对一个系统结构是否良好具有直接的影响。

2)结构化设计方法的具体步骤

结构化设计方法的具体步骤是:从数据流程图导出控制结构图,再对控制结构图进行改进,然后在改进的控制结构图基础上进行数据库设计、处理过程设计等详细设计,最后形成新系统的物理模型,并写出实施方案说明书。

7.2 物流信息系统总体结构设计

如果新的物流信息系统复杂,涉及部门较多,则需要对新系统进行计算机网络设计。物流信息系统结构设计工作应该自顶向下地进行,首先设计总体结构,然后再逐层深入,直至进行每一个模块的设计。

7.2.1 系统功能模块结构设计原则

信息系统功能模块结构设计主要是指在系统分析的基础上,对整个信息系统进行子系统划分和子系统功能模块的划分。在进行系统的物理设计时,必须把系统的可变更性放在首要的位置加以考虑。因为整个系统的运行效率、工作质量和安全可靠性在很大程度上都依赖于系统的可变更性。系统在设计和运行过程中,根据条件的变化和发现的新问题,不可避免地要对系统进行修改和维护,以提高系统的运行效率、工作质量和可靠性。因此,在系统设计中,必须从保证系统的可变更性入手,才能保证以后的系统设计工作顺利进行,才能保证系统投入运行以后发挥出重要的作用。

那么,怎样进行系统功能模块结构设计,才能使得系统具有较好的可变更性呢？对于任何复杂的系统,都可以通过一定的方式将其逐层分解为相对简单的子系统,子系统再分解为更简单的子系统(或模块),层层划分下去。因此对于系统的任何修改,无非是对其中子系统(或模块)的修改,或者是对于系统(或模块)之间相互关系进行修改。但是,由于在系统的各个组成部分之间存在着互相作用、互相控制和信息变换等多种关系,所以对系统某一部分进行的任何改动,都可能因为它与其他部分的相关性,影响到系统的其他部分。因此,要想提高系统的可变更性,必须从系统的内部结构加以研究。

如果能将一个系统分解成一些相互独立、功能简单、易于理解和修改的模块,则这样的系统就是具备了可变更性的系统。由模块组合构成的系统一般称为模块化结构系统,在模块化结构系统中,由于各个模块之间基本上是相互独立的,所以每个模块都可以独立地被理解、编程、调试和修改,使其复杂的系统设计工作变得相对简单。模块的相互独立性也能有效地防止因某个模块出现错误而在系统中扩散的问题,从而提高了系统整体的可靠性。另外,在模块化结构系统中,要想增加或删除一些功能,只需增加或者删除相应的模块就可以了,对系统的其他功能和结构不会产生太大的影响。这使得系统的修改和维护工作变得更容易进行。因此,系统结构实现模块化,是提高系统可靠性、可变更性的好方法。

那么,在进行系统模块化结构设计中,怎样对系统进行分解才能起到上述效果呢？在此,本书给出系统模块化结构设计原则,作为系统模块化结构设计的参考依据。应遵循如下原则:

(1)系统分解应具有层次性。首先从系统的整体出发,根据系统的实现目标将其分解成一系列子系统,各个子系统既互相配合,又要各自具有一定的独立功能,共同实现整个系统的目标。然后每一个子系统根据各自子系统目标和功能的关系,再进一步逐层向下分解,直至分解到最小的模块为止。这样就形成了系统的树形结构图,越上层的模块功能越笼统、越抽象,越下层的模块功能越简单、越具体。

(2)模块要具有相对独立性。模块的分解必须使得模块内部功能、信息等各方面的凝聚性较好。在实际中每个模块应相对独立,尽量减少各种不必要的数据调用和控制联系,并将联系比较密切的、功能近似的模块相对集中。这样对于以后的处理、搜索、查询、调试、调用都比较方便。

(3)模块分解的结果应使数据冗余较小。如果忽视了这个问题,则可能引起相关的功能数据分布在各个不同的模块中,大量的原始数据需要调用,大量的中间结果需要保存和传递,大量计算工作将要重复进行,从而使得程序结构紊乱,数据冗余,不但给软件编制工作带来很大麻烦和困难,而且系统的工作效率也就大大降低了。

(4)模块之间依赖性要尽量小。模块之间的联系要尽量减少,接口要简单、明确。一个内部联系强的模块对外部的联系就必然相对减少。所以在分解时,应将联系较多的都划入模块内部。这样分解的模块,在将来的调试、维护、运行时都是非常方便的。

(5)模块的设置应考虑今后管理发展的需要。模块的设置光靠上述系统分析的结果是不够的,因为现有的系统由于这样或那样的原因,很可能没有考虑到一些高层次物流管理决策的要求。为了适应现代物流管理的发展,对于现行系统的这些缺陷,在新系统的研制过程中应设法将它弥补上。只有这样才能使系统实现后不但能够准确、更合理地完成现行系统的业务工作管理,而且还可以支持更高层次、更深一步的物流管理决策。

(6)模块的分解应便于系统分阶段实施。信息系统的开发是一项较大的系统工程,它的实现一般都要分期分步来进行。所以模块的分解应该考虑到这种需求,适应这种分期分步的实施。另外,模块分解还必须兼顾组织机构的要求,以便系统实现后能够符合现有的机制、体制情况和人们的习惯,更好地运行发挥作用。

7.2.2 系统模块划分方法

将系统划分为若干子系统和系统模块,出于所依据的原则不同,可以有不同的划分方法。

(1)按管理功能划分。可以直接对应并支持各项具体管理业务活动,如按计划、财务、生产等功能划分。

(2)按通信划分。这样划分可以减少模块之间的通信,使接口简单。

(3)按过程划分。即按工作流程划分同一模块可能有许多功能,但是从控制流程的角度来看,它们是相关的。

(4)按时间划分。把同一时间段执行的各种处理结合成一个模块,这种结合可能造成同一功能的多次重复。

(5)按逻辑划分。把类似的处理逻辑放在一个模块里,如把"对所有业务输入数据进行编辑”的功能放在一个模块里，那么不管是库存还是预测，只要有业务输入数据，都由这个模块来校错和编辑。

7.2.3 模块化结构设计

信息系统结构设计是从计算机实现的角度出发，对已划分的子系统进行校核，使其界面更加清楚和明确，并在此基础上，将子系统进一步逐层分解，直至分解到模块。

结构化设计方法的基本思想是使系统模块化，即把一个系统自上而下逐步分解为若干个彼此独立而又有一定联系的组成部分，这些组成部分称为模块。对于任何一个系统都可以按功能逐步由上向下，由抽象到具体，逐层将其分解为一个个多层次的、具有相对独立功能的模块。在这一基本思想的指导下，系统设计人员以逻辑模型为基础，并借助于一套标准的设计准则和图表等工具，逐层将系统分解成多个大小适当、功能单一、具有一定独立性的模块，把一个复杂的系统转换成易于实现、易于维护的模块化结构系统。物流信息系统包括仓储、运输、订单、采购、销售、库存等若干模块。

1）系统结构图的构成

系统结构化设计的主要工具是结构图。结构图的构成主要有以下几个基本部分。

（1）模块。模块用矩形方框表示。矩形方框中要写有模块的名称，模块的名称应适当地反映这个模块的功能。

（2）调用。用从一个模块指向另一个模块的箭头线，表示前一个模块中含有对后一个模块的调用关系。

（3）数据。调用箭头线旁边带圆圈的小箭头线，表示从一个模块传送给另一个模块的数据。

（4）控制信息。调用箭头线旁边带圆点的小箭头，表示一个模块传递给另一个模块的控制信息。

图 7-1a）的结构图说明了模块 A 调用模块 B 的情况。如要将两者数据传递关系表示出来，需要用如图 7-1b）所示符号表示。如果模块间是控制传递，需要用图 7-1c）所示符号表示。

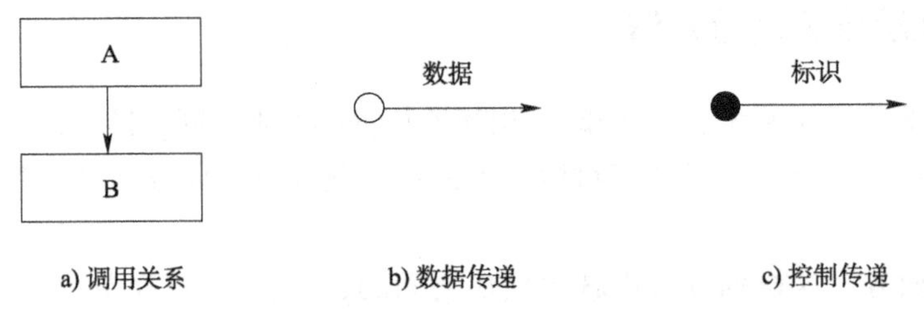

图 7-1 模块间调用关系表达

在结构图中，除了以上几项基本符号之外，还有表示模块有条件调用和循环调用的符号。图 7-2a）表示模块 K 有条件地选择调用模块 A 或 B 或 C，图中的菱形符号表示选择调用关系。图 7-2b）表示模块 K 循环地调用模块 B、C 或 D，图中的弧形箭头表示循环调用关系。

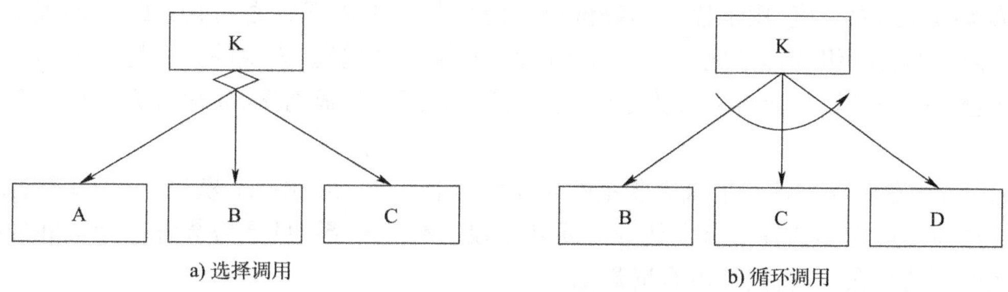

图7-2 选择调用和循环调用示意图

在结构图中,一个模块只能与它的上一级模块或下一级模块进行直接联系,而不能越级或与它同级的模块发生直接联系。若要进行联系时则必须通过它的上级或下级模块进行传递。另外,结构图与程序框图是两个不同的概念。结构图是从空间角度描述了系统的层次特性,而程序框图则主要描述了模块的过程特性。

2)模块的关联度与聚合度

系统的结构化设计要解决的主要问题是把系统分解成一个个具体的功能模块,并用结构图的形式表达出其内在的联系。因此,合理地划分系统的各个模块,使其具有较强的独立性,是结构化设计必须首先考虑的问题。

在划分系统模块时,总的原则是:尽量把密切相关的问题划归到同一模块,把不相关的问题划归到系统的不同模块。该原则的具体内容可以通过模块与模块之间的关联度和模块内部各个组成部分之间的聚合度来详细描述。

对于模块之间的关联度,可以从以下三方面来衡量和评价:

(1)模块之间的联系方式。

如果一个模块直接调用另一个模块内部的数据或指令,这说明被调用模块内含有多方面不相关的内容,导致模块间联系增多,修改一个模块将直接影响其他的模块,降低了模块的独立性。因此在系统设计中,应尽量避免使用这种联系方式。

另一种模块之间的联系方式是通过被调用模块名称来调用整个模块,使其完成一定的功能,而不是直接使用或修改对方的数据,这样可以降低模块间的联系,增加其独立性。因此在系统设计中,应尽量采用这种联系方式。

(2)模块之间使用控制信息的数量。

由于控制信息直接影响程序的运行过程,所以过多地使用控制信息,必然会增加模块之间的联系,影响模块的独立性。因此,在模块之间应尽量不用或者少用控制信息。

(3)模块之间传递数据的数量。

模块之间通过调用关系传送数据,是一种比较理想的联系方式。但是,如果在模块之间传送的数据过多,同样会给理解和修改模块带来困难,降低系统的可变更性。一个模块同其他模块之间传递的数据越少,模块的独立性就越强,系统的可变更性也就越好。

要降低模块之间的关联度,增加模块的独立性,除了考虑以上几个方面之外,还可以从模块界面的清晰度来考虑。模块之间的界面越简单、越清晰、越易理解,则关联度也越低,独立性也越强。

模块内部的聚合度,用来描述和评价模块内部各个组成部分之间联系的紧密程度。一个模块内部的各种组成部分之间联系得越密切,其聚合度越高,模块的独立性也就越强。模块的聚合度是由模块的聚合方式决定的,根据模块内部的构成情况,其聚合方式可以分成以下七种。

(1)偶然性聚合。将几个毫无联系的功能组合在一起,形成一个模块,称为偶然性聚合模块。这种模块内部的各个组成部分之间几乎没有什么联系,只是为节省存储空间或提高运算速度而结合在一起,因此聚合度最低。

(2)逻辑性聚合。将几个逻辑上相似,但彼此并无联系的功能组合在一起所形成的模块,称为逻辑性聚合模块。这种聚合形式的聚合度也非常低,模块中的各种功能要通过控制变量选择执行。

(3)时间性聚合。将几个需要在同一时段进行处理的各项功能组合在一起所形成的模块,称为时间性聚合模块。如系统的初始化模块、结束处理模块等可以考虑采用时间性聚合方式。

(4)过程性聚合。将为了完成某项业务处理过程,而执行条件受同一控制流支配的若干个功能组合在一起所形成的模块,称为过程性聚合模块。这类模块的聚合度较前几种要高一些。

(5)数据性聚合。将对同一数据加工处理的若干个功能组合在一起所形成的模块,称为数据性聚合模块。这种模块能合理地定义功能,结构也比较清楚,因此其聚合度也较高。

(6)顺序性聚合。把若干个顺序执行的、一个处理的输出是另一个处理输入的功能组合在一起,所构成的模块称为顺序性聚合模块。这种模块的聚合度要更高一些。

(7)功能性聚合。为了完成一项具体任务,由简单处理功能所组成的模块,称为功能性聚合模块。这种模块功能单一,内部联系紧密,易于编程、调试和修改,因此其独立性最强,聚合度也最高。

在上述七种模块聚合方式中,聚合度是依次升高的。由于功能性聚合模块的聚合度最高,所以在划分模块的过程中,应尽量采用功能性聚合方式。其次根据需要可以适当考虑采用顺序性聚合或数据性聚合方式,但要避免采用偶然性聚合和逻辑性聚合方式,以提高系统的设计质量和增加系统的可变更性。

在划分系统模块的设计时,除了要考虑降低模块的关联度和提高模块的聚合度这两条基本原则之外,还要考虑到模块的层次数和模块结构的宽度。如果一个系统的层数过多或宽度过大,则系统的控制和协调关系也就会变得相应复杂,系统的规模也要相应地增大,结果将使设计维护的困难增大。

7.2.4 模块化结构图的设计

模块化结构图的设计过程,可以分两个阶段进行。

第一阶段首先从数据流程图出发推导出初始结构图,即先把整个系统当作一个模块,并对其逐层分解。

第二阶段是对结构图进行改进,即从提高系统的可变更性目标出发,检查每一个模块是否还可以降低关联度,提高聚合度。如果可以,就要对其进行改进,直到不能再改进为止。

有两种典型的结构数据流程图,一种是变换型结构的数据流程图,另一种是事务型结构的数据流程图。与此对应,也有两种结构图的设计方法,即变换分析法和事务分析法。这两种方法的基本设计过程都是先设计出系统最上层的主模块,然后再由上向下逐层进行分解,直到得出一个满意的系统结构图为止。下面分别介绍这两种结构的设计方法。

1)变换分析法

变换分析法,是从变换型结构数据流程图中导出模块结构图的一种方法。变换型结构的数据流程图是一种线状结构,它可以明显地分为输入、主处理和输出三个部分,其主要功能是完成对输入数据的变换,如图7-3所示。变换分析法就是通过对该数据流程图的分析,将其转换成模块结构图。变换分析过程一般可以分三步:

(1)把数据流程图划分为逻辑输入和主处理、输出三部分。在数据流程图中,往往几股数据流的汇合处就是主处理部分,而在它两边所对应的分别就是逻辑输入和逻辑输出部分。

(2)以主处理为中心,设计结构图的最上层模块和下一层模块。数据流程图的主处理,决定了结构图最上层模块的功能和位置。有了最上层模块之后,就可以分别按输入、变换和输出设计下一层的模块。

(3)进一步设计结构图的中、下层模块。这一步是从上向下对模块逐层分解和细化的过程。对于输入和输出部分,要一直分解到数据流程图的输入端和输出端为止。而对于变换部分由于没有一定的规则可循,因此需要分解到数据流程图中相应主处理组成部分的实际情况,再进行分解模块的设计。

根据上述步骤,数据流程图采用变换分析法导出初始模块结构图的方法如图7-4所示。

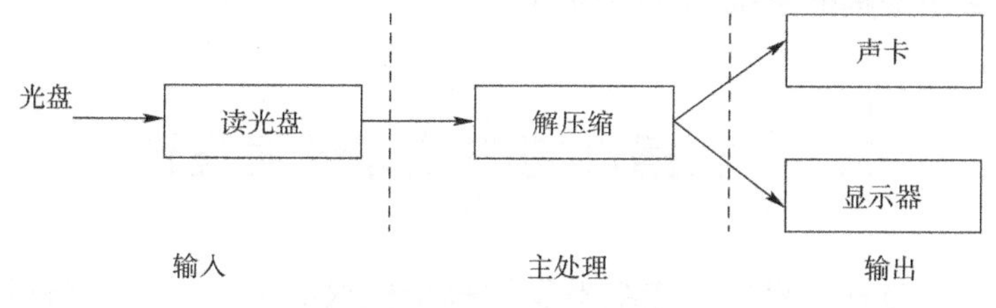

图7-3 变换型结构的数量流程图

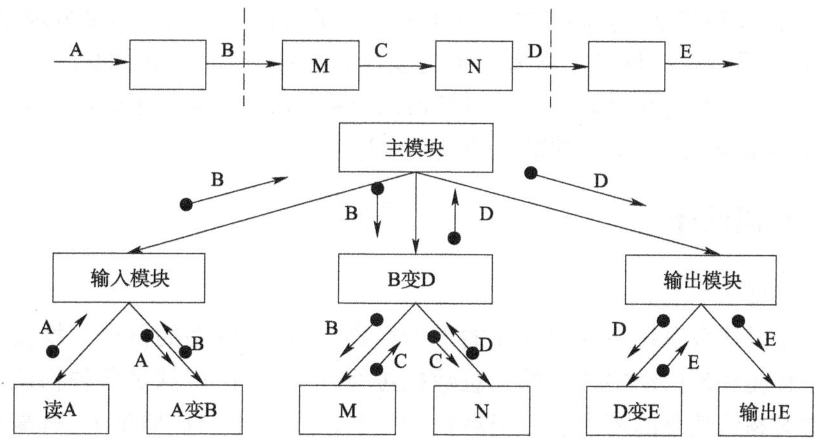

图7-4 变换分析法导出模块结构图

2)事务分析法

事务分析法，是根据事务型结构的数据流程图导出模块结构图的一种方法。在事务型结构的数据流程图中，是通过某一个主处理将它的输入分隔成一串平行的数据流，然后选择性地执行其后面的某个处理，如图7-5所示。在应用事务分析方法进行设计模块结构图时，也是从上向下逐步分解细化的过程。即：首先分析事务型结构的数据流程图，找出事务处理的中心，并根据此设计主模块和第一层模块。第一层模块，一般包括输入检查和选择处理两部分。然后为每一种类型的事务处理设计一个事务处理模块，随后再继续分解，直到每项事务处理都有一个具体的操作模块为止。这样就形成了一个完整的系统模块结构图。

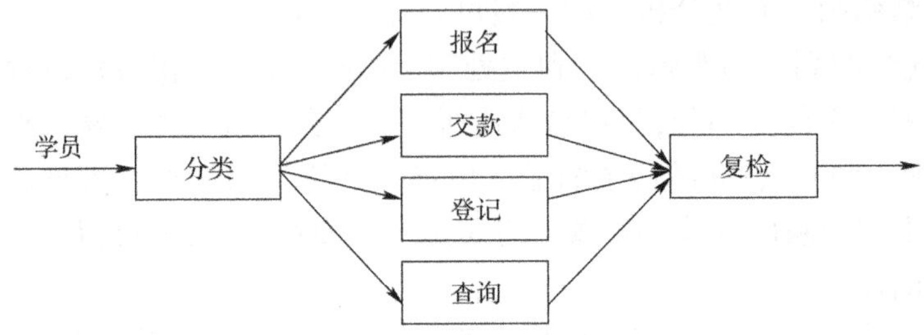

图7-5　事务型数据流程图

在实际系统中，数据流程图往往是变换型结构和事务型结构的混合体。因此一般是要以变换分析法为主、事务分析法为辅的方法进行设计。可以先找出主处理，设计出结构图的主模块，然后根据数据流程图各部分的结构特点，适当地运用变换分析法或者事务分析法，就能设计出一个合乎要求的系统模块结构图。

7.3　数据存储与处理过程设计

数据存储与处理过程是要比较详细地设计每个模块的工作过程，进行过程描述。设计者要完成系统设计的所有剩余工作，为没有参加过系统分析和设计的程序员提供尽量详细的资料，以使他们仅利用这些资料就能设计出符合要求的程序。这当然是最理想的情况，在实际过程中，程序员往往有许多问题需要系统设计人员澄清，甚至重新设计，这种情况当然越少越好。具体包括数据存储设计、处理过程设计两个方面。为了更好地完成上述设计任务，也为了编程的需要，还要进行辅助性的代码设计。

7.3.1　代码设计

1)代码的功能

代码是指用以代表系统中客观存在的事物名称、属性或状态的符号。物流信息系统的主要任务是对物流管理活动中产生的大量数据进行加工整理，以满足各种物流职能和各个物流管理层次对物流信息的需求。由于现代物流活动中产生的数据量大，所需要的信息种类也很多，所以必须经过分类整理后才能更有效地利用，而代码设计就是信息分类的具体体现。将物流系统中具有某些共同属性或特征的信息归并在一起,并通过一些便于计算机或人进行识别和处理的符号来表示各类物流信息,就是代码设计。代码的符号可以是数字、字母,或者是由数字和字母混合组成。

具体地讲,代码的功能主要表现在以下几个方面。

(1)利用代码便于反映数据或物流信息间的逻辑关系,并使其具有唯一性。例如,对于会计科目的编码,可以反映一级科目和明细科目之间的逻辑关系,并且每一个会计科目都由唯一的一个代码来表示。另外,对于不同名称的人或者物,也可以用不同的代码来加以区别、以便于信息的存储和检索。

(2)信息代码化便于利用计算机进行识别和处理。将信息或数据用代码表示之后,便于利用计算机完成对信息或数据的传递、分类、合并、更新、检索等各项处理,提高计算机的工作效率。

(3)利用代码可以节省计算机的存储空间,提高运算速度。例如在物流信息系统中,通过相应的代码就可以反映出物资的种类、规格、型号等内容,因此可以减少计算机处理的数据量。提高处理速度,并可以节省存储空间。

(4)利用代码可以提高系统的可靠性。通过在代码中加入校验码,可以在输入数据时利用计算机进行检验,以保证输入的数据准确可靠,从而提高整个系统的可靠性。

2)代码设计的原则

(1)标准性。代码设计时要尽量采用国际或国家的标准代码,以方便信息的交换和共享,并可为以后对系统的更新和维护创造有利条件。

(2)唯一性。每一个代码只能唯一地代表系统中的一个实体或实体属性,而一个实体或实体属性也只能唯一地由一个代码表示。

(3)合理性。代码设计必须与编码对象的分类体系相适应,以使代码对编码对象的分类具有标识作用。

(4)适用性。代码设计要尽量反映编码对象的特点,以便于识别和记忆,使用户容易了解和掌握。

(5)可扩充性。编写代码时要留有足够的备用代码,以适应今后扩充代码的需要。但备用代码也不能留得过多,以免增加处理的难度。

(6)简单性。代码结构要简单。要尽量缩短代码的长度,以方便输入,提高处理效率,并且便于记忆,减少读写的差错。

(7)规范化。代码的结构、类型、编码格式必须严格统一,以便于计算机处理。

3)代码的种类

根据编码对象和从使用方便的角度出发,常用的代码主要有以下几种。

(1)顺序码。

顺序码是用一串连续的数字来代表系统中的客观实体或实体属性。例如,物流企业里面的各个部门可以采用顺序编码:01 仓储部,02 配送部,03 信息部等。

顺序码的优点是简单、易处理。缺点是不能反映编码对象的特征,代码本身无任何含义。另外,由于代码按顺序排列,新增加的数据只能排在最后,删除数据则要造成空码、缺乏灵活性，所以通常作为其他编码的一个组成部分。

(2)区间码。

区间码是按编码对象的特点把代码分成若干个区段，每一个区段表示编码对象的一个类别。例如，全国行政区邮政编码即为典型的区间码。这种代码共由6位数字组成，分成三个区段：第1位和第2位表示省或直辖市级顺序码；第3位和第4位表示地区或市级顺序码；第5位和第6位表示县或区级顺序码。因此，通过一个代码就可以反映出一个地区所在的省、地和县。

区间码的优点是从结构上反映了数据的类别，便于计算机分类处理，插入和删除也比较容易。它的缺点是代码的位数一般都比较多。区间码往往要和顺序码混合使用。

(3)助忆码。

助忆码是指用可以帮助记忆的字形和数字来表示编码对象。例如，可以用代码TV-C-70表示70寸彩色电视机。

助忆码的优点是直观、便于记忆与使用。缺点是不利于计算机处理，当编码对象较多时，也容易引起联想出错，所以这种编码主要用于数据量较少的人工处理系统。

(4)缩写码。

缩写码是把人们习惯使用的缩写字直接用于代码。例如：kg表示千克；mm表示毫米。

缩写码的优点是简单、直观，便于记忆和使用。但是，由于缩写字有限，所以它的适用范围也有限。

4)代码的校验

为了保证输入代码的正确性，人们在设计代码时，可以在原有代码的基础上再加上一个校验位，使其成为代码的一个组成部分。校验位通过事先规定好的数学方法计算出来，当带有校验码的代码输入计算机中时，计算机也利用同样的计算方法计算代码的校验位，并将它和输入的代码校验位进行比较，以检验输入是否正确。

7.3.2 数据文件存储与处理

数据文件存储和数据库设计是系统设计的主要内容之一，它的设计质量对整个系统的功能和效率有很大影响。因此，在进行数据文件和数据库设计时，必须充分考虑到数据存储完整性、可异性、安全性和便于操作等方面的问题。

数据存储的设计主要包括两部分的内容：一部分是设计工作文件，这部分文件主要用于存储程序本身工作所必需的环境和过程数据，如程序的初始化参数文件、密码文件、中间结果文件等；另一部分是业务数据文件（即数据库），它主要存储用户的业务数据，这部分数据是整个系统的核心，所有的处理过程都围绕着它进行，它对用户或企业来说至关重要。

1)工作文件的设计

工作文件可分为全局性和局部性两种。全局性工作文件是系统中所有文件都有可能访问的文件，局部性文件可能是专为某些模块设计使用的。在系统设计阶段，可以确定全局性工作文件，但局部性工作文件可能要等到程序设计阶段才能确定。

工作文件的设计主要考虑以下几个方面：

(1)定义每个文件的作用。

(2)定义每个文件的格式。文件存储格式一般分为字符型和二进制两种。对于字符型文件,必须规定编写文件的语法;对于二进制文件,则必须规定文件的存储结构。

(3)定义文件存储的内容及其语义,即定义文件中可以存储的数据项及每个数据项的含义。

(4)定义文件的存取方法。最好设计一套完整的文件存取模块,以统一存取方法。

(5)定义文件的操作策略,如什么时候调入文件,哪些模块可以写,哪些模块只能读,哪些模块负责打开或关闭文件等。另外,工作文件有时很容易被损坏,为了保证程序的坚固性,还要设定文件数据项的缺省值,以便尽可能恢复被损坏的文件。

2)业务数据文件(数据库文件)

业务数据文件存储着用户的重要数据,是系统中存取操作最频繁、最复杂的文件。用户可以自己定义业务文件的格式和操作方式,但这往往意味着巨大的工作量和重复性劳动。当今,数据库技术已十分成熟,数据库管理系统的产品众多、通用性好,且功能强大,所以,一般情况下采用数据库存储业务数据,并利用数据库管理系统提供的强大功能对数据进行操作、管理和维护。

数据库管理系统中最成熟的是关系数据库管理系统(RDBMS),而目前关系数据库管理系统又可分为两种:一种是文件系统型 RDBMS,另一种是客户/服务器型 RDBMS。有关数据库及其设计的具体内容在7.4节中介绍。

7.3.3 处理过程设计

处理过程设计的内容主要是输出设计、输入设计、用户界面设计和内部处理的设计。

1)输出设计

输出是指由计算机对输入的原始数据进行加工处理,使之具有一定的格式,提供给管理者使用。因而,输出是管理者直接面对的实物,往往已有固定的格式和数据要求,具有直观性,并直接反映了用户需求。输出的要求往往决定对输入的需求,例如在设计一张报表时,报表中需要的数据就是在输入阶段要提供的数据。这就是将输出设计放在输入设计之前的原因。输出设计的主要内容有:

(1)输出信息的内容。包括输出数据项、位数、数据形式(文字、数字)。

(2)输出信息的格式。包括报表、凭证、单据、公文等的格式。

(3)输出信息使用方面的内容。包括使用者、使用目的、报表量、使用周期、有效期、保管方法、密级和复写份数等。

(4)输出设备。包括打印机、显示终端、绘图仪等。

(5)输出介质。包括输出到本地磁盘还是云空间等。

2)输入设计

输入模块承担着将系统外的数据以一定的格式送入计算机的任务。输入设计要考虑三个方面的问题:输入设备、输入方式和数据校验。

(1)输入设备。随着计算机技术的发展,输入设备的种类越来越多,能够输入计算机中的信息的类型也越来越多。设计人员必须认真分析输入数据的类型。从方便用户使用的角度选择输入设备。常见的输入设备有键盘、扫描仪、触摸屏、多媒体输入设备（话筒、数字相机、摄像机等）、ID卡读写器等。

（2）输入方式。输入方式主要有两种：脱机输入方式和联机输入方式。脱机输入方式是将数据的输入过程与处理过程分离，这种分离可能是时间上的、可能是空间上，还可能两者都有。在这种方式下，先通过输入设备，如键盘，将数据输入某个存储介质上保存，从而完成输入过程。此时，输入的数据并没有进入系统的主数据库。当计算机需要这些数据进行某种处理时，再将这些数据传送到计算机系统的主数据库，并进行处理。这种方式适合非实时性处理和批处理。联机输入方式使系统采集到数据后，立即进行数据处理，并反映到数据库中。这种方式适合实时系统使用。

（3）数据的校验。输入计算机的数据必须保证是正确的数据。因此必须进行校验和改错，这个处理过程叫作数据检验。数据校验方式很多，但总的来说分为两种：人工校验和计算机校验。计算机校验总是在一定的条件下进行，不满足条件的数据，计算机可判定它是错误的。但去掉不满足条件的数据后，剩下的那些满足条件的数据不一定是正确的。计算机校验只能消除某些不合理的数据，真正错误的数据并不能够完全消除。因此，从校验的效果来看，还是人工校验好些。人工校验是在数据输入前，由负责数据检查的人员用目视法进行检查，是较繁重的劳动，另外，人也是可能出错的。数据校验的具体方法主要有：规格化校验、顺序校验、范围校验、关系校验、逻辑校验和比较校验。

3）用户界面设计

用户界面设计的好坏能够严重影响用户的工作效率，因此一定不要忽视用户界面的设计。同时它也是开发商展示其编程技能、实力、审美观和创造力的机会。用户界面的设计日益引起软件开发人员的重视，目前它已成为一个独立的研究方向。

在系统设计阶段不可能设计每一个用户交互过程及其界面，但必须定义用户界面总的框架。这些框架的内容包括：

（1）用何种界面形式。是字符界面，还是图形界面，是菜单方式，还是图形化图标方式或基于对象方式。

（2）定义基本的交互控制。如文本输入框的形状及其操作方式，窗口的种类及其形状和操作方式，另外还有滚动条、列表框等。

（3）定义基本的图形和符号。在图形界面中，常用一些图标表示某些常用的操作（在工具栏中）或应用系统中某类事物，这些图标及其语义在整个系统中要保持统一和一一对应。

（4）定义类似环境中的操作方法，使其保持一致。如定义通用的功能键和组合键的含义及其操作内容，文本编辑的方式。

（5）定义统一的色彩。

（6）定义信息反馈的策略。

（7）定义帮助策略。

（8）其他需要考虑的问题。

在决定上述框架时，设计人员应考虑如下用户界面设计的原则：

（1）统一性，指在类似环境中操作方法类似。

(2)简明性,使界面尽量简单明了。

(3)反馈性,对用户每一次操作都应产生反馈信息,对长时间进行的处理要有完成任务的进度信息指示。

(4)美观性,在色彩、图形的设计上要漂亮。

(5)易学易用。

(6)宽容性,尽量使操作可逆,允许用户犯错误。

(7)可控性,所有过程都是用户可以控制的、交互的。

4)内部处理的设计

内部处理的设计主要指根据结构图,将每个功能处理模块进一步具体化,即具体地描述每一个功能模块中的输入、输出信息,所涉及的文件、数据库以及基本的处理操作。

内部处理设计要用到处理流程图,其具体画法和图形符号可根据设计人员的习惯做出统一规定。

7.3.4 实施方案说明

实施方案说明的体现形式是形成实施方案说明书,它是系统设计阶段的工作总结,又是下一阶段——系统实施阶段的依据和出发点。实施方案说明书是以处理过程为单位用来定义处理内容的书面文件。从某种意义上说,它就是程序设计大纲,是对程序设计的粗略说明。

实施方案说明书由系统设计师编写,在由主管人员主持召开的讨论会上得到各方面认可后交给程序员。程序员根据它编制程序表,以便实施。实施方案的基本内容包括输入数据、输出数据、数据格式、文件类型,以及如何输入、如何输出、如何处理、用什么样的设备(其中包括计算机的规模、具体型号、外围设备及网络通信的方式等,即计算机应用系统集成的问题)等。

实施方案说明书应对各个有关项目和因素无一遗漏地加以说明,因此它必须按照标准格式编写。

实施方案说明书应包括两个方面的内容:一方面是计算机应用系统集成的内容,这些内容见相关章节,它主要确定系统的网络环境、硬件平台以及软件平台等的选择和设置;另一方面是有关用户应用软件的设计说明,包括子系统描述、功能描述、数据库设计、模块设计等。前一方面的结论交给系统集成商完成,后一方面的成果交给系统开发人员进行进一步的编程实现。

由于在系统实现实施方案时,企业要按照实施方案投入大量的人力、物力、财力和时间,而且可能影响用户组织机构的结构和运作方式,因此实施方案的确定意义重大。在决定实施方案时,应邀请各方面有关人员参加讨论,如物流管理信息系统的研制人员、用户组织的管理人员(包括组织人事、财务、设备、生产、供销部门的负责人)、程序编写人员、未来的系统操作人员等。这样可保证下一阶段工作的顺利开展,同时还可邀请局外的专家、学者以及有经验的管理者参加,对方案的选择提出各种意见。

通过对实施方案的审议,系统设计人员根据各方面的建议对方案进行权衡、修改或做必要解释,最后由用户组织的主管人员作出选择何种方案的决策,并与系统设计师及开发商法人代表一同在实施方案说明书上签字盖章。至此,系统设计阶段的工作宣告结束,LMIS 的研制工作就从系统设计阶段转入系统实施阶段。

7.4　数据库系统设计

数据库技术是20世纪60年代后期产生和发展起来的一项计算机数据管理技术。数据库技术已成为现代信息技术的重要组成部分，是现代计算机信息系统和计算机应用系统的基础和核心。目前数据库的建设规模和性能、数据库信息量的大小和使用频度已成为衡量一个国家信息化程度的重要标志，它是推动物流业快速发展的重要信息技术。物流信息系统的建立，必须有数据库技术作为主要的支撑技术。

7.4.1　数据库与数据库系统

数据管理是指对数据的分类、组织、编码、存储、查询和维护等活动，是数据处理的中心环节。数据管理技术分为三个不同的发展阶段：

（1）人工管理阶段（20世纪50年代中期以前）。

（2）文件系统阶段（20世纪50年代后期至60年代中期）。

（3）数据库系统阶段（20世纪60年代后期以来）。

数据库是长期存储在计算机系统内的一个通用化的、综合性的、有结构的、可共享的数据集合，具有较小的数据冗余度和较高的数据独立性、安全性和完整性。数据库的创建、运行和维护是在数据库管理系统控制下实现的，并可为各种用户共享。

数据库的特点：实现数据的集中化控制；数据的冗余度小，数据尽可能不重复；采用一定的数据模型实现数据结构化；避免了数据的不一致性；实现了数据共享，并提供数据库各级保护；数据由数据库管理系统（Data Base Management System, DBMS）统一管理和控制。

数据库系统（Database System, DBS）是实现有组织地、动态地存储大量相关的结构化数据，方便各类用户使用数据的计算机软件/硬件资源的集合。DBS由数据库、数据库管理系统及其开发工具、数据库管理员（DBA）、计算机硬件和软件、应用系统、应用程序用户和终端用户等组成。它是存储介质、处理对象、管理系统和用户的集合。图7-6给出了数据库系统构成示意图。

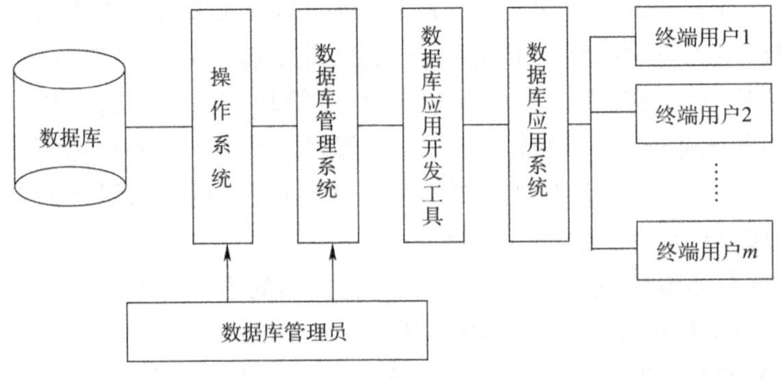

图7-6　数据库系统构成示意图

DBMS 是一个数据库管理软件，它是数据库系统的核心。DBMS 为用户提供方便的用户接口，帮助每个用户实现对数据库的各种控制和操作，它还提供数据库的定义功能和管理功能。整个数据库的创建、运行和维护是在 DBMS 控制下实现的。1970 年 IBM 公司提出关系模型，但关系数据库产品一直到 20 世纪 80 年代初才形成，此后，关系数据库系统得到了广泛的应用和普及。直到现在，关系数据库产品仍是大多数企业或组织信息化建设的首选产品。典型的关系数据库管理系统有 Oracle、Informix、Sybase、SQL Server、FOXPRO、Access 等。

DBMS 通常具有数据库定义、数据库操纵、数据库维护、数据字典、数据库运行和控制、数据通信等功能。

7.4.2 数据模型

数据模型（Data Model）是数据特征的抽象，描述的是数据的共性，是用来描述数据的一组概念和定义。通常，一个数据库的数据模型由数据结构、数据操作和数据的约束条件三部分组成。

数据模型按不同的应用层次可划分为两类：一类是概念数据模型，又称概念模型，概念模型是一种面向客观世界、面向用户的模型，主要用于数据库设计，例如 E-R 模型（实体联系模型）、扩充的 E-R 模型等属于概念模型；另一类是逻辑数据模型，常称为数据模型，它是一种面向数据库系统的模型，主要用于 DBMS 的实现，如层次模型、网状模型、关系模型均属于这类数据模型。

1）概念数据模型

概念模型设计是数据库设计的关键。它是客观数据世界的真实反映，独立于 DBMS，可以看作从用户角度所见到的数据库。图 7-7 为概念模型与现实及数据世界关系。

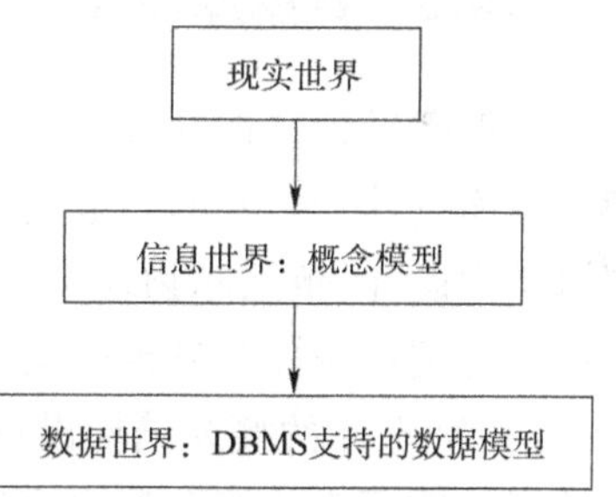

图 7-7 概念模型与现实及数据世界关系

2）逻辑数据模型

逻辑数据模型通常具有严格的形式化的定义，而且会加上某些限制或规定，以便于在机器上的实现。它通常有一组严格定义的语法和语义，可以用它来定义和操作数据库中的数据。常用的有层次数据模型、网状数据模型、关系数据模型和面向对象数据模型。

关系数据模型是以集合论中的关系（Relation）概念为基础发展起来的一种数据模型，它用二维表格表示现实世界实体集及实体集间的联系。自 20 世纪 80 年代以来，新推出的 DBMS 几乎都支持关系数据模型，非关系系统的产品也大多增加了与关系数据模型的接口。

在关系数据模型中把二维表称为关系，表中的列称为属性，列中的值取自相应的域（Domain），域是属性所有可能取值的集合。表中的一行称为一个元组（Tuple），元组用关键字（Keyword）标识。对二维表框架的描述称为关系模式。

用二维表格表示实体集及其属性：设实体集 R 有属性 $F_1,F_2,\cdots\cdots$，实体集的型可用一个二维表的框架表示，表中每个元组表示实体集的值，见表 7-1 所示。

实体集及其属性　　表7-1

F_1	F_2	F_3	……	F_n
f_{11}	f_{12}	f_{13}	……	f_{1n}
⋮	⋮	⋮	……	⋮
			……	
f_{m1}	f_{m2}	f_{m3}	……	f_{mn}

关系模型不仅可用二维表表示实体集，而且可用二维表描述实体集间的联系。例如，在图书管理中经常用到“借书人统计表”和“图书登记表”，由于借书人和图书之间是多对多（m∶n）的联系，因此若用层次模型或网状模型表示将是一项复杂的事情。用二维表——“借书登记表”来表示借书人和图书两个实体集之间的联系则十分简便。

实体集间的联系是通过在二维表中存放两个实体集的键实现的。关系数据模型的描述功能表明：无论是对现实世界实体集的描述，还是对实体集之间联系的描述都采用统一的数据结构——二维表。这种数据表示的一致性给关系数据库的数据定义和数据操纵带来了极大方便。

关系是一种简单的二维表。为了使相应的数据操作简化，在关系数据模型中对关系作了适当的限制，关系的性质包括：关系是一个二维表，表的每一行对应一个元组，表的每一列有一个属性名且对应一个域；列是同质的，即每一列的值来自同一域。不同列的数据可以出自同一域，为了区分需对每一列加以命名，即每列的属性名是不同的；关系中的每一个属性是不可分解的，即所有域都应是原子数据的集合。关系中任意两个元组不能完全相同，关系中行的排列顺序、列的排列顺序是无关紧要的，唯一标识各元组的属性集称之为关键字（关键字也简称键或码）。

7.4.3 数据库设计

数据库设计过程具有一定的规律和标准。数据库设计主要采用以逻辑数据库设计和物理数据库设计为核心的规范化设计方法。即将数据库设计分为：需求分析、概念结构设计、逻辑结构设计、数据库物理设计、数据库实施、数据库运行和维护六个阶段。除需求分析外，其中概念结构设计与逻辑结构设计是管理人员需要熟悉的概念。

（1）数据库的概念结构设计。概念结构设计应在系统分析阶段进行，其任务是根据用户需求设计数据库的概念数据模型（简称概念模型）。

概念模型是从用户角度看到的数据库，它可用E-R模型（实体联系模型）表示，如图7-8所示（图7-8中I、M、N、L为一对一、一对多的对应关系）。

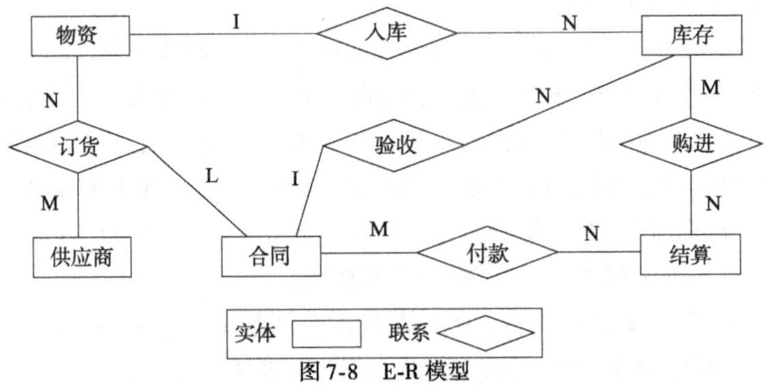

图7-8　E-R模型

(2)数据库的逻辑结构设计。逻辑结构设计是将概念结构设计阶段完成的概念模型转换成能被选定的数据库管理系统(DBMS)支持的数据模型。数据模型可以由 E-R 模型按如下规则转换而来：

①每一实体集对应于一个关系模式,实体名作为关系名,实体的属性作为对应关系的属性。

②实体间的联系一般对应一个关系,联系名作为对应的关系名,不带有属性的联系可以去掉。

③实体和联系中关键字对应的属性在关系模式中仍作为关键字。

数据库设计过程可以用图 7-9 表示。

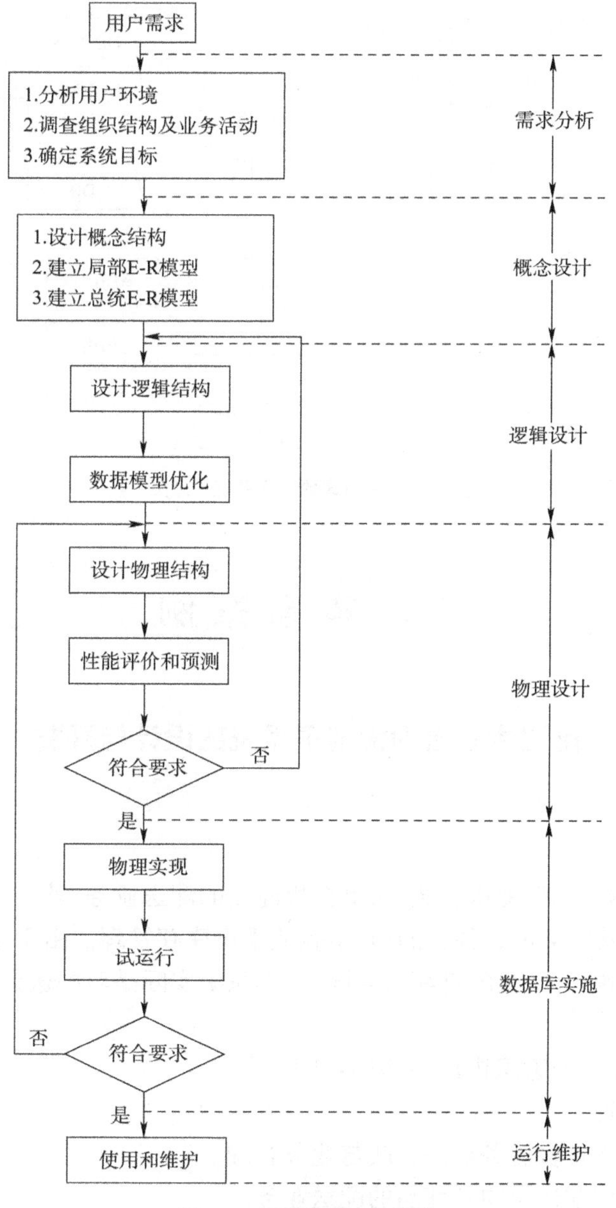

图 7-9 数据库设计过程图

7.4.4 分布式数据库系统

分布式数据库系统(Distributed Database System,DDBS)的研究始于20世纪70年代中期,它是数据库技术与计算机网络技术相互渗透结合的产物。

DDBS是一组结构化的数据集合,由逻辑上属于同一系统、物理上分布在计算机网络的不同结点上的数据组成。在分布式数据库管理系统(Distributed Database Management System,DDBMS)统一管理下,网络中的每个结点都具有自治能力,并能够执行局部应用,每个结点也可以通过网络通信子系统执行全局应用。图7-10给出了一个DDBS的示意图。

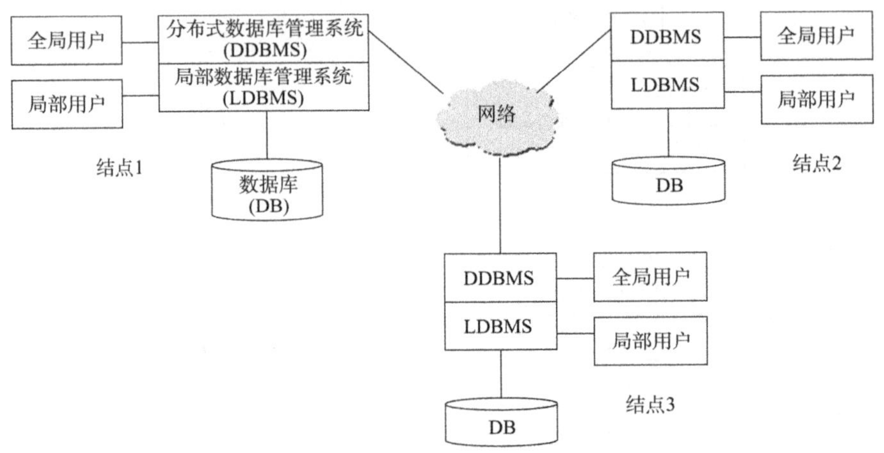

图7-10 分布式数据库系统示意图

7.5 本章案例

配送中心合同管理子系统的设计与开发

1)背景介绍

(1)业务特点。

本系统的用户属中小型配送企业,从事百货商品的配送业务,其经营特点是以配送定采购,根据配送合同直接将商品送往目的地,本企业不设库存管理。由于本企业经营的商品货源充足,无须签订采购合同,只签订配送合同,故本系统实际是对配送合同进行管理。

(2)组织机构。

合同管理相关部门的组织机构,如图7-11所示。

①管理职能分析。

业务部经理:全面负责业务部的行政与业务管理。

配送组:负责签订配送合同及商品的配送业务。

采购组:负责货源的组织业务。

统计分析组:每月根据配送合同的签订、履行情况,统计分析各客户与本企业签订的配送营业额、到送货情况及货款结算情况,定期编制汇总报表,以及对逾期不能正常履行合同的情况做出报警。

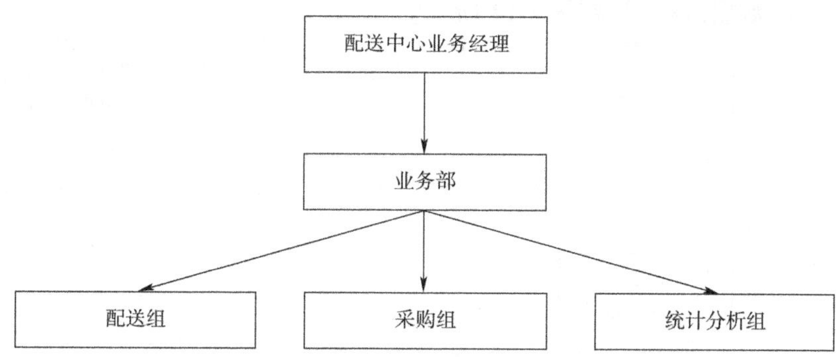

图7-11　合同管理相关部门组织机构图

②业务流程分析。

合同管理系统的业务流程为:配送业务员与客户签订配送合同,业务经理审批后发出购货通知给采购人员购货,并由统计人员将合同记人合同台账。采购人员组织货源,货到后填写到货通知给配送业务员及统计人员,对于确实无法执行的合同向客户发出取消合同通知。配送业务员根据到货通知和配送合同要求进行发货,统计人员将合同执行情况登记合同台账。每隔一段时间,统计人员会对合同执行情况做出统计分析报表,交业务经理审查后,送配送中心主管经理。业务流程图如图7-12所示。

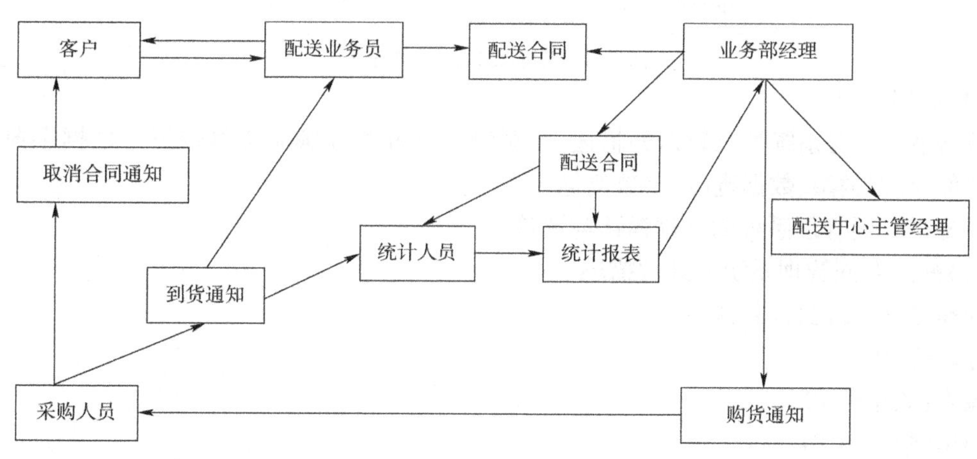

图7-12　业务流程图

③系统数据流程分析。

a. 现行系统的顶层数据流程图,如图7-13所示。

“数据流1”:配送合同;

“数据流2”:到货通知;

“数据流3”:统计组编制统计分析报表。

图 7-13 现行系统顶层数据流程图

b. 系统第一层数据流程图，如图 7-14 所示。

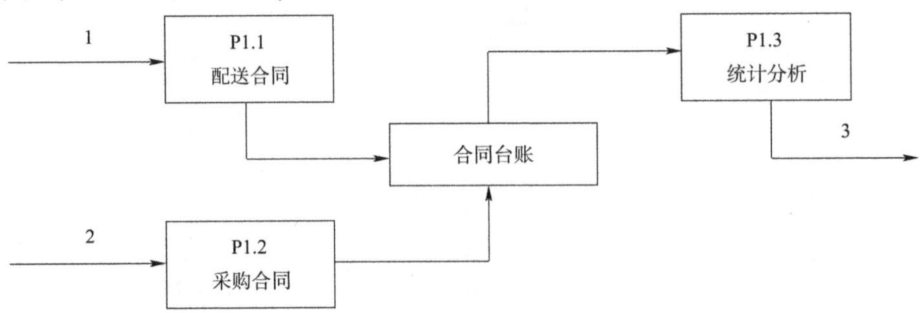

图 7-14 系统第一层数据流程图

c. 系统的第二层数据流程图，如图 7-15 所示。

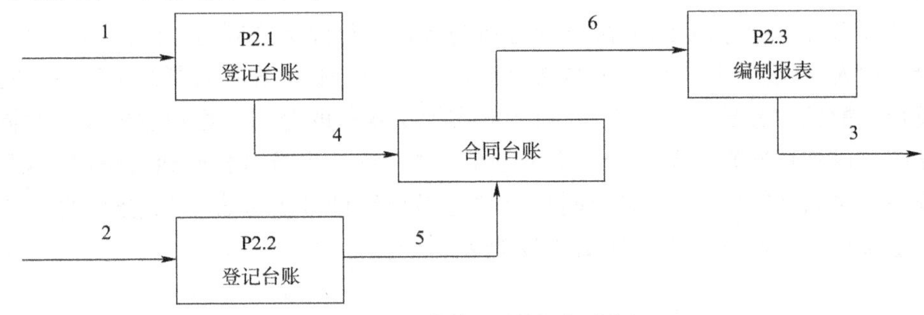

图 7-15 系统第二层数据流程图

(3)数据字典。

数据字典是对系统涉及数据的描述，为系统设计和程序编制提供依据。数据字典包括数据名称、数据类型、数据宽度、小数位等。

2)配送合同管理系统的处理描述与评价

(1)配送合同管理系统的处理描述。

处理名称：登记合同台账；

标识符：P1；

输入：数据流 F1；

输出：数据流 F4；

处理定义：签订配送合同后，根据合同登记合同台账；

激发条件：配送合同的签订。

处理名称：登记合同台账；

标识符：P2；

输入：数据流 F2；

输出：数据流 F5；

处理定义:商品到货后,根据到货通知及合同登记合同台账;

激发条件:到货通知。

处理名称:编制统计分析报表;

标识符:P3;

输入:取自合同台账的数据;

输出:填入输出报表中的统计数据;

处理定义:按公司名称统计客户交易额并进行 ABC 分类,统计逾期付款客户数量及欠款数;

激发条件:编制统计分析报表。

(2)配送合同管理系统的评价。

通过对现行系统的需求分析,原系统数据流向合理,系统功能比较齐全,但数据处理速度以及输出信息量不能完全满足管理工作的需要,故新系统应在统计分析处理过程中采用计算机进行不同需求汇总统计处理,提高数据处理速度,增加系统的管理信息输出量。

①新系统的逻辑模型Ⅰ,如图 7-16 所示。

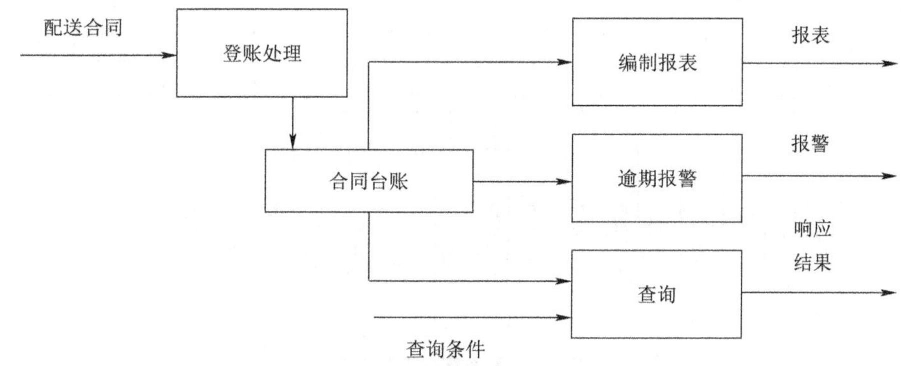

图 7-16　新系统逻辑模型Ⅰ

②新系统的逻辑模型Ⅱ,如图 7-17 所示。

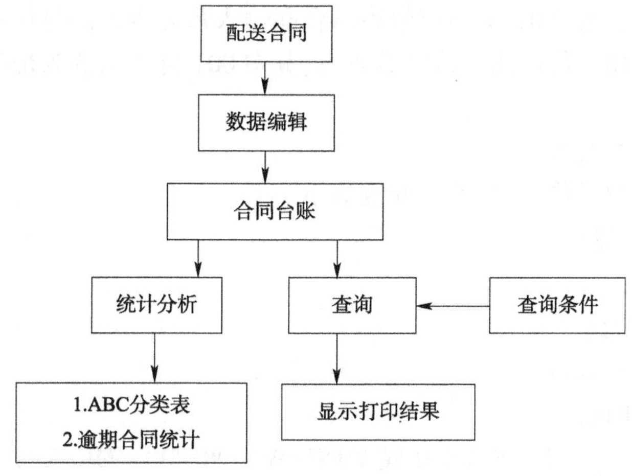

图 7-17　新系统逻辑模型Ⅱ

3）合同控制的管理信息系统的设计

（1）配送合同管理系统的设计目标。

①有良好的人机界面，方便用户输入数据，容错性强，自动保存新客户公司名称，尽量减少人工重复输入。

②输入配送合同时自动产生操作号，自动统计合同数量及跟踪合同执行情况，对配送合同按公司名称和配送额进行ABC分类管理，为管理层提供决策信息。

③把目前合同管理的“静态”控制变为“动态”控制，实时提供合同执行情况信息，包括逾期未付款的客户报警信息。

④自动储存客户资料，建立客户档案。

（2）配送合同管理系统的设计。

①新系统功能结构。

基于上述分析，形成了新系统功能结构，如图7-18所示。

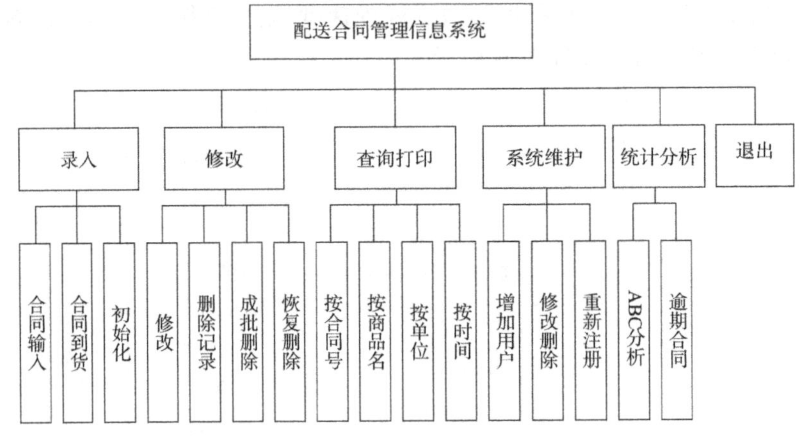

图7-18　新系统功能结构图

②代码设计。

配送合同输入的流水号和用户代码均采用自动产生方法，可根据不同需要进行统计分析，采用多面码，用六位数表示，前四位数表示合同输入系统当天的月份和日期，最后两位表示当天操作顺序号。用户代码用三位整数表示，其中001自动默认为部门主管的代码，拥有最高级的操作权限。

③系统物理配置方案设计。

本系统采用单用户操作方式，基本配置如下。

机型：奔腾或以上微机；

硬盘：2G或以上；

内存：32MB或以上；

显示器：VGA或SVGA；

打印机：宽行打印机；

操作系统：DOS 6.0加UCDOS 5.0或WINDOWS 98/2000/ME/XP；

数据库：FOXBASE 2.1、FOXPRO Visual FOXPRO。

④数据库字段名的代码设计。

本配送合同管理子系统建立了八个数据库文件，在这些库文件中用到大量的字段名变量，为便于阅读、理解和设计程序，每个字段名都设计一个代码，字段名代码使用表示字段含义汉字的每个字的第一个汉语拼音字母表示。

⑤程序模块设计说明。

a. 总控模块。

程序名称：LQP1. PRG；

功能：设置环境参数，进入本系统主菜单，显示各功能选项及其下拉式菜单内容和操作提示，选择功能菜单及下拉菜单中的操作项，调用相应的子程序进入相应的操作。

b. 各主要子程序。

调用程序 L11. PRG 实现合同数据的录入；

调用程序 L12. PRG 实现合同到货及发货数据的录入；

调用程序 L13. PRG 实现系统初始化，清空主要数据库；

调用程序 L21. PRG 实现数据库记录修改；

调用程序 L22. PRG 实现数据库记录删除；

调用程序 L23. PRG 实现对已履行完毕的合同进行成批删除；

调用程序 L24. PRG 实现恢复被误删的记录；

调用程序 L31. PRG、L32. PRG、L33. PRG、L34. PRG 分别实现按合同号、按商品名、按客户名称及时间进行数据查询及打印功能；

调用程序 L41. PRG、L42. PRG 和 L43. PRG 分别实现操作人员的注册、删除和重新注册；

调用程序 L51. PRG 实现合同销售额的 ABC 分析；

调用程序 L52. PRG 实现逾期合同的报警。

（资料来源：https：//wenku. baidu. com/view/59b811de4935eefdc8d376eeaeaad1f347931135?，有删改）

案例相关视频资料

用友智能工厂　精益配送

（案例来源：用友网络科技股份有限公司官方网站 https：//www. yonyou. com/material/video. html）

案例分析与研讨题

1. 结合案例内容，分析并总结物流子系统的设计过程和设计方法。

2. 结合本章知识和案例内容，讨论在物流信息系统的设计中，如何平衡系统的功能全面性、数据处理速度和用户友好性，以满足企业的长期发展需求？

7.6 本章小结

物流信息系统设计是在系统分析的基础上，根据系统分析阶段所提出的新系统逻辑模型，建立起新系统的物理模型。基本目标是要使所涉及的系统必须满足系统逻辑模型的各项功能要求，同时尽可能地提高系统的性能。物流信息系统设计总的原则是保证系统设计目标的实现，并在此基础上使技术资源的运用达到最佳。物流信息系统设计过程一般分为初步设计和详细设计两个阶段。初步设计阶段的主要任务是完成对系统总体结构和基本框架的设计。详细设计阶段的主要任务是在初步设计的基础上，将设计方案进一步详细化、条理化和规范化。系统设计阶段的主要工作成果是提出系统的实施方案，也称为模块说明书或程序编写说明书，通常由模块结构图和模块的功能说明两部分组成，是编写程序的基础和测试的依据。

系统模块化结构设计的原则主要有层次性、相互独立性和耦合性。系统可以按功能、通信、过程、时间和逻辑等方法划分为若干子系统和系统模块。结构化设计方法的基本思想是使系统模块化。系统结构图是结构化设计的主要工具，主要包括模块、调用、数据、控制信息几个基本部分。划分系统模块总的原则是降低模块关联度和提高模块内部聚合度，其次还要考虑模块的层次数和模块结构的宽度。模块化结构图的设计方法有变换分析法和事务分析法两种。变换分析法是通过对数据流程图的分析，将其转换成模块结构图。事务分析法是根据事务性结构的数据流程图导出模块结构图。

代码是指用以代表系统中客观存在的事物名称、属性或状态的符号。代码设计是将物流系统中具有某些共同属性或特征的信息归并在一起，并通过一些便于计算机或人进行识别和处理的符号来表示各类物流信息。代码设计的原则包括标准性、唯一性、合理性、适用性、可扩充性、简单性和规范化。常用的代码有顺序码、区间码、助忆码或缩写码。数据存储设计包括设计工作文件和业务数据文件（数据库文件）两部分。处理设计的内容主要包括输出设计、输入设计、用户界面设计和内部处理设计。实施方案说明书是以处理过程为单位用来定义处理内容的书面文件。

数据库是长期存储在计算机系统内的一个通用化的、综合性的、有结构的、可共享的数据集合，具有较小的数据冗余度和较高的数据独立性、安全性和完整性。数据库系统是实现有组织地、动态地存储大量相关的结构化数据，方便各类用户使用数据的计算机软件/硬件资源的集合。数据模型是数据特征的抽象，描述的是数据的共性，是用来描述数据的一组概念和定义，通常由数据结构、数据操作和数据的约束条件三部分组成。数据模型按不同的应用层次可划分为概念数据模型和逻辑数据模型两类。数据库设计方法通常分为直观设计法、规范化设计法、计算机辅助设计法、自动化设计法四类。目前数据库设计主要采用以逻辑数据库设计和物理数据库设计为核心的规范化设计方法。分布式数据库系统是一组结构化的数据集合，由逻辑上属于同一系统、物理上分布在计算机网络的不同结点上的数据组成。

复习思考题

1. 物流信息系统设计的基本目标和总原则是什么？
2. 简述物流信息系统设计的两个阶段。
3. 结构化设计方法的具体步骤是什么？
4. 简述系统模块化结构设计原则。
5. 如何划分系统模块？
6. 模块化结构图的设计方法有哪些？
7. 代码设计的原则是什么？
8. 简述数据存储的设计方法。
9. 简述数据库与数据库管理系统含义。
10. 数据模型有哪些？
11. 简述数据库设计过程。

实践与讨论

1. 网上调研一个物流企业，例如电子设备类、运输车辆类、仓储类等企业，总结并概括该企业物流信息系统设计的过程和使用的方法，讨论有哪些值得借鉴或改进的地方。

2. 网上搜索数据库管理系统的主要供应商，比较分析各自产品的特点和适用情景。

第 8 章 物流信息系统实施

核心概念

系统实施,程序设计,系统测试,信息系统切换,信息系统评价,信息系统安全

学习目标

理解物流信息系统实施阶段主要任务及其影响因素;了解物流信息系统实施硬件选择工作内容,了解程序设计内容、方法与工具;理解物流信息系统测试步骤与方法,掌握系统测试类型;熟悉物流信息系统切换方式及其含义,理解系统维护的内容与类型;理解物流信息系统评价含义、类型,熟悉系统评价维度和评价方法;了解物流信息系统安全威胁问题与保护屏障的类型,熟悉物流信息系统安全管理措施,了解信息系统安全审计类型、系统构成与方法。

8.1 物流信息系统实施概述

物流信息系统实施是继系统分析、系统设计之后,物流信息系统开发的又一重要阶段。系统实施的主要任务是将系统设计阶段确立的物理模型转换为实际可用的系统。系统实施阶段需要投入大量的人力、物力、财力,占用较长的时间,必须加强组织协调工作,要有严格周密的计划,确保系统实施的各项任务有计划、有步骤、有保障地进行,确保系统开发工作高质量完成。物流信息系统实施阶段的主要工作包括系统硬件的购置与安装,程序的编写(购买)与调试,系统操作人员的培训,系统有关数据的准备和录入,系统的调试、切换、评价与安全管理。

8.1.1 物流信息系统实施过程

物流信息系统实施阶段的主要任务是将新系统的物理模型变成可运行的计算机可执行模型,它包括购置硬件与软件、程序设计、数据录入、人员培训、系统测试、系统调试与切换、系统评价与安全管理等各项工作。

物流信息系统实施阶段的成果主要有系统全套文档,包括系统的软件设计说明书、测试

分析报告、源程序清单、用户使用说明书和系统验收报告。因此,系统实施的主要活动包括编制程序、调试和测试程序、系统转换、培训和编写文档等。

8.1.2 物流信息系统实施影响因素

由于物流信息系统的复杂性,有很多因素都会对系统的实施造成影响。这些影响因素包括管理因素和技术因素。

1)管理因素

物流信息系统的实施涉及开发人员、测试人员和各级管理人员,同时还涉及大量的物资、设备和资金。在系统实施过程中,如果没有强有力的管理措施来协调各类人员和物资,系统实施工作就无法顺利地进行。

负责系统开发的单位和本企业要各尽其职,开发单位应专注于物流信息系统的开发工作,并做好相关数据的保密工作。本企业则应该配合系统开发单位提供相应的信息,对人员进行培训,促进系统实施工作的顺利进行。

(1)设备管理。系统实施的顺利与否同系统所使用的设备密切相关。一方面,好的硬件设备能够使系统运行更加高效;另一方面,原有设备对新系统的适应性也直接影响到新系统的实施效果和实施过程所消耗的时间。

(2)资金管理。在整个系统的实施过程中,从软硬件购置、人员培训,到系统调试和转换,都需要大量的资金支持。如果资金不能按时或按量地投入,则可能会影响到系统实施的进度和质量。

(3)信息管理。系统实施过程中会涉及各种信息,这些信息既包括用户的需求信息也包括企业内部的数据信息。在系统实施阶段一定要充分考虑到这类信息的价值。如用户的操作习惯和企业数据的保密程度等,都应在程序设计和数据收集的过程中做好相关的处理工作,只有这样才能保证系统能够真正满足用户需求。另外,由于物流信息系统可能涉及企业以外的供应链上其他合作伙伴的信息,故对信息收集的完整性、可靠性和安全性等会有更高的要求。

(4)人员管理。系统实施涉及的人员包括系统开发人员、系统测试人员、企业管理者、系统操作用户等。对系统开发和测试人员的管理应强调让他们按照进度安排进行系统开发工作,并遵守相关的保密协议。对操作用户的管理主要是用户培训和思想教育,保证新系统能够被操作用户所接受和使用。而企业的管理者应该积极支持系统的实施,配合开发人员的工作。只有各方面的管理工作都做到位,才能保证新系统的顺利实施和高效运行。

2)技术因素

主要包括数据整理及规范化、软硬件及网络环境的建设、开发技术的选择和使用三方面因素,具体如下:

(1)数据整理及规范化。物流信息系统的成功实施依赖于企业准确、全面、规范化的基础数据。系统的硬件、软件是可以购置的,而企业的基础数据只有靠企业自己去整理和规范化,是系统能否正常运行的源头因素。物流信息系统犹如一个数据加工厂,没有高质量的数据原材料,很难得到高质量业务解决方案的产品。

(2)软硬件及网络环境的建设。建设物流信息系统的软硬件及网络环境也是一项技术要求很高、工作量很大的任务。系统软硬件及网络环境是物流信息系统运行的基础设施和平台，如果它不能很好地工作，物流信息系统运行的稳定性也无从保证。

(3)开发技术的选择和使用。系统实施的关键任务是通过开发人员编程得到最终的物流信息系统应用程序。根据系统的设计文档，如何快速开发物流信息系统，实现其预定的功能和性能，并且有可扩充性和易维护性，符合开发系统的标准是系统实施面临的主要技术问题。

8.2 物流信息系统软硬件选择与程序设计

8.2.1 物流信息系统软硬件选择

1)数据库管理软件系统选择

在大型企业网络中，通常都配置了中、小型机或超级服务器，又在其上配置了主数据库管理系统，如 Oracle、Sybase、Informix、SQL Server 等，用于存储和管理整个企业的重要信息。由于主数据库管理系统对企业非常重要，因而需由信息管理人员和网络人员共同研究和选择决定。

2)系统硬件设备选择

系统硬件设备的选择一般有两种含义：一种是从应用需要出发所进行的选择，另一种是从众多厂商的产品中选择性能价格比高的产品。在组建系统时，通常涉及的主要系统硬件设备有：服务器、工作站、集线器、路由器和交换机等。

(1)服务器的选择。服务器是网络系统的关键设备。选择服务器时，应考虑的主要指标是：CPU(中央处理器)的高性能、存储器的大容量、高速传输总线、高效的 SCS(小型计算机系统接口)和系统容错功能等。一般有三种类型：PC 服务器、专用服务器、主机型服务器。按其在网络中的作用和工作方式区分，又有文件服务器、数据库服务器、打印服务器和通信服务器等。

(2)工作站。工作站是客户用机，它执行用户的指令，按用户的要求向服务器提出服务请求，同时完成部分(在 C/S 结构)或全部(在文件服务器结构)用户要求的数据处理和计算任务。因此，在选择工作站时，要根据用户的工作环境、网络工作模式和用户的工作性质等因素，考虑选择一般档次或高档的计算机。

(3)网络互联设备的选择。选择网络互联设备时，也要考虑技术发展迅速、产品更新换代越来越快的特点。从一般的 LAN(局域网)到较高级的 FDDI(光纤分布式数据接口)网和 ATM(异步传输模式)网，网络互联设备包括一般的中继器、集线器到高档的路由器、LAN 交换机、FDDI 集线器和 ATM 交换机等，选择的余地很大，同时也带来了技术上的难度。因此，在选择这些设备时，既要注意采用先进的技术，又要考虑实际情况，避免由于系统设备的不配套而使其中先进设备的优势难以发挥，甚至影响正常运行。

(4)网络操作系统的选择。网络操作系统是建立在一定的网络体系基础上的,对整个网络系统各种资源进行调度、分配和管理的软件。网络操作系统的选择是网络设计中非常重要的一环。选择一个合适的网络操作系统,既省力、省钱,又能大大提高系统效率。网络操作系统在很大程度上决定着网络的整体性能。选择网络操作系统通常综合考虑网络的性能,网络的管理,网络的安全性、可靠性、灵活性,网络成本和网络的实现等因素。

8.2.2　程序设计

程序设计是指程序设计人员依据系统设计中对各个功能模块的功能描述,如输入输出的格式、数据库的格式以及模块的处理功能等,运用相应的程序设计语言所编制的应用程序。

1)程序设计基本要求

(1)可靠性。这是对程序的最低要求,即程序必须能够实现系统的功能,满足系统设计时的要求。可靠性指标包括两个方面的内容:一方面是程序或系统的安全可靠性,如数据存取的安全可靠性、通信的安全可靠性、操作权限的安全可靠性,这些工作一般都要靠系统分析和设计时进行严格定义;另一方面是程序运行的可靠性,这一点只能靠系统调试时严格把关来保证。

(2)规范性。规范性即系统划分、程序书写、变量命名等都应该按照统一的规范进行,这对今后程序的阅读、修改和维护都十分重要。

(3)可维护性。程序的设计必须要考虑到将来为完善系统可能作出的修改,应尽量避免在维护程序时出现“牵一发而动全身”的连锁反应。一个规范性、可读性、结构划分都很好的程序模块,其可维护性也是比较好的。

(4)可读性。程序的设计要尽量简明,没有太多复杂的技巧,能够使他人容易读懂,以方便维护和检测人员查找错误或更新程序。

(5)效率高。程序设计时不仅要考虑系统的正常工作,还要尽量使用最高效的算法让系统能够高效率地工作。

(6)实用性。实用性是指从用户的角度来审查系统各部分都非常方便实用。系统最终是要交由用户来操作,因此,在程序设计时必须充分考虑用户的需求和操作习惯,尽可能地方便用户。

2)程序设计质量要求

(1)程序内部文档化的要求。程序的内部文档是指程序内部带有的说明材料。内部文档可以用注释语句书写,程序中的注释是程序设计者和阅读者进行交流的重要工具,正确的注释有助于对程序的理解。另外,修改程序时也要对注释作出相应的修改。注释要适当,是对程序段进行的,而不是对每个语句都作注释。

(2)数据说明的格式要求。数据说明的次序应标准化,如按数据结构和数据类型确定说明次序。但对多个变量在一个语句中说明时,应该按字母顺序排列,以避免遗漏或重复。如果在程序设计时使用了一个复杂的数据结构,则需要用注释说明程序设计语言实现这个数据结构的方法和特点。

(3)语句构造要求。在书写程序时要使用简单清晰的语句构造。不要为了节省空间,而把多个语句写在同一行。尽量避免复杂的条件判断测试,尽量减少对“非”条件测试,尽量少使用嵌套,尽量使用括号,这样可以使逻辑表达式或算术表达式的运算次序清晰直观。

(4)输入/输出要求。输入数据要有完善的检验措施。输入格式设计要简单、直观,布局合理。明确提示交互输入请求。输出报表要易读、易懂,符合使用者的要求和习惯。

(5)程序运行要求。编程前要优化算法,仔细研究循环条件及嵌套,检查是否有语句从内向外移。尽量避免使用多维数组,尽量避免使用指针和复杂的数据结构,不要混合使用不同的数据类型。

3)程序设计步骤

(1)理解设计要求。首先应仔细阅读系统设计说明书,明确程序所要完成的任务、功能和目标,以及相关环境。

(2)选择编程工具。熟悉开发环境,包括计算机的性能、操作系统、程序设计语言与数据库管理系统。

(3)编写程序。采用程序设计语言,按其规定的语法规则把确定的流程描写出来。

(4)调试程序。编写完毕后,要对程序的正确性进行测试。程序执行中常见的错误有语法错误和逻辑错误。

(5)编写程序使用说明书。说明执行该程序需要使用的设备,输入、输出的安排,操作的步骤,以及出现意外情况的应对措施等,为系统管理员和使用人员提供好的参考,确保程序有条不紊地运行。

4)程序设计方法与工具

(1)程序设计方法。

程序设计的方法大多是按照结构化系统开发方法、原型法和面向对象法进行,而且最好是利用现有软件工具的方法,因为这样做不但可以减少开发的工作量,而且还可以使系统开发过程规范功能性强,使系统易于维护和修改。

结构化程序设计是采用结构化的方法来分解内容和设计程序。在结构化程序设计方法的内部强调的是自顶向下地分析和设计,而在外部又强调自底向上地实现整个系统,是当今程序设计的主流方法。结构化程序设计方法强调:程序的各部分要自顶向下地进行结构化划分,各程序部分应按功能进行组合,程序之间的联系要采用调用程序的方式。

速成原型式的程序开发方法在程序设计阶段的具体实施步骤是:首先将图中类似带有普遍性的功能模块集中,如菜单模块、报表模块、查询模块、统计分析和图形模块等,这些模块几乎是每个子系统都必不可少的。然后再去寻找有无相应、可用的软件工具,如果没有则可以考虑开发一个能够适合各子系统情况的通用模块,用这些工具生成这些程序模型原型。

面向对象的程序设计方法一般应与该方法所设计的内容相适应。它是一个简单直接的映射过程。面向对象的设计方法与人类习惯的思维方法一致,其稳定性好,能较好地适应需求变化,可重用性及可维护性好,目前得到了广泛的应用。

(2)程序设计工具。

目前比较流行的编程工具可分为六类:常用编程语言类、数据库类、程序生成工具类、系统开发工具类、客户/服务器(C/S)工具类以及面向对象编程工具类等。每类工具的划分在许多具体的工具软件上又都是有交叉的。具体工具软件的使用参考书籍较多,本教材不再展开阐述。

8.3 物流信息系统测试

物流信息系统软件的质量是由系统开发的各个阶段采取一系列的质量控制措施决定的。程序编制完以后,应该用各种测试方法检查程序是否达到了规定的质量标准。测试分为模块测试、集成测试、确认测试和系统测试四个步骤。在编码和详细设计阶段就开始了模块测试,主要测试模块的功能和算法;集成测试是在设计阶段对模块间的接口和通信进行测试;确认测试以需求规格说明书为依据,测试软件的性能、功能是否满足用户的需求;系统测试则测试硬件与软件和其他相关因素。系统测试是从程序中含有错误这个假定出发去测试程序,从中发现尽可能多的错误,是为了发现程序错误而进行的测试,发现了新的错误的测试才能称得上是成功的测试。

8.3.1 模块测试

1)模块静态测试

模块测试是系统测试的基础,它是对单个模块进行的测试。模块测试分静态测试和动态测试,在模块上机进行动态测试前,可以通过三种基本的方式来发现程序中的语法错误和逻辑错误:程序审查会,人工运行,静态检验。

(1)程序审查会。程序审查会是让小组成员阅读程序代码而进行的一系列步骤和查找错误的办法。调查人在会议前几天,把要审查的程序清单和设计规范分发给小组的其他成员,要求他们在会议之前熟悉这些材料,在会议中,请程序员逐个语句地讲述程序的逻辑结构,其间大家集中精力找出错误,而不是改正错误。审查会上所进行的讨论大多集中在处理步骤、填充表格等。审查会通常由四人组成:一个是调解人,调解人一般由能力强的程序员担任,负责为审查会分发材料、安排并主持会议、记录出所有的错误,并保证这些错误随之得以改正;第二个成员是程序员,他是被审查程序的作者;第三个是系统分析或设计人员;最后一个是测试专家。

(2)人工运行。第一步与程序审查会一样,在让小组成员分析这个程序之前,提前几天提供给他们一些资料以便让他们更仔细地研究程序。然而,在会议中所采取的步骤却与程序审查会有所不同。它不是简单地阅读程序或者使用错误检查表,而是要求与会者当“计算机”,被指定为测试员的人要携带一组写在纸上的测试情况来参加会议。这些测试情况都是这个程序或模块的输入情况和期望输出情况的典型代表。

(3)静态检验。静态检验可以看做是一个人参加的程序审查会,或一个人参加的人工运行。让一个人读程序，依照差错表检查程序或用测试数据把程序查一遍。

2）模块测试的基本方法

模块上机动态测试的基本方法有黑盒（箱）测试和白盒（箱）测试。

（1）黑盒测试。测试者完全不考虑程序内部结构和内部特性。相反，测试者仅仅关心寻找使程序未按规范运行的情况，把程序看成是一个黑盒。一般情况下要用这种方法查出程序中所有错误只能使用穷举法输入测试。所谓穷举法输入测试，就是把所有可能的输入都作为测试情况使用。

（2）白盒测试。又称逻辑驱动测试，测试者从检查程序的逻辑着手，得出测试数据，进行测试过程，使模块中的所有测试路径都被测试到，即允许人们检查程序的内部结构。

可以看出，黑盒测试和白盒测试都不可能将程序中的所有错误全查出来。因为黑盒测试不可能将所有的输入情况都测试一遍，白盒测试也不能穷举模块中的所有可能路径。可运用黑盒测试和白盒测试的思想按以下方法进行模块测试。

①等价分类法。根据黑盒测试思想，在所有可能的输入数据中取一个有限的子集，作为测试用数据，通常是将模块的输入划分为有效等价类（模块中符合规范的输入）和无效等价类（模块中非法的输入）两种。例如，某模块中的合理输入是－100～100，则不小于－100且不大于100的数据属于有效等价数据。小于－100或大于100的数据为无效等价数据，测试数据可以从这两个等价类中抽取。

②边缘分析法。在编写程序时，人们往往只注意正常情况，忽视了边界状态。因此，在测试过程中边缘值常被用来作为测试数据。如模块的有效值是－100～100，则可以取－100.01、100.01、－99.99、99.99作为测试数据。

③逻辑覆盖测试法。用白盒测试法测试模块时，要执行程序中的每一条路径。当程序中有循环存在时，测试程序中的每一条路径是不可能的，而用逻辑覆盖法测试模块，只要模块中的每一分支方向都至少被测试一次即可。对模块中的循环语句，只需测试循环语句是否执行，而不必去测试每次循环情况。

8.3.2 集成测试

在模块测试的基础上，为解决模块间相互调用问题进行的测试称为集成测试。通常可以采用非增式测试和增式测试两种方法。非增式测试是独立地测试程序的每个模块，然后再把它们组合成整个程序，增式测试则是把下一个待测模块组合到已经测试过的那些模块上去。

如图8-1所示，非增式测试方式是先对6个模块中的每一个进行测试，也就是把每个模块当作独立的整体来测试，测试完毕后再把这些模块组合起来形成程序。测试每一个模块需要专门的驱动模块和桩模块。驱动程序是另外编写的小模块，用来驱动或传送测试情况给被测模块（也可以认为它是一个测试工具），并向测试者显示执行被测模块所产生的结果。为了测试模块D，需要设计一驱动程序把事先设计的测试情况传送给模块D，当作其输入变量，并显示执行模块D的结果。由于模块D要调用模块F，因此要有“桩模块”来模拟模块F的功能，它是以F命名的特定模块。

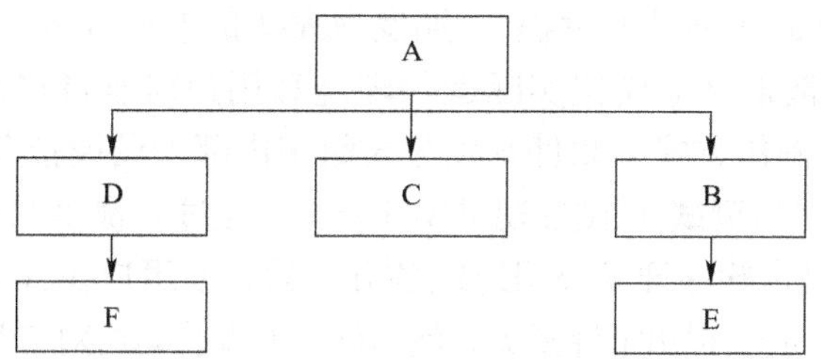

图8-1 模块程序简图

增式测试不是测试每一个模块,而是一开始就把待测模块与已测过的模块集合连接起来。这里必须解决的一个重要问题是应该先从程序顶部还是底部开始测试。

1)自底向上测试

从系统结构的最低一层模块开始,进行组装和测试。这种测试方法需要设计一些测试驱动模块而不是桩模块,测试驱动模块主要是用来接受不同测试用例的数据,并把这些数据传递给被测试模块,最后打印出测试结果。

自底向上测试子系统,先将一些低层模块组合成实现某一特定功能的模块群。然后为这些模块设计一个驱动模块,作为测试的控制模块,以协调测试用例的输入输出。在完成这一模块群的测试后,按照系统的层次结构,从下向上用实际模块替换驱动模块,组合成一个新的规模更大的模块群。然后再进行新的一轮测试。

自底向上是从不调用别的模块的"叶子"模块开始测试。选择下一个测试模块的原则是:所有下层模块(即它能调用的所有模块)必须事先都被测试过。在图8-1中,可以有如下测试顺序:E、F、B、C、D、A等。

自底向上测试方法的优点在于设计测试用例比较容易,但它必须和最后一个模块组装出来,才能使模块群作为一个整体存在。

2)自顶向下测试

自顶向下测试的顺序是从顶端模块(即程序开头的模块)开始测试,依照"下一个测试过的模块至少有一个调用它的模块已经测试过"的原则选择下一个测试过的模块。

在图8-1中,可以有如下测试顺序:A、B、C、D、E、F;A、B、E、C、D、F;A、C、B、E、D、F;A、D、F、C、B、E等。

自顶向下测试方法的优点在于和子系统整体有关的接口问题可以在集成测试的早期得到解决,但设计测试用例比较困难。

通常在进行子系统测试时,是将两种方法结合起来进行。即对子系统的较高层次使用自顶向下的方法,对子系统的较低层次采用自底向上的测试方法。

8.3.3 确认测试

集成测试通过之后,软件已完全组装起来,已排除接口方面的错误,确认测试即可开始。确认测试应检查软件能否按合同要求进行工作,是否满足软件需求说明书中的确认标准。事实上,软件开发人员不可能完全预见用户实际使用程序的情况。例如,用户可能错误地理解命令,或提供一些奇怪的数据组合,又或者可能对设计者自认明了的输出信息感到迷惑不解等。此时多采用称为α、β测试的过程，以期发现那些似乎只有最终用户才能发现的问题。α测试的关键在于尽可能逼真地模拟实际运行环境和用户对软件产品的操作，并尽最大努力涵盖所有可能的用户操作方式。软件开发公司组织内部人员模拟各类用户对即将面市的软件产品(称为α版本)进行测试，试图发现错误并修正。经过α测试调整的软件产品称为β版本。紧随其后的自测试是指软件开发公司组织各方面的典型用户在日常工作中实际使用β版本，并要求用户报告异常情况、提出批评意见。然后软件开发公司再对β版本进行改错和完善。

8.3.4 系统测试

系统测试应该由若干个不同测试组成，目的是充分运行系统，验证系统各部件是否都能正常工作并完成所赋予的任务。下面简单介绍几类系统测试。

1)性能测试

一些软件部分满足功能要求的实时和嵌入式系统，未必能够满足性能要求，虽然从单元测试起，每一测试步骤都包含性能测试，但只有当系统真正集成之后，在真实环境中才能全面、可靠地测试运行性能，系统性能测试即是为了完成这一任务。性能测试有时与强度测试相结合，经常需要其他软硬件的配套支持。

2)恢复测试

恢复测试是指当系统出错时，能否在指定时间间隔内修正错误并重新启动系统。恢复测试首先要采用各种办法强迫系统失败，然后验证系统是否能尽快恢复，主要是检查系统的容错能力。

3)强度测试

强度测试总是迫使系统在异常的资源配置下运行，是对异常情况的抵抗能力进行测试。例如：当正常情况下每秒钟能够承受1～2个中断时，运行每秒产生10个中断的测试用例；定量地增长数据输入率，检查输入子功能的反应能力；运行需要最大存储空间(或其他资源)的测试用例；运行可能导致虚存操作系统崩溃或磁盘数据剧烈抖动的测试用例等。

4)安全测试

安全测试是测试对非法侵入的防范能力。安全测试期间，测试人员假扮非法入侵者，采用各种办法试图突破防线。例如：想方设法截取或破译口令；故意导致系统失败，企图趁恢复之机非法进入；试图通过浏览非保密数据，推导所需信息等。理论上讲，只要有足够的时间和资源，没有不可进入的系统。因此系统安全设计的准则是使非法侵入的代价超过被保护信息的价值。此时非法侵入者已无利可图。

8.4 物流信息系统切换与运行维护

8.4.1 物流信息系统切换

以新的信息系统替换老的信息系统是物流信息系统切换的任务，即老的信息系统停止使用,新信息系统开始运行的过程。系统切换的主要工作包括数据准备、系统初始化。数据准备是将老系统的文件、数据加工成符合新系统要求的数据,其中包括历史数据的整理,数据资料的格式化、分类和编码,以及个别数据及项目的增、删、改等。系统初始化包括对系统运行环境和资源的设置、系统运行和控制参数设定、数据加载以及调整系统与业务工作同步等内容。信息系统切换的方式如下。

1)直接切换

直接切换即老系统停止运行的某一时刻,新系统立即开始运行。采用这种切换方式,费用低,方法简单,人力、物力、财力支出最为节省。但直接切换风险大,一旦新系统运行不力,就会给业务和管理工作造成混乱。直接切换方式适用于处理过程不太复杂的小型简单系统,或现行系统完全不能使用的情况。

2)并行切换

并行切换即新老系统并行工作一段时间,经过这段时间的运行后,新系统正式替代旧系统。采用并行切换的优点是风险较小,在并行工作期间,现行系统和新系统并存,一旦新系统出现问题,可以暂时停止而不会影响现行系统的正常工作,在系统切换期间还可同时比较新、旧两个系统的性能,让系统操作员和其他有关人员得到全面培训。其缺点是在并行期间,两套系统或两种处理方式并存,致使人力、物力、财力支出较大,费用较高。一般情况下,企业的核心信息系统经常使用这种系统切换方式。

3)分段切换

分段切换即新系统正式运行之前,分阶段一部分一部分地替代老系统。这种切换方式既能保证系统平稳运行,人力、物力、财力方面的支出也并不是太高,但要求子系统之间具有一定的独立性,对信息系统的设计和实现也有较高的要求。一般处理过程复杂、数据重要的大型企业信息系统切换采用这种方式较为适宜。

8.4.2 物流信息系统运行维护

物流信息系统维护是指已经完成系统开发工作,并交付使用以后,对系统所进行的一些软件工程活动。目的是改正潜在错误,扩充功能,完善功能,延长系统寿命。系统维护包括硬件维护、应用软件维护以及数据的维护。

1)系统维护内容

(1)硬件维护。包括专职的硬件人员对系统设备日常的保养性维护和突发性故障维护,硬件人员应加强对设备的保养并定期检修,同时做好检验记录和故障登记工作,准备好为适应软件要求的更换作业,做好应对突发性故障的有关准备工作。

(2)软件维护。就是在软件已经交付使用之后,为了改正错误或满足新的需要而修改软件的过程。其目的是保证软件系统能持续地与用户环境、数据处理操作、政府或其他有关部门的请求保持协调一致。包括正确性维护、适应性维护、完善性维护、预防性维护。

(3)代码维护。当有必要更正、重新设计、添加、删除代码时,应由代码管理部门(最好由现场业务经办人和计算机有关人员等组成)讨论新的代码系统。确定之后用书面写清再贯彻。代码维护困难不在于代码本身的变更,而在于新代码的贯彻。为此,除了代码管理部门外，各业务部门都要指定负责代码管理人员，通过他们贯彻使用新代码。

（4）数据维护。数据维护工作一般是由数据库管理员来负责，主要负责数据库的安全性和完整性以及进行并发性控制。用户在向数据管理员提出数据操作请求时，数据库管理员要负责审核用户身份，定义其操作权限，并负责监督用户的各项操作。同时数据库管理员还要负责维护数据库中的数据，当数据库中的数据类型、长度等发生变化时，或者需要添加某个数据项、数据库时要负责修改相关的数据库、数据字典，并通知有关人员。另外，数据库管理员还要负责定期出版数据字典文件及一些其他的数据管理文件，以保留系统开发和运行过程。当系统出现硬件故障并得到排除后要负责数据库的恢复。

2）系统维护类型

系统维护的重点是系统应用软件的维护工作，按照软件维护的不同性质可划分为下述四种类型。

（1）纠错性维护。系统测试不可能揭露系统存在的所有错误，系统的实际应用过程中还有可能暴露出系统内隐藏的错误。诊断和修正系统中遗留的错误，就是纠错性维护。纠错性维护是在系统运行中发生异常或故障时进行的，这种错误往往是遇到了从未用过的输入数据组合或是在与其他部分的接口处产生的，因此只是在某些特定的情况下发生。

（2）适应性维护。适应性维护是为了使系统适应环境的变化而进行的维护工作。一方面，计算机科学技术发展迅速，硬件的更新周期越来越短，新的操作系统和原操作系统的新版本不断推出，外部设备和其他系统部件经常有所增加和修改，这就必然要求物流信息系统能够适应新的软硬件环境，以提高系统的性能和运行效率。另一方面，物流信息系统的使用寿命在延长，超过了最初开发这个系统时应用环境的寿命，即应用对象也在不断发生变化，机构的调整、管理体制的改变、数据与信息需求的变更等都将导致系统不能适应新的应用环境，如代码改变、数据结构变化、数据格式及输入/输出方式的变化、数据存储介质的变化等，都将直接影响系统的正常工作。因此，有必要对系统进行调整，使之适应应用对象的变化，满足用户的需求。

（3）完善性维护。在系统的使用过程中，用户往往要求扩充原有系统的功能，增加一些未开发的功能与性能特征，还可能要求对处理效率和编写程序进行改进。例如，有时可将几个小程序合并成一个单一的运行良好的程序，从而提高处理效率；增加数据输出的图形方式；增加联机在线帮助功能；调整用户界面等。尽管这些要求在原来系统开发时并未提出，但用户要求在原有系统基础上进一步改善和提高，并且随着用户对系统的使用和熟悉，这种要求可能会不断提出。为了满足这些要求而进行的系统维护工作就是完善性维护。

（4）预防性维护。系统维护工作不应总是被动地等待用户提出要求后才进行，应进行主动的预防性维护，即选择那些还有较长使用寿命，目前尚能正常运行，但可能会发生变化或调整的系统进行维护，目的是通过预防性维护为未来的修改与调整奠定更好的基础。例如，将目前能应用的报表功能改成通用报表生成功能，以应对今后报表内容和格式可能的变化。

8.5 物流信息系统评价

系统投入运行后,要在日常运作管理工作的基础上,定期对其运行状况进行集中评价。系统评价的目的是通过对系统运行过程和绩效的审查,来检查系统是否达到了预期的目标,是否充分利用了系统内各种资源(包括计算机资源、信息资源),系统的管理工作是否完善,并提出今后系统改进和扩展的方向。

8.5.1 信息系统评价概念和类型

信息系统评价通常涉及设计中对系统运行及收益的要求与系统实际运行及收益的比较。一个系统输出结果的综合评价主要包括以下两种。

(1)直接评价输出的结果,而不是转换活动本身。因为输出的结果是既定过程的结果,具有相对稳定性,而转换活动过程存在着许多不可控制的因素,特别是人的活动更具有灵活多变的特点。要达到同样的目的,可以使用不同的方法和手段。所以,对输出进行评价提高了评价工作的可操作性。另一方面,输出结果受系统环境和系统内部状态两方面因素的影响,而起决定作用的是系统内部状态,即取决于系统内部对输入的转换能力和水平,并最终取决于结构的优化程度。这样,通过对输出的评价,也间接评价了转换工作的各种具体活动,达到评价工作的目的。

(2)系统评价是按照系统整体性原理来评价系统的输出,而不是仅评价工作成果的某个方面或某些部分。根据系统优化原理,最优个体的总和不等于系统的最优,最优化的结果是建立好各要素的最佳结合,并大于部分的代数和,这就要求全面综合评价过程。

物流信息系统是一个综合的信息处理系统,包括自动化的物料流程、共享的信息以及财务资源等,所有这些功能模块基于一个集成的数据库。实施一个成功的物流信息系统方案主要包括两个方面:一是如何选择物流信息系统的建设策略;二是企业流程改造以及检测系统的实用性。同样,一个不适合的建设方案的选择也会造成两种后果:一种是方案本身的失败;另一种会削弱企业系统的能力并导致企业业绩下滑。

8.5.2 系统评价的维度

系统评价具体包括系统目标的完成情况评价、系统运行的性能和实用性评价、系统的直接经济效益评价和间接经济效益评价四个维度。

1)系统目标的完成情况评价

针对系统所设定的目标,检查已在运行中系统的实际完成情况。例如,系统的硬件和软件环境是否能够满足系统功能上和性能上的要求;系统是否实现了系统设计提出的所有功能;系统内部各种资源的实际应用情况如何;为了达到系统目标,支出的经费、配备的人员是否超出了计划安排等。实际上,随着系统开发的不断进行,一些具体目标会因为具体的时间和环境而发生变化。因此，在进行系统目标的完成情况评价时，也要对所设定目标的合理性进行评价，以便为系统的修改与完善提供依据。

2）系统运行的性能和实用性评价

信息系统是一种面向应用的系统，评价系统的性能和实用性是管理信息系统评价非常重要的一个环节。系统性能和实用性评价的内容包括：系统的应用是否使采购、销售、生产、管理等的工作效率有所提高；系统的使用人员对系统的满意程度如何；系统的运行是否稳定；系统的使用是否安全保密；系统运行的速度如何；系统的操作是否灵活，用户界面是否友好；系统对误操作的检测和屏蔽能力如何等。

3）系统的直接经济效益评价

信息系统的经济效益包括直接经济效益和间接经济效益。直接经济效益是应用信息系统而直接产生的成本降低和收入提高。系统的直接经济效益体现在：由于信息的准确及时，使销售收入增加；更合理地利用现有的生产能力和原材料，提高了产品的产量；更有效地进行调度，组织生产，减少了停工产生的损失，提高了生产效率；改善了企业的供应链，减少了物资储备，缩短了生产循环周期；掌握客户信息，及时收回应收账款，降低了费用性支出等。对于直接经济效益可以采用一般的经济效益评价方法进行评价，例如，计算由于系统应用带来的利润增长、计算投资回收期、投资效果系数法等。

4）系统的间接经济效益评价

间接经济效益是指应用信息系统带来了企业管理的一系列变革，促进了物流管理决策水平的提高，从而为企业带来的经济效益。信息系统的直接经济效益一般都比间接经济效益小。信息系统的经济效益通常主要体现在其运行过程中所产生的间接经济效益。对信息系统间接经济效益的评价虽然也有一些估算模型，但是应用信息系统所带来的物流管理水平提高，以及所带来的综合性经济效益，是很难准确计算的。这种综合性经济效益往往要经过一段时间之后才会反映出来，而且会随着应用向高级阶段的发展而越来越显著。例如，由于信息系统的应用，数据质量提高、数据库系统完善、工作效率提升和经营战略的正确制定等为企业所带来的经济效益都是不易计算的，这种潜在的经济效益更体现了信息系统应用的重要意义。

8.5.3 信息系统评价方法

信息系统评价重点研究系统实施的成功度问题，概括起来包括：基于全生命周期的实施过程评价，即对启动阶段、计划阶段、实施阶段、控制阶段和收尾阶段确定的里程碑节点进行评价；基于信息系统项目管理的实施方法评价，即对跨越项目整个生命周期的综合管理、范围管理、进度管理、费用管理、质量管理、人力资源管理、沟通管理、风险管理、采购管理和知识管理进行评价；基于提高企业市场竞争力的实施目标评价，即围绕提高企业核心竞争能力，依靠定量和定性的方法从管理提升、经济效益、远景效益三方面对信息系统实施结果进行客观评价。

信息系统评价可以理解为：根据明确的系统目标、结构以及系统的属性，用有效的标准测定出系统的性质和状态，然后与一定的评价准则相比较并作出判断。

系统分析评价的类型多种多样，主要取决于评价与系统的关系，如表8-1所示，其中常用的有基于专家知识、数据、模型的综合性评价方法。

评价的类型　　表8-1

评价与系统的关系	评价类型
评价与决策	决策前评价，决策中评价，决策后评价
评价与系统发展过程	事前评价，事中评价，事后评价
评价与信息特征	基于数据的评价，基于模型的评价，基于专家知识的评价，基于数据、模型、专家知识的综合性评价

总之，物流信息系统的评价是多目标的评价过程，在评价过程中需要结合具体的应用领域、环境条件、历史和用户条件等多方面因素进行综合评价。

8.6　物流信息系统安全管理

8.6.1　物流信息系统安全问题

物流信息系统中的数据是以电子化形式存储的，这种存储方式能够增强数据的共享性，加快数据的传输和处理速度，但同时也使得数据面临更大的被破坏、篡改或滥用的风险。因此，有必要对系统的安全进行有效的控制，以保证物流信息系统高效、安全地运行。

1）信息系统面临的安全威胁

信息系统安全威胁主要来自于自然因素和人为因素两个方面。

（1）自然因素。自然现象（水灾、火灾、雷电等）或电力故障、电磁干扰及辐射等不可抗拒的自然灾害会引起软件、硬件损坏与数据损坏，这类灾害是不可避免的安全威胁。但是，这类灾害一旦发生，往往会造成无法恢复的系统损坏和数据丢失，给企业带来巨大的损失。因此，对于运用信息系统的企业，必须要采取相应措施以应对这类灾害，从而保障系统安全。

（2）人为因素。人为因素可以包括意外损伤和蓄意攻击两类。意外损伤主要包括操作失误导致的数据破坏，在系统的使用过程中可能会出现用户的错误输入、删除或修改，也有可能出现管理人员的维护失误等。操作失误主要会影响信息的完整性和可用性，对保密性影响不大。蓄意攻击则是人为对系统软件、硬件及数据所作的破坏，是有意利用软件漏洞、协议漏洞和管理漏洞，绕过系统安全策略，破坏、篡改、窃听、假冒、泄露和非法访问信息资源的各种恶意行为，包括网络攻击、计算机病毒、特洛伊木马、网络窃听、邮件截获和滥用特权等多种类型。

2）信息安全保护屏障

信息安全保护机制包括电磁辐射、环境保护、计算机技术等因素，也包括系统安全管理、安全服务管理、安全机制管理及其法律和心理因素等。按照国际信息系统安全认证联盟（International Information System Security Certification）的划分，信息安全由5层屏障10大领域组成，详见表8-2。每层都有不同的保护手段和所针对的对象，完成不同的防卫任务。

信息安全保护屏障　　表8-2

层次	名称	内容	角度
第1层	物理屏障	场地设备安全，含警卫监控等	微观
第2层	技术屏障	计算机、网络通信技术等	微观
第3层	管理屏障	人事、操作、设备等	微观
第4层	法律屏障	民主、刑法等	宏观
第5层	心理屏障	全民国防意识	宏观

（1）物理屏障层。主要是保证场地、设备、线路的物理实体安全，建立系统容灾和恢复技术。包括自然灾害防范、设施灾害防范、设备灾害防范、人员灾害防范。

（2）技术屏障层。主要研究网络系统、系统与内容等方面的安全技术。网络系统安全研究加密与认证、防火墙、入侵检测与预防、虚拟专用网（Virtual Private Network，VPN）、系统隔离等技术；系统与内容安全则研究访问控制、审计、计算机病毒防范及其他基于内容的安全防护技术。

（3）管理屏障层。主要涉及操作安全和安全管理实践两大领域。包括安全政策、法规、大纲、步骤；人事管理，如人员聘用、分权控制、轮岗及其监察、监督、审计管理等；安全教育、训练、安全演练等。

（4）法律屏障层。主要从法律、取证和道德领域，讨论计算机犯罪和适用法律、条例，以及计算机犯罪的调查、取证、证据保管等。

（5）心理屏障层。主要研究如何培养心理上的安全保护意识。

在各层的保护机制中，法律屏障层以及心理屏障层的建立不能单靠一个企业的努力，应该是整个社会共同努力的结果。

8.6.2 物流信息系统安全管理措施

为了应对信息系统的各种安全威胁，有必要采取一系列措施来保障系统安全，维护企业利益。重点应该采取如下几条措施。

1）人员及制度的安全控制

（1）企业应当依照国际、国家和行业法规，制定严密的信息系统安全制度，并对信息系统相关人员进行深入的教育，提高相关人员的安全意识。

（2）企业应该对信息系统的管理与操作人员实行严格的职权划分和隔离机制，以确保企业资产的安全。例如，负责信息系统运行的人员不应该具有通过该系统使资产发生变化的交易权力。也就是说，企业要把负责系统数据和程序文件的信息技术部门的人员和具有执行交易权力的用户在职能上严格区分开。

（3）企业应当建立严格的责任机制，以确保在发生安全事故时能够查定责任人，避免责任不清的情况。

(4)制定信息系统损害恢复规程，明确在系统遇到自然的或人为的破坏而遭受损害时应采取的各种恢复方案与具体步骤。

2)硬件安全控制

(1)加强机房的安全管理。机房的安全管理包括了对机房访问人员的控制，如进入机房时的身份验证，为计算机设置开机密码等；机房的灾害防范工作，如防水、防火、防湿和防鼠等措施。

(2)保管好系统的存储介质。系统存储介质中往往存放有大量敏感数据，容易遭到篡改、破坏和窃取。因此，需要采取一系列安全措施对系统的存储介质进行妥善保管。一些保密数据也要由专人保管。

3)软件安全控制

(1)保证软件来源的安全性。在为系统选用软件时应保证软件的安全性，选择来源可靠的软件，避免使用盗版软件，进行严格的病毒和漏洞检测。

(2)建立日志文件，做好数据备份。日志文件能够对系统操作进行详细的记录，它不仅能够帮助追踪系统故障，还有助于系统数据的恢复。数据备份能够防止重要数据的丢失，在系统出现故障时及时帮助系统恢复最近的数据状态。

(3)设置切实可靠的系统访问控制机制，包括系统功能的选用与数据读写的权限、用户身份的确认等。

4)数据安全控制

(1)严格的访问控制，保证数据安全。访问控制可以保证主体只能在一定范围和权限内对数据进行访问，防止越权访问。

(2)数据加密。数据加密技术可以很好地防范非法用户对数据信息的窃取，即使黑客窃取了关键数据，也无法解密出明文信息。依赖加密技术依然可以保障信息的安全性。

(3)数据备份与恢复。对于任何系统而言故障是无法杜绝的，导致系统故障的原因有多种，包括硬盘损坏、软件故障、人为破坏和自然灾害等。这些故障一旦发生就必然会损坏数据库。备份恢复机制通常是通过所记录的日志信息将数据库恢复到遭受损坏以前的正常状态。

8.6.3　信息系统安全审计

信息系统安全审计是评判一个信息系统是否真正安全的重要标准之一。信息系统安全审计就是对系统安全的审核、稽查与计算，即在记录一切(或部分)与系统安全有关活动的基础上，对其进行分析处理、评价审查，发现系统中的安全隐患，或追查造成安全事故的原因，并作出进一步的处理。

1)信息系统安全审计类型

(1)按照对象的不同，分为针对主机的审计和针对网络的审计。前者对系统资源，如系统文件、注册表等文件的操作进行事前控制和事后取证，并形成日志文件；后者主要针对网络的信息内容和协议分析进行审计。

(2)按照工作方式的不同，分为集中式安全审计和分布式安全审计。前者采用集中的方法，收集并分析数据源(网络各主机的原始审计记录)，对所有的数据都要交给中央处理机进行审计处理。后者包含两层含义：一是对分布式网络的安全审计，二是采用分布式计算的方法，对数据源进行安全审计。

2）安全审计系统构成

一个完整的信息安全审计系统如图8-2所示，包括事件探测及数据采集引擎、数据管理引擎和审计引擎等重要组成部分，每一部分实现不同的功能。

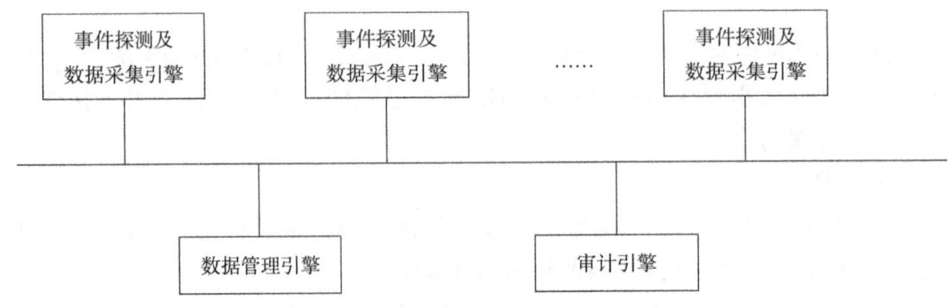

图8-2 安全审计系统组成

（1）事件探测及数据采集引擎。事件探测及数据采集引擎全面侦听主机及网络上的信息流，动态监视主机的运行情况以及网络上流过的数据包，对数据包进行检测和实时分析，并将分析结果发送给相应的数据管理中心进行保存。

（2）数据管理引擎。一方面，数据管理引擎负责对事件探测及数据采集引擎传回的数据以及安全审计的输出数据进行管理；另一方面，数据管理引擎还负责对事件探测及数据采集引擎进行设置、用户对安全审计的自定义、对系统配置信息的管理。数据管理引擎一般包括三个模块：数据库管理、引擎管理、配置管理。数据库管理模块设置数据库连接信息；引擎管理程序设置事件探测及数据采集引擎的信息；配置管理可以对被审计对象进行客户自定义设置，协议审计和设定异常端口审计。

（3）审计引擎。审计引擎包括两个应用程序：审计控制台和用户管理。审计控制台可以实时显示网络审计信息、流量统计信息，可以查询审计信息历史数据，并且对审计事件进行回放。用户管理程序可以对用户进行权限设定，限制不同级别的用户查看不同的审计内容，同时还可以对每一种权限使用人员的操作进行审计记录，可以由用户管理员进行查看，具有一定的自身安全审计功能。

3）信息系统安全审计方法

（1）基于规则库的安全审计方法。是将已知的攻击行为进行特征提取，把这些特征用脚本语言等方法进行描述后放入规则库中，当进行安全审计时，将收集到的审核数据与这些规则进行某种比较和匹配操作（关键字、正则表达式、模糊近似度等），从而发现可能的网络攻击行为。基于规则库的安全审计方法有其自身的局限性，对于某些特征十分明显的网络攻击行为，该技术的效果非常好，但是对于其他一些非常容易产生变种的网络攻击行为，规则库就很难完全满足要求了。

（2）基于数理统计的安全审计方法。首先给对象创建一个统计量的描述，例如一个网络流量的平均值、方差等，统计出正常情况下这些特征量的数值，然后用以对实际网络数据包的情况进行比较，当发现实际值远离正常数值时，就可以认为是潜在的攻击发生。但是，数理统计的最大问题在于如何设定统计量的“阈值”,也就是正常数值和非正常数值的分界点,这往往取决于管理员的经验,不可避免地会产生误报和漏报。

(3)基于日志数据挖掘的安全审计方法。与传统的网络安全审计系统相比,基于数据挖掘的网络安全审计系统有检测准确率高、速度快、自适应能力强等优点。带有学习能力的数据挖掘方法已经在一些安全审计系统中得到了应用,它的主要思想是从系统使用或网络通信的“正常”数据中发现系统的“正常”运行模式,并和常规的一些攻击规则库进行关联分析,并用以检测系统攻击行为。

信息安全审计是根据收集到的关于已发生事件的各种数据来发现系统漏洞和入侵行为,能为追究造成系统危害的人员责任提供证据,是一种事后监督行为。入侵检测是在事件发生前或攻击事件正在发生过程中,利用观测到的数据,发现攻击行为。两者的目的都是发现系统入侵行为,只是入侵检测要求有更高的实时性,因而安全审计与入侵检测两者在分析方法上有很大的相似之处,入侵检测分析方法多能应用于安全审计。

8.7 本章案例

中工物流信息系统的实施与应用

1)背景介绍

2015 年 5 月,对应德国工业 4.0 计划和美国的“工业互联网”概念,国务院印发《中国制造 2025》。特别在 2019 年 3 月国家发展改革委、交通运输部等 24 部委联合推出《关于推动物流高质量发展促进形成强大国内市场的意见》,鼓励物流和供应链企业在依法合规的前提下开发面向加工制造企业的物流大数据、云计算产品,提供数据服务能力,协助制造企业及时感知市场变化,增强制造企业对市场需求的捕捉能力、响应能力和敏捷调整能力。伴随 5G、大数据、云计算、物联网、区块链和人工智能等技术的快速发展,促成了供应链创新,智慧供应链(SSC)应运而生。“智慧供应链”“智慧企业”已深刻改变各行业的发展格局,灵活易变、高资源效率的第四次科技革命已悄然到来。中工物流有限公司(简称中工物流)的智慧系列产品,目前正与第四次科技革命同频共振,并在大型央企、国企中得到良好的应用。在这期间,也出现了诸如“智能电厂”“智能化电厂”“智慧电厂”和“数字化电厂”等诸多提法,反映出新概念的内涵、外延在其发展初期需要通过讨论、实践而具体化,中工物流特别关注占电厂总投资 55% ~65% 的设备及材料的全生命周期物资运输,引进成熟的精益供应链,能有效夯实智慧电厂的根基。

2)物流管理信息系统

物流管理信息系统以物资信息实时掌控为目标,以供应链需求驱动,集成度较高,信息交换实时,可根据最终用户需求实现定制化应用配置服务。同时,系统通过 RFID、蓝牙、AGV(智能搬运小车)、智能穿戴、物联网、数据叠加、信息化网络等技术建设集成化的 OA 供应链协同、智能看板、移动办公、WMS(仓库管理系统)、TMS(运输管理系统)专属智慧物资系统。从施工网络图(工程里程碑)、计划、生产(监造、催交催运)、运输、入库、盘存、验收、出库、归档等环节,用直接或间接的手段,实时采集数据,实现业务流程自动运行流转。以可视化仓库方式,展示仓储动态物资状态,达到物资采购、供应商生产、在途运输等全方位的物资掌控和数据共享目的,为管理层提供准确及时的物资信息。再融入先进物流管理和全生命周期的资产管理,集成智能技术、智能设备,实现业务量化、集成集中、智慧协同,共享物流管理平台,达到运行的安全、高效、经济、智能、可持续。另外,系统留有与其他系统接口功能,为后续与其他系统对接提供标准化接口功能。

物流管理信息系统对物资计划、采购、库存、合同和预算等进行线性的集成化管理,从而达到规范物资管理流程、保证物资供应、降低采购费用、减少库存积压和加快资金周转的目的,并实现基建期到生产期物资的有效管理与控制。

物流管理信息系统以物资为管理对象,围绕物资台账,以物资编码为标识,对物资的基础数据、备品备件、设备检修和维护成本等进行综合管理,可覆盖物资从基建期安装调试到生产期发电运行、检修维护等环节,建立可持续改进的设备数据库,确保设备安全可靠运行和资产全生命周期的管理。通过分点分部实施,最终实现智慧共享物资平台。

(1)编码管理子系统。

编码作为智慧物资管理的基础,贯穿于整个智慧管理的各个环节,通过规范的KKS(电厂标识系统)编码、设备码、物资码、资产码、物流码、库区码、库位码等多码合一体系,方便各种信息的传递与共享,及相关文档资料的关联使用,编制统一的标识,进行统一的管理。建立设备台账,记录和提供设备信息,反映设备的基本参数以及维护的历史记录,为设计提资、设备采购、排产出厂、运输、入库、盘存、出库到现场安装日常维护和管理提供一整套详实的关联信息,从基建期到生产期实现物流仓储的无缝对接。

(2)合同管理子系统。

合同管理系统是对资产管理的高效辅助,建设合同管理系统,主要是对供应商的合同和物料清单的管理,包含项目BOM(物料清单)、供应商、物料的数量、供货时间、结算方式等信息的管理。管理采购合同、项目合同(客户、供应商)的执行情况,对收款情况进行跟踪管理,并对物料进行业务打包流转到运行的WMS系统。

(3)BOM管理。

对物料清单的结构管理,可以对物料清单进行录入和批量导入,并对物料清单的变更进行管理,实现对物料结构的查询、调用功能。

(4)供应链协同管理子系统。

建设供应链协同管理子系统使得建设单位、设计单位、监理单位、建安单位、供应商等相关方实现协同办公,减少了过程流转、沟通成本。

①建设单位协同。建立建设单位协同功能,为建设单位方提供统一业务协同门户,建设单位可以通过协同功能对物资合同进行维护、对合同中物料的进度情况进行监管、监造,对物资验收和领用等业务进行审批以及跟踪合同的执行情况。

②设计单位协同。建立设计单位协同功能,可以方便设计单位直接与现场建立联系,方便设计单位将设计成果(图纸、物料清单、设计变更结果)等信息快速传递给现场。

③监理单位协同。为监理单位提供终端操作端口，以实现监理单位在物资验收协同、设备供应商生产进度、质量和交货期的协同监管功能。

④建安单位协同。实现建安单位提前预约领料、及时下单领料以及现场物资的退库、协同验收等手续在线协同快速办理功能，可以提升协同工作效率和领料信息的准确性。提前预约领料将触发后续物资采购、排产、生产、监造、催交、出厂、入库、出库等一系列动作。

⑤供应商协同。建设供应商协同功能，为项目供应商提供对应的信息管理服务，包括下单、打码、发货、在途跟踪、对账、评价、投诉举报、信息公示等服务。通过系统供应商执行统一物资管理相关标准，统一物料信息和送货单据标准，从而实现对供应商物资的快速无感收货，方便对供应商物料的送货单状态进行跟踪及对供应商对账管理等。同时，此模块支持资金池管理功能，系统具备供应商业务清单对账和资金账户余额情况的管理和统计功能，现场物资入库、领料并安装到现场后（或者设置某个前置条件），供应商可在系统中实现提现操作，物资保管单位确认后建设单位/采购方执行支付。

（5）智能看板系统。

以工程现场物料需求为主线，采用拉动式看板，结合供应商供货周期及库容，实现从供应商排产加工、生产下线、发运在途、库存周期、领用安装的全过程智能规划，最终实现降低物资库容，提升供货及时性和准确性，保证工程建设物资供应可视、及时、准确。

智能看板一方面方便仓库作业者实时掌握仓库动态信息，根据作业指令使作业更快速和高效，并提升准确率；另一方面提升物资管理的精细化程度，方便管理者直观地了解物资情况，快速作出决策。另外，系统可按用户要求进行定制各类报表的单模块或综合查询。

（6）TMS（运输管理系统）。

TMS能有效实现物流过程的可视化在途跟踪管理，共享物流数据，实现仓储、运输、溯源的全程供应链安全管理，提高各管理层级对项目物资动态的管控力度。

（7）WMS（仓库管理系统）。

WMS结合唯一标识码（二维码、条形码）RFID、蓝牙、指示灯、AGV（智能搬运小车）、无人值守等智能设备及功能，打造现代化智慧仓储信息平台，从设备合同采购、运输（在途跟踪）、到货、验收、入库（策略）、盘存（自动盘点）、出库直接或间接实时采集业务数据（支持波次管理，科学规范作业流程），以三维数字化仓库方式展示仓储物资状态，仓库管理人员、发电运行人员、设备检修人员等能够及时掌握设备物资的动态存储情况，为管理层提供准确及时的仓储信息。系统同时支持普通物资、专用工具（借用、归还）、备品备件出入库流程自定义功能。后续可扩展到安装、维保、报废等全物流供应链、全生命周期管控。

①智能上下架策略。系统预设多种上下架策略，并辅助快捷打印条码功能，能够全面提升仓库作业效率。

②完整智能的自动化配货方案。可根据“效率优先”“清理货位优先”或者“先进先出”给出完整的自动配货方案，同时具有手动配货的功能。拥有完整的出库、入库流程和库内移库、盘库方案。

（8）智能化移动终端系统。

支持移动终端系统的作业方式，对于库区物资精细管理，可精确定位到仓库的库位、区位等细分区域；能够提高仓储人员作业效率；仓库人员通过智能手持终端进行日常的入仓、出仓、退仓、盘点等货品管理工作更加轻松，大大提高工作效率；对业务流程进行过程控制，使用移动终端自动匹配业务单据，对不符合业务流程的操作进行控制；还可以提高库存准确率，库存盘点采用货位盘点方式，通过扫描条码与商品资料进行比对，准确率达到100%，同时支持唯一码识别、智能无感盘点，提高了盘点的准确性以及操作人员的工作效率。

同时，也针对手机用户开发专门的App，方便用户随时随地查看系统数据以及对业务流程审批，并方便高层领导实时对工程数据进行监控。

(9)智慧软、硬件应用。

①智能机器人库区功能。物流是现代生产的重要组成部分，而自动化立体仓库又是现代物流系统的重要组成部分。AGV通过WMS指令或遥控指令自动、精确、快速地实现对货物的无人搬运、储存和拣取，加快物流的周转，提高生产效率。AGV作为自动化立体仓库输送部分中重要的输送装置，对于立体仓库的高效正常运转起着重要作用。

AGV在自动化立体仓库中的应用优势，包括改善物流管理、可靠的调度能力、防止货物损伤、柔性的场地要求、长距离运输、特殊工作环境、较高的安全性、成本控制、实现无人搬运。

②智能寻货系统。智能寻货系统对仓库库位进行精细化管理，便于产品物料统一整合、统一入库、精确出库，主要帮助仓库按照系统调配来指示仓库产品入库及拣货作业，方便快捷检索存放于仓库的任何物料。

智能寻货系统能够提高拣货速度效率，降低误拣错误率。电子标签借助于明显易辨的储位视觉引导，可简化拣货作业为“看、拣、按”三个单纯的动作。降低拣货人员思考及判断的时间，以降低拣错率并节省人员找寻货物存放位置所花的时间，提升出货配送物流效率，降低作业处理成本。除了拣货效率提高之外，因拣货作业所需熟练程度降低，人员不需要特别培训，即能上岗工作，降低了劳动力成本。

③自动化盘点库区。利用蓝牙和RFID建立库存跟踪系统，将RFID标签贴或蓝牙标签扣在托盘、包装箱或元器件上，进行元器件规格、序列号等信息的自动存储写入、擦写和传递。RFID标签贴上的标签能将信息传递给3m范围内的射频读写器上，使仓库和车间不再需要使用手持条形码读卡器对元器件和在制品进行逐个扫描条码，这在一定程度上减少了遗漏的发生，减轻了工作量并大幅提高了工作效率。

仓库作业人员采用手持终端读取托盘标签中的数据，托盘标签中记录了该托盘承载商品的实际数量，可通过无线网络实现实时的数据传输，或者以半天为时间单位采集数据后将数据以批处理的方式传输至后台管理系统。因此通过RFID或蓝牙的自动采集方式，可以实现无人工干预的全自动实时、分区盘点，并保证盘点操作的快速进行和盘点数据的准确。

④智能穿戴设备。智能穿戴设备能够有效地将现有的生产从原有的粗放式管理、被动重复管理升级成精细化管理、闭环管理。系统利用物联网、空间定位、移动通信、云计算、大数据等技术，提供具有定位、感知、预警和音视频通信功能的一体化功能。从一开始的发生问题后处理升级为从问题根源上预防、监控，对接智能头盔设备，将设备采集的视频和图片、定位信息等相关信息写入信息系统，以方便管控和后续数据调取，可应用于设备监造、验收、

库区作业、现场安装、维修等环节。当工作人员在佩戴智能穿戴设备执行任务时,管理人员可以使用系统管理平台进行远程的指挥决策。电子地图一张图直观显示人员、设备、事件、区域信息,统一协调,一键指挥调度。

⑤智能身份验证、CA(证书颁发机构)认证、电子签名签章功能。系统支持人脸识别,提供包括人脸检测与分析、五官定位、人脸搜索、人脸比对、人脸验证、活体检测等多种功能,人员作业时身份的认证可以采用人脸识别,必要环节也可以对接CA做电子身份认证,可应用于系统登录、身份认证,后续入库验收、在库盘点、出库等环节。此外,物资办理开箱验收可以使用电子签章实现线上签字功能。

(10)系统管理。

系统用户可以根据分用户和角色定义用户的系统功能权限,权限划分到功能模块级别,并且拥有完整的组织架构。可以维护不同业务类型,定义不同单角色审批信息,对审批流程自定义,实现各类报表与查询。报表数量、种类、导出格式以及显示字段、查询条件和打印模板都可以根据使用需求进行自定义。同时系统也支持消息的推送,可以对接短信平台、邮件服务器进行消息推送,部分在移动端作业的任务在移动端也可推送消息。通过灵活的权限针对不同的用户设置对菜单的访问权限,以及对具体页面功能进行权限设置,增加系统的安全性。

对于审批流程,是通过用户权限以及单据状态筛选该功能,可以支持按钮审核,也可以根据客户需求以定制电子签名、电子签章的方式达到审批通过的目的。

仓储是企业供应链的重要环节,仓储集中了上下游流程整合的全部矛盾。如无法及时获知仓储物资的实时数据,就会导致管理者在决策过程中的犹豫不决、迟缓和失误,以至于出现物资短缺、物资积压等问题。仓储也是降本增效的重要实施之地,对资金周转、商家的口碑信誉也起着十分重要的作用。企业需要智能化的仓储管理系统对物资进行全生命周期的管理,加强对仓储作业过程的控制,掌握物资的实时数据,避免出现短缺和积压等问题出现。同时,物资管理部门也可以通过系统及时掌握作业的历史情况和现实数据,并从数据分析中快速准确地制定仓储作业流程和工作计划,科学合理地分配员工作业,确保作业效率更大化。更重要的是,物流管理信息系统可实现从货品需求计划、入库到出库这一闭环过程中所有环节的信息畅通,并指导工人作业,降低了对作业人员的经验要求,从而实现仓库降本增效的目标。

3)系统应用效果评价

从信息化实施后的成果看,中工物流通过信息化应用,提升了服务水平和工作效率,并成功地把经营管理理念通过信息化平台传导给所有客户,在行业内逐步建立起良好的经营口碑。与此同时,企业收入也实现了跨越式发展,从2017年的2021万元猛增至2018年的4424万元,增长率达到119%,特别是系统正式投用的2018年,公司的营业收入当年突破4000万元大关。通过全流程的在线化和数据化,打破了整个流程运转过程中的信息不对称局面,有效消除了信息孤岛,又减缓了相关延迟,实现了信息共享和作业协同,提升了快速响应的服务能力。信息化实施将供应链所有环节与相关活动作为一个统一连贯、有机运行的整体,使相关资源得到了快速有效的匹配,运输计划与线路等环节更加优化,运输成本也不断降低,货物在途更加流畅及可视化。最终,物资交付的效率和品质将更加有保障,客户满意度和服务体验也得到不断提升。

（资料来源：http://www.chinawuliu.com.cn/xsyj/202102/23/541795.shtml，有删改）

案例相关视频资料

（1）智慧物流园区解决方案

（案例来源：华为技术有限公司）

（2）智慧物流，国力之争

（案例来源：《易见》纪录片第一期）

案例分析与研讨题

1. 结合案例内容，讨论中工物流管理信息系统是如何通过设计和实施来提升整体运作效率的。

2. 结合案例内容和所学知识，谈谈如何保障物流信息系统在运行过程中的安全性和稳定性。

8.8 本章小结

物流信息系统实施阶段的主要任务是将新系统的物理模型变成可运行的计算机可执行模型，包括购置硬件与软件、程序设计、数据录入、人员培训、系统测试、系统调试与切换、系统评价与安全管理等。物流信息系统实施的影响因素有管理因素和技术因素。

物流信息系统软硬件选择包括数据库管理软件系统选择和系统硬件设备选择。程序设计是指程序设计人员依据系统设计中对各个功能模块的功能描述，运用相应的程序设计语言所编制的应用程序。程序设计的基本要求有可靠性、规范性、可维护性、可读性、效率高和实用性。程序设计质量要求包括程序内部文档化的要求、数据说明的格式要求、语句构造要求、输入/输出要求和程序运行要求。程序设计步骤包括理解设计要求、选择编程工具、编写程序、调试程序和编写程序使用说明书。程序设计的方法大多是按照结构化系统开发方法、原型法和面向对象法进行。程序设计目前比较流行的编程工具可分为六类：常用编程语言类、数据库类、程序生成工具类、系统开发工具类、客户/服务器工具类以及面向对象编程工具类。

物流信息系统测试分为模块测试、集成测试、确认测试和系统测试四个步骤。模块测试是系统测试的基础，是对单个模块进行的测试，分为静态和动态测试。在模块测试的基础上，为解决模块间相互调用问题进行的测试称为集成测试。确认测试应检查软件能否按合同要求进行工作，是否满足软件需求说明书中的确认标准。系统测试应该由若干个不同测试组成，目的是充分运行系统，验证系统各部件是否都能正常工作并完成所赋予的任务。

物流信息系统切换的任务是以新的信息系统替换老的信息系统。信息系统切换的方式包括直接切换、并行切换和分段切换。物流信息系统维护包括硬件维护、应用软件维护以及数据的维护。按照软件维护的不同性质可分为四种类型：纠错性维护、适应性维护、完善性维护和预防性维护。

信息系统评价通常涉及设计中对系统运行及收益的要求与系统实际运行及收益的比较。系统输出结果的综合评价包括直接评价输出结果和建立全面综合评价过程。系统评价具体包括系统目标的完成情况评价、系统运行的性能和实用性评价、系统的直接经济效益评价和间接经济效益评价四个维度。系统评价的方法主要取决于评价与系统的关系，其中常用的有基于专家知识、数据、模型的综合性评价方法。

物流信息系统安全问题包括信息系统面临的安全威胁和信息安全保护屏障两方面。为应对信息系统的各种安全威胁，重点应采取人员及制度的安全控制、硬件安全控制、软件安全控制、数据安全控制等措施。信息安全审计是对系统安全的审核、稽查与计算，是评判一个信息系统是否真正安全的重要标准之一。

复习思考题

1. 简述物流信息系统实施的含义。
2. 简述物流信息系统实施的影响因素。
3. 如何选择物流信息系统硬件设备？
4. 如何进行程序设计？
5. 物流信息系统测试的步骤有哪些？
6. 简述模块测试的基本方法。
7. 物流信息系统切换的方式有哪些？
8. 简述物流信息系统维护的内容及类型。
9. 简述信息系统评价的含义、类型及维度。
10. 系统评价的类型有哪些？
11. 简述物流信息系统存在的安全问题及管理措施。
12. 简述信息系统安全审计的类型和方法。

实践与讨论

结合本章所学知识，通过网络搜索相关的物流信息系统测试方法，分析并总结这些方法的异同和适用情境。

第 3 篇

物流信息系统应用

第 9 章 物流管理决策支持系统

核心概念

决策支持系统，数据仓库，数据挖掘，系统仿真，人工智能，专家系统

学习目标

理解物流信息系统对物流管理决策的重要价值，掌握决策方案制定过程；理解数据仓库含义、特征与系统结构，理解数据挖掘的含义，了解各类数据挖掘工具，熟悉统计分析类方法；理解系统仿真含义、目的、步骤与优缺点，掌握蒙特卡罗仿真方法；理解人工智能系统与专家系统的构成。

9.1 物流管理决策概述

9.1.1 物流信息系统的管理决策价值

从整个供应链物流全过程来看，有需求预测、原料采购、零部件物流管理、设施选址、库存控制、运输、包装、订货单处理、客户服务等各项活动，这些活动中均存在管理决策过程。而物流管理成功与否，取决于决策过程是否正确。物流管理决策涉及广泛，存在多目标及背反现象，限制性资源众多，使得物流管理决策仅靠管理者的直觉、经验和知识就有些“力不从心”。因此借助于先进的信息技术与现代管理决策方法辅助管理者进行科学决策成为必然趋势。

物流管理的目标主要有两个，即降低物流成本与提高客户服务水平。本节将从物流管理目标实现方法入手，探讨物流信息系统的重要价值。

1)供应链物流全程监控

物流服务是综合性服务，其中任何一个环节的脱节，都将造成整个物流服务水平的降低。因此，物流管理的对象不是一个个孤立的点，而是一个由多点连接成的线，甚至是一张网络。随着经济全球化发展，国际运输、采购、配送、资源外包等商业模式不断涌现，使得供应链系统越来越复杂，物流管理的范围越来越大，物流运作全球化趋势越来越明显，因此，不

仅是局限在一个固定地点的物流管理运作模式已经开始被打破，而且传统的仅仅靠有限的人力进行物流管理的方法也开始无法适应当代物流管理需求。

物流管理实质就是对物流活动进行计划、组织、领导和控制的过程，但随着物流管理全球化发展，使得物流全过程的计划、组织、领导和控制成为物流发展的核心问题。也就是说，物流管理需要管理者全程的物流计划、全面的组织和合理的协调控制，但分布在全球范围内或全国范围内供应链上的离散点和物料流，仅通过管理者的人力作用是不可能做到的。因此，基于计算机的物流信息系统，为管理者提供供应链上的大量运作数据，进而通过计算机的快速信息处理、信息管理和信息传递，来辅助管理者进行全程控制成为必然。这样运作的前提就是需要基于计算机信息管理系统的及时数据处理和数据管理的支持。

2）客户需求的快速响应

在市场竞争异常激烈的当今社会，客户需求快速响应是物流管理的重要目标之一，以客户为中心是物流企业任何管理工作的中心。要做到以客户为中心，需要从客户关系管理的思想出发，从客户的各个角度来分析如何满足客户的需求。例如，在售前需要预测客户的需求，在售中需要对客户的需求变化做出反应，在售后需要与客户保持沟通，留住老客户。

物流客户大多会参与某一部分的物流服务过程。因此，在客户亲临服务地点时，提供便捷的物流交接服务，或在物流服务过程中提供如货物跟踪、车辆跟踪等物流沟通服务，可以大大提高客户对物流服务的满意度。但事实上，因为物流服务与消费的同时性，使物流服务质量很难控制。例如，在物流资源有限或资源利用率紧张的情况下，就会出现客户订单排队等候服务的情况，等候的时间越长，客户就越不满意，物流服务质量就会受到影响。因此，可靠性、时间性、快捷响应性等都会成为衡量物流服务质量的主要指标。

要使物流服务可靠性、时间性和快速响应性得以实现，就需要第一时间掌握客户的最新信息资料，及时了解客户的需求变化，并及时对客户需求做出反应。时间可以用来衡量客户收到给定产品和服务必须要等待多久。这种时间的长短可以从零到一天或数天及至数月。而客户一般不想等待，甚至可以为了节省时间花一些钱，因此，物流企业需要用时间赢得竞争优势。例如，海尔物流用 3 个 JIT（Just in Time，准时制），即 JIT 采购、JIT 配送和 JIT 分拨物流来实现同步流程。通过海尔的 BBP（原材料网上采购系统），所有的供应商均在网上接受订单，并通过网上查询计划与库存，及时补货，实现 JIT 采购；货物入库后，物流部门可根据次月的生产计划利用 ERP 信息系统进行配料，同时根据看板管理及时送料到工位，实现 JIT 配送；生产部门按照 B2B、B2C 订单的需求完成订单后，满足用户个性化需求的定制产品通过海尔全球配送网络送达到用户手中。海尔在中心城市实现 8h 配送到位，区域内 24h 配送到位，全国 4 天内到位。这便是信息系统支撑了海尔的客户快速响应。美国联合包裹运送服务公司（United Parcel Service，UPS）2003 年投资 2000 万美元开发了新的物流软件，这套软件集成了邮政编码的信息，能制定出包裹装载到货车上的最佳方案，用以提高交货的效率。这套软件还与包括客户信息以及美国门户服务信息的数据库相连接，能够产生新的货物标签，其中包含客户可能忘记填写的信息，如邮政编码，从而将包裹进行自动分类排序，实现以最有效的顺序进行装载。这套软件系统减少了大量的物流错误，并大大缩减了货车送包裹的时间。UPS公司每天在全球各地处理的包裹达1300万件，由于货车装载更为精确，公司每年减少1亿mile的运输距离，从而节省了1400万us gal(1us gal=3.79L)的汽油消耗。

物流业务过程化是物流管理的基础工作，但有效的决策还需要对大量客户数据的分析、计划和预测。因此，协同计划预测和补货(CPFR)可以说是供应链和物流管理的最高目标，这个目标需要依靠人与计算机管理子系统的有机结合才能更易实现。

9.1.2 面向信息化的物流决策过程分析

在物流管理活动中，不仅物流信息对决策过程很重要，而且信息的质量、信息收集方式以及信息流动模式对决策的影响也受到越来越多的关注。物流信息是分层次的，根据管理层次的不同可划分为战略层、战术层和作业层3个层次，在物流组织中不同层次的管理者所需要的信息类型是不同的。

物流管理决策过程不是单一的活动，它和决策的内容、涉及问题的规模、所在的环境、不同时间完成不同功能等问题都有联系。例如，配送中心或仓储的选址问题，选址与库存、运输成本之间存在着密切联系，配送中心等设施的数量增大，库存及由此引起的库存成本往往会增加；反之，运输成本会较大。如何决策一个物流系统中设施的数量、位置和分配方案，需要管理决策者仔细考察相关的问题，进行详细的调整、分析，然后提出设计方案，并对特定的方案做出选择。

因此，管理决策并不是指"拍案"的那一刹那，而是对整个决策过程的总称。管理决策的过程，包含很多程序与活动，从决策制定开始的信息收集准备阶段到实施完毕后的评价审计阶段，是全过程的活动。管理学家西蒙(Simon,1996)给出了管理决策制定的4个阶段，分别为情报(Intelligence)、设计(Design)、选择(Choice)、实施(Executive)，如图9-1所示。

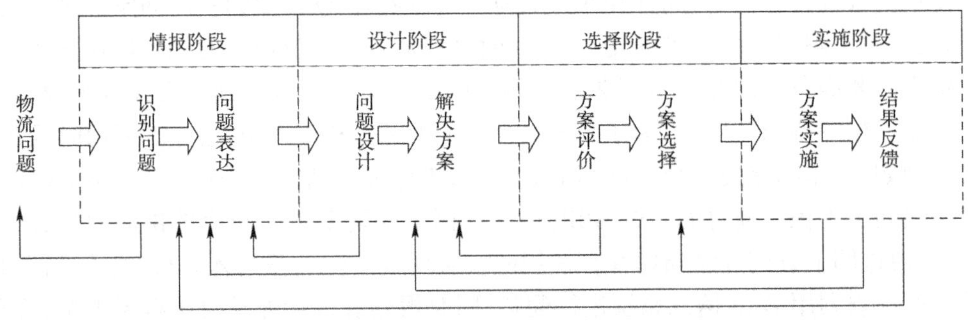

图9-1 Simon决策方案制定过程模型

由于决策环境是变化的，而在系统运作中还会出现很多不可预见的问题，因此决策实施过程是一个基于设计选择结果不断修正的过程。从图9-1中可以看到，在每一个阶段，都可以把信息反馈到前面阶段进行调整，4个阶段连接成一个连续的封闭过程，既可以按上述4个阶段划分并按顺序进行，又可以不断从后续阶段得到信息反馈给前面阶段。例如，设计阶段分析研究的结果可以修正情报阶段提出的决策问题，选择阶段也可能对各种替代方案提出补充和修改，而实施阶段中的信息是最为重要的，实施结果可能对整个决策过程的各个阶段进行修正，这表明决策活动存在动态性，说明了决策过程是一种自适应各种外部、内部变化的调整反应过程。这一点必须依靠人与计算机的合作才能更好地完成。

科学的物流管理决策就是针对物流系统中决策问题的复杂性,应用各种现代科学技术,如计算机信息技术、管理数学、统计技术、仿真模拟技术等,来对这些问题进行信息的收集、数据的处理和管理,进而建立问题模型求解,提供各种可行性决策方案的优化比较的过程。但科学的物流管理决策过程需要物流信息系统的支持。从基础数据的获取、存储及表示,到复杂问题的快速求解、智能化分析、多目标综合决策的权衡等问题,都离不开信息系统的支持。制定物流决策是一个复杂的过程,物流信息系统在其中起到很大的作用。但决策不是一个简单的理性优化过程,数据、模型的支持和评价仅仅对决策过程是一个理性的辅助支持,它可以给决策者提供方向和指导,最后真正的决策还是人根据实际环境做出的。

9.2 数据仓库与数据挖掘

数据仓库是信息管理领域快速发展的一种面向主题的、集成的、随时间变化的非易失性数据的集合,其目的在于支持管理层的决策。为满足管理人员的决策分析需要,在数据库基础上产生了能够满足决策分析所需要的数据环境——数据仓库(Data Warehouse,DW)。

9.2.1 数据仓库

1)数据仓库概念

在数据仓库的发展过程中,许多人对此作出了贡献。其中,IBM 公司的研究员 Barry Devlin 和 Paul Murphy 在 1988 年发表了一篇最早的关于数据仓库论述的文章。而 W. H. Inmon 在 1993 年的论著《Building the Data Warehouse》则首先系统性地阐述了关于数据仓库的思想、理论,为数据仓库的发展奠定了基础。为此,W. H. Inmon 被尊为数据仓库之父。他将数据仓库定义为"一个面向主题的、集成的、随时间变化的非易失性数据的集合,用于支持管理层的决策过程"。

从 W. H. Inmon 关于数据仓库的定义中,可以发现数据仓库具有这样一些重要的特性:面向主题性、数据集成性、数据的时变性、数据的非易失性、数据的集合性和支持决策作用。

(1)面向主题性。面向主题性表示数据仓库中数据组织的基本原则,数据仓库中的所有数据都是围绕着某一主题组织、展开的。例如,企业中的客户、产品、供应商等都可作为主题看待。由于主题是在较高层次上的数据抽象,这就使面向主题的数据组织可以独立于数据的处理逻辑,可以很方便地在这种数据环境中进行管理决策的分析处理。

(2)数据集成性。数据集成性是指根据决策分析的要求,将分散于各处的源数据进行抽取、筛选、清理、综合等集成工作,使数据仓库中的数据具有集成性。

(3)数据的时变性。数据的时变性就是数据应该随着时间的推移而发生变化。数据仓库必须能够不断地捕捉业务系统中的变化数据,不断地生成业务数据库的快照,以满足决策分析的需要。数据仓库数据的变化，不仅反映在数据的追加方面，而且还反映在数据的删除上。在数据仓库中的数据存储期限一般为 5 ~ 10 年，超期限后应删除。

(4)数据的非易失性。数据的非易失性是指数据仓库中的数据不经常进行更新处理，因为数据仓库中数据大多表示过去某一时刻的数据，主要用于查询。

(5)数据的集合性。数据的集合性意味着数据仓库必须以某种数据集合的形式存储起来。目前数据仓库所采用的数据集合方式主要是以多维数据库方式进行存储的多维模式、以关系数据库方式进行存储的关系模式或以两者相结合的方式进行存储的混合模式。

(6)支持决策作用。对决策的支持是数据仓库组织的根本目的。处于不同层次的管理人员均可利用数据仓库进行决策分析，使自己工作的管理决策质量和效果得以提高。因此，在数据仓库的实际应用中，其用户有高层的企业决策者、中层的管理者和基层的业务处理者。

2)数据仓库与传统数据库的区别

数据仓库虽然是从数据库发展而来的，但是两者还是存在着相当大的差异，详见表 9-1。

数据仓库与数据库对比表 表 9-1

对比内容	数据库	数据仓库
数据内容	当前值	历史的、存档的、归纳的、计算的数据
数据目标	面向业务操作程序，重复处理	面向主题域，分析应用
数据特性	动态变化，按字段更新	静态、不能直接更新，只能定时添加、刷新
数据结构	高度结构化、复杂，适合操作计算	简单，适合分析
使用频率	高	中到低
数据访问量	每个事务只访问少量记录	有的事务可能需要访问大量记录
对响应时间的要求	以秒为计算单位	以秒、分钟，甚至小时为计算单位

3)数据仓库系统结构

数据仓库系统的结构如图 9-2 所示。它包括数据源、数据集成、数据存储和数据查询与分析工具。

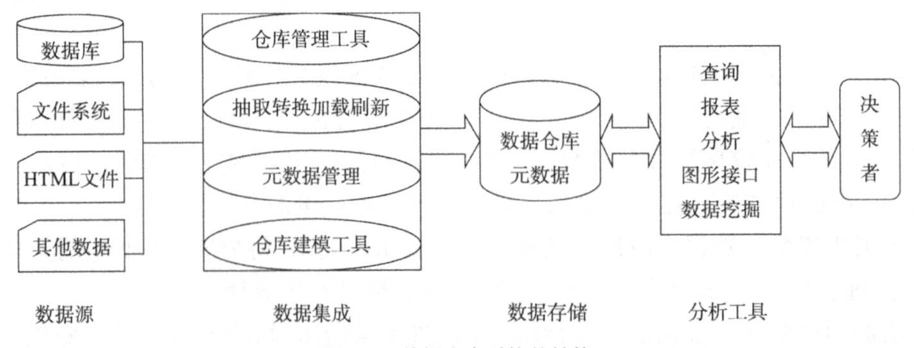

图 9-2 数据仓库系统的结构

(1)数据源。数据源包括数据库、文件系统、互联网上 HTML 文件以及其他数据源。数据源一般是异构的,通过网络互联,数据仓库应能通过 ODBC(开放数据库互连)等机制,访问各数据源。

(2)数据集成。由于数据仓库数据来自多个数据源,各数据源是为各自的应用而建立的,数据的格式、类型、编码、命名和语义等方面都会有冲突。因此,在数据装载到数据仓库以前,需要数据集成部分做下列工作:从当前最新的数据源中,按需求追踪、筛选和抽取新数据;将抽取出的数据加载到数据仓库中;建立有关元数据,即将元数据的格式、目标数据的格式以及如何把源数据转换成目标数据的一些规则记录在元数据库中;提供基于视窗的图形用户接口,使得数据仓库管理员能很方便地描述数据抽取和转换的需求。

(3)数据存储。这部分是数据仓库的核心部分,其中有元数据和数据仓库。元数据是关于数据的数据,如同数据库系统中数据字典,但元数据比数据字典更复杂和重要。元数据是联系数据仓库三部分的主要纽带。元数据的内容反映数据仓库的数据内容,及其与数据源之间的关系,记载了数据仓库与业务运行系统之间数据结构的映射关系。在系统环境中,元数据几乎代表了整个仓库系统的逻辑结构。

数据仓库是存储数据的地方。数据组织方式可采用基于关系表的存储方式或多维数据库存储形式。基于关系表的存储方式是将数据仓库的数据存储在关系型数据库的表结构中,在元数据的管理下完成数据仓库的功能。多维数据库的组织采用多维数组结构文件进行数据存储,并有多维索引及相应的元数组管理文件与数据相对应。

(4)数据查询与分析工具。数据查询和分析工具不仅能将数据以直观的形式提供给用户,而且能对数据仓库中的数据进行分析,使用户获得数据之间蕴涵的知识。目前,数据查询工具有一般的用户查询工具和报表生成工具。分析工具则有联机分析处理(On-Line Analysis Processing,OLAP)和数据挖掘(Data Mining,DM)。

9.2.2 数据挖掘

随着信息技术和大规模数据库的发展,计算机性能提高,各种计算方法涌现,企业经营处于巨大压力的情况下,数据挖掘技术应运而生。它是从存放在数据库、数据仓库或其他信息库的大量数据中挖掘有用知识的一个过程。

在第 11 届国际人工智能联合会议(1998 年 8 月)的专题研讨会上,基于数据库的知识发现(Knowledge Discovery in Database,KDD)技术被首次提出。该技术涉及机器学习、模式识别、统计学、知识获取、智能数据库、数据可视化、专家系统和高性能计算等领域,技术难度较大,一时难以应对信息爆炸的实际需要。在 1995 年美国计算机年会(Association for Computing Machinery,ACM)上,提出了数据挖掘(Data Mining,DM)的概念,即从数据库中抽取隐含的、未知的、具有潜在使用价值的信息。由于数据挖掘是 KDD 过程中最为关键的步骤,在实际应用中对数据挖掘和 KDD 这两个术语的应用往往不加区别。

1)数据挖掘的定义

从技术角度理解,数据挖掘是从大量的、不完全的、有噪声的、模糊的、随机的实际数据中，提取隐含在其中的、人们不知道的、但又是潜在有用的信息和知识的过程。

从商业应用角度理解，数据挖掘是一种崭新的商业信息处理技术。其主要特点是对商业数据库中的大量业务数据进行抽取、转化、分析和模式化处理，从中提取辅助商业决策的关键知识，即从一个数据库中自动发现相关商业模式。

数据挖掘是利用统计学和计算机学习的技术，探求那些符合市场、客户行为的模式。目前，数据挖掘已经可使挖掘技术自动化，将数据挖掘与商业数据仓库相结合，以适当的形式将挖掘结果展示给企业经营管理人员。对于数据挖掘的应用不仅是要依靠良好的算法建立模型，而且更重要的是要解决如何将数据挖掘技术集成到当今复杂的信息技术应用环境中。其次，还要有数据挖掘分析人员参与，因为数据挖掘技术不具备人所特有的经验和直觉，不能区分哪些挖掘数据的模式在现实中是有意义的，哪些是无意义的。因此，数据挖掘分析人员的参与是必不可少的。

简而言之，数据挖掘是一类深层次的数据分析。数据分析本身已经有很多年的历史，只不过以往数据挖掘收集和分析的目的是用于科学研究，而且受当时计算能力的限制，对大数据量进行分析的复杂数据分析方法无法得到实际的应用。现在，由于业务处理自动化系统的实现，在商业领域中生成了大量的业务数据。这些数据并不是为了分析的目的而收集的，而是在业务处理操作中获取、积累的。面对这些数据，所有企业都面临一个共同的问题：企业所积累的数据量越来越大，但其中能被企业直接利用的真正有价值的信息却很少。因此，从大量的数据中经过深层次分析，获得有利于商业运作、提高商业竞争力的信息，就像从矿石中发掘金子一样困难。

数据挖掘可以描述成：按企业既定业务目标，对大量的企业数据进行探索和分析，揭示隐藏的、未知的或验证已知的商业规律，且进一步将其模式化的数据处理方法。它最吸引人的地方就是能够建立预测型而不是回顾型的模型。将数据挖掘工具与传统的数据分析工具进行的比较见表9-2。

传统数据分析工具与数据挖掘工具的比较 表9-2

	传统数据分析工具	数据挖掘工具
工具特点	回顾型的、验证型的	预测型的、发现型的
分析目的	从最近的销售文件中列出最大客户	锁定未来可能客户，以减少未来的销售成本
分析重点	已经发生了什么	预测未来的情况、解释发生的原因
数据集大小	数据维、维中属性数、维中数据均是少量的	数据维、维中属性数、维中数据均是庞大的
启动方式	企业管理人员、分析员、顾问启动与控制	数据与系统启动，少量的人员指导
技术状况	成熟	统计分析工具已经成熟，其他工具正在发展

这两种数据分析工具的差别，根源在于探索数据关系时所采用的方法不同。传统的数据分析工具是对过去情况的验证，而数据挖掘技术则是基于发现型的、预测型的，运用模式匹配等各种算法对数据之间的关系进行挖掘。

2)数据仓库与数据挖掘的关系

从数据挖掘的概念可知,数据挖掘包含一系列旨在从数据库中发现有用且未被发现的模式的技术,如果将其与数据仓库紧密联系在一起,将获取意外的成功。传统的观点认为数据挖掘技术扎根于计算科学和数学,不需要也不得益于数据仓库。这种观点并不正确,成功的数据挖掘的关键之一就是通过访问正确、完整和集成的数据,才能进行深层次的分析,寻求有益的信息。而这些正是数据仓库所能够提供的,数据仓库不仅是集成数据的一种方式,而且数据仓库的联机分析功能——OLAP还为数据挖掘提供了一个极佳的操作平台。如果数据仓库与数据挖掘能够实现有效的连接,将给数据挖掘带来各种便利和功能。

3)数据挖掘工具

常用的数据挖掘工具可以分成统计分析类、知识发现类和其他类型数据挖掘工具三大类。

(1)统计分析类(或称数据分析)。该技术中使用的数据挖掘模型有线性分析和非线性分析、回归分析、逻辑回归分析、单变量分析、多变量分析、时间序列分析、最近邻算法和聚类分析等技术。利用这些技术可以检查那些异常形式的数据,然后利用各种统计模型和属性模型解释这些数据,解释隐藏在这些数据背后的市场规律和商业机会。例如,可以使用统计分析工具寻求最佳商业机会,增加市场份额和利润。这里以聚类分析方法举例说明。

所谓聚类是从现实世界中抽取出待聚类事物的模式数据,再通过维数化简,抓住不同模式的主要特征,经过聚类决策将事物分成不同的类别。

一旦特征抽取完成之后,聚类的任务是将 n 个事物$\{x_1,x_2,\cdots,x_k,\cdots x_n\}$,按照 p 个指标,即 $x_k \in R_p$,将其分为 C 个子集($2 \leqslant C < n$)。

这些分类出来的子集称为类别。在同一类别中的事物应该是相似的,而在不同类别中的事物则应该尽可能不相似。类别 C 在聚类之前通常是未知的。

常用的聚类方法有层次法、图论法和目标函数法。这里介绍的是层次法。

层次法是根据待聚类事物相似性的程度,对其逐层地分割和归并,从而形成一个多层的类别树状图,如图9-3所示。

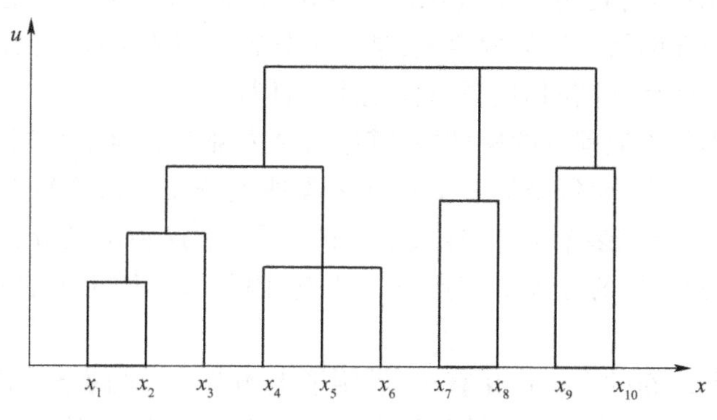

图9-3　层次法聚类的类别树状图

例如，对象 $x_1, x_2, \cdots, x_6$ 的相似关系可模糊关系 R 来表达，R 具有反射、对称、极大—极小传递的特征。

$$R = \begin{array}{c} \\ x_1 \\ x_2 \\ x_3 \\ x_4 \\ x_5 \\ x_6 \end{array} \begin{array}{c} \begin{array}{cccccc} x_1 & x_2 & x_3 & x_4 & x_5 & x_6 \end{array} \\ \begin{bmatrix} 1.0 & 0.2 & 1.0 & 0.6 & 0.2 & 0.6 \\ 0.2 & 1.0 & 0.2 & 0.2 & 0.8 & 0.2 \\ 1.0 & 0.2 & 1.0 & 0.6 & 0.2 & 0.6 \\ 0.6 & 0.2 & 0.6 & 1.0 & 0.2 & 0.8 \\ 0.2 & 0.8 & 0.2 & 0.2 & 1.0 & 0.2 \\ 0.6 & 0.2 & 0.6 & 0.8 & 0.2 & 1.0 \end{bmatrix} \end{array}$$

根据元素间的相似程度的大小，从小到大逐层分解，获得如图9-4所示的4个层次的聚类。

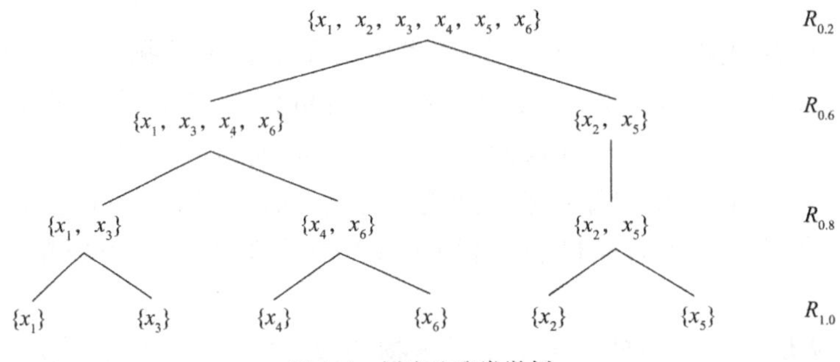

图9-4　层次法聚类举例

（2）知识发现类。知识发现类数据挖掘技术是与统计类数据挖掘技术完全不同的一种数据挖掘技术。它可以从数据仓库的大量数据中筛选信息，寻找市场可能出现的运营模式，发掘人们所不知道的事实。知识发现类数据挖掘技术包含人工神经网络、决策树、遗传算法、粗糙集、规则发现和关联顺序等。

人工神经网络是模拟人脑神经元结构，以MP模型和Hebb学习规则为基础，建立三大类多种神经网络模型。前馈式神经网络以感知机、反向传播模型、函数性网络为代表，可用于预测和模式识别等方面；反馈式神经网络以Hopfield的离散模型和连续模型为代表，分别用于联想记忆和优化计算；自组织神经网络以ART模型、Koho1on模型为代表，用于聚类。神经网络的知识体现在网络连接的权值上，是一个分布式矩阵结构；神经网络的学习体现在神经网络权值的逐步计算上（包括反复迭代或累加计算）。

决策树是一个类似于流程图的树结构，其中每个内部节点表示在某个属性上的测试，每个分枝代表一个测试输出，而每个树叶节点代表类或类分布。由于每个决策或事件（EP自然状态）都可能引出两个或多个事件，导致不同的结果，把这种决策分支画成图形很像一棵树的枝干，故称决策树。树的最顶层节点是根节点，内部节点用矩形表示，而树叶节点用椭圆表示。

遗传算法是一种崭新的全局优化算法，借用了生物遗传学的观点，通过自然选择、遗传、变异等作用机制，实现各个个体适应性的提高。解决问题时，要对待解决问题的模型结构和参数进行编码，一般用字符串来表示，这个过程就将问题符号化、离散化了。遗传算法由三个基本过程组成:繁殖(选择)是从一个旧种群(父代)选出生命力强的个体,产生新种群(后代)的过程;交叉(重组)选择两个不同个体(染色体)的部分(基因)进行交换,形成新个体的过程;变异(突变)是对某些个体的某些基因进行变异的过程。标准遗传算法是不收敛于全局最优解的,而在保留当前所得的最优值时就是收敛于全局最优解的。这种收敛性只是指计算时间趋向无穷时可以概率 1 达到全局最优解。

粗糙集(RS)能够在缺少关于数据先验知识的情况下,只以考查数据的分类能力为基础,解决模糊或不确定数据的分析和处理问题。粗糙集从数据库中发现分类规则的基本思想是将数据库中的属性分为条件属性和结论属性,对数据库中的元组根据不同的属性值分成相应的子集,然后对条件属性划分的子集与结论属性划分的子集之间上下近似关系生成判定规则。所有相似对象的集合称为初等集合,形成知识的基本成分。任何初等集合的并集称为精确集,否则,一个集合就是粗糙的(不精确的)。每个粗糙集都具有边界元素,也就是那些既不能确定为集合元素,也不能确定为集合补集元素的元素,而精确集是完全没有边界元素的。

关联规则是数据挖掘的一种主要形式,是与大多数人想象的数据挖掘过程最为相似的一种数据挖掘形式,即在大型数据库中“淘金”——人们感兴趣的规则。在关联规则系统中,规则以“If—Then”的简单形式表示。根据规则中所处理的数值类型,关联规则可以分成布尔关联规则和量化关联规则两种。根据关联规则集涉及不同的抽象层次,关联规则可分成多层关联规则和单层关联规则。关联规则的评价标准可用正确率、覆盖率和兴趣度来衡量。

(3)其他数据挖掘技术。其他数据挖掘技术中包含文本数据挖掘、Web 数据挖掘、分类系统、可视化系统、空间数据挖掘和分布式数据挖掘等。

9.3 物流系统仿真分析

9.3.1 系统仿真

1)系统仿真概念与目的

对于一个系统说来,它与外部环境之间或其各组成部分之间存在一定的数学或逻辑关系。可以综合运用定性分析和定量分析的方法,建立一定的数学逻辑模型去正确表述这些数学逻辑关系,以反映系统的本质,探索其运动规律。

系统仿真,又称为系统模拟,是利用系统模型在仿真的环境和条件下,对系统进行研究、分析和试验的方法。系统仿真的目的在于利用人为控制的环境条件,改变某些特定的参数,观察模型的反应,研究真实系统的现象或过程,系统仿真方法是一种间接的研究方法。它是一种崭新的辅助管理决策和系统设计的现代化管理技术。

仿真在古代就有了,如象棋就是两军作战的仿真。近年来,由于计算机的普及和迅速发展,仿真已成功应用到工程、管理、社会经济等诸多领域。根据系统模型的不同,系统仿真主要分为物理仿真和数学仿真两类。物理仿真是指对与真实系统相似的物理模型进行试验的过程，例如用电路系统仿真机械振动系统就属于物理仿真。数学仿真则是对真实系统的数学模型进行试验的过程。数学仿真又可分为解析仿真和随机仿真。所谓解析仿真，就是利用已建立的数学模型，通过解析的方法求出最佳的决策变量值，从而使系统得到优化。然而，在大多数情况下，往往由于问题本身的随机性质，或数学模型过于复杂，采用解析的方法不容易或根本无法求出问题的最优解，在这种情况下，就要借助于随机仿真。系统工程中的仿真一般就是随机仿真。

系统仿真的目的，大致有以下几点：

(1)在建立一个真实系统之前，必须对于假定系统的行为作出预测和评价，尤其是对于复杂的大规模系统更要如此。通过仿真运行获得必要的技术经济数据，避免决策上的重大失误。

(2)在建立真实系统前，或者已经有了真实系统，仿真的目的是比较各种备选方案，从而使设计更合理、组织工作更周密。例如在物流中心建立以前，通过仿真比较各个方案，从中选优。

(3)在真实系统基础上的仿真，是为了进一步验证系统的功能，以便改进。如在电话通信网上、核反应堆上进行实验，这种情况下用仿真方法花费小且可取得较满意的结果。

简而言之，系统仿真的目的，是要在人为控制的环境和条件下，通过改变系统的输入、输出或系统模型的特定参数，来观察系统或模型的响应，用以预测系统在真实环境和条件下的品质、行为、性质和功能。

2)系统仿真的步骤

(1)提出并分析问题。任何一种活动，都会受到多种因素的影响和制约。提出问题后，首先要把问题内在关系和外部影响厘清，尤其是要把有关系统的运行机制弄清楚；其次是要收集调查各种资料，如随机性因素的概率特征以及系统运行的各种参数等。

(2)建立系统仿真模型。应用已取得的资料数据，建立描述系统的仿真模型，以观察其是否与实际系统情况相符合。若有差异，则立即予以修正，务求使建立的模型可靠有效。

(3)仿真模型验证。利用建立的仿真模型进行一系列的仿真试验，对模型的各种输入条件，观察其输出情况，了解各种条件的变化对现实过程的影响。

(4)对仿真结果进行评价。对仿真计算的结果作统计分析，可判断出系统的效能及存在的问题。据此即可作出相应的决策，提出改进系统的意见。

3)系统仿真的作用

(1)对于复杂系统在设计和分析的各阶段上产生的一系列问题，可利用系统仿真，了解系统的可行性和可靠性，验证理论的正确性，寻求解决问题的途径。

(2)当系统的实际操作训练和实验费用很高时，或实际系统无法进行破坏性和危险性实验时，仿真方法则是很好的代替方法，如宇航员、飞行员训练用的仿真器等。

(3)在仿真模型上，可以研究单个变量或参数变化时对系统整体的影响，并且可以多次重复试验，这在真实系统中是不可能做到的。

(4)当实际系统中存在大量随机因素而又不能忽略时，可采用随机仿真方法来解决。

4)系统仿真的优点与缺点

(1)系统仿真的优点如下:

①能解决解析方法无法解决的大多数具有随机因素的复杂系统。利用仿真模型可将复杂事物抽象化,了解系统的可行性和可靠性,检验理论的正确性,寻求解决问题的途径。

②可以找出系统最优(或较优)的设计方案。

③可以在一个较长时间里借助仿真研究某一系统的变化规律。

④仿真可以研究单个变量或参数变化时对系统整体的影响,并且可以多次重复试验,这在真实系统中是不可能做到的。

⑤仿真方法可用来检验理论分析所得的结果的正确性和有效性,其基本方法较易掌握,仿真的结果直观,便于理解。

(2)系统仿真的缺点如下:

①每次仿真运行仅提供系统在某些条件下的特殊解,而不是通解。为获得最优解则必须给定大量不同条件的仿真运行,这样需要大量的时间、费用和计算机内存。

②难以确定仿真的初始条件。

③仿真精度受到各方面制约,较难控制和测定。

9.3.2 蒙特卡罗仿真法

实际问题有的是确定型决策,有的是随机型决策。蒙特卡罗法(Monte Carlo Method)又称随机仿真法、统计试验法,由匈牙利数学家约翰·冯·诺依曼(John von Neumann)建立,因其方法与某些赌博工具在原理上基本一样,因此用著名的赌城蒙特卡罗命名。它是为了求解确定型问题而构造一个与原来问题没有直接关系的概率过程,并利用它产生统计现象的方法。使用这种方法进行仿真时,要从系统的研究开始。目前,蒙特卡罗法已成为仿真的有力工具,在物流系统工程中,它被用来解决设备交货、订货、风险型决策、排队等诸多决策问题。

蒙特卡罗法的原理是:在所研究的系统中,采用某种特定方法产生随机数和随机变量,仿真随机事件,对结果进行统计处理,从而得到问题的解。

1)注意事项

(1)关于随机数和随机变量的产生。随机数和随机变量的产生必须符合实际问题的概率特征,因此,构造仿真的数学概率模型尤为重要。产生随机数和随机变量的方法,过去常用掷针、掷硬币、袋中摸球、转动轮盘,而现在多由电子计算机根据专门的算法来产生。

(2)关于结果的统计处理。任何仿真问题的个别具体解本身并不表征这个系统。只有得到了很多的个别具体解之后,把它加以平均,才能获得所要知道的决策变量和目标函数之间存在的关系。

2)蒙特卡罗法与其他仿真方法的比较

由于观点不同,仿真的分类方法也有几种。若从方法论着眼,最重要的有蒙特卡罗仿真和博弈仿真。要明确地弄清这两种方法的区别是比较困难的。

下面将蒙特卡罗仿真法、博弈仿真法与其他一般仿真法的区别作一个概略地说明(表9-3)。

蒙特卡罗仿真法与其他仿真方法的比较　　表9-3

要素	仿真种类		
	一般的仿真方法	蒙特卡罗仿真法	博弈仿真法
物理现象	经常使用	使用	使用
随机数	使用	必须使用	有时使用
人类	有时包括	不怎么包括	必然包括

3）蒙特卡罗法的步骤

（1）根据实际问题，对资料进行分析和处理，构造仿真的数学概率模型。

（2）根据数学概率模型的特点，设计和应用降低方差的各种方法，以加快仿真结果的收敛。

（3）给出概率模型中各种不同分布的随机变量的抽样方法。

（4）统计处理仿真的结果，得到问题的解，并估计解的精度。

4）产生随机数的方法简介

蒙特卡罗法的关键是建立仿真模型，而建立仿真模型的关键是确定随机数，确定随机数主要有以下几种方法。

（1）直接法，即使用扔硬币、扔针、扔骰子等方式，来获得随机数。例如：用随机数骰子确定随机数，随机数骰子为正20面体，刻有0～9两组数字，假如要确定两位数的随机数，就用两个随机数骰子，其他依次类推。

（2）物理方法，即以物理装置，如脉冲发生器、电子噪声发生器、数字移位寄位器等作为随机数发生器，产生随机数序列。

（3）数学方法，即利用递推算法，通过计算产生具有某种分布特征的随机数。这样产生的随机数由于具备周期性并非真正意义上的随机数，为区别起见而称作伪随机数。常用的方法很多，这里介绍以下几种。

①平方取中法求四位随机数。

首先任取一个$2k$位的数作为种子，如设立$x_0=76$，计算$x_0^2=5776$。取中间两位，令$x_1=77$，再计算$x_1^2=5929$。再令$x_2^2=92$，依次类推计算，可以得到伪随机数序列76，77，92，46，11，…。这种方法产生的伪随机数通常具有周期性，其分布均匀性较差，且易退化。

②乘同余数法。其递推公式为：

$$x_{n+1}=kx_n(\mathrm{mod}\ M)$$

式中，k和M是给定的常数。

制取伪随机数的过程是：先将给定的初值x_0与常数k相乘，得到的积再被常数M去除，由此产生余数作为x_1。之后再计算kx_1；重复以上步骤，可以得到伪随机数序列。例如，令$k=3$，$M=5$，$x_0=4$，可得由2，1，3，4，2，…组成的伪随机数序列。

（4）查随机数表以确定随机数。为了使用上的方便，人们将预先产生的随机数排列在表格中，称为随机数表。随机数表中随机数的分布具有较好的随机性和均匀性，在取用随机数时要按照随机性原则确定随机数的起点。随机数起点确定后，可以从左到右或由上至下连续取用,或按一定间隔取用。

5)应用举例

某企业为降低库存成本,拟建立主要原材料的经济批量和安全备用储量制度。根据过去材料消耗情况得知,耗用量、到货期均不固定。采用蒙特卡罗仿真方法决定最佳订货点及订货批量。分析以往资料可知主要原材料在 100 周内每周的消耗数量(表 9-4)及 100 次到货时间统计表(表 9-5)。随机数可查两位数字的随机数表(表 9-6)。

主要原材料每周需用量统计表 表 9-4

需用量(件)	0	1	2	3	4	5	6
次数	2	8	22	34	18	9	7
累积概率(%)	2	10	32	66	84	93	100
随机数	00 ~ 01	02 ~ 09	10 ~ 31	32 ~ 65	66 ~ 83	84 ~ 92	93 ~ 99

主要原材料到货时间统计表 表 9-5

到货时间(周)	1	2	3	4	5
次数	23	45	17	9	6
累积概率(%)	23	68	85	94	100
随机数	00 ~ 22	23 ~ 67	68 ~ 84	35 ~ 93	94 ~ 99

两位数字的随机数表 表 9-6

序号	周次															
	1	2	3	4	5	6	7	8	9	10	11	12	13	14	15	16
1	33	50	13	82	59	30	24	02	15	38	12	85	92	79	59	11
2	52	85	79	86	72	20	12	21	99	58	04	36	01	40	11	82
3	87	56	96	44	29	80	56	96	86	80	33	43	88	92	96	05
4	13	18	61	47	60	29	03	23	67	61	62	13	68	59	77	73

成本部门核算该种原料每周占用成本为 10 元/件,每批订购费 25 元,缺货损失为 100 元/件。初步确定库存量不足 15 件时就要订货,订货批量每次 20 件。用随机数仿真 14 周的使用、到货、存储量及成本(表 9-7),随机数由表 9-6 左对齐横向选用。

表 9-7 是按时间顺序进行仿真的,首先从初期存货 20 件开始。查随机数表得知:第一周需用 3 件(表 9-6 查到随机数 33 相当于需用 3 件),至第一周末存储数量减至 17 件,占用成本 17 × 10 = 170 元。第二周也需用 3 件(随机数 50 表示需用 3 件),第二周末存量减至 14 件。原设定 15 件为再订货点,现已低于 15 件故应订货补充。依此类推可得到表 9-7。

表 9-7 是订货点为 15 件,批量为 20 件,初始存货点为 20 件的情况。如果取不同的订货点、订货量以及初始库存数时,可以得到另外的表,可取其中总成本最低作为存储控制的依据。

到货、存储量及成本表

表 9-7

周	需要数量(件)		到货情况(周)		存货数量(件)		成本	定购成本	缺货损失	总成本
	随机数	需要量	随机数	到货时间	到货量	余额				
0						20				
1	33	3				17	170			170
2	50	3				14	140			
			13	1				25		165
3	82	4			20	30	300			300
4	59	3				27	270			270
5	30	2				25	250			250
6	24	2				23	230			230
7	02	1				22	220			220
8	15	2				20	200			200
9	38	3				17	170			170
10	12	2				15	150			
			85	4				25		175
11	92	5				10	100			100
12	79	4				6	60			60
13	59	3				3	30			30
14	11	2			20	21	210			210

9.4 基于人工智能的决策支持系统

人工智能在1956年由美国科学家约翰·麦卡锡(John McCarthy)首次提出，经过近70年的发展，人工智能系统已经参与了包括机票定价、食品制造、石油勘探、信用卡欺诈、股票投资与智能机器人等各种各样的企业任务，取得了很好的经济效益。

9.4.1 人工智能系统

目前的计算机系统不仅具有看、听和说的能力，而且已经开始在模拟人的判断、推理和思考的能力，这一点对于辅助企业高层决策管理是很有现实意义的。美国商业部门近期的一份调查报告指出，世界前500强公司中有70%的公司使用人工智能作为决策支持的一部分，人工智能软件的销售收入也飞速增长。一般企业管理活动中采用的人工智能系统主要包括以下几种。

1)专家系统

专家系统(Expert System,ES)就是一个类似于人类专家,能存储大量专业知识并能进行推理的软硬件系统。由于他们在商务运营管理中有很多应用,下文会详细介绍。

2)机器人

机器人(Robotics)就是能执行高精度或重复性、危险任务的机械或计算机设备。现代的机器人把高精度的机器能力和先进的控制软件相结合,完成诸如装配、油漆、精密焊接等需要高精密技术,或者石油勘测、仓储进出搬运等危险和繁重的任务。在众多的制造业领域中,应用机器人最广泛的领域是汽车及汽车零部件制造业。

在当今制造业高度自动化的时代,工业机器人的应用程度已成为衡量一个国家制造业自动化水平的重要标志。根据国际机器人联合会2024年发布的《世界机器人报告》,每10000名员工拥有工业机器人数量排名前三国家分别是:韩国(每万名员工拥有1012台)、新加坡(每万名员工拥有770台)和中国(每万名员工拥有470台)。

中国机器人产业规模快速增长,2021年机器人全行业营业收入超过1300亿元。其中,工业机器人产量达36.6万台,比2015年增长了10倍,稳居全球第一大工业机器人市场。2022年工业机器人产量44.3万台,比2021年增长21.0%。据国家统计局初步核算,2024年我国工业机器人产品产量增长14.2%。

随着科学技术的发展,机器人的应用领域也不断扩大,不仅应用于传统制造业,如采矿、冶金、石油、化学、船舶等领域,同时也已开始扩大到核能、航空、航天、医药、生化等高科技领域以及家庭清洁、医疗康复等服务业领域中。例如,水下机器人、抛光机器人、打毛刺机器人、擦玻璃机器人、高压线作业机器人、服装裁剪机器人、制衣机器人、管道机器人等特种机器人,以及在物流领域中的搬运机器人、理货机器人和分拣机器人等,都广泛应用于各行各业。

3)视觉系统

视觉系统就是能让计算机获取、存储及操纵可视化图像和图片的软硬件系统。例如美国“9·11”事件后,对于进出美国海关的所有人都进行指纹采集、存储和分析,这样的指纹分析系统能够快速检索庞大的指纹数据库,分析效果几乎和专业专家的水平相似,可以解决很多的陈年旧案。

在仓储系统中,视觉系统和搬运机器人结合使用,可使得这些机器人具有“视觉”。通过机器人的货物或货柜,机器人能很容易地通过其自身的视觉系统扫描货物上的条形码,并传输进入计算机系统中来指导机器人的后续操作。视觉系统在电子制造领域的应用主要是引导机器人进行高精度印刷电路板(PCB)定位和表面组装技术(SMT)元件放置及表面检测;在机械领域主要是部件识别和在线质量检测,通过反馈控制来提高产品的产量和成品率;在食品饮料领域主要有包装检测和分类识别方面的应用;在医药领域主要是包装检测和标签识别;其他领域主要是部件识别和表面检测方面的应用。

4)智能代理系统

智能代理(Intelligent Agent)系统是一种可以辅助人或充当人的代表,来执行重复的与计算机相关任务的软件系统。它具有适应性,能够独立工作并执行人们设定好的重复性工作。这种系统模仿人的行为来执行一定的任务，但在执行任务期间不需要或很少需要人的干预与指导，因此智能代理不同于以前被认为的计算机只能被动地执行程序员或用户的指令，它是信息用户的“自动助手”，它的行为是主动的，具有一定智能。智能代理系统可以分成如下两类。

(1)采购者代理。该代理通过搜索网站(如互联网)找到所需信息并提供给顾客。采购者代理属于网站上的智能代理，它根据用户所需的产品和服务需求，来帮助用户达到目标。这种采购者代理系统对提高诸如电子元件等一些标准产品的工作效率有很重要的作用。

(2)用户代理。这种应用已经广泛使用，也称为个人代理，在很多企业的办公自动化系统或内联网中都有该功能。其主要功能有：①信息自动通知，也就是当信息用户指定了特定的信息需求之后，智能代理能够自动探测到信息的变化和更新，进而将其下载到数据存储地存放起来，同时智能代理能将该信息自动提示给用户，如自动检查邮件、自动给出重要会议提示等。②浏览导航和智能搜索，即如果信息用户愿意在网上去“冲浪”(Surf)，智能代理就能根据用户近期经常关心的信息，自动分析用户感兴趣的领域，并当用户上网浏览时自动向用户建议与该领域更密切的页面或链接；同时能够根据信息用户的特定需求，进行信息过滤，从而为用户提供更精确的搜索信息等。

除了这些，智能代理还具有自动流转公文，与同事代理之间协调、解决冲突，进行交流或履行监督控制等功能。

总之，人工智能是一门综合性学科，它和计算机科学、控制论、信息论、神经生理学、心理学、语言学等多种学科互相渗透并发展。从计算机应用系统的角度出发，人工智能是研究如何制造出智能机器或智能机器系统，来模拟人类智能活动的能力，以延伸人类智能的科学。从目前的一些研究可知，未来人工智能可能会向模糊处理、并行化、神经网络和机器情感等方面发展。可以相信，人工智能领域会为人类创造出更多的财富。

9.4.2 专家系统

企业的重要资源中，人是最重要的资源。而在所有企业的人员中，专业人才又是最重要的，因为企业的关键运营活动都是靠这些人才或是这些人才的专业知识来完成的。这些人才所拥有的知识一部分可以从书本上、老师那里获取，可以传授下去；但还有一部分是长期工作的经验积累和工作所得，这些知识都存在于人的大脑中，是比较难以获取的。专家系统就是为解决这个问题而提出的，它就是要获取这些人才大脑中的专业知识，并将它们提供给那些非专业人员，以便把这些知识延续下去，更快、更好地解决实际企业运营中的问题。

专家系统也称为基于知识的系统，是一个智能计算机程序系统，其内部具有大量专家水平的某个领域知识与经验，能够利用人类专家的知识和解决问题的方法来解决该领域的问题。也就是说，专家系统是一个具有大量专门知识与经验的程序系统，它应用人工智能技术，根据某个领域一个或多个人类专家提供的知识和经验进行推理和判断，模拟人类专家的决策过程，以解决那些需要专家决定的复杂问题。

专家系统由许多集成的、相互联系的组件构成，其中包括知识库、知识获取工具、推理机、解释工具及用户界面,如图9-5所示。

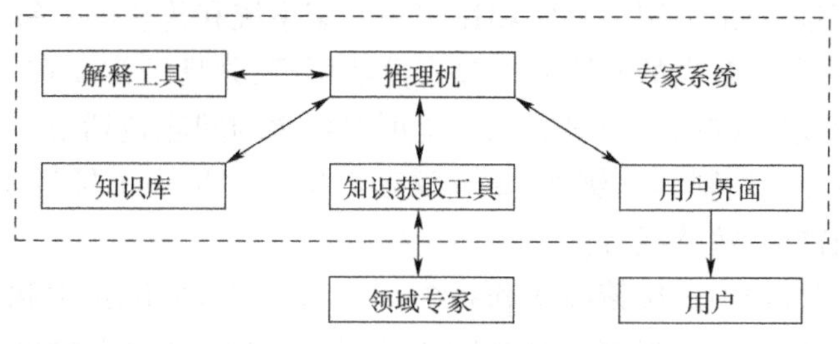

图9-5 专家系统的组成

1)知识库

知识库中存储了专家系统所用的所有相关信息、数据、规则、案例和关系。为一个具体的应用就需要开发一个专业的知识库,知识库中不仅包含该领域中多年来建立的一般理论和通用知识,还包括来自专业领域的经验知识,常常用 If-then 规则的形式来表示。例如,If存在某种情况,then 按照 A 类方案来处理。同样也能通过案例来表示,包括找出与目前问题类似的案例,并结合存储在知识库已经存在的案例,分析它们之间的差别,以便找出解决问题的方案。而很多问题就是相互关联的,某个问题可能会导致产生另一个问题,这样就可以分析它们之间存在的关系,以找出问题的答案。

2)推理机

专家系统中的推理机是为了模拟人的判断推理能力,根据知识库中的信息和关系,为用户提供问题的答案、预测分析及建议功能。因为知识库是事实、管理和规则等的集合,因此,推理机从知识库中找出有效解决问题的答案将是事实、规则和关系的组合体,这个实现的过程是复杂的,需要推理机模拟人类专家处理问题的思考方式,需要快速的信息搜索能力。

3)解释工具

解释工具是专家系统中用于辅助用户的一个重要部件,可以帮助用户或决策制定者理解专家系统是如何得到某个决定或结果的。通过解释工具,专家系统能够指出所得结论中运用的所有实施和规则,以便用户判断专家系统该结论得出的正确性和合乎逻辑性。

4)知识获取工具

为了使专家系统具有更强的生命力,需要领域专家常常通过知识获取工具把新的知识和经验输入知识库。知识获取工具就是为获取、存储和更新知识库中所有组成元素(如数据、规则、案例等)而提供的一种有效方便的工具。目前的知识获取工具有手动和自动、手动混合两种,并且是菜单导航控制的,为领域专家和系统交流提供了很好的便捷性。

5)用户界面

用户界面的目的是为用户和决策制定者开发及使用专家系统提供方便。但因为专家系统是一种专业领域应用软件,其界面不同于一般的图形化用户界面,而是一种面向专业领域内容的用户界面,如可能需要用户采用 If-then 规则的形式来提出自己的问题,或者阐述清楚需要解决的问题和希望查询的案例关键字等。目前已经开发出应用于专家系统的专门用户界面软件。

开发专家系统的关键是表达和运用专家知识，也就是来自人类专家的并已被证明对解决有关领域内的典型问题是有用的事实和过程。专家系统和传统的计算机程序最本质的不同之处在于专家系统所要解决的问题一般没有算法可解，并且经常要在不完全、不精确或不确定的信息基础上推理出结论。一般专家系统可以解决的问题包括解释、预测、诊断、设计、规划、监视、修理、指导和控制等。例如，德国汉莎航空公司采用了货运专家系统 CARGEX，来辅助决定最佳的航空运输路线等。

前面讲述了物流管理中的决策技术和系统，事实上，这些智能技术和方法不可能以一个单独的软件系统来引导企业的发展。从战略上说，统一的信息化平台也要求必须把这些智能技术和管理信息系统的所有功能整合，但这不是一个简单的融合，而需要汇集企业内外尽可能全面的信息，并能根据企业不同层面经营与决策者的需要提供有用的参考信息和决策方案选项，模拟企业的经营和管理过程。因此，将来企业信息化的深入应用目标应该转向决策的智能化。可以相信，企业管理从信息化走向智能化是必然趋势。

9.5 本章案例

决策支持技术在物流管理决策中应用

1）需求计划

作出精确的需求预测是提高整个供应链效率的关键。因此，预测已经成为决策支持系统（Decision Support System，DSS）的一个重要领域，为了辅助这一过程，除典型的统计工具外，人们还制定了协作工具及标准。例如，美洲红十字协会的大西洋中部地区（Mid-Atlantic Region），共有 3 个血液处理中心，其中有 2 个可以配送和采集血液，另外 1 个仅可以采集血液。提议考虑新建一个新的中心，选定了地址，并且提出了一些背景材料（如关掉 1 个旧的，在其他中心之间重新分配资源）。为了评估重新选择血液配送和采集地点的提议，利用了基于优化模型的决策支持系统。为了确定每一方案的劳动力及运输成本，决策支持系统利用了数学模型。最后，他们决定不建新的血液处理中心，因为如果充分利用现有的设施，不需要投资新的设施也可以达到目标要求。

2）物流网络设计

物流网络的设计包括仓库和工厂位置的确定、仓库周围零售商和顾客的配置等。物流网络设计通常需要输入的数据包括备选位置、运输成本、总需求预测等。在建议物流网络设计方案时使用了启发式和优化的运算法则。此外，并不是所有的标准都能够被量化，因此决策者最终还需要依靠他的判断。例如，1993 年，宝洁公司（Procter & Gamble，P&G）开始重新设计它的整个供应链计划。因为多种原因，宝洁公司认为它可以削减目前所需的工厂数量，从而可以实现更低的成本。当时宝洁公司组成了两个独立的小组，其中一个小组是沿着产品线组建而成的，负责分析制造形势，另一个小组负责分析配送中心（Distribution Center，DC）的位置并设计为 DC 分配顾客的方案。

宝洁公司的工程师与辛辛那提大学的教师们一起开发了一个帮助他们作出决策的决策支持系统。为了分析DC的位置及顾客的分配,他们在系统中运用了数学方法来确定系统解决方案;为了优化产品来源的决策,他们开发了数学工具并同GIS组合在一起。GIS可以让第一个小组看到系统所产生的潜在解决方案,这有助于他们更好地理解系统内的各种成本源是怎样相互作用的。事实上,由这种理解而产生的思想可以产生更新更好的解决方案。此外,数据和方案的可视化还可以帮助他们检查输入数据库中不易被觉察的错误。

3)存货配置

即使企业不准备改造它的物流网络,它也必须对在什么时间、哪个仓库保持何种库存作出决策,这便是存货配置决策。在这里,运输成本、需求预测和现有库存被用来决定在每一时间每一位置保持存货的水平,并且DSS又一次使用了优化和启发式的运算法来生成建议策略。例如,美国石油公司(American Oil Company,Amoco)曾面临着以下常见的存货管理挑战:怎样在供应链的不同环节来鉴别合适的存货水平?怎样克服资本、设备和人员的能力制约?如何解决销售、生产和存货管理人员之间存在的目标冲突?

为了解决这些问题,美国石油公司同默克管理咨询公司一起开发了一个适合自己的决策支持系统,这个系统可以模拟美国石油公司各个层次的物流网络、成本及目标。并且在分析过程中运用了优化和模拟技术。优化技术用于确定存货的目标,一旦存货目标确定后,他们就应该运用模拟技术来检验存货政策、相关成本以及客户服务。该系统的实施为美国石油公司带来了好处:弄清了存货成本,包括缺货成本;明白过多的存货也掩盖不了低效的工作;可以更好地计划、协调、沟通销售与营销区域划分。

4)销售与营销区域的划分

销售区域的划分既需要使销售额最大化,又需要使顾客和销售代表都保持满意。销售区域划分的决策支持系统将顾客位置和需求预测作为输入,销售区域的设计要以决策者所选定的一系列目标(例如运输距离、销售潜力)为依据。

5)配送资源计划(Distribution Resource Planning,DRP)

对一组仓库和零售商来说,此模型用来确定合适的配送路线和存货政策。如果给定仓库和零售商的位置、存货和运输成本以及每一零售点的需求预测,此系统可以利用分析工具来确定以最低的成本向顾客提供高水平服务的策略。

6)物料需求计划(Material Requirement Planning,MRP)

MRP系统利用产品的物料清单和零部件的提前期来计划何时开始制造某产品。虽然这些决策支持系统没有利用复杂的数学方法,但是它们在工业中的应用却十分普遍。如果决策者可以仅使用DSS结果来作为可能的问题解决方案,那么这些决策支持系统便是最好的例子。然而MRP系统经常提供不可行的计划,因为它们一般不考虑企业的生产能力,这时决策者就需要将它们修改成为一个可行的计划,并且不要花费太高的代价。例如,塔纳公司(Tanner)是一个高品质女士服饰的制造商。在20世纪90年代初期,该公司的准时交货率较低(74%左右),并且有着大量的在制品。为了解决这些问题,该公司采用了一个规划决策支持系统。塔纳公司所生产的服饰款式有好几百种,每一种款式的物料和劳动力需求的详细信息都被记录在一个数据库中，系统正是从这个数据库中来提取数据的。实施该系统的过程中最耗时的工作是组建数据库，因为一开始并没有这方面的信息。

系统根据数据库中的数据和接到的订单来生成生产计划。特别是在有生产和需求的约束条件下，系统制定的计划要使得缺货和成品存货都最小。但是，实际上这两个目标是相互冲突的，因为对于一个生产计划来说，如果它要降低缺货就必须提高成品库存的水平。在这种情况下，系统可以生成一套潜在的生产计划，而非只生成一个。最终使用哪一个生产计划将由决策者的目标取向决定。

系统采用了直观的菜单驱动型界面，因此所花的培训时间很短，并且用户从一开始就保持着高度的信心。在1年期的期末，系统开发、修改、安装实施，准时交货率提高到90%，在制品存货也削减了20多万美元。此后，计划者脱离了世俗的重复性工作，将重点转移到计划编制工作上来。

7）库存管理

当企业持有许多不同种类的存货时，管理那么多库存就变得相当困难了。一个库存管理决策支持系统能够运用运输和持有成本信息，以及生产提前期和项目需求来制定库存政策，从而帮助决策者达到降低成本与提高客户服务质量的目标。

8）生产地点选址/设施布置

许多制造商都有一个生产设施网络，网络上的每一个点分别生产不同的产品或者是同一产品的不同部件。设施布置决策支持系统将生产成本、提前期、运输成本及需求预测作为输入数据，针对生产设施来分配不同的产品或者部件。在工作时，这些决策支持系统经常将人工智能和数学知识结合在一起使用。例如，美孚公司利用一个决策支持系统来合并与发送润滑剂产品，美孚公司的10个工厂每天会收到数以百计的订单，在接到订单后，他们通常会用自己的专用车辆或者供应商的专用车辆来为客户送货。

在送货的过程中，美孚公司的调度员面临着许多问题，其中包括选择和派遣自有车辆而不是外界的合同车辆、订单的合并、通过合并资源在什么时间能实现及时交货。为了解决这些问题，美孚同Insight公司合作开发了较重产品的计算机辅助配送（The Heavy-Product Computer-Assisted Dispatch，HPCAD）系统。这个系统利用订单、距离以及货车运输的比例等信息生成一系列可行的工作计划，并且计算每一计划的成本，接着一个优化模块利用这些信息确定一个详细的较低成本的发送计划。决策支持系统设计完成后，调度员可以同这个系统一起共同制定发送计划。

经过内部审查，美孚公司认为，通过有效地利用发送资源，HPCAD系统每年可以为公司节省100多万美元。此外，公司估计，通过HPCAD系统制定的发送方案与完全用人工制定的方案，大约有77%的内容不相同。

9）车辆计划

车辆计划不仅包括企业自有车辆的派遣，而且也包括在某些线路上对商业车辆的选择。因为费用结构非常复杂，不同车辆的速度和可靠性也不同，所以运输的模式选择经常是一个非常困难的问题。此外，诸如费用结构等输入数据需要时常更新。

车辆计划中的一个重要组成部分是车辆的路线安排,在这里比较一下动态和静态两个系统。在静态系统中,每日的路线是早上就计划好的,同样每周的路线在那一周的开始也就安排好了,每日或者每周的路线是不会改变的;然而在动态系统中,自每日或每周计划完成后,路线就是在变化中的。例如,CSX 运输公司拥有世界上最长的铁路之一,它开发了一个名为计算机辅助路线安排及调度(Computer Aided Routing and Scheduling,CARS)的决策支持系统,该 DSS 被用在 CSX 铁路系统内探索路线安排与调度之间的战略关系。路线安排是指为了将货物从出发点运到目的地所需要经过的合适道路,调度是指货物应该在什么时间发出。在给定的一系列要求条件下,系统运用了模拟退火的启发式算法来确定较好的路线和调度时间。系统将收到的需求和成本作为输入数据,经过分析产生路线和调度时间安排,接着连同表示路线成本和运行状况的报单与表格一起显示调度时间及路线安排图形。在这个案例中,管理层将 DSS 作为一个战略决策工具,它也可以解决其他战略问题,例如购买或租赁列车,使用不同速度的火车,增加铁路调车场的吞吐量等。在上述的每一个例子中都需要向系统内输入历史需求数据,而且系统还要计算现实的调度时间和路线安排并且比较不同的报表。

10)提前期报单

在许多制造过程中,销售代表经常从电话上收到客户的订单,这时他们能够立刻报出交货的提前期。过去,销售代表通常尽可能地报出较长提前期的生产计划、制造时间及运送时间。提前期报单(Lead Time Quotation)决策支持系统则能够报出某一特定订单的确切交货提前期,因此这一交货提前期就有可能是较短的。有时销售代表还需要判断一下订单的重要性,如果他认为某一订单没有其他订单重要,那么他就可以报出比 DSS 还晚的交货提前期,从而为将来报出更短的交货提前期留出一条后路。

11)生产计划

给定所要生产的产品系列、生产流程以及产品的到期日期,生产计划 DSS 可以确定产品的生产次序及计划。生产计划决策支持系统可以利用人工智能、数学及模拟技术来制定生产计划。前面曾经讲过计划人员按问题编制特定的流程,基于人工智能的生产计划系统就利用了上述方法中的规则。基于优化技术的生产计划系统使用运算法则来使某些目标最大化或最小化;计划系统允许用户选择一套简单的计划法则并在模拟系统上来测算它们,例如,用户可以按照作业的到期时间来测试计划的效果。利用这一法则系统可以模拟生产过程,并且决策者可以看到模拟的结果。例如,系统可以预测延期作业的数量以及平均被延期时间。

12)物流运输系统的调度优化技术

物流配送中心配载量的不断增大和工作复杂程度的不断提高,都要求对物流配送中心进行科学管理,因此配送车辆的集货、货物配装和送货过程的调度优化技术是物流系统中的重要组成部分。例如,美国沃尔玛公司下属的一个配送中心,建筑面积达 12 万 m^2,投资 7000 万美元,职工人数 1200 人,拥有运输车辆 200 辆、400 节载货车厢、13 条配货传送带,在配货场设有 170 个接货口,每天能为分布在 6 个州的 100 家连锁店配送商品,经营的商品种类达 4 万种。像沃尔玛这样规模的配送中心,如果没有物流运输系统的调度优化技术支持,连正常运作都会十分困难，更谈不上科学的优化管理。国内外学术界对物流运输系统的调度优化问题十分关注，研究起步也较早。由于物流配送车辆配载问题是一个NP完全问题，因此启发式算法是一个重要研究方向。

（资料来源：https://doc.mbalib.com/view/b292420123b54d63427fd8127153fbd5.html，有删改）

案例相关视频资料

数字技术和实体经济深度融合，智能化转型带动上下游企业效能提升

（案例来源：央视官网 https://news.cctv.com/2023/07/15/ARTIR63ryVTLkSkJwkLNohb7230715.shtml）

案例分析与研讨题

1. 结合本章案例，讨论物流管理决策支持系统在提高供应链效率、降低成本、优化资源配置等方面的实际效果。

2. 决策支持系统的直观界面和数据可视化功能对员工的信心和系统接受度有何影响？

9.6 本章小结

物流管理实质就是对物流活动进行计划、组织、领导和控制的过程。物流信息对管理决策过程很重要。管理决策分为四个阶段，分别为情报（Intelligence）、设计（Design）、选择（Choice）、实施（Executive）。

数据仓库是信息管理领域得到快速发展的一种面向主题的、集成的、随时间变化的非易失性数据的集合，其目的在于支持管理层的决策。数据挖掘是利用统计学和计算机学习的技术，探求那些符合市场、客户行为的模式，是一类深层次的数据分析。数据挖掘工具通常分为统计分析类、知识发现类和其他类型的数据挖掘工具三大类。

系统仿真是利用系统模型在仿真的环境和条件下，对系统进行研究、分析和试验的方法。目的在于利用人为控制的环境条件，改变某些特定的参数，观察模型的反应，研究真实系统的现象或过程。蒙特卡洛法是为了求解确定型问题而构造一个与原来问题没有直接关系的概率过程，并利用它产生统计现象，从而得到问题解的方法。

人工智能系统主要包括专家系统、机器人、视觉系统、智能代理系统。专家系统是一个具有大量专门知识与经验的程序系统，它应用人工智能技术，根据某个领域一个或多个人类专家提供的知识和经验进行推理和判断，模拟人类专家的决策过程，以解决那些需要专家决定的复杂问题。专家系统由许多集成的、相互联系的组件构成,其中包括知识库、知识获取工具、推理机、解释工具及用户界面等,开发专家系统的关键是表达和运用专家知识。企业管理从信息化走向智能化是必然趋势。

复习思考题

1. 简述系统模拟的含义。
2. 系统模拟的类型和方法有哪些?
3. 简述数据仓库和数据挖掘的概念及它们之间的关系。
4. 常用的数据挖掘工具有哪几种?
5. 什么是随机数? 模拟中如何使用随机数?
6. 简述人工智能与专家系统含义。
7. 专家系统由哪几部分构成?
8. 决策支持理论在物流管理中有哪些方面应用?

实践与讨论

1. 基于本章所学知识,设计一个物流管理决策支持系统的框架,包括系统的功能模块、数据处理流程、决策支持方法等,并分析潜在问题,提出改进建议。

2. 讨论人工智能技术在物流管理决策中的应用前景,如机器学习、深度学习等在预测分析、优化决策等方面的潜力。

第 10 章 企业资源计划系统

核心概念

物料需求计划(MRP),制造资源计划(MRPⅡ),企业资源计划(ERP),主生产计划(MPS),物料清单(BOM)

学习目标

了解 MRP 及 ERP 的发展历程,理解 MRP 对生产问题的解决思路,熟悉合理的生产组织方式与 MRP 的作用;掌握 MRP 系统三部分输入(产品出产计划、产品结构文件和库存状态文件)的含义及关联原理;理解 MRPⅡ含义、流程与作用;理解 ERP 的含义、作用、常用模块与总体流程,了解 ERP 的实施进程与发展趋势。

10.1 MRP 系统概述

10.1.1 从 MRP 到 ERP 的发展历程

1)国际发展概述

ERP 是顺应市场竞争的加剧、产品复杂性的增加、经营全球化的迅猛发展而产生的,其发展大致经历如下:

(1)安全库存。20 世纪 60 年代的制造业为了打破传统的发出订单和催办的计划管理模式,设置了安全库存量,为需求与订货提前期提供了缓冲。

(2)MRP。进入 20 世纪 70 年代,企业需要有效的订单交货日期,因而产生了对物料清单的管理和使用,形成了物料需求计划(Material Requirements Planning,MRP)。

(3)MRPⅡ。到了 20 世纪 80 年代,企业需要一个集成的计划来解决阻碍企业生产的各种问题。要求以生产与库存控制的集成方法来解决问题,而不是以库存来弥补或者以缓冲时间的办法来补偿,这时制造资源计划(Manufacturing Resource Planning,MRPⅡ)产生了。之所以使用 MRPⅡ的名称,是为了与 MRP 的名称区别开。

(4)20 世纪 90 年代以来,随着科学技术的进步及其不断向生产与控制方面渗透,传统的人工管理方式已经难以适应复杂化生产系统,要求信息处理的效率更高。这时只能依靠计算机来实现,且信息的集成度要求扩大到企业的整个资源的利用和管理,因此产生了新一代的管理理论和计算机信息系统,这就是 ERP。

2)国内发展概述

(1)启蒙期。这一阶段贯穿了整个 20 世纪 80 年代,主要特征是 MRPⅡ的引进、实施以及部分应用阶段,其应用范围局限在传统的机械制造业内(多为机床制造、汽车制造等行业),如 1981 年沈阳第一机床厂从德国工程师协会引进了第一套 MRPⅡ软件。由于管理软件本身技术问题,实施经验缺乏以及思想认识上存在障碍,从整体来看,我国企业所得到的效益与巨大的投资及当初的宏图大略相去甚远。

(2)成长期。20 世纪 90 年代,主要特征是 MRPⅡ/ERP 在中国的应用与推广取得了较好的成绩。该阶段主要应用软件大多还是国外软件,涉及的应用领域更加广泛。

(3)成熟期。21 世纪初以来,主要特征是 ERP 引入并成为主角,应用范围也从制造业扩展到第二、三产业,并且由于不断的实践探索,应用效果显著提高。

3)ERP 的发展趋势

(1)新增加的工作流、EDI、DSS 等功能均有一个共同的特点,即 ERP 管理的对象从企业内部和外部的物料、生产力的资源扩大到信息资源。

(2)管理的深度从原先的生产计划与控制的联机事务处理向下扩展到覆盖办公自动化、无纸化处理,向上扩展到决策支持的联机分析处理,横向扩展到设计和工程领域。

(3)ERP 的计算机环境从传统客户机/服务器环境过渡到 Web 和云计算环境。

(4)软件结构上,不再追求大而全,而更趋于灵活、实际和面向具体用户。

(5)ERP 软件应用范围持续拓宽,覆盖了制造业以外的许多领域。

10.1.2 MRP 解决问题思路

1)独立需求库存理论局限性

一般地,对产品和某些维修使用的零部件的需求来自企业外部,是独立需求;对原材料、毛坯、零件、部件的需求来自制造过程,是相关需求。正是制造过程中的相关需求使得 MRP 能够围绕物料转化组织准时生产。独立需求来自企业外部,需要通过预测和顾客订货来确定;相关需求发生在制造过程中,可以通过计算得到。

由于企业中相关需求物料的种类和数量繁多,而且不同的零部件之间具有多层“母子”关系。多年以来,企业对这种相关需求物流的管理采用的是与独立需求相同的管理方法——再订货点法(Reorder Point System)。传统的订货点理论是在 20 世纪 30 年代形成的。所谓再订货点法,就是人们所熟悉的采用统计方法确定订货批量和再订货点,每当库存降到再订货点时,就按照既定的批量再订购(生产)的方法。其实质是基于“库存补充”的原则,目的是在需求不确定的情况下,为了保证供应而将所有的库存都留有一定的储备。这种方法实际上是处理独立需求库存的一种方法,用于处理相关需求,实际上是有很大局限性的。这种局限性主要在于:

(1)独立需求库存理论假定需求是连续的、均衡的,但对于相关需求而言,由于生产往往是成批进行的,故需求是断续的、不均衡的。

(2)独立需求库存理论假定需求是独立的,但相关需求是取决于最终产品的。这种相互关系是由物料清单(Bill of Materials,BOM)所决定的,何时需要多少则是由最终产品的生产计划所决定的。

(3)独立需求库存理论依据历史数据或市场预测来决定库存和订货的时间与量,相关需求则是以确定的生产计划为依据。

因此,用再订货点法来处理相关需求问题,是一种很不合理、很不经济、效率极低的方法。它很容易导致库存量过大,需要的物料未到、不需要的物料先到,所需各种物料不配套等问题。为了更好地理解这些结论,来举例如下。

某企业,其两种主要产品是A和B,其需求大致稳定:产品A每周需30个,产品B每周需20个。这两种产品都需要用到一种部件C,每个产品各用1个。因此,对C的平均需求量是每周50个。

A和B的装配周期是1周。假定公司对A、B、C都采用独立需求库存的管理方法,采用定量控制方法。同时,公司根据产品的需求特点和生产特点确定,产品A的生产批量为150,再订货点为60;产品B的批量为120,再订货点为40;部件C的批量为230,再订货点为150,初期有库存280个。图10-1和图10-2表示当某一产品或部件的库存到达再订货点时会发生什么情况。

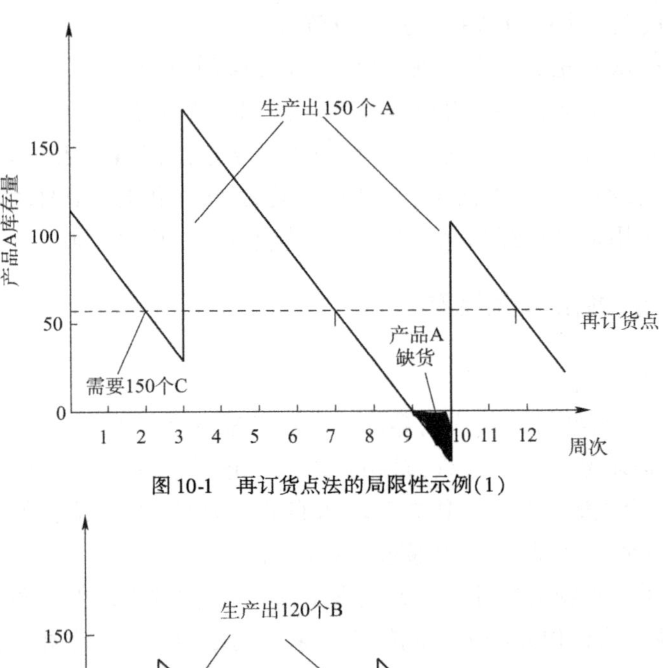

图10-1 再订货点法的局限性示例(1)

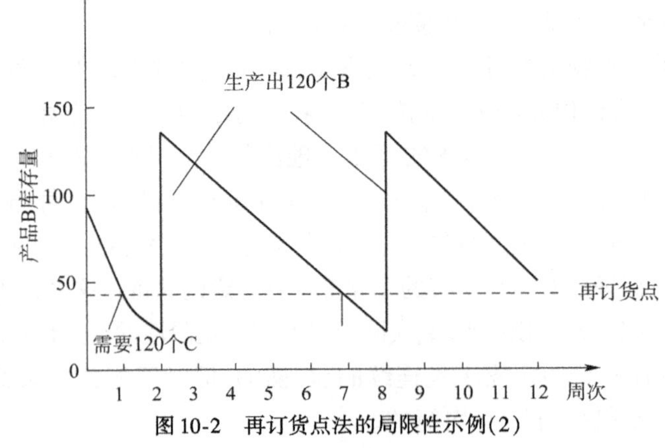

图10-2 再订货点法的局限性示例(2)

假定椅子 A 和 B 的库存按正常的速度均匀下降。要注意的是,对 C 的需求发生是非均匀的。如图 10-3 所示,在第 1 周需要 120 个,第 2 周需要 150 个,在第 7 周则一下需要 270 个。虽然如上所述,对 C 的平均需求是每周 50 个,但是在好几周里(如第 3 周到第 6 周),实际上无任何需求。因此,C 库存的下降是非均匀的,无法均衡地降到再订货点。在第 7 周,C 的库存一下子从 240 个掉到了缺货 30 个。假定 C 的生产周期是 2 周,这样 A 的装配就延迟到第 9 周才能开始。A 本身的装配还需要 1 周,此时如图 10-1 所示,A 也会发生缺货。

这其中的问题到底何在呢? 首先,假定对 C 的需求是连续的、均衡的是不现实的。因为其“母”产品——A 和 B 的装配是成批进行的,因此对 C 的需求也是成批来的。因此,用统计方法来预测对 C 的需求为平均每周 50 个,将导致很大的预测错误。为了弥补这样的预测误差,原来常用的方法是增大安全库存,但这是非常浪费的,而且仍然无法保证缺货不会发生。其次,假定“对 C 的需求是独立的”也是错误的。实际上,对 C 的需求取决于其“母”件 A 和 B。也就是说,用来制造最终产品的原材料、零部件的需求量取决于最终产品的生产计划。例如,在本例中,对 C 的需求取决于 A、B 的装配批量和装配时间。而再订货点法没有面对这样一个事实。最后,再订货点法不是着眼于未来的需求,而是根据过去的需求统计数据来确定再订货点和安全库存量。而实际上,如果对类似于 C 这样的部件的需求是确定的、可预知的,在制定 C 的生产计划时就没必要看过去的历史数据。如果 A 和 B 的生产计划已经确定,计划人员实际上在一开始(例如第 1 周)就可推算出第 7 周 C 会发生缺货。而且,既然知道 C 的生产周期是 2 周,计划人员实际上就可提前安排(例如在第 5 周)生产足够的 C。因此,从上例中可看出,对于相关需求物料来说,最好是用已有的最终产品的生产计划作为主要信息来源,而不是根据过去的统计平均值来制定生产和库存计划。而 MRP,正是基于这样一种思路的相关需求物料的生产与库存计划。

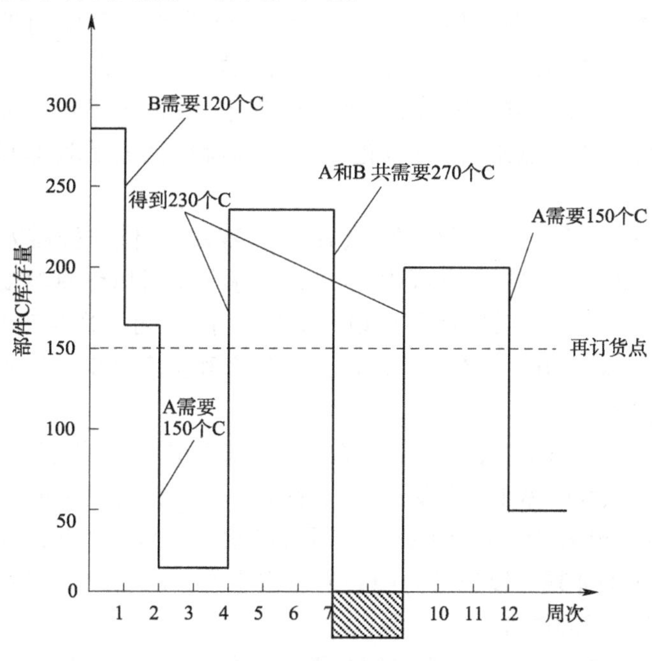

图 10-3 再订货点法的局限性示例(3)

2)MRP 的基本思想

物料需求计划(Materials Requirement Planning,MRP)的基本思想是:围绕物料转化组织制造资源,实现按需要准时生产。一般加工装配式生产的工艺顺序是:将原材料制造成各种毛坯,再将毛坯加工成各种零件,零件组装成部件,最后将零件和部件装配成产品。如果要求按照一定的交货时间提供不同数量的各种产品,那么就必须提前一定时间加工所需要数量的各种零件,而要加工各种零件,就必须提前一定时间准备所需数量的各种毛坯,直至提前一定时间准备各种原材料。

实际上,物质资料的生产是将原材料转化为产品的过程。对于加工装配式生产来说,如果确定了产品出产数量和部件的生产周期,就可以按照产品的结构确定产品所有零件和部件的数量,并且可以按照各种零件和部件的生产周期,反推出他们的出产时间和投入时间。

物料在转化过程中,需要不同的制造资源,例如机器设备、场地、工具、工艺装备、人力、资金等,有了各种物料的投入出产时间和数量,就可以确定这些制造资源的需要数量和需要时间,这样就可以围绕物料的转化过程,来组织制造资源,实现按需要准时生产。

按照 MRP 的基本思想,从产品销售到原材料采购,从自制零件的加工到外协零件的供应,从工具、工艺装备的准备到设备维修,从人员的安排到资金的筹措与运用,都要围绕 MRP 的基本思想进行,从而形成一整套方法体系,它涉及企业的每一个部门、每一项活动。因此,可以说,MRP 是一种新的生产方式,它是计算机技术应用于生产管理的结果。

10.1.3 合理生产组织方式及 MRP 系统的作用

1)合理生产组织方式

要装配产品,必须向其前一阶段发出订货,提出需要什么样的零部件,需要多少,何时需要;要加工零件,必须向前一阶段发出订货,提出需要什么样的毛坯,需要多少,何时需要;要制造毛坯,就需要对原材料订货。当然,这个过程还可以细分。例如,对毛坯要经过若干道工序加工才能制成零件,在加工过程中,后道工序也会向前道工序提出订货。因此,从库存系统的观点来看,可以把制造过程看作从成品到原材料的一系列订货过程。

这样,在制造过程中形成了一系列的“供方”和“需方”。供方按需方的要求进行生产,最终保证外部顾客的需要。在制造过程中,需方的要求不是可以任意改变的,它完全取决于产品的结构、工序和生产提前期,因而是可以预见的。于是,可以用生产作业计划的形式来规定每一个生产阶段、每一道工序在什么时间生产什么和生产多少。这就是 MRP 能够实现按需要准时生产的原因。

是以物料为中心来组织生产,还是以设备为中心来组织生产,代表了两种不同的指导思想。以物料为中心组织生产体现了为顾客服务的宗旨。物料的最终形态是产品,它是顾客所需要的东西,物料的转化最终是为了提供使顾客满意的产品。因此,围绕物料转化组织生产是“按需定产”思想的体现。以设备为中心来组织生产,即有什么样的设备生产什么样的产品,是“以产定销”思想的体现。

为什么要按后一生产阶段、后一道工序的要求组织准时生产呢?因为准时生产是最经济的，它既消除了误期完工，又消除了提前完工。误期完工影响生产进度，是很容易被认识到的。那么提前完工好不好呢？很多人认为提前完工好，是应该支持与鼓励的。但其实提前完工与误期完工一样，浪费了资源，也影响了生产，是应该否定的。

现在举个例子说明零件提前完工造成的后果。假设一个产品由甲、乙两部分零件构成。按照现有的生产能力，这两部分零件都可以在预定完工期内加工出来。但是，由于没有按生产作业计划的要求进行。造成甲部分零件提前完工。这时，由于乙部分零件还没有加工完，产品不能装配，已完工的甲部分零件必须库存一段时间，造成资金积压和一连串的浪费，例如修建库房、安排保管员等。不仅如此，由于甲部分零件提前完工，必然占用设备和人工，致使加工乙部分零件的生产能力不足。如果不加班，则乙部分零件就会误期完工，这样甲部分零件还需要增加一段库存时间。如果对乙部分零件安排加班生产，保证按照预定完工期完工，则需要支付加班费。

2）MRP 系统的作用

MRP 系统是 MRP 思想在企业中应用的载体。MRP 系统的流程如图 10-4 所示，从这个流程中可以看到 MRP 系统在整个生产经营过程中的地位和作用。

企业的最高层领导确定企业的经营战略和目标，确定全面安排本企业生产经营活动的企业经营计划。然后，根据预测和企业当前资源条件确定年度和季度生产计划。在确定生产计划的过程中，要进行任务与能力平衡。这种平衡是粗略的，是以假定产品或代表产品为计划单位核算的。

将生产计划细化到具体产品，明确每种产品的出产数量与出产时间，就得到了产品出产预计划。确定产品出产预计划时，要进行粗略能力平衡，然后变成产品出产计划。MRP 中的产品出产计划是以周为时间单位的。MRP 中的产品出产计划，也被称为主生产作业计划（Master Production Schedule，MPS），它是 MRP 系统的主要输入。除了产品出产计划之外，MRP 系统的另外两项输入为产品结构文件和库存状态文件。

经过 MRP 程序的处理，将产品出产计划转化为自制件投入出产计划和外购件需求计划。自制件投入出产计划是一种生产作业计划，它规定了构成产品的每个零件的投入和出产的时间和数量，使各个生产阶段互相衔接，准时地进行。外购件的需求计划规定了每种外购件和原材料的需要时间和数量。

由自制件投入出产计划可计算出对每个工作单位的能力需求，从而得出能力需求计划。如果生产能力得不到充分利用或者负荷超过能力，则可采取调节办法。常用的调节办法是加班、加点、调整人力、增加设备和外协等。

如果调节行不通，则将信息反馈到编制产品出产计划模块，对该计划作出调整。当任务与能力基本平衡后，各车间可按自制件投入产出计划编制车间生产作业计划。车间生产作业计划的实施情况要通过车间作业统计得到。由统计发现实际与计划的偏离，通过修改计划或采用调度方法纠正这种偏离，实行生产控制。从实际生产中得到的反馈信息可用来调整车间生产计划与能力需求计划，从而使计划具有应变性。

按照外购件需求计划，按时向供货单位提出订货。提出订货后，不断从供货单位得到信息，连同生产过程中零部件的完工信息，一起输送到库存状态文件中。

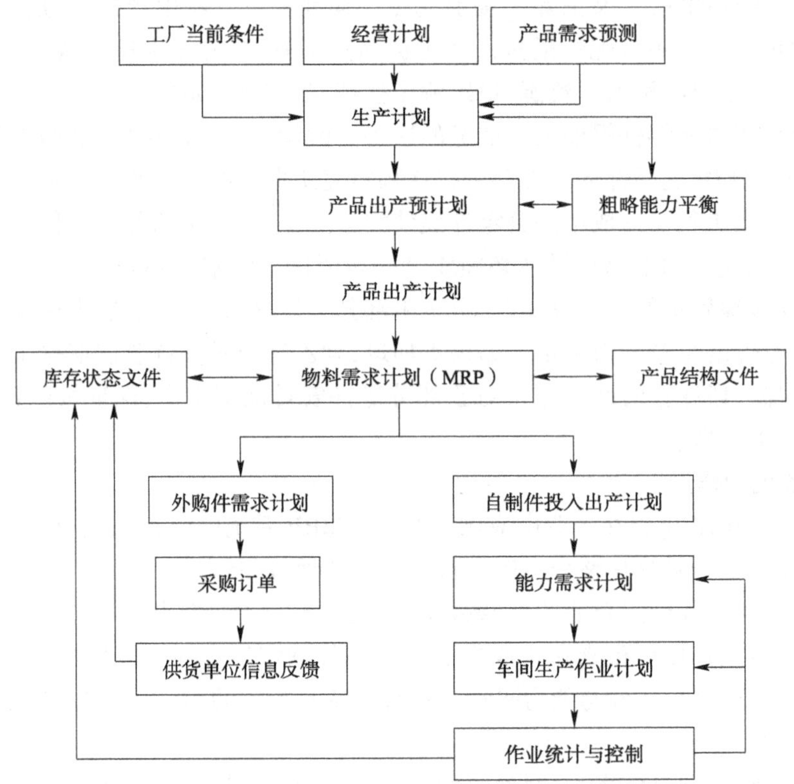

图10-4　MRP系统的流程示意图

10.2　MRP系统处理过程

10.2.1　MRP系统的输入

MRP系统的输入有三个部分，即产品出产计划、产品结构文件和库存状态文件。下面详细介绍这些输入内容。

1）产品出产计划

产品出产计划是MRP系统的主要输入，它是MRP系统运行的驱动力量。产品出产计划中所列的是最终产品项。它可以是一台完整的产品，也可以是一个完整的部件，甚至是零件。总之，最终产品项是企业向外界提供的东西。

产品出产计划中规定的出产数量可以是总需求量，也可以是净需求量。如果是总需求量，则需要扣除现有库存量，才能得到需要生产的数量；如果是净需求量，则说明已经扣除现有库存量，可以按此计算对下层元件的总需求量。一般地说，在产品出产计划中列出的为净需求量，即需要生产的数量。由顾客订货或预测得到的总需求量不能直接列入产品出产计划，而要扣除现有库存量，算出净需求量。

表 10-1 是一个产品出产计划的一部分。它表示 A 产品的计划出产量为：第 4 周 10 台，第 7 周 15 台；B 产品的计划出产量为；第 5 周 20 台，第 9 周 25 台；C 配件计划 1 ~ 10 周，每周出产 10 件。

产品出产计划 表 10-1

产品	周次									
	1	2	3	4	5	6	7	8	9	10
A 产品				10			15			
B 产品					20				25	
C 产品	10	10	10	10	10	10	10	10	10	10

产品出产计划的计划期，即计划覆盖的时间范围，一定要比最长的产品生产周期长。否则，得到的零部件投入出产计划不可行。

产品出产计划的滚动期应该与 MRP 系统的运行周期一致。例如，如果 MRP 系统每周运行一次，则产品出产计划每周更新一次。

另外，可以把产品出产计划从时间上分为两部分：近期为确定性计划，远期为尝试性计划。这是由于近期需要的产品项目都有确定的顾客订货，而远期需要的产品，只有部分是顾客订货，而另一部分是预测的。

确定性计划以周为计划时间单位，尝试性计划可以月为计划时间单位。没有尝试性计划往往会失去顾客，因为许多顾客订货较迟，而交货又比较急。随着时间的推移，预测的订货将逐步落实到具体的顾客身上。

2）产品结构文件

产品结构文件又称物料清单文件（Bill Of Materials，BOM）。产品结构文件不只是所有元件的清单，还反映了产品项目的结构层次以及制成最终产品的各个阶段先后顺序。

在产品结构文件中，各个元件处于不同的层次。每一层次表示制造最终产品的一个阶段。各种产品由于结构复杂程度不同，产品结构层次数也不相同。层次的划分通常包括：最高层为零层，代表最终产品项；第一层代表组成最终产品项的元件；第二层为组成第一层元件的元件；第三层为组成第二层元件的元件；……；最低层为零件和原材料。

例如：某一个产品 M 由 2 个箱体、4 个支架和 6 个抽屉组成。2 个箱体又由 2 个箱外壳和 6 根滑条装配组成；每一个抽屉又由 1 个抽屉体、1 个把手和 4 个滚珠组成；支架为外购件。

为了简单起见，将每种具体产品及其构成使用英文字母表示，并将产品及其元件之间的关系用一种树形图表示出来，如图 10-5 所示。这种树形图通常被称为产品结构树。

在如图 10-3 所示的产品结构图中，1 个单位 M 产品由 2 个 B 部件（箱体外壳）、6 个 C 组件（抽屉）和 4 个 D 零件（支架）构成。

1 个 B 部件又由 2 个 E 组件（箱体）和 6 个 F 组件（滑条）构成。

1 个 C 组件由 1 个 G 零件（抽屉体）、1 个 H 零件（手柄）和 4 个 M 零件（滚珠）构成。另外，每个E零件要消耗40kg的钢材J，每个G零件要消耗5kg钢材K。

在图10-5中，方框中字母后面括号中的数字表示单位上层元件包含的该元件的数量，例如B(2)表示1个M中包含2个B，J(40kg)表示1个E零件要消耗40kg原材料J。

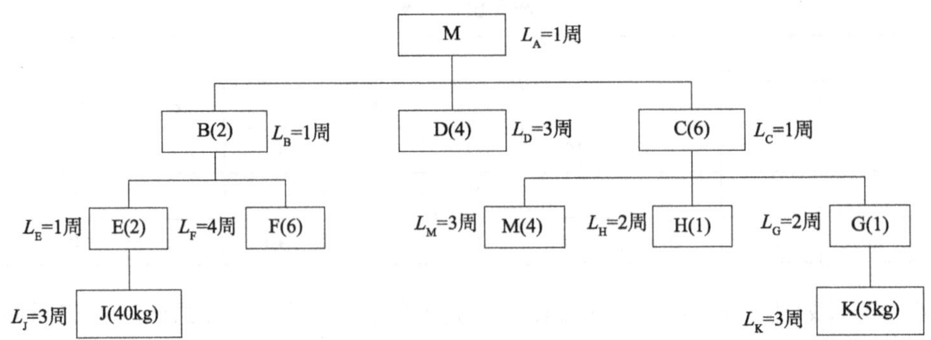

图10-5　产品结构图

L表示加工、装配或采购耗费的时间，称为提前期（Lead Time，LT）。它相当于通常所说的加工周期、装配周期或订货周期。例如：L_A = 1周，表示产品A从开始装配到完成装配需要1周的时间。为了使树形图具有一般性，另绘制一个产品M的结构树，如图10-6所示。

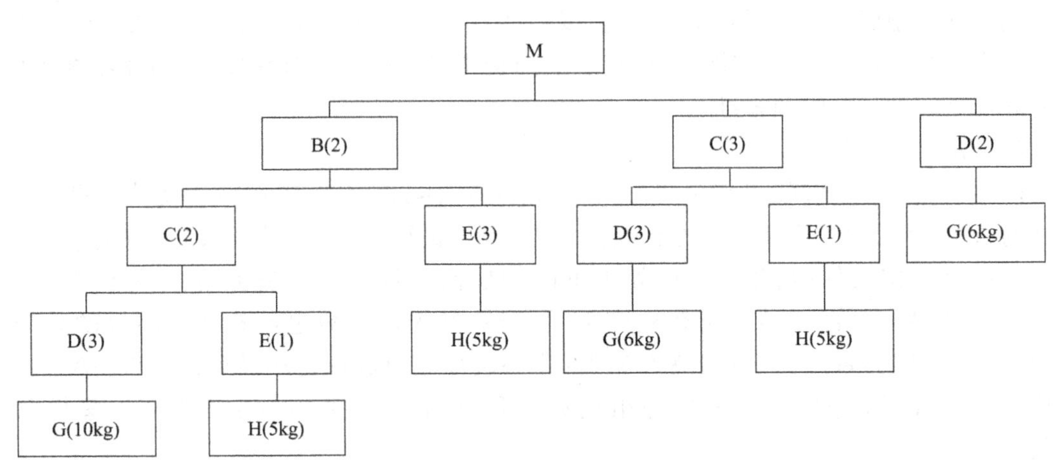

图10-6　M产品结构树

在如图10-6所示的M产品结构树中，相同的元件出现在不同的层次上。例如，元件D既出现在第2层，又出现在第3层。这固然可以清楚地表示各个不同的生产阶段，但是给计算机的处理带来了许多麻烦。为了方便计算机的处理，凡是遇到同一元件出现在不同层次上的情况，取其最低层次号，作为该元件的低层码。

按照这种规定，可以把如图10-6所示的产品结构树变成如图10-7所示的产品结构树。按照改进的产品结构树，可以从上层到下层逐层分解，每一元件只需检索一次，节省了计算机的运行时间。

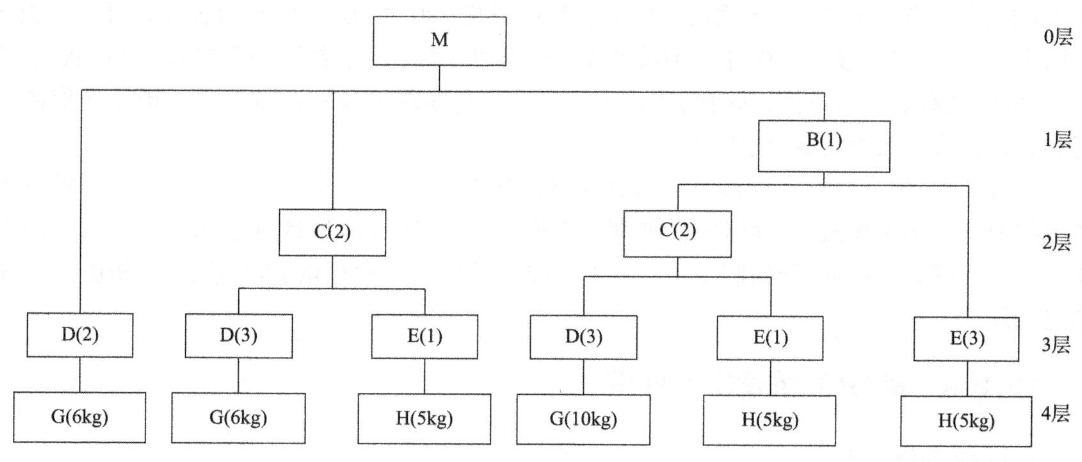

图 10-7　调整后的 M 产品结构树

10.2.2　库存状态文件

产品结构文件是相对稳定的，但是库存状态文件却处于不断变动之中。MRP 运行一次，库存状态文件就发生一次大的变化。MRP 系统关于订什么、订多少、何时发出订货等重要信息，都存储在库存状态文件中。

库存状态文件包含了每一个元件的记录。表 10-2 是部件 C 库存状态文件的记录。其中，时间是这样规定的：现有数为周末时间数量，其余 4 项均为每一周开始的数量。

库存状态文件　　表 10-2

部件 $L_T=2$ 周	周次										
	1	2	3	4	5	6	7	8	9	10	11
现有数：50	50	50	350	350	350	150	150	-50	-50	-250	-250
总需求量					200			200		200	
预计到货量			300								
净需求量								50		200	
计划订货量						50		200			

在表 10-2 中，数据项可以作更加细致的划分，例如预计到货量可以细分成不同的来源，现有数可以按不同的库房列出。

总需求量是由上层元件的计划订货量决定的。在如图 10-7 所示的产品结构树中，M 产品在第 5 周、第 8 周和第 10 周的开始装配数量各为 100 台。因为 1 台 M 直接中包含 2 个 C，则对 C 的总需求量各为 200 台。

预计到货量为已发出的订货或开始生产的元件预计到货或预计完成的数量。元件 C 将在第三周得到 300 件。现有数为相应时间的当前库存量。对于表 10-2，在订计划的时候，元件 C 的当前库存量为 50 件，到第 3 周，由于预计到货 300 件，所以现有数为 350 件。到第 5 周用去 200 件，现有数为 150 件。到第 8 周，需用 200 件，现有数已经不足以支付，将欠 50 件。因此，现有数将为负值，那时需要发出订货，其中：净需求量 = 总需求量 - 预计到货量 - 现有数。若现有数为负数，则为零。

经过计算，第 8 周对 C 的净需求量为 50 件，第 10 周净需求量为 200 件。计划订货量要考虑提前期。第 8 周需要 200 件，提前期为 2 周，则第 6 周必须开始制造 50 件 C；第 10 周需要 200 件，则第 8 周必须开始制造 200 件 C。如果考虑安全库存量和经济批量，相应的计算会更加复杂。

10.2.3 MRP 系统输出及处理

1）MRP 系统输出

MRP 系统可以提供多种不同内容和形式的输出，其中主要的输出结果包括两项：对各种物料的具体要求，包括需求量和需求时间；订单的发出时间。主要输出包括：零部件投入出产计划；原材料需求计划；互转件计划；库存状态记录；工艺装备、机器设备需求计划；计划将要发出的订货；已发出订货的调整；零部件完工情况统计，外购件以及原材料到货情况统计；对生产和库存费用进行预算的报告；交货期模拟报告；优先权计划。

2）MRP 系统处理

在介绍库存状态文件时，提出了总需求量、预计到货量、现有数、净需求量、计划订货量 5 种库存状态数据。这 5 种库存状态数据可以分成两类：一种是库存数据，另一种是需求数据。预计到货量和现有数为库存数据，这些数据需要经过检查才可以进入系统。总需求量、净需求量和计划订货量为需求数据，是由系统计算得到的，只有通过计算才可以验证。

（1）如果考虑安全库存量，则有以下关系：

净需求量 = 总需求量 - 预计到货量 - 现有数 + 安全库存量

（2）如果净需求或现有数为负值，则取零。

一般情况下，可以使计划发出订货量等于净需求量，但是发出订货的时间要提前一段时间，当考虑有一定订货批量或生产批量的限制时，计划发出订货量大于或等于净需求量。

进行 MRP 系统处理的关键是找出上层元件（母项）和下层元件（子项）之间的联系。这种联系就是：按母项的计划发出订货量来计算子项的总需求量，并保持时间上的一致。

要提高 MRP 系统的处理效率，可以采用自顶向下、逐层处理的方法。按照这种方法，先处理所有产品的零层，然后处理第 1 层，以此类推，一直到最低层，而不是逐台产品自顶向下地处理。这样做的好处是，每一项目只需要检索处理一次，效率比较高。为此，需要对每一个元素编写一个低层码。按低层码有助于逐层处理。

为了具体说明 MRP 的处理过程，以图 10-7 所示的产品为例，逐层计算，元件 C 的低层码为 2，计算过程如表 10-3 所示。

MRP 的处理过程　　表 10-3

产品项目	提前期	项目	周次										
			1	2	3	4	5	6	7	8	9	10	11
M（零层）	2 周	总需求量								50			85
		预计到货量											
		现有数:0	0	0	0	0	0	0	0	-50	-50	-50	-135
		净需求量								50			85
		计划订货量						50			85		
B（1 层）	1 周	总需求量						50			85		
		预计到货量	20										
		现有数:35	55	55	55	55	55	5	5	5	-80		
		净需求量									80		
		计划订货量								80			
C（2 层）	2 周	总需求量						100		160	170		
		预计到货量		65									
		现有数:25	25	90	90	90	90	-10	-10	-170	-340		
		净需求量						10		160	170		
		计划订货量				10		160	170				

计算过程是自顶向下、逐层处理的过程。

首先，从零层开始，M 产品在第 6 周的计划发出订货量为 50 台，第 9 周为 85 台。零层处理完毕，开始处理第 1 层。第 1 层只有部件 B，根据产品结构树可知，1 台产品包含 1 个 B 部件。于是，对 B 部件的总需求量为第 6 周 50 件，第 9 周 85 件。只有按对 B 部件的总需求量供货，才能保证 M 产品按时装配。经过 B 部件的内部平衡计算，得出第 8 周需要发出 80 件 B 部件的订货。

第 1 层处理结束之后，再处理第 2 层。第 2 层只有组件 C。根据产品结构树形图可知，1 台 M 产品包含 2 个 C 组件，1 个 B 组件也包含 2 个 C 组件。按 M 产品第 6 周计划发出 50 台订货和第 9 周发出 85 台订货的需求，可以计算出 C 组件第 6 周的总需求量为 100 件，第 9 周的总需求量为 170 件；按 B 部件第 8 周计划发出 80 件订货的需求，可计算出 C 组件第 9 周的总需求量为 160 件。

按照这样的计算过程，可以处理第 3 层的 D 元件和 E 元件。

10.3 MRPⅡ系统

10.3.1 MRPⅡ概述

从以上对 MRP 的介绍可以看出，要想使 MRP 系统正常运行，首先要有一个现实可行的主生产计划。而主生产计划的切实可行与否，除了要反映市场需求和合同订单以外，还必须满足企业的生产能力约束条件。因此，如上所述，在制定主生产计划时，必须考虑到与生产能力的平衡。同理，在制定 MRP 时，也要制定能力需求计划（Capacity Requirement Planning，CRP），同各个工作中心的能力进行平衡。只有在采取了措施做到能力与资源满足负荷需求时，才开始执行计划，尽力做到下达的计划基本上是可行的。也就是说，在得到上一节所述的 MRP 的提示信息以后，根据这些提示信息下达生产或采购指令之前，先要进行能力平衡，要用粗生产能力计划（Rough-Cut Capacity Planning，RCCP）来检查主生产计划（Master Production Schedule，MPS）方案的可行性。

进一步，要保证实现计划就要控制计划，执行 MRP 时要用调度单或派工单来控制加工的优先级，用请购单和采购单控制采购的优先级。这样，MRP 系统进一步发展，把能力需求计划和执行及控制计划的功能也包括进来，形成一个环形回路，称为闭环 MRP，如图 10-8 所示。只有这样的闭环系统，才能把计划的稳定性、灵活性和适用性统一起来。因此，与 MRP 主要是作为零部件计划制定系统相比，闭环的 MRP 则成为一个完整的生产计划与控制系统。

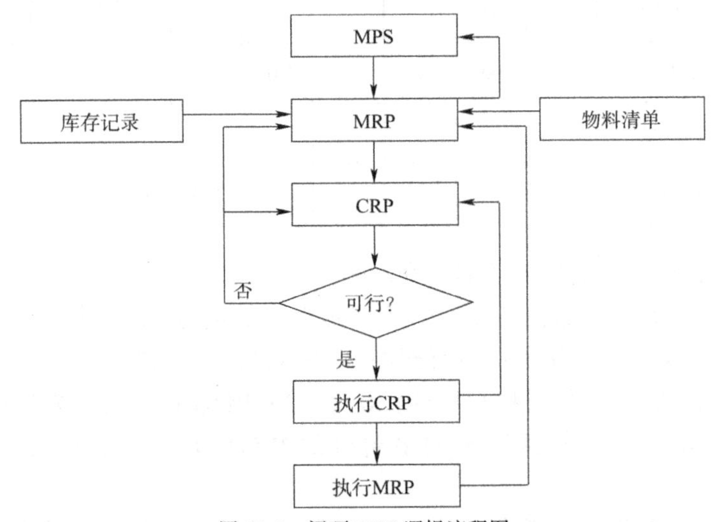

图 10-8　闭环 MRP 逻辑流程图

再进一步，这样的 MRP 系统推行近 10 年后，在 20 世纪 70 年代末，一些企业提出，希望 MRP 系统能同时反映财务信息，因为企业的经济效益最终是要用货币形式来表达的。也就是说，企业希望财会部门能同步地从 MRP 系统获得货币信息，如把产品销售计划用金额来表示，说明销售收入；对物料赋以货币属性，以计算成本并方便报价；用金额表示能力和采购计划，以编制预算；用金额表示库存量，以反映资金占用情况等。此外，这样的货币信息反映的情况,还必须符合企业长远经营目标,满足销售和利润计划的要求。也就是说,在系统的执行层要反映成本发生,同时又要把企业的经营规划和销售与生产规划作为系统的宏观层纳入系统中来。这样,闭环的 MRP 进一步发展,把物料流动同资金流动结合起来,形成了一个完整的生产经营计划管理系统。在这个系统中,人们还把计算机模拟功能纳入进来,使管理人员能够通过对计划、工艺、成本等功能的模拟,预见到"如果怎样,将会怎样(what-if)",为管理者提出预见性和寻求合理解决方案的决策工具。这样的系统,实际上其功能与范围已远远超出了"物料需求计划"的范围,因此人们给它命名为"制造资源计划"(Manufacturing Resources Planning,MRP),表明它实际上涵盖了进行生产制造活动的设备、物料、资金等多种资源。由于制造资源计划英文名称的三个首字母也是 MRP,为了与物料需求计划加以区别,也为了说明它实际上是 MRP 的第二代,是以 MRP 为中心发展起来的,人们将它命名为 MRPⅡ。

MRPⅡ的逻辑流程图如图 10-9 所示。从该图可以看出,MRPⅡ的主线是生产计划与控制,图左侧各个框图是数据库。

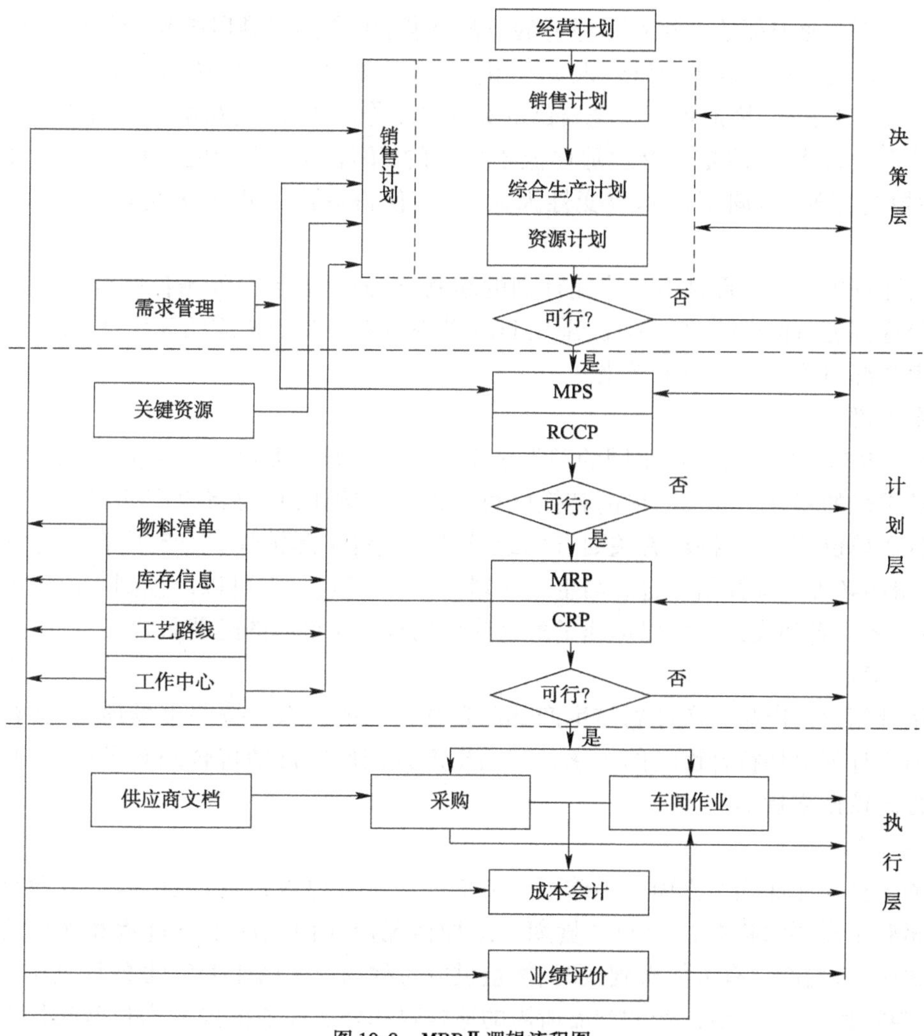

图 10-9 MRPⅡ逻辑流程图

10.3.2 MRPⅡ的作用

以往一个企业内往往有许多系统，例如生产系统、财务系统、销售系统、供应系统、设备系统、技术系统、人事系统等。这些系统各自独立运行、缺乏协调，相互关系不太密切。在各个系统发生联系时常常互相扯皮、互相埋怨，而且各个部门往往要用到相同类型的数据，并从事很多相同或类似的工作，单据往往是相同的，但各部门的数据不一致，造成管理上的混乱。这是因为企业缺乏一个统一而有效的系统。但是，企业是一个有机整体，它的各项活动相互关联、相互依存，应该建立一个统一的系统，使企业有效地运行。

而 MRPⅡ可以使企业内各部门的活动协调一致，形成一个整体，使各个部门共享数据，消除了重复工作和不一致，提高了整体的效率。MRPⅡ系统对企业各个部门生产经营活动的改善作用如下。

1）生产部门

过去由于企业内部条件和外部环境的不断变化，生产部门难以按预定的生产作业计划进行生产。这使得第一线生产管理人员不相信生产作业计划，他们认为那是理想化的东西，计划永远赶不上变化，因此他们只凭自己的经验去工作。实际上，在第一线指挥生产的工段长们不是不喜欢计划，而是不喜欢那些流于形式的、不能指挥生产的计划。有了 MRPⅡ之后，使计划的完整性、周密性和应变性大大加强，使得调度工作大为简化，工作质量得到提高。

采用计算机可以实现日生产作业计划的编制，充分考虑了内外条件的变化。这就使人们从经验管理走向科学管理。因此，采用 MRPⅡ系统以及其他相应的现代管理理论和方法，可以使生产部门的工作走向正规化。

2）财务部门

实行 MRPⅡ以后，可以使不同的部门采用共同的数据。实际上，一些财务报表只需要在生产统计报表的基础上进行简单的转换就可以做出。例如，只要将生产计划中的产品单位转化为货币单位，就可以构成有关财务的经营计划。将实际销售、生产、库存与计划数相比较，就会得出各种管理控制报告。当生产计划发生变化时，马上可以反馈到相应的财务报表中，企业的经营者和决策者可以迅速了解这些变化对企业整体的经营影响。

3）营销部门

营销部门通过产品出产计划与生产部门建立密切的联系。按照市场预测与顾客订货，使产品出产计划更加符合市场的要求。产品出产计划使签订销售合同有了可靠的依据，可以大大提高按期交货率。

4）采购部门

采购人员往往面临两方面的困难。一方面是供货方要求提早订货，另一方面是本企业不能提早确定需要的物料数量和交货期。这种情况使他们倾向于早订货和多订货。有了 MRPⅡ之后，采购部门有可能做到按时、按量供应各种物料。由于 MRPⅡ的计划期可以长到一年到二年，使 1 ~2 年后出产的产品所需的原材料和外购件能提前相当长时间告诉采购部门，并且能准确地提供各种物料的量和期的要求，避免了盲目地早订和多订，节约了资金，也降低了短缺。

5)技术部门

以前技术部门似乎超脱于生产活动之外,生产上的那些琐碎事情似乎与技术人员无关。但是,对于MRPⅡ系统来讲,技术部门提供的却是该系统赖以生存和运行的基础数据,它不再是一种参考性的信息,而是一种可以用作控制的信息。这时要求产品结构清单必须正确、加工路线必须准确,不能有丝毫的含糊之处。修改设计和工艺文件需要经过严格的手续,否则会造成很大的混乱。

10.4　ERP系统

随着经营环境不断变化,MRPⅡ也不能满足企业自身发展的需要了,需要一种新的思想和系统来满足企业不断增长和变化的需求,企业资源计划(ERP)随之出现了。

企业资源计划(Enterprise Resource Planning,ERP)是先进的企业管理模式,其主要思想是对企业所有的人、财、物、信息等资源进行综合平衡和优化管理,面向全球市场协调企业中的各个管理部门,围绕市场导向开展各种业务活动,使企业在激烈的市场竞争中全方位地发挥自己的能力,从而取得最好的经济效益。ERP系统是物流信息系统在企业中的典型应用,也是一种基于信息技术的全新的企业物流管理模式。

10.4.1　ERP产生背景

ERP是建立在信息技术基础上,利用现代企业的先进管理思想,全面地集成了企业的所有资源信息,并为企业提供决策、计划、控制和经营业绩评估的全方位和系统化的管理平台。企业的所有资源包括物流、资金流和信息流三个部分。ERP就是对这三种资源进行全面集成管理的信息系统。

ERP利用企业的所有资源,包括内部资源和外部资源,为企业制造产品或提供服务创造最优的解决方案,最终达到企业的经营目标。因此,它不仅仅是一个信息系统,也是一种管理理论和管理思想。

ERP是建立在MRPⅡ的基础上的。ERP理论不是对MRPⅡ的否认,而是对MRPⅡ的继承和发展。MRPⅡ的核心是物流,主线是计划。伴随着物流的过程,同时存在资金流和信息流。ERP的主线也是计划,但是ERP已经将管理的中心转移到财务上,在企业整个经营运作过程中贯穿了财务成本的概念。但是ERP不是MRPⅡ系统的简单扩展,而是一种对企业整体资源进行管理思想的体现。ERP除了继承MRPⅡ的基本功能(制造、供销、财务等)之外,还大量扩展了管理的模块,例如多工厂管理、质量管理、设备管理、员工管理、分销资源管理、数据采集接口等。

ERP融合了离散型生产和流程型生产的特点,扩大了管理的范围,更加灵活地开展业务活动,实时地响应市场需求。吸收了许多现代管理思想,例如JIT、敏捷制造等,进一步提高了企业的管理水平和竞争能力。

10.4.2 常用模块和总流程图

ERP系统包括了许多模块，其中常用的包括以下22个模块：主生产计划（产品出产计划）；物料需求计划；销售管理；采购管理；库存管理；JIT管理；质量管理；能力需求计划；制造标准；车间管理；财务管理；成本管理；应收账款管理；应付账款管理；现金管理；固定资产管理；工资管理；工作流管理；人力资源管理；分销资源管理；设备管理；系统管理。

这些模块之间都是紧密关联的，这些模块的集成形成了ERP系统。ERP系统的总体流程图如图10-10所示。

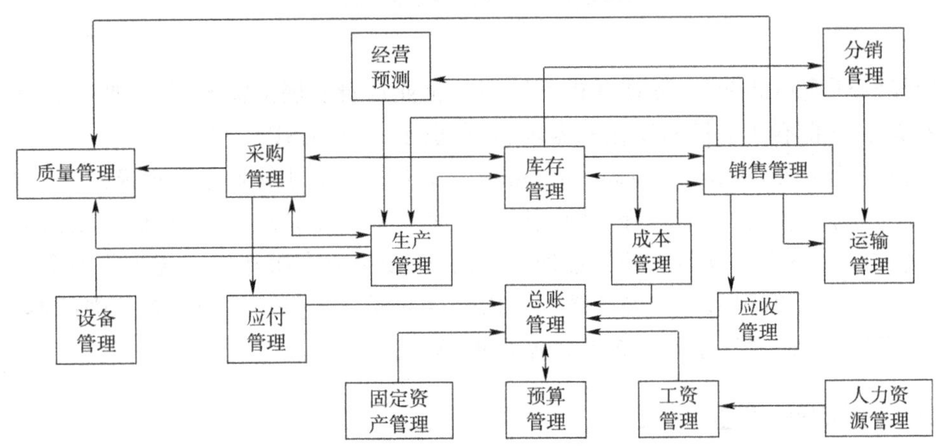

图10-10 ERP系统的总体流程图

10.4.3 ERP的实施进程与发展趋势

1）ERP实施进程

ERP实施情况已经成为制约ERP效益发挥的一大瓶颈。企业的ERP项目必须在一定科学方法的指导下，才能够成功实现企业的应用目标。一个典型的ERP实施进程主要包括以下几个阶段：

（1）项目的前期工作。主要包括领导层培训及ERP原理的培训、企业诊断、ERP的论证与立项、ERP供应商的选择等工作。

（2）实施准备阶段。主要包括项目组织、数据准备、系统安装调试、计算机试点等工作。

（3）模拟运行及用户化。主要包括模拟运行、现场试点、制定工作准则与工作规程等工作。

（4）切换运行。主要包括切换模式评估与选择、分步骤切换实施等工作。

（5）新系统运行。主要包括运行效果评价和工程改进等工作。

2）ERP发展趋势

自从1990年，Gamer Group公司率先提出了ERP的概念之后，ERP得到了广泛的实践应用和理论研究。10年之后，该公司又提出了一个ERPⅡ概念。由此可见，ERP也是一个不断发展的概念。

ERP的管理范围有继续扩大的趋势，例如扩充供应链管理（Supply Chain Management，SCM）、继续融合企业本身的所有经营业务、企业的办公业务、电子商务（Electronic Commerce，EC）、客户关系管理（Customer Relationship Management，CRM）、办公自动化（Office Automatically，OA）等。

协同商务（Collaborative Commerce，CC）是指企业内部人员贯穿于贸易共同体的业务伙伴和客户之间的协作及电子化的业务交互过程。贸易共同体可以是一个行业或行业分支，也可以是供应链或供应链的一部分。

ERP系统还日益与计算机辅助设计（Computer Aided Design，CAD）、计算机辅助制造（Computer Aided Manufacturing，CAM）、计算机辅助工艺设计（Computer Aided Process Planning，CAPP）、产品数据管理（Product Data Management，PDM）等系统融合，互相传递数据。这样，就使得企业管理人员在办公室中完成的全部业务都纳入了计算机系统管理范围中，实现了对企业的所有工作及相关内外部环境的全面管理。

企业的外部与内部环境变化是快捷的。要适应这种快节奏的变化，企业就要不断地调整组织机构和业务流程。因此，ERP的发展必然要支持企业的这种变化，使企业的工作流程能够按照业务的要求进行组织，以便集中相关业务人员，用最少的环节、最快的速度和最经济的形式，完成业务的处理过程。

ERP的发展离不开先进的计算机技术。互联网和互联网技术，使企业内部和企业之间的信息传递更加畅通。面向对象技术的发展使企业内部的重组变得更加快捷和容易。计算机技术的不断发展，为ERP的发展打下了坚实的物质基础。同时随着云计算、大数据等技术的发展，ERP软件行业正逐步向云ERP转型，这为行业带来了新的增长机遇。ERP上云已成为行业共识，预计未来ERP产品将以云ERP为主。

10.5 本章案例

联想集团成功实施SAP R/3系统

1）背景介绍

2000年8月15日，联想集团宣布其ERP系统成功运行100d，标志着联想在信息化建设方面迈出了重要一步。联想作为中国IT行业的领军企业，通过引入SAP R/3 ERP系统，不仅提升了内部管理效率，还显著增强了企业的核心竞争力。

R/3系统代表了SAP公司的第三代产品，其名称中的“R”代表实时（Real-time），“3”则代表三层架构（数据库层、应用层、表现层）。这一体系成为后来SAP系列产品（如S/4 HANA）的架构体系，也被许多同行模仿。R/3系统是第一款真正基于客户端/服务器结构的在线事务处理系统（OLTP），能够高效地处理和管理企业资源。

联想集团选择实施ERP系统主要基于三个战略考虑：

(1)业务高速增长带来的挑战:联想自 1984 年成立以来,业务持续高速增长,原有的管理信息系统已无法满足需求。特别是从 1994 年到 1998 年,公司销售额年平均增长率达到 43%以上,迫切需要更先进的管理系统来支撑业务的进一步发展。

(2)国内外竞争加剧:随着国内外市场的竞争加剧,联想需要提升内部管理效率,降低成本,以应对市场挑战。ERP 系统的实施是实现这一目标的关键手段。

(3)国际化战略需求:联想规划到 2000 年完成 30 亿美元营业额,到 2005 年完成 100 亿美元营业额,并进军世界 500 强。为了实现这一战略目标,联想需要与国际先进的管理水平接轨,ERP 系统的引入成为必然选择。

2)实施过程

1998 年 11 月 24 日,联想集团、德国 SAP 公司(System Applications and Products in Data Processing,SAP)、德勤公司(Deloitte Touche Tohmatsu,DTT)三方在中国饭店联名举行了联想集团实施 ERP 新闻发布会及签约仪式,正式启动了 ERP 工程,选择 SAP 公司的 R/3 产品,由德勤公司和 SAP 公司的咨询顾问组成咨询组与联想 ERP 实施项目组共同负责实施。其中 SAP 作为软件供应商主要提供产品与技术支持。德勤企业咨询公司提出了项目实施的“Fast Track”,包括方法论和流程改造与设计模板,为项目实施提供管理方面咨询。在联想集团上上下下的辛勤配合协作中,2000 年 1 月 5 日,联想集团 ERP 系统并行上线,成功实现了联想 ERP 项目的实施战略计划和目标。2000 年 2 月 14 日,联想集团 ERP 系统作为联想集团新的管理信息系统平台,开始独立运行。之后,为适应联想集团业务调整的需要,联想 ERP 项目又于 2000 年 3 月 14 日启动了 ERP 再造工程,就是将已经成功上线运行的 ERP 系统拆分为联想电脑公司和联想神州数码公司两套系统,再造工程在 2000 年 5 月 8 日胜利上线,8 月 15 日联想集团 ERP 系统成功运行 100d。

在一年多的时间里,联想集团 ERP 项目成功实施。该项目涵盖联想集团生产制造、销售、系统集成三种业务,涉及三大子公司的经营运作。其中生产制造又包含自主研发生产制造、组装和对 OEM(原始设备制造商)生产的管理,销售涉及两大子公司 4000 余家代理分销商的管理。第一批 ERP 项目的实施模块包括财务会计、管理会计、销售与分销、物料管理、生产计划五大模块和电子商务部分,是国内目前为止一次性实施模块最多的企业。

通过 ERP 的实施,联想集团清理、规范和优化了 77 个业务流程,主要是三个层次的工作:第一个层次是清理、规范了现有流程,找出缺少的流程,把不规范的流程规范化;第二个层次是对流程的系统化、集成化,形成了几个相互之间协同作业的支持子系统,例如财务、销售、生产制造、采购等;第三层次是将这些优化统一的流程在计算机系统中实现,即电子化,达到信息的集成、准确和实时。

在整个集团范围内成功实施 ERP,联想集团也克服了数不清的困难,联想集团常务副总裁李勤首先把成功的原因归结为企业领导的重视。ERP 工程是个“一把手”工程,在联想看来“一把手”工程包括三个方面的含义:出了问题追究各级一把手的责任、每个成员都有责任、领导主持实施的全过程。其次是为 ERP 的实施制定了可行的目标。第三是要有足够的投入。第四是实施方与顾问方要有良好的合作。

3)系统平台功能、结构及特点

(1)系统功能。

SAP R/3 是一个基于客户机/服务机结构、集成和开放的企业资源计划系统。它包括 6 大子系统 12 个模块:会计系统,包括财务会计、管理会计、资产管理;后勤系统,包括销售和分销、物料管理、生产计划(质量管理、工厂维护);项目系统;行业方案;人力资源;工作流管理。系统构成如图 10-11 所示。

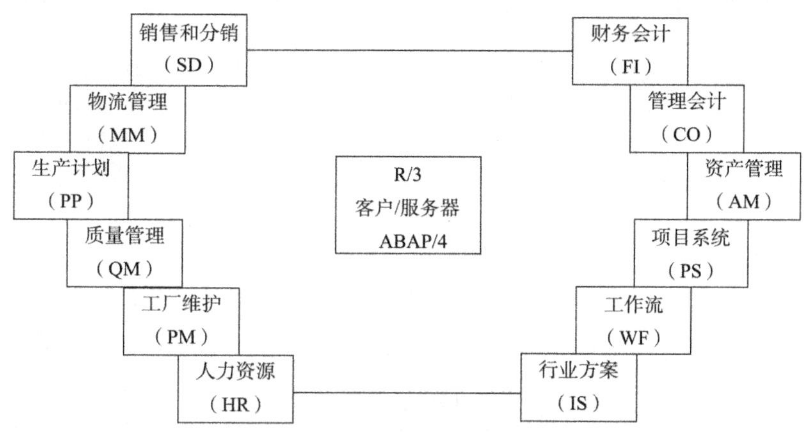

图 10-11　SAP R/3 系统的组成

SAP R/3 系统的主要处理流程如图 10-12 所示。

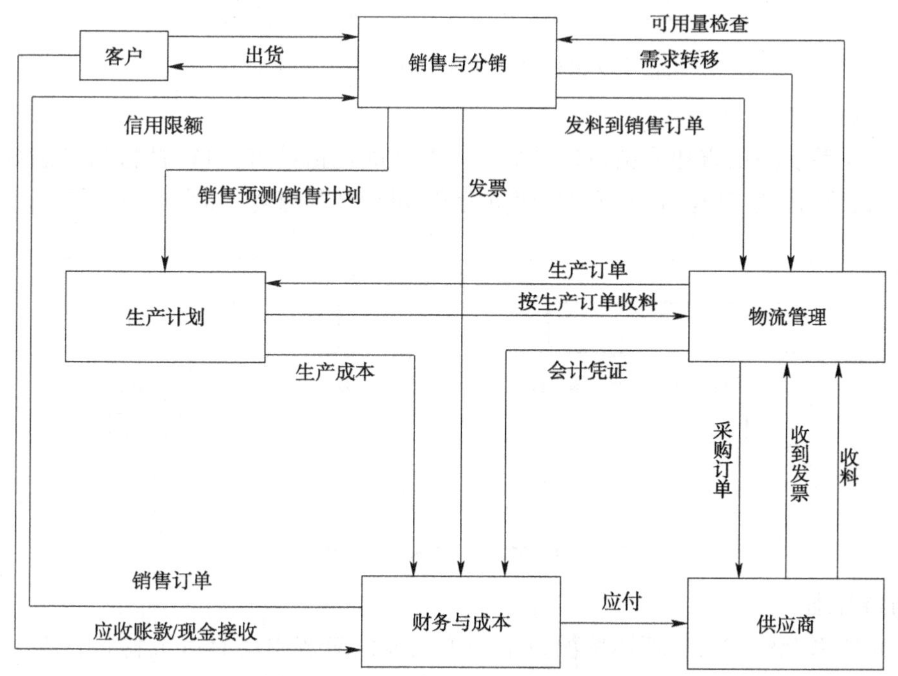

图 10-12　SAP R/3 系统的主要处理流程

①生产计划。

SAP R/3 系统的生产计划模块完成如下功能：制定销售计划、编制主生产计划、生成物料需求计划、市场预测、制定资源计划、制定能力需求计划、生产活动控制、工厂数据采集，如图 10-13 所示。

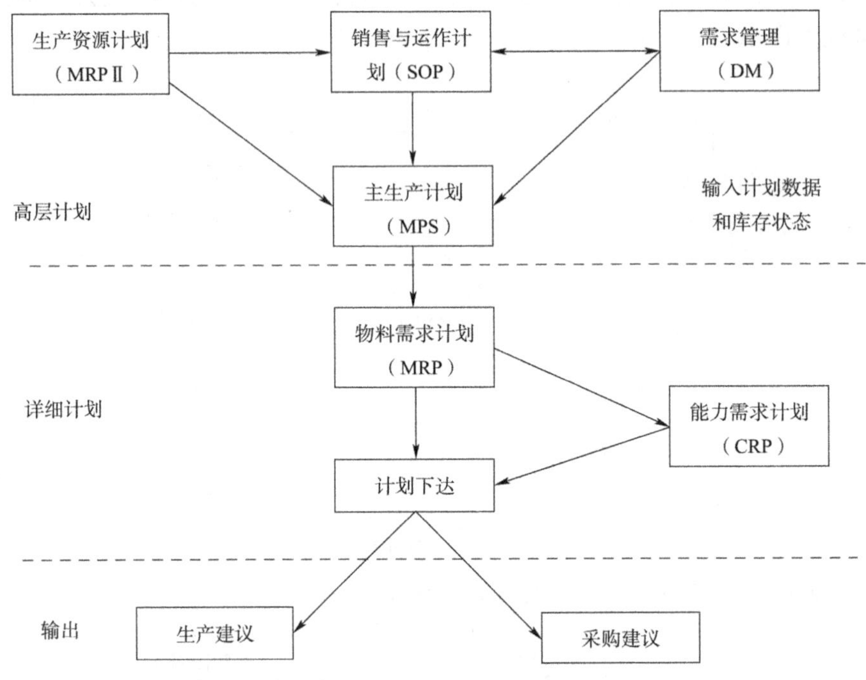

图 10-13　生产计划模块的功能关系图

②销售和分销。

SAP R/3 系统的销售和分销模块具备的主要功能包括销售支持、销售信息系统、销售管理、询价及报价、订货、装运、出具发票、信贷管理、可用性检查等，如图 10-14 所示。

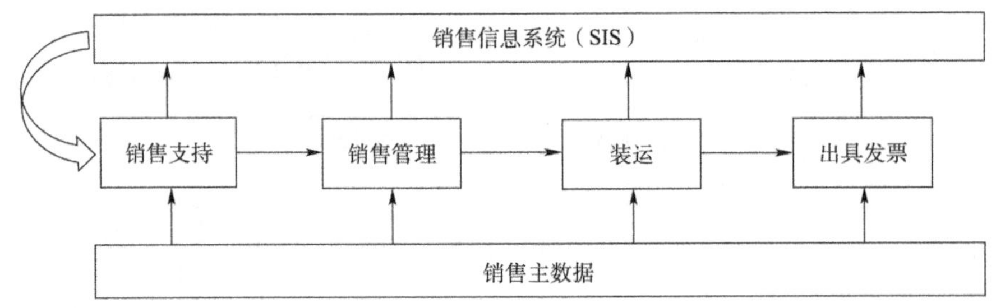

图 10-14　销售和分销模块的功能关系

③物料管理。

SAP R/3 系统的物料管理模块覆盖了一个集成供应链中所有有关物料管理（物料需求计划、采购、库存和库房管理）的任务。物料管理模块的功能包括采购、发票校验、供应商评估、库房管理，如图 10-15 所示。

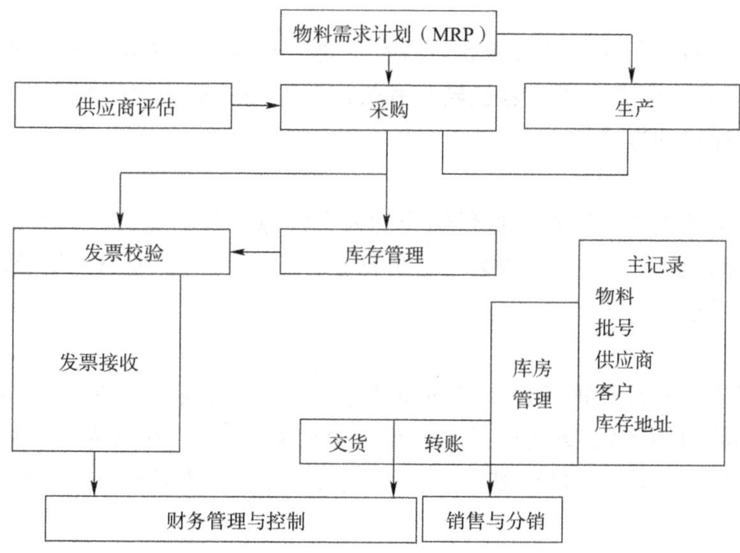

图 10-15　物料管理模块的功能

④财务会计。

SAP R/3 系统财务会计模块的主要功能包括总分类账管理、应付账款管理、应收账款管理、固定资产、法定合并以及特殊统计会计。

⑤管理会计。

SAP R/3 系统的管理会计模块使用户密切地监控所有成本、收入、资源及期限，对计划成本与实际成本进行全面的比较。其主要功能包括成本中心会计管理、基于业务活动的成本核算(ABC)、订单和项目会计管理、产品成本核算、获利能力分析、利润中心会计，如图 10-16 所示。

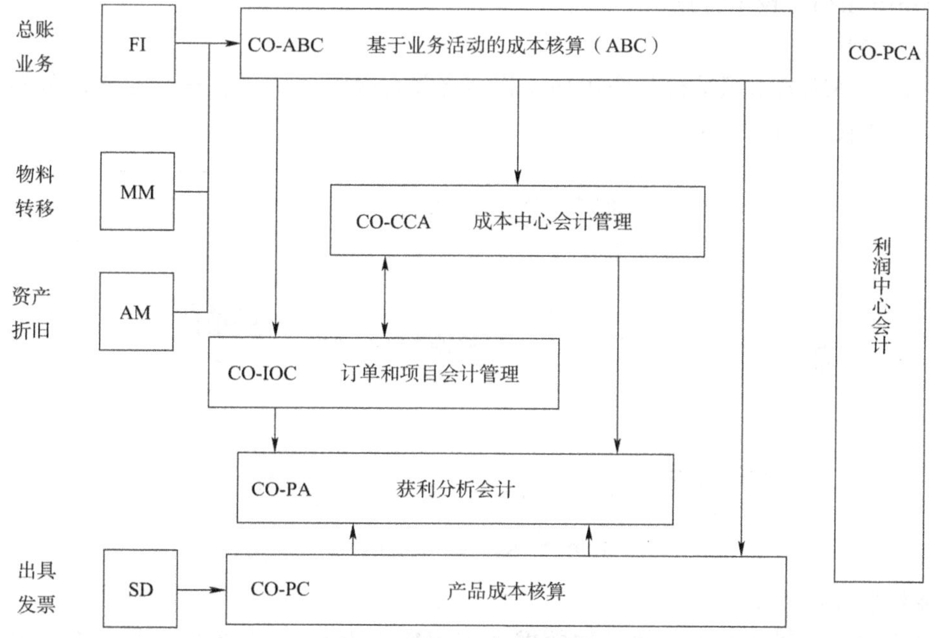

图 10-16　管理会计模块的功能

⑥资产管理。

SAP R/3 系统的资产管理模块能涵盖所有主要工业国家在法定报表和资产价值评估方面的要求，能处理固定资产购置、报废、转移和折旧等业务的输入、计算和处置。用户可以自定义许多折旧和评估的方法。

⑦人力资源。

SAP R/3 系统的人力资源模块提供综合的人力资源管理功能，涉及诸如人事计划、新员工招聘、工资管理和员工个人发展等各项业务活动。它由人事管理与工资核算、人事计划和员工发展两部分组成。

⑧质量管理。

SAP R/3 系统的质量管理模块与其他模块相结合，支持所有与保证产品质量相关的流程。它提供详细的检测计划，管理废品率等与质量相关的数据，并对成本质量资格认证进行管理。具体包括以下功能：质量计划、检验记录、使用决策、质量通知、质量控制、测试设备管理。

⑨工厂维护。

SAP R/3 系统的工厂维护模块包括以下功能：PM 组织的描述、维护对象的描述与构造、维修任务的处理、维修计划、技术系统的改进与构筑、维修任务处理过程详细说明、复杂维修任务和项目的计划和处理、可修复件的更新、外部服务描述、维修分析。

⑩其他模块。

a. 项目系统：主要包括项目计划、预算、能力计划、资源管理、结果分析等功能；

b. 工作流管理：主要包括工作定义、流程管理、电子邮件、信息传送自动化等功能；

c. 行业方案：针对不同行业提供特殊应用。

(2)系统结构及技术特点。

①系统结构。

SAP R/3 系统的组织结构和联机功能相结合并直接引入了具有三个层次的分布式数据处理概念。如图 10-17 所示。

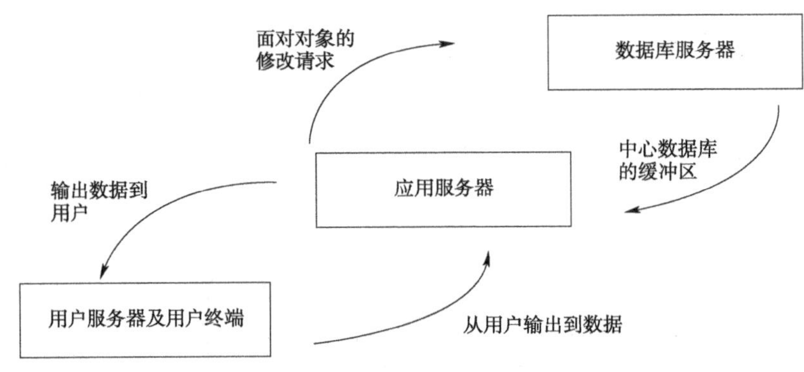

图 10-17 SAP R/3 系统的结构

②系统技术特点。

SAP 系统是针对所有企业的一种数据和应用集成方案，R/3 系统又是一个建立在三维客户机/服务器上的开放的标准软件,具有灵活性、集成性、综合性、开放性、友好性等特征。

(3)云平台简介。

SAP 以协同方式提供云计算的解决方案,并将其与原有的 ERP 业务软件实现无缝集成。

SAP 按照云计算时代的技术架构,以平台、应用、界面三者分离的方式重构整个企业的软件生态。SAP 云平台提供一系列服务,包括云基础设施、MaaS(监控即服务)扩展、大数据分析、Business Services、协同平台、数据与存储、开发平台、集成平台、物联网、移动开发、Multi Cloud、运行环境和容器、安全组件、用户界面等。SAP 云平台以平台即服务(简称 PasS)的方式交付,包括 SAP 云平台物联网服务、SAP 开发接口商业中心、SAP 云平台大数据服务、SAP 云平台工作流、SAP 云平台 IOS SDK 五个部分。

4)实施效果

ERP 系统的成功实施为联想集团带来了显著的效益,具体体现在如下 5 个方面。

(1)业务流程优化:联想通过 ERP 系统清理、规范和优化了 77 个业务流程,提高了工作效率。例如,集团结账天数从过去的 20d 降到 1d,报表从 30d 缩至 12d。

(2)市场反应速度加快:ERP 系统使联想能够更快速地响应市场需求和客户需求,提高了企业的动态应变能力。

(3)成本降低:通过优化业务流程和集成化管理,联想降低了企业运作成本。同时,ERP 系统的实施也降低了 IT 拥有成本。

(4)风险控制能力加强:ERP 系统通过对企业资源的优化管理,增强了联想对风险的控制能力。

(5)战略制定支持:ERP 系统为联想提供了丰富的数据支持,有助于公司制定更科学的战略决策。

(资料来源:https://wenku.baidu.com/view/41d123e86b0203d8ce2f0066f5335a8102d266c6.html,有删改)

案例相关视频资料

企业并购中 SAP 系统的三大数据转型挑战以及应对方案

(案例来源:SNP 数据迁移)

案例分析与研讨题

1. 联想集团在实施 R/3 系统过程中遇到了哪些主要挑战?对于其他即将实施 ERP 系统的企业,有哪些建议可供参考?

2. R/3 系统提供的各种功能模块如何支持联想集团的整体业务战略?

3. 随着云计算、大数据等技术的发展,ERP 系统未来将如何演变?

10.6 本章小结

物料需求计划(Materials Requirement Planning,MRP)的基本思想是围绕物料转化组织制造资源,实现按需要准时生产。一般加工装配式生产的工艺顺序是将原材料制造成各种毛坯,再将毛坯加工成各种零件,零件组装成部件,最后将零件和部件装配成产品。如果要求按照一定的交货时间提供不同数量的各种产品,那么就必须提前一定时间加工所需要数量的各种零件,要加工各种零件,就必须提前一定时间准备所需数量的各种毛坯,直至提前一定时间准备各种原材料。

MRP 系统处理过程分为输入和输出处理两个过程。MRP 系统的输入包含产品出产计划、产品结构文件和库存状态文件三部分,产品出产计划是 MRP 系统的主要输入;产品结构文件又称为物料清单文件(Bill Of Materials,BOM);库存状态文件包含每一个元件的记录,会随着 MRP 的不断运行而发生大的变化。MRP 系统关于订什么、订多少、何时发出订货等重要信息,都存储在库存状态文件中。MRP 系统的主要输出结果包括对各种物料的具体要求(包括需求量和需求时间)和订单的发出时间。

MRP Ⅱ,即制造资源计划(Manufacturing Resources Planning),是在 MRP 系统加入能力需求计划和执行及控制计划的功能形成闭环 MRP 的基础上,把物料流动同资金流动结合起来,形成了一个完整的生产经营计划管理系统。涵盖了进行生产制造活动的设备、物料、资金等多种资源。MRP Ⅱ 可以使企业内各部门的活动协调一致,形成一个整体。使各个部门共享数据,消除了重复工作和不一致,提高了整体的效率,其对生产、财务、营销、采购、技术等部门的生产经营活动均有改善作用。

企业资源计划(Enterprise Resource Planning,ERP)是建立在 MRPⅡ的基础上并对 MRP Ⅱ的继承和发展,是对企业所有的人、财、物、信息等资源进行综合平衡和优化管理,是一种基于信息技术的全新的企业物流管理模式,为企业提供决策、计划、控制和经营业绩评估的全方位和系统化的管理平台。ERP 是对物流、资金流和信息流这三种资源进行全面集成管理的信息系统。它利用企业的所有资源,包括内部资源和外部资源,为企业制造产品或提供服务创造最优的解决方案。因此,它不仅仅是一个信息系统,也是一种管理理论和管理思想。

ERP 系统已成为现代企业管理的核心工具之一,随着云计算、大数据等技术的发展,ERP 软件行业正逐步向云 ERP 转型,这为行业带来了新的增长机遇。ERP 上云已成为行业共识,预计未来 ERP 产品将以云 ERP 为主。

复习思考题

1. ERP 的发展经过哪些阶段?
2. 怎样理解 MRP 的思想?
3. 什么是独立需求和相对需求?区分这两种需求的意义是什么?

4. 为什么要围绕物料转化组织准时生产？
5. 订货点方法存在的问题是什么？
6. MRP 系统的输入、输出内容分别是什么？
7. MRP 系统的处理过程是什么？
8. MRPⅡ与 MRP 的主要区别是什么？
9. 什么是主生产计划和能力需求计划？
10. ERP 包括哪些功能模块？

实践与讨论

1. 网上查询相关资料，讨论 ERP 系统在现代企业管理中扮演了怎样的角色？有哪些国内外主流 ERP 软件可供企业选择？其各自的适用情景是什么？

2. ERP 系统的未来发展趋势是什么？它将如何影响企业的管理和运营？

第 11 章 供应链管理信息系统

核心概念

供应链,供应链管理,供应链管理信息系统,QR 策略,ECR 策略,VMI 策略,CPFR 策略,客户关系管理

学习目标

掌握供应链与供应链管理概念,理解物流信息系统在供应链管理的作用,理解供应链管理信息系统的特点,理解企业内外部供应链管理信息系统结构与功能;理解 QR 策略与 ECR 策略的含义、特点、适用范围与实施过程;掌握 VIM 策略含义与作业步骤;了解 CPFR 策略含义;理解客户关系管理含义、目标和效果,了解客户关系管理系统结构与建设方案。

11.1 供应链管理信息系统概述

所谓供应链(Supply Chain),是指产品生产和流通过程所涉及的原材料供应商、生产商、批发商、零售商以及最终消费者组成的供需网络,即由物料获取、物料加工,并将成品送到用户手中这一过程所涉及的企业和企业部门组成的供需网络。

供应链管理是通过对供应链中的物流、信息流和资金流进行设计、规划、控制与优化,即行使通常管理的职能,进行计划、组织、协调与控制,以寻求建立供、产、销企业以及客户间的战略合作伙伴关系,最大限度地减少内耗与浪费,实现供应链整体效率的最优化并保证供应链中的成员取得相应的绩效,来满足顾客需求的整个管理过程。它涵盖了从供应商到客户的全部过程。供应链管理是在现代科技促使产品极其丰富的条件下发展起来的管理理念,它涉及各种企业及企业管理的方方面面,是一种跨行业的管理,并且企业之间作为贸易伙伴,为追求共同经济利益的最大化而共同努力。

供应链管理的高效运转必须以上、下游企业之间的信息交流为基础,大量工作要跨企业、跨组织、跨职能进行协调。供应链各企业必须全面、准确、动态地把握散布在全球或全国各个中转仓库、经销商、零售商以及汽车、火车、飞机、轮船等各种运输环节之中的产品流动

状况，并以此为依据随时发出调度指令、制定产品和销售计划、及时调整市场战略。可以说，信息系统是支撑供应链物流全过程管理最重要的基础之一，传统的进销存管理软件、运输管理软件、仓库管理软件大多数以单据打印和统计报表为设计目标，无法解决供应商、分销商、零售商、第三方物流企业之间的信息交流问题，因而无法满足供应链物流管理的需要。

随着互联网/内联网（Internet/Intranet）技术的迅速发展与日益成熟，给信息资源管理和应用带来了全新的机遇和挑战。在这种情况下，部分企业开始构建基于互联网/内联网（Internet/Intranet）的物流信息系统。与供应链上、下游伙伴共享信息资源，形成制造商、分销商、物流企业、零售商整个供应链的信息互动。这种管理系统支持供应链管理的思想，使配送中心的快速反应与即时制配送成为现实。

11.1.1　信息系统在供应链管理中的作用

1）消除“牛鞭效应”

“牛鞭效应”是指供应链的最末端消费者需求量发生微小的变化，便会引起一系列上游经营者的供给发生剧烈的波动。类似于当甩动鞭子时，执鞭的手微微用力摆动，鞭梢就会发生大幅度摆动。因为供应链的协调运行建立在各个节点企业高质量的信息传递与共享基础上。信息在供应链中各节点企业不流畅，造成供应链中的信息扭曲。“牛鞭效应”是信息扭曲中最常见的一个现象。“牛鞭效应”产生的主要原因有以下四种。

（1）需求预测的经常更新。对最终需求的不可预见，上游企业无法获得准确的最终消费者的需求数据；由于各级上、下游企业的订货及到货存在订货周期上的“时滞”，使订货量信息得不到及时修正，订货周期越长则“牛鞭效应”越明显；从零售商的预测、批发商的预测、生产商的预测到供应商预测，整条供应链上出现多层预测，导致信息传递过程中扭曲程度逐步扩大。

（2）经济批量问题。由于订货成本比较高，因而往往本应分几次的订货并为一次，这样很容易造成信息传递不真实。在这条供应链中，由于各节点企业为了节约订货成本，导致了对信息扩大的扭曲，为追求整车运输的经济性而订购不符合实际需求的货物，随意订货也是其中一个原因。

（3）价格的波动。价格的变动对消费者需求量的变动有影响，尤其是对价格敏感性高的产品。价格的一些变动，就会使需求产生很大的变动。供应链参与者之间的促销行为（如价格折扣、数量优惠和赊销）都会产生一定的先期购买行为，造成一定时期的销售量远远大于实际需求量，超出实际需求的产品被客户或消费者储存起来供未来消费。当促销活动结束后，市场价格回到正常水平，他们仍有正常需求但不必购买。这样，需求量并无太大变化但销售量变动幅度巨大，而上游企业由于“牛鞭效应”将受到更大的影响。

（4）其他影响因素。当经营者为了避免缺货而失去商机发出了不正常和大量订单时，会给上游经营者发出错误的市场信号，并向更上游企业继续传递并放大，将可能给整个供应链带来灾难性的后果；由于企业间的信息资源不能共享，每个经营者都倾向于根据自己企业历史上的需求变动和近期需求变动做出理性的市场预测，而这种理性预测的信息基础并不可靠，尤其是当近期需求变动在预测模型中所占权重较大时。

信息共享是解决“牛鞭效应”的最有效方法。供应链中各节点企业共享所有客户的信息，共享程度越高，“牛鞭效应”越不明显。同样，各节点企业还可以共享关于库存水平、生产能力和交货计划等方面的信息，以使各节点企业知道彼此的情况，共担风险，共享利益，形成有效的供应链管理，从而降低整个供应链的成本。

2）可以使企业保持现有的客户关系

随着信息技术和电子商务的发展，集成供应链信息管理系统给企业带来新的竞争力，为吸引、保留企业的现有客户，该系统将给企业提供更快捷、更廉价的商务运作模式，保持与发展和客户达成的密切关系，给企业带来新的业务增值，提升客户的满意度与忠诚度，维持现有的客户关系。

3）可以促进企业管理技术的推广和管理思想的更新

信息系统在供应链管理中的运作，可以推动信息管理技术如EDI、CAD、WEB和Intranet等的运用和推广，同时可以促进人们对第三方物流、集成供应链等思想的理解。

4）可以使企业提高业务量

可以实现企业对产品和业务进行电子化、网络化管理。企业科技化及有组织、有计划的统一管理，减少了流通环节，降低成本，提高效率，使企业在供应链管理中通过信息系统达到更高的水平，与国外先进企业接轨，促进企业业务发展。

5）可以使企业吸引新客户，拓展新业务

可以实现企业的业务流程重组，提高企业供应链运作效率。随着集成供应链信息管理系统的实施，企业所提供的更多功能和业务必然吸引新客户，促进业务量的增长。同时，企业和用户都会从供应链管理系统中受益，降低成本。企业与企业、企业与客户、企业与竞争对手间将形成灵活、高效、智能化的虚拟企业集团。

11.1.2 供应链管理信息系统的特点

虽然制造业、零售业等行业供应链管理系统的特点不尽一致，但它们信息系统的共同特征可归纳如下：

（1）互联网上实时可视化跟踪查询。综合运用GIS、GNSS等技术来实现物流过程的在线跟踪查询，增强供应链中合作伙伴之间的相互服务。

（2）虚拟库存的管理。供应商可以将全国各地的仓库（自己管辖的或委托中转的）和运输途中的仓位视为虚拟的统一仓库进行集中管理和调拨。

（3）对产成品供应链全过程的监控系统将分散在零售商、经销商、第三方物流等处的信息有机集成在一起，完整地跟踪产成品从生产车间到零售货架之间的各个环节，使供应商得以迅速了解销售动态，以便确定进一步的生产计划、销售计划和市场策略。

（4）电子商务。实现供应商与第三方物流、仓储与运输之间的电子订单处理和结算处理，提高客户响应速度，降低错误率。

（5）有效地支持配送、包装、加工等物流增值业务。管理对货物的包装、拆箱、拼箱等计费服务，并同时记录每次服务的账目情况。

(6)针对问题的管理。集中反映所有非正常业务中的问题，使总部的业务管理人员可以了解每一笔延期签收、残损、退货等非正常业务的具体信息，以便动态地定位物流服务中的问题成因。

(7)有效支持门到门的物流业务。无论经过多少种运输方式、多少中转环节、是否进行分货集货操作，都能确保对同一批次、同一目的地产品的识别。因而可以保证运输、仓储等各职能部门之间的协调一致，准确及时地完成每一笔包括多个操作环节的门到门物流指令。

11.1.3　企业内供应链管理信息系统结构

企业内供应链管理信息系统的结构模型如图11-1所示。这些结构还与企业间信息系统(Inter-Organizational Information System，IOIS)链接，形成一种企业内外数据的交流。一个企业的供应链不只是与供应链上其他企业的链接，还与关系到企业生产和发展的各种环境因素相链接。

1)各层的功能

(1)供应链管理操作层。

在该层中，供应链管理进行物流管理、仓储管理等实质性操作。这些具体操作是根据“商业应用层”中的“商业决策、管理、控制”信息进行的。不同的行业有不同的软件支持具体的作业过程。

(2)电子数据处理层。

该层是将“供应链管理操作层”中实质性操作过程的数据和信息，通过各种收集数据的子系统，如EOS、POS、EDI等，收集到数据库中来。通过数据库管理系统来管理收集和存储这些数据。通过分类、排序、综合分析的数据挖掘过程，形成有用的商业信息、商业知识、商业模型等。这些结构化的信息、知识和模型可供“商业应用层”调用，在企业的决策、管理、控制过程中发挥作用。

(3)商业应用层。

该层是信息系统的目的，所有数据收集、存储、提取后，如果没有商业应用都将毫无意义。它包括决策支持系统、报表系统、随机查询系统、在线分析处理系统等多种可视化应用系统。“商业应用层”对企业的整体运营、操作起着决策、管理、控制作用，图11-1中对“供应链管理操作层”的箭头，表示最后作用于这个层次。

2)内部供应链管理信息系统的特点

(1)整个供应链管理信息系统建立在企业内部网(Intranet)的平台上，并通过外联网(Extranet)向企业外扩展，形成企业间的信息系统(IOIS)。企业还通过外联网与环境的各种要素进行链接。

(2)供应链管理信息系统是一个反馈调节的闭环生态系统。

(3)三个层次的每个细节部分都有赖于各种应用软件的支持。

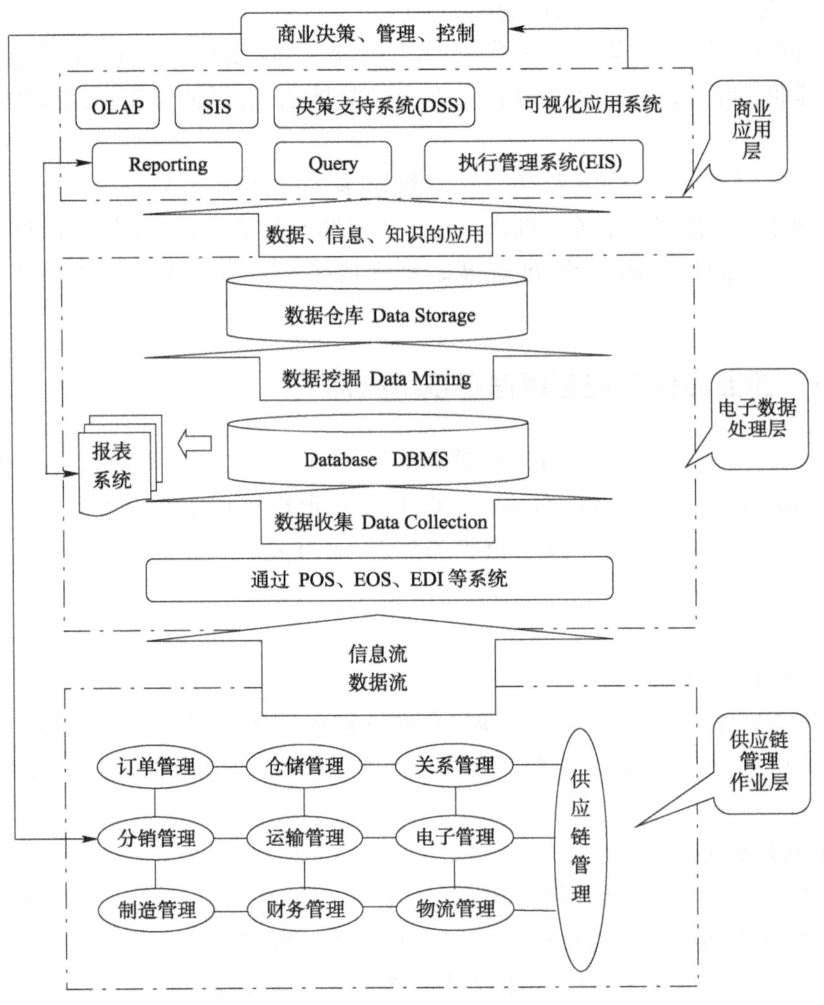

图 11-1 供应链管理信息系统结构模型

11.1.4 企业间供应链管理信息系统结构

21 世纪的市场竞争异常激烈，要获得竞争优势，要生存、发展，企业必须增加自己适应环境的能力，对环境快速反应。因此，企业应充分利用现代信息技术，在优化内部管理的基础上，更要构建好企业间的系统。

1）IOIS 概念

以前，两个企业间都必须手动处理或用其他的媒介处理（如邮件）业务上的联系，而现在则可以通过企业间的系统来进行处理。利用计算机在网络上形成自动化的电子链接，来对订单处理、订单审核、装运信息跟踪、存货水平检查、交易转账等业务活动进行处理。企业间信息系统（Inter-Organizational Information System，IOIS），有时也被称为跨组织系统（IOS）。IOIS 是基于信息技术之上跨企业的系统，是两个或多个企业间形成一个整合的数据处理和数据通信系统，是跨企业的信息系统。这些企业位于供应链上，或是买方，或是供应商，或是先前有某种业务关系、但没有进行信用交易的企业。IOIS中配置适当的应用软件,就可以在任何地点及时地传递供应链成员所需要的信息,提供企业必要的决策支持。

早在20世纪60年代,人们就认识到企业间系统的重要性,意识到它将潜在地影响企业业务管理和企业整体运营。从那时起,新的信息技术不断地应用和整合到IOIS中,使企业间系统的能力不断增加,具体类型不断出现,例如电子转账系统(EFT)、决策支持系统(DSS)、各式各样的订单处理系统、在线专业工具支持系统等。在现有的一些供应链执行过程中,大量实用的系统不断出现:在食品杂货业、药物批发业、保险业、运输业中每年都有大量实用系统出现,例如电子化采购系统、快速反应系统(QR)、订单周期管理(OMC)、持续补给系统(CRP)、卖方库存管理(VMI)等都属于企业间的信息系统应用。

2)IOIS结构模型

企业间系统基本可分为五种水平不同的信息系统,它们各自由一些不同级别的单一公司参与其中,分别为远程企业型、应用处理型、多参与者交换型、网络控制型、集成网络型和企业间供应链信息系统型。

企业间供应链信息系统(Supply Chain IOIS)中,供应链参与者彼此间共享一个含有不同应用软件的网络,且这些参与者之间建立了业务关系。供应链成员间的链接进入"协作"的阶段,通过有效的协作,企业间的链接更加牢固。大多数企业已经进入企业间系统"同步"运作的阶段,参与者可以处于不同的等级。其结构模型如图11-2所示。

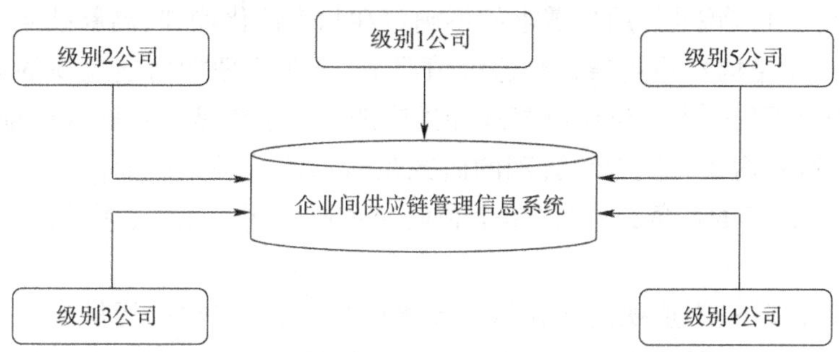

图11-2 供应链IOIS结构模型

11.1.5 供应链管理信息系统功能

供应链管理信息系统可以帮助企业优化工作流程,与各个供应商和销售商建立良好的沟通,减少物流环节,提高工作效率,优化企业资源配置,并且能够使企业对市场反馈的信息作出快速的反应,帮助企业根据以前的数据对市场进行预测分析。

供应链是围绕着从未加工材料阶段到最终用户的所有活动。这包括原料供应与采购、产品设计、生产计划、材料处理、订购过程、财产管理、运输、仓储以及客户服务。重要的是,它也必须借助信息系统与供应链的伙伴交往。成功的供应链经营应该能通过联系和协调所有这些活动使之成为一体。除了组织内部各个部门外,这些参与合作者还应包括供应商、发行商、运输业主、第三方后勤服务公司和信息系统供应商。

供应链管理软件应用程序提供了实时分析系统,通过贸易伙伴和客户的供应链网络来管理产品和信息的流动。这个供应链具有很多功能，例如采购、销售、仓储、运输、需求预测和客户服务等。

这些功能的实现一般通过以下几个模块。

(1)基本资料管理模块：包括运行本系统所需的各种基本资料，例如货品大小分类、货品资料、客户资料等。

(2)库存管理模块：对原材料和成品进行有序管理、储位管理、进出库管理、库存调拨、盘点管理、库存查询。

(3)原材料采购模块：原材料采购单的新增、修改、过账查询等。

(4)统计分析模块：该模块根据企业以前的销售生产数据作出统计分析，企业决策者可以根据前几年同期销售、生产等数据，对当年同期数据作出预测。

(5)销售模块：销售单的新增、修改、过账。

(6)财务管理模块：包括应收账款、应付账款及明细。

(7)发货管理模块：发货管理也是销售的一种，不同的是增加了车辆运输管理。

11.2 基于信息技术的供应链管理策略

当前，市场竞争日趋激烈，用户需求的不确定性和个性化增加，高新技术迅猛发展，产品生命周期缩短，产品结构日趋复杂。在这种情况下，企业管理如何适应新的竞争环境，成为理论研究和实践应用的热点。供应链管理和供应链管理系统是有效解决企业常规模式下存在的各种问题的有效途径。供应链管理的研究是从物流管理开始的，是今后物流的发展方向。可以预见，21世纪的竞争，不再是单个企业与企业之间的竞争，而是供应链与供应链之间的竞争。

在当前竞争环境下，不重视信息和信息技术的作用，不主动进行供应链管理，就会影响到企业的成功，甚至企业的生存。在信息社会中，信息已成为企业生存和发展的最重要资源。企业是一个多层次多系统的结构，信息是企业各系统和成员间密切配合、协同工作的"黏合剂"。为了实现企业的目标，必须通过信息的不断传递。一方面进行纵向的上下信息传递，把不同层次的经济行为协调起来；另一方面进行横向的信息传递，把各部门、各岗位的经济行为协调起来，通过信息技术处理人、财、物和产、供、销之间的复杂关系，因此，企业就有一个信息的集成问题。供应链作为一种"扩展"的企业形态，其信息流动和获取方式不同于单个企业情况。在一个由网络信息系统组成的信息社会里，各种各样的企业在发展的过程中形成了一个相互依赖的"生态链"。企业通过网络从内外两个信息源中收集和传播信息，捕捉最能创造价值的经营方式、技术和方法，创建网络化的企业运作模式。在这种企业运作模式下的信息系统和传统的企业信息系统是不同的，需要新的信息组织模式和规划策略。因此，研究供应链管理模式，首先要从改变原有的企业信息系统结构、建立面向供应链管理的新的企业信息系统入手，这是实施供应链管理的前提和保证。

信息共享是实现供应链管理的基础。供应链的协调运行建立在各个节点企业高质量的信息传递与共享基础上，因此，有效的供应链管理离不开信息技术提供可靠的支持。信息技术的应用有效地推动了供应链管理的发展，它可以节省时间和提高企业信息交换的准确性，减少了在复杂、重复工作中的人为错误，因而减少了由于失误而导致的时间浪费和经济损失，提高了供应链管理的运行效率。因此，现在所说的整合的供应链管理，实际上就是在信息技术下的供应链管理。

11.2.1　快速反应(QR)策略

1)简介

快速反应(QR)的基本思想是为了在以时间为基础的竞争中占据优势，必须建立一整套能够对环境反应敏捷和迅速的系统。QR 是信息系统和 JIT 物流系统结合起来，实现“在特定的时间和特定的地点将特定的产品交予客户”的产物。

QR 的实现主要依靠信息技术的发展，特别是电子数据交换、条形码和带有激光扫描仪的电子销售点(EPOS)系统等工具的使用。

从根本上说，QR 背后所隐含的意义是需求信息的获取，尽量实时并且贴近用户。物流的反应速度最终要受到信息的直接影响。P&G 公司便是一例，它从北美洲最大的零售商沃尔玛的收银台直接获取销售数据，运用这些信息制定其生产计划和安排配送计划以便补货。这样一来，沃尔玛只保留很少的一部分库存，却可保证较少的缺货，P&G 则得益于对需求的可预知性而能更经济地进行生产和物流运作，最重要的是大大增加了对沃尔玛的销售额。对信息系统的投资尽管很大，但是回报也是巨大的。早期 QR 的经验表明：要在实施 QR 的两年以后才能得到预期的回报。

QR 系统的一个特点是通过加快系统处理速度减少大量的前置时间，这可使库存量减少并可以进一步减少反应次数。快速反应系统起初出现于时装行业，在这个行业中原来多采用的是传统的基于库存的系统，即客户提前作出采购决策为依据的系统(实际上是一个“推动”系统)，这种系统所产生的成本是十分巨大的。美国一次对其纺织和服装行业传统物流系统的成本统计表明，该成本为 250 亿。

在这种情况下，如果在整个供应链采取 QR 策略，则该供应链的所有成员都会取得巨大的优势。就时装行业来说，其目标就是将零售商、服装制造商、纺织品制造商和纤维供应商紧密联系在一起，其中一例便是美国的纺织品公司 Milliken、制造公司 Siminole 和零售商 Wal-Mart 之间联系在一起共享信息。零售商在销售点获取最终用户的需求信息，然后迅速反馈到供应链的各个合作伙伴，以大大缩短前置期并进一步减少库存量。

在其他行业 QR 现象也同样广泛存在。在英国，Rover 公司也通过引进 Rover800 将 QR 思想应用于从接货到将产品陈列于市场这一过程中，Rover800 在两年之内便设计并试制成功，而相比之下原来 Rover 则要用 39 个月的前置期，日本制造商的平均前置期也要达到 35 个月。

汽车制造通常始于设计，然后把工程制图交予配件厂，最后将方案提交给流水线制成实体模型。这种方式往往会由于质量低或较长的前置期而引起客户的不满。Rover 公司决定利用 Rover800 将设计与制造结合在一起，以便加快成品制成的速度，并在达到装配线前尽量减少错误。

北美洲最大的医药产品分销商 Mckesson 将其计算机系统与1.5万个药品零售商和其他一些销售点互联，以便使他们能将其订单直接传入订单管理系统中心。与此同时，当 Mckesson 需要时，系统会考虑到前置期自动识别，并从其供货商那里重新订货，结果 Mckesson 不但为行业提供了最高水平的服务，而且其库存的周转率也名列前茅。

另外一个可以说明快速反应物流系统重要性的例子是 Benetton。意大利的服装品牌商 Benetton 在全世界60多个国家每年要销售5000多万件服装，全球一共有5000家 Benetton 专卖店，80多个销售代理商，整个销售系统只在意大利一个非常小的城市有一个配送中心，这个配送中心的投资是3000万美元，一共有30万个货位，每年可以处理23万件休闲服装，只有8个管理人员，配送中心对全球订单的反应时间非常短，在全球范围内从收到订单到组织生产、检验、包装、发运到将订货送到商店整个周期，最快的只有一个星期。这一条供应链无论在哪一个环节上耽误哪怕一个小时，反应速度都是达不到的。

QR 的着重点是对消费者需求作出快速反应，实施 QR 可分为以下三个阶段。

(1)对所有的商品单元条形码化，即对商品消费单元用 EAN/UPC 条形码标志，对商品储运单元用 ITF-14 条形码标志，而对贸易单元则用 GS1-128 条形码标志，利用 EDI 传输订购单报文和发票报文。

(2)在第一阶段的基础上增加与内部业务处理有关的策略，并采用 EDI 传输更多的报文，如发货通知报文、收货通知报文等。

(3)与贸易伙伴密切合作，采用更高级的 QR 策略，以对客户的需求作出快速反应。一般来说，企业内部业务的优化相对来说较为容易，但在贸易伙伴间进行合作时，往往会遇到诸多障碍，在实施的第三阶段，每个企业必须把自己当成集成供应链系统的一个组成部分，以保证整个供应链的整体效益。

QR 系统的实施过程主要包括：

(1)零售商通过 EDI 系统把销售数据传送给商品的供应商，供应商根据零售商的销售数据，可及时了解商品销售情况，掌握商品的需求状况，及时调整商品的订货或生产计划。

(2)供应商利用 EDI 系统在发货之前向零售商传送预先发货清单(Advanced Shipping Notice，ASN)，零售商在接到 ASN 后，马上做好进货准备工作。

(3)零售商在接收商品时，用扫描器读取商品包装上的物流条形码，并把读取的信息与预先储存在计算机中的进货清单进行核对，以判断商品与发货清单上所列的项目是否一致，从而简化了检验作业，提高了商品检验作业的效率。

(4)零售商利用电子支付手段向供应商支付货款，同时零售商只把 ASN 数据与商品销售数据进行比较，就可迅速了解商品库存的信息。

2)应用——沃尔玛的供应链快速反应系统

沃尔玛由于使用了 EDI 和配送中心，货物和信息在供应链中始终处于快速流动的状态，从而提高了供应链的效率。例如，在沃尔玛的一家商店里出售某种品牌的粗斜纹棉布衬衫，由于这种衬衫供应商的计算机系统已与沃尔玛的 POS/MIS 系统连接在一起，供应商每天都可以到沃尔玛的信息系统里获取数据，包括销售额、库存情况、销售预测、回款建议等，沃尔玛的决策支持系统(DSS)会向供应商提供这种衬衫在此之前 100 个星期内的销售历史纪录,并能跟踪这种产品在全球或某个特定市场的销售状况。此后,供应商根据订单通过配送中心向沃尔玛的商店补货,从下订单到货物送抵商店的时间是 3 天,而在 20 世纪 80 年代,这个过程恐怕要花 1 个月的时间。

在美国,沃尔玛做得更为超前。沃尔玛的计算机系统与 Lee 牌服饰厂商的计算机系统实行连接,顾客直接在沃尔玛的商店里量身定做 Lee 牌新款服装,在不到 3 天的时间内,定做服装就会送到。

零售商通过将 POS/MIS 系统与厂商的计算机系统相连来实现降低库存、加快资金周转的目的,而对于厂商而言,其意义远不止于此。厂商投入巨资塑造品牌就是为了增加销量,提高市场份额。在这个过程中最提心吊胆的莫过于产品偏离了市场需求,而供应链快速反应系统的建立将使最真实的、最新的顾客需求信息摆在厂商营销总裁的面前,这换了谁都会"欣喜若狂"。

"顾客需要什么,我们就生产什么。"要实现这个承诺,在以前至少需要 3 个月以上的时间,最终可能还是一句空话,因为等 3 个月后将产品交到顾客手中时,顾客的需求可能已经变了。而系统应用后,可以在短短的几天内就能满足顾客的需求。

11.2.2　有效客户反应(ECR)策略

1)简介

有效客户反应(Efficient Consumer Response,ECR),是在食品杂货分销系统中,分销商和供应商为消除系统中不必要的成本和费用,给客户带来更大效益而进行密切合作的一种供应链管理策略。

ECR 是 1992 年从美国的食品杂货业发展起来的一种供应链管理策略。20 世纪 80 年代末 90 年代初,美国的食品杂货业面临着与纺织和服装行业相似的挑战,其增长速度缓慢。为提高竞争能力,美国食品杂货业采用了一种称为有效客户响应(ECR)的策略。几乎同时,欧洲食品杂货业为解决类似问题也采用 ECR 策略,并建立了欧洲 ECR 委员会(ECR Europe)以协调各国在实施 ECR 过程中的技术、标准等问题。

ECR 是杂货业供应商和销售商为消除系统中不必要的成本和费用,以便给客户带来更大效益而进行密切合作的一种战略。ECR 的主要目标是降低供应链各个环节的成本,这与 QR 的主要目标(即对客户的需求作出快速反应)有所不同。这是因为食品杂货业与纺织服装业经营产品的特点不同:杂货业经营的产品多数是一些功能型产品,每一种产品的寿命相对较长(生鲜食品等除外),因此,因订购产品数量过多或过少而造成的损失相对较小;纺织服装业经营的产品多属创新型产品,每一种产品的寿命相对较短,因此,因订购产品数量过多或过少而造成的损失相对较大。但 ECR 与 QR 有两点是共同的:一是它们都以贸易伙伴间的密切合作为前提,二是它们需要共同的支持技术。

ECR 的最终目标是建立一个具有高效反应能力和以客户需求为基础的系统,使零售商及供应商以业务伙伴方式合作,提高整个食品杂货供应链的效率,而不是单个环节的效率,从而大大降低整个系统的成本、库存和物资储备,同时为客户提供更好的服务。ECR 的四个战略如下。

（1）高效率产品引进（Efficient Product Introductions）：最有效地开发新产品，执行产品的生产计划，以降低成本。

（2）高效率商店分类（Efficient Store Assortment）：通过第二次包装等手段，提高货物的分销效率，使库存及商店空间的使用率最优化。

（3）高效率促销（Efficient Promotion）：提高仓储、运输、管理和生产效率，减少预先购买，供应商库存及仓储费用，使贸易和促销的整个系统效率最高。

（4）高效率补充（Efficient Replenishment）：包括电子数据交换（EDI），以需求为导向的自动连续补充和计算机辅助订货，使补充系统的时间和成本最优化。

要实施"有效客户反应"这一战略思想，首先，应联合整个供应链所涉及的供应商、分销商以及零售商，改善供应链中的业务流程，使其最合理有效；然后，再以较低的成本，使这些业务流程自动化，以进一步降低供应链的成本。具体地说，实施 ECR 需要将条形码、扫描技术、POS 系统和 EDI 集成起来，在供应链上从生产线直至付款柜台之间建立一个无纸系统，以确保产品能不间断地由供应商流向最终客户，同时，信息流能够在开放的供应链中循环流动。这样，才能满足客户对产品和信息的需求，即给客户提供最优质的产品和实时准确的信息。实施 ECR 的主要策略包括：

（1）计算机辅助订货（Computer Assisted Ordering，CAO）。

（2）连续补库程序（Continuous Replenishment Program，CRP）。供应商根据从客户得到的库存和销售方面的信息，决定补充货物的数量。

（3）交接运输（Cross Docking）。将配销中心接到的货物不作为库存，而是直接为下次发送做准备的一种分销系统。

（4）产品、价格和促销数据库（Item，Price and Promotion Databases）。数据库是无纸系统的基础，是改善供应链效率的关键。

2）应用——华联超市自动补货系统

华联超市与上海捷强集团公司以及宝洁公司建立了自动补货系统 ECR，将"连锁超市补货"变为"供货商"补货。这样做就可以把流通业者与制造业者紧密结合，双方不只是追求自己企业的效率，而是把注意力放在"整体"供货系统的效率提升，因此得以削减整体成本、库存与有形的资产投资，使消费者能够选择高品质、高新鲜度的食品。通过供应商和零售商的共同努力，双方共同成为市场的赢家。ECR 的目的是力求将消费者、供应商和零售商"拴在一根线上"，结成利益共同体。

11.2.3 供应商管理库存（VMI）策略

1）简介

供应商管理库存（Vender Management Inventory，VMI）技术不同于常规物流方式：不是买方决定库存，而是由供应方管理买方的库存——供方决定什么时间补货和补多少货，这是一种降低物流成本和压缩库存的供应链管理技术。针对不同的商品，供应商管理库存技术关注以最有效率的方法补货，因而不采用常规的手工商品订购单据作业，取而代之的是，利用数据库和信息处理技术,保证实时监测商品库存水平、预测商品流量,从而有效确定什么时间补货以及补多少,避免断货。

供应商管理库存技术出现在40年前。当时,像沃尔玛这样的企业首先推行供应商管理库存技术。服装行业开始推广该项技术的时间也比较早。制造业的物流水平差异性比较大,对供应商管理库存持批评态度的也是他们。目前,供应商管理库存技术在汽车和造纸企业应用也比较广。

VMI的目标是:提高商品库存可得性;提高销售额;提升用户服务水平;增加毛利;从供应链总体角度,降低存货水平;提高供货商的生产稳定性。

在供应商管理库存技术实施过程中,是买方直接参与供方发货,还是货卖完后再与供方交割。实际上,这是寄销存货的策略选择问题。从理论角度,寄销存货的商品所有权转移是通过商品交易实现的——即商品卖出后,供货方才完成销售。从财务角度,寄销商品存货不属于商家的资产。

供应商管理库存技术模型:假定由供货方管理存货水平,并负责分销商仓库商品的有效补货。前提是分销商向供货方提供需求预测和当前存货水平的信息。从供货方角度,VMI模型通常需要从分销方获得库存水平信息,从分销商获得销售预测信息,在合适的时刻生成补货单,将发货信息通知分销商,从分销商取得销售报告,将发票派送给分销方。

VMI作业步骤是:

(1)供应商接收最新的库存信息,信息通常以EDI方式传输。同时,供应商还需要一份近期销售预测报告,从而确定什么时候补多少货。

(2)供应商生成计划补货单。VMI技术的要点之一就是供应商(不是分销方)负责补货单。

(3)应该补货时,供应商向分销商派送补货通知。通常,通知也采用电子数据传输方式,分销商准备收货。

(4)按部就班地实施常规的送货、收货和存货工作。

供应商管理库存技术实施中,有些事项需要供应商与分销商事先达成协议。例如,寄存协议中,双方可以协议确认商品结算方式,方式之一是分销商将商品销售出去后结算。此协议之下,分销商将销售报告回传给供应商,供应商继而进行结算工作,并派送发票。除此之外,双方还可以协议其他结算方法。当然,合作实施的过程和步骤不是千篇一律的。但是,双方事前必须清晰地确定运作规则和方法,规则之一便是明确的结算方法。

在VMI实施技术中,最广泛的应用是EDI技术。通常,制造厂商每天从分销商或零售商处,获取商品销售的EDI信息。厂商利用这些信息和其他可用信息,如销售预测和促销计划,计算并生成计划补货单,发给分销商。分销商方面,当收到货物(或销售结束)后结算。结算可以在分销商与厂商之间,通过电子结算方式完成。VMI运作过程中,一般性的EDI信息包括:库存报告、销售预测报告、补货单反馈信息、发货通知、销售报告、结算单据等。从信息系统角度,VMI实施需要信息系统的相应模块支持,模块功能应该包括预测、分销订单、配送(补货)单、拣货和财务管理功能。图11-3描述了信息系统标准VMI实施模型。

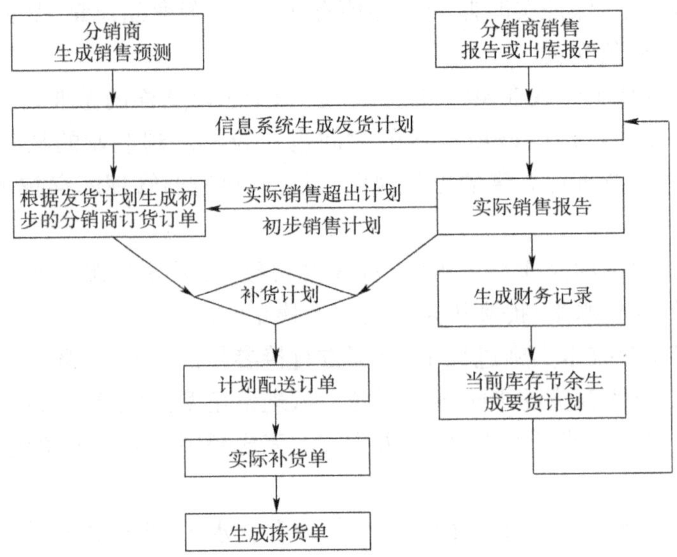

图11-3 VMI作业信息系统流程

模型假定分销商仓库应用了协同商务软件。当前存货结余，按时上传分销商信息系统。该信息接下来用于执行配送需求计划（DRP），从而确定补货时间。其作业流程如下：

（1）首先从分销商处接收销售预测报告。该信息用于生成供货方发货计划，供应商以发货计划的形式通知分销商。

（2）根据送货计划，生成初步的分销商要货订单。该订单信息将转换成实际补货订单，实际发生的补货订单是结算的依据。

（3）DRP运行后，信息系统生成计划配送单，也就是供应商向分销商的补货单。

（4）与此同时，供应商通常应该将信息传送给分销商，当分销商确认了该补货计划，计划配送单就转换为计划收货。换一个角度讲，它就是实际的配送单。

（5）生成拣货单，供应商按照拣货单从自己仓库中拣货、包装并运输至分销商仓库。同时，供应商可以将发货安排通知分销商。

（6）当分销商将商品卖出，分销商通常将销售报告传送给供应商。

（7）分销商生成实际销售单。

（8）信息系统将销售记录转换为财务记录用于结算。

传统物流作业中，库存累积沉淀是最令人头痛的。假设供应链上各节点充斥存货，消费者就永远不会面临缺货。不幸的是，从资金占用和货损角度看，存货造成了成本压力，以存货保证物流通畅是下下策。况且众多商品存在有效期、保鲜期和促销的要求（如食品和饮料行业），大量压库根本不是办法。以VMI为代表的连续补货技术，其主要目的是将供应链整体存货水平降到最低限度。VMI使供应商和消费者（包括分销商和零售商）同样受益，VMI主要的好处如下。

（1）供应商受益：通过销售点（POS）数据透明化，简化了配送预测工作；结合当前存货情况，使促销工作易于实施；减少分销商的订货偏差，减少退货；需求拉动透明化、提高配送效率——以有效补货避免缺货；有效的预测使生产商能更好地安排生产计划。

(2)分销商和消费者受益:提高了供货速度;减少了缺货;降低了库存;将计划和订货工作转移给供应商,降低了运营费用;在恰当的时间,适量补货,因而提升了总体物流绩效;供应商更专注地提升物流服务水平。

(3)共同的利益:通过计算机互联通信,减少了数据差错;提高了整体供应链处理速度;从各自角度,各方更专注于提供更优质的用户服务,避免缺货,使所有供应链成员受益;真正意义上的供应链合作伙伴关系得以确立;长期利益包括更有效的促销运作、更有效的新品导入和增加终端销售量等。

通过实施 VMI,生产商、零售商和分销商能够关注于同一个目标——如何更有效地将更多的商品卖给最终消费者。生产厂商由原来努力将商品推销给分销商转变为努力帮助分销商销售。这一转变,也正是 VMI 技术的精髓所在。

2)应用——雀巢公司与家乐福公司实施的 VMI 系统

雀巢公司与家乐福公司在确立了亲密合作伙伴关系的基础上,采用各种信息技术,由雀巢公司为家乐福公司管理它所生产产品的库存(供应商管理库存)。雀巢公司为此专门引进了一套 VMI 信息管理系统,家乐福公司也及时为雀巢公司提供其产品销售的 POS 数据和库存情况,通过集成双方的管理信息系统,经由 Internet/EDI 交换信息,就能及时掌握客户的真实需求。为此,家乐福公司的订货业务情况为:每天 9:30 以前,家乐福公司把货物售出与现有库存的信息以电子形式传送给雀巢公司;在 9:30—10:30,雀巢公司将收到的数据合并至供应链管理 SCM 系统中,并产生预估的订货需求,系统将此需求量传输到后端的 APS/ERP 系统中,依实际库存量计算出可行的订货量,产生建议订单;在 10:30,雀巢公司再将该建议订单用电子形式传送给家乐福公司;然后在 10:30—11:00,家乐福公司确认订单并对数量与产品项目进行必要的修改之后回传至雀巢公司;最后在 11:00—11:30,雀巢公司依照确认后的订单进行拣货与出货,并按照订单规定的时间交货。这样,由于及时共享了信息,上游供应商对下游客户的需求了如指掌,无须再放大订货量,有效地消除了"牛鞭效应"。

11.2.4 协同计划预测和补货(CPFR)策略

1)简介

协同计划预测和补货(Collaborative Planning Forecasting & Replenishment,CPFR)模式是一种协同式的供应链库存管理技术,它应用一系列处理过程和技术模型,覆盖整个供应链合作过程,通过共同管理业务过程和共享信息来改善分销商和供应商的伙伴关系,提高预测的准确度,最终达到提高供应链效率、降低库存和提升客户满意度的目的。

CPFR 的最大优势是能及时准确地预测由各项促销措施或异常变化带来的销售高峰和波动,从而使分销商和供应商都做好充分的准备,赢得主动。CPFR 采取了多赢的原则,始终从全局的观点出发,制定统一的管理目标以及实施方案,以库存管理为核心,兼顾供应链上其他方面的管理。因此,CPFR 更有利于实现伙伴间更广泛深入的合作,帮助制定面向客户的合作框架、基于销售报告的生产计划,进而消除供应链过程约束等。CPFR 既是一个理念,又是一系列的活动和过程:它帮助合作伙伴建立准确的预测和高效的补给计划;通过一系列认同的业务流程,制定共同的销售和运作计划;通过电子化的交流与沟通合作修改销售计划和补给计划。

CPFR 不同于以往的管理实践，它关注的是企业间业务合作关系的建立，而不是单一企业内管理框架的建立。不仅如此，它不是简单地挖掘单一的相关数据，而是从多个组织中发现可比较的数据，进而对这些数据进行整合、组织，并以此确定组织间的商业规则，这正是 CPFR 之所以取得巨大绩效的关键，也是 CPFR 推广的难点。从 CPFR 实施的基本框架和步骤来看，一般要经历四个步骤，即识别可比较的机遇、数据资源的整合运用、组织评判以及商业规则界定等。

为了识别可比较的机遇，CPFR 的实施要求 CPFR 与其他供应和需求系统相整合。具体来讲，对于零售商，CPFR 要求整合比较的资源有商品销售规划（产生促销、销售预测的计划系统）、分销计划（包括订货、仓储管理或补货计划，这些计划能产生订单预测、货物跟踪以及配送中心时点状态信息等），以及店铺运作系统（报告店铺销售、店铺订单以及时点信息）；对于供应商而言，CPFR 需要整合比较的资源有 CRM（帮助销售队伍制定促销和销售预测）、APS（建立最优的补货计划）以及 ERP（基于企业需求生产和分销产品）。

2）应用——沃尔玛从 CFAR 到 CPFR 的发展

在以前，沃尔玛使用的是 CFAR（Collaborative Forecast And Replenishment）系统，该系统仅仅是合作企业之间的共同预测和补货，并不能实现共同计划的制定。但是随着企业的发展，该系统已经不能满足需求，早在 20 世纪 90 年代中期开始，沃尔玛就与其供应商 Warner-Lambert、管理信息系统供应商 SAP、供应链软件商 Manugisties、美国咨询公司 Benchmarking Partners 等 5 家公司联合组成工作小组，开始进行 CPFR 的研究和探索。由于 CPFR 是在共同预测和补货的基础上，进一步推进共同计划的制定，即不仅合作企业实施共同预测和补货，同时，将原来属于各企业内部事务的计划工作也改成由供应链各企业共同参与。从 CPFR 实施后的绩效看，沃尔玛公司零售商品满足率从 87% 提高到 98%，新增销售收入 800 万美元，零售商品供应链中的库存减少了 15% ~20%。由此可见，CPFR 的实施给沃尔玛带来了巨大的收益。

11.3 客户关系管理系统

11.3.1 客户关系管理概述

1）客户关系管理

客户关系管理（Customer Relationship Management，CRM）最早由美国 Gartner Group 提出，自 1997 年开始，经过几年的发展，全球的 CRM 市场一直处于爆发式的快速增长之中。1999 年全球的 CRM 市场收益约为 76 亿美元。据市场分析专家预测，2000 年全球 CRM 市场收益将超过 120 亿美元，2004 年将达到 670 亿美元。年增长率将一直保持在 50% 以上。目前，我国的 CRM 市场也已开始启动。像以往的 ERP、电子商务等新理念一样，CRM 在国内的发展经历了从概念传入到市场启动这样一个过程，而这些新理念对推动我国信息化建设将发挥积极的作用。

CRM 是以"客户关系一对一理论"为讨论基础，旨在改善企业与客户之间关系的新型管理机制。"客户关系一对一理论"认为，每个客户的需求是不同的，只有尽可能地满足每个客户的特殊需求，企业才能提高竞争力。每个客户对企业的价值也是不同的，通过满足每个客户的特殊需求，特别是满足重要客户的特殊需求，企业可与每个客户建立起长期稳定的客户关系，客户同企业之间的每一次交易都使得这种关系更加稳固，从而使企业在同客户的长期交往中获得更多的利润。

2）客户关系管理的基本目标与基本内容

CRM 的基本目标应有三个：一是研究用户、确定市场；二是解决如何提供优质服务来吸引和开发客户；三是通过客户研究确定企业的管理机制和管理内容。CRM 不仅是一个企业经营概念，同时也是管理技术。CRM 包括如下的基本管理技术：

（1）以客户为中心的企业管理技术。即以客户为企业行为指南的管理技术。在这种管理技术中，企业管理的需要以客户需要为基础，而不是以企业自身的某些要求为基础。这是一种把企业与客户一体化的管理思想付诸实施的管理技术。

（2）智能化的客户数据库。要实行以客户为中心的企业管理技术，必须有现代化的技术，原因就是现代企业所处的是信息时代。以客户为中心的企业管理的中枢，智能化的数据库是所有其他技术的基础。从某种意义上说，智能化的数据库是企业发展的基本能源。

（3）信息和知识的分析技术。以客户为中心的管理思想的实现，是建立在现代信息技术之上的，没有现代信息技术，就无法有效地实现以客户为中心的管理技术。为了实现这种管理技术，企业必须对智能化的客户数据库进行有效的开发和利用，这种开发的基本与核心技术就是信息和知识的分析处理技术。只有经过分析和处理的信息，才是企业需要的知识。

使用 CRM 概念和技术，企业能快速搜集、追踪和分析每一个客户的信息，进而了解整个市场走势，并确切地知道谁是客户、谁是客户的客户、什么是客户的需要、客户需要什么样的产品和服务、如何才能满足客户的要求，以及满足客户要求的一些重要限制因素。CRM 还能观察和分析客户行为对企业收益的影响，使企业与客户的关系及企业盈利都得到最优化。

3）CRM 效果评价指标

（1）客户关系指标。一个好的 CRM 技术和应用系统，应当能提供基本的客户关系指标。客户关系指标是对客户与企业双方的信誉、能力、发展估计等方面的综合评估。

（2）客户产品关系指标。CRM 技术和应用系统，应当能根据所掌握的客户、企业以及产品的信息资源，对客户产品关系作出综合评价，这个评价结果就是客户产品关系指标。在进行客户产品关系综合评价时，不能简单地对客户及其直接产品的关系等进行评价，还必须包括客户对产品需求的原因和能力等方面的客观评价。

（3）客户企业关系指标。企业本身的需求，这实际上也就反映了企业的发展前景，同时也从主要的方面反映了企业与客户之间的融合程度。企业与客户融合得越好，企业的发展前景也就越广阔。

（4）客户关联指标。企业在进行商务活动和企业管理时，一个十分重要的基础就是通过客户需求和客户需求的目的来反映企业发展前景。客户关联指标就是为了提取有关企业发展前景信息而对CRM技术和系统提出的要求。

11.3.2 客户关系管理的建设方案

很多企业对客户资料的管理简单地依靠Excel等电子表格，但Excel不是数据库，它不适合管理大量的客户信息，无论是查询、统计、分析都非常不方便，不但烦琐，而且效率很低，最为致命的是无法实现数据共享和安全控制。Excel非常容易遭受病毒攻击而损坏，也可能因为人的误操作而被删除，从而丢失客户资料造成惨重损失。比较先进的方式是建立客户信息数据库以及相关的应用功能模块，实行真正的信息化管理，大幅提高工作效率。客户关系管理系统基本功能框架如图11-4所示。

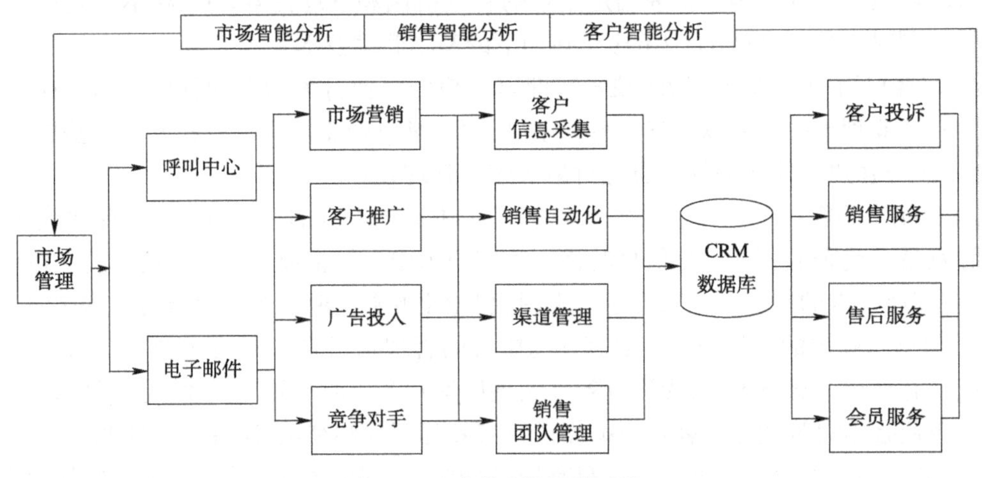

图11-4 客户关系管理系统框架

1)售前管理

售前管理是客户关系管理(CRM)的核心内容之一，包括销售机会识别、报价管理、机会挖掘、销售漏斗与电子促销5部分内容，具体如下。

(1)销售机会。一般来说，销售机会是物流信息中心一个销售营销过程的起点，也是市场活动与销售活动的连接点之一。以销售机会为出发点，可以生成销售任务，然后任务分解为多个工作进程而进入报价、签约等各个工作流程，同时实现销售预算费用监控。系统应支持物流信息中心从定义销售机会开始，完成物流信息中心业务活动的全过程。通过使用销售机会，主要完成客户可能的购买行为信息的定义、维护和查询功能。并可通过转移键，将当前销售机会转为销售任务，同时进入销售任务表单录入界面，并将相应的销售机会信息携带进销售任务，为物流信息中心及时抓住商机扩大客户和合作伙伴的销售量提供帮助。

(2)报价管理。通过报价管理，主要完成对客户所做报价单的定义、维护和查询功能，并可以通过转移键，将当前报价单转化为一个新的销售订单，同时进入销售订单录入界面，并将相应的报价单的信息携带进订单。

(3)机会挖掘。机会挖掘主要是通过对客户和物流方案的历史交易信息，进行客户消费倾向和偏好的分析，以及物流方案受欢迎程度的分析，为物流信息中心在现有客户上挖掘更多的销售机会提供了可能，同时也为物流信息中心作物流方案分析决策提供了依据。

(4)销售漏斗。销售漏斗是销售自动化(SFA)的核心。通过设定跟单不同状态相对应的成功率,把所有任务按照状态进行排行,预测出在一段时间以内的销售额。通常漏斗的顶部是所有的销售机会,随着工作的进展,一些机会失去成单可能,因此逐渐被排除,所以整个机会管理呈现漏斗的状态。要保障最终的成单额,通过销售漏斗,可以从两个方面来管理:一是扩大漏斗的顶部,扩大销售机会的来源;二是控制每个机会的流程,提高在每个阶段的成功率。

(5)电子促销。电子促销主要是物流信息中心在进行物流方案促销活动中以电子邮件的形式进行活动宣传的工作,减少烦琐且易出错的宣传信息邮递工作量,为物流信息中心节约了大量的人力、物力和时间,提高了市场部门的办公效率。

2)销售管理

销售管理是为了与客户或合作伙伴进行订单签约、完成销售行为而涉及的售中工作管理。订单是物流信息中心销售业务的主要数据载体,也是客户关系管理的主要数据分析来源,因此订单管理是客户关系管理系统的重要组成部分。

(1)销售订单管理。信息中心对客户发出的服务订单作出响应。销售订单是系统分析决策的主要数据来源,订单签约是物流信息中心所有业务活动的目的核心。通过订单管理主要完成对客户所做订单的定义、维护和查询功能。

(2)销售订单、退货单计划。订单计划是将订单按照预期订单动作(如催款、付款提醒、收款、退款等)进行有目标、有计划地定制。通过订单计划可以实现对客户所做订单计划的定义、维护和查询功能,并可以定制成分期收款等收款计划已在维护订单计划的过程中,还可以不断修改订单动作,如一个订单从催款到付款提醒再到收款。

(3)执行计划、订单执行。通过执行计划可以将订单计划按照不同的订单动作转成不同的执行记录,如催款动作可以转成催款邮件,付款提醒动作可以转成付款提醒邮件,收款动作可以转成销售收款,退款动作可以转成销售退款。订单执行功能可以查看、增加或删除执行动作,方便物流信息中心有步骤、有计划地完成日常工作,做到目标明确、有的放矢。

(4)电子催收。电子催收主要是物流信息中心以电子邮件的形式对客户或合作伙伴销售订单中的应收款项进行督促付款的行为。通过截取订单完成情况,能自动生成电子催收信函。它改变了信函或是电话电报等传统方式费时、费力和花销大的缺点,减少了业务人员烦琐的重复劳动,为物流信息中心节约了大量的人力、物力和时间,提高了销售部门的办公效率。

(5)订单账目。订单账目主要是根据查询条件列出相应的订单及该订单的成交价、数量和金额。

3)客户服务

客户服务是物流信息中心售后服务工作管理。

(1)反馈处理。一般来说,反馈单是物流信息中心一个客户服务过程的起点,也是客户关怀与服务活动的中间连接点。以反馈单为出发点,可以生成服务任务、销售任务、关怀任务,然后任务分解为多个工作进程而进入客户服务、销售和客户关怀等各个工作流程环节。通过反馈处理主要实现客户服务反馈单的录入、维护、关闭和咨询功能。同时可以将某个客户反馈分解为多个任务来执行。及时有效地处理客户反馈信息，将有助于提高客户或合作伙伴对物流信息中心服务管理的信心，以及对物流信息中心的满意度和忠诚度。

(2)关怀对象挖掘。通过对客户和合作伙伴的历史交易信息进行分析，可以找出对物流信息中心的营业额、利润产生至关重要的客户和合作伙伴——价值客户；可以找出与物流信息中心交易发生上升或下降情况的客户和合作伙伴——价值变动客户；可以找出对物流信息中心物流方案或服务不满程度较高的客户和合作伙伴——问题客户。通过分析适时作出客户关怀建议，为物流信息中心巩固老客户，以及提高老客户的满意度和忠诚度提供了可能。

(3)关怀建议管理。客户关怀是物流信息中心分析现有客户、伙伴为物流信息中心带来经济效益的变动情况，并采取措施维持现有客户的行为管理。

4)市场管理

市场管理是为销售开辟渠道，营造售前、售中和售后环境的行为管理。

(1)市场活动。通过新增市场活动，主要完成的是物流信息中心市场活动的信息录入、维护和查询。同时还可以将某个市场活动参与者转化为销售机会，而进入销售管理的环节，并因此追踪某个市场活动引发的销售情况。

(2)伙伴定额管理。伙伴定额管理主要完成物流信息中心合作伙伴销售定额的制定、维护和查询。并可以直接链接到伙伴定额分析，直观查看合作伙伴销售定额的完成情况，为物流信息中心量化合作伙伴的管理标准，以及制定合作伙伴管理策略提供依据。

(3)价格政策。对于销售订单上的物流方案定价，提供6种方式，即销量价格、客户价格、伙伴价格、现金价格、促销价格和员工价格权限。其中销量价格是根据一次性购买的物流方案数量定义的价格折扣率；客户/伙伴价格是根据不同的客户/伙伴分类定义的物流方案价格折扣率；现金价格是根据已签订订单的付款期限定义的物流方案价格折扣率；促销价格是指以促销为目的，在设定期限内的物流方案价格折扣率；员工价格权限是指设定了不同员工在报价或签订订单时可以报出的最低价格折扣率。计算公式为：物流方案定价 = 物流方案售价 × 最终折扣；根据员工价格权限设定情况的不同，最终折扣如下：如果已设定员工价格权限，系统提供的参考折扣将选择最终折扣和员工价格权限中折扣率低的一个数值；如果没有设定员工价格权限，系统的参考折扣就是最终折扣，即各种折扣的乘积。需要说明的是，在物流方案分类列表界面中，“分类名称”列的内容与物流方案分类时的设置是一致的，如果设置的物流方案分类还有下级分类，则下级分类自动继承上级分类的价格政策，同时可以为下级分类设定不同的价格政策。

5)工作流管理

(1)市场任务、市场工作进程。处理市场任务的信息录入、维护、关闭和查询功能。将任务分解为多个人员执行。在任务下发到具体某个人执行时，市场任务有三个来源：一是直接新增任务，二是由市场活动分配生成，三是由反馈信息生成。另外，还可以生成由任务所分解的相关具体工作进程，即市场工作进程，并具有制定、维护和查询功能，方便物流信息中心有步骤、有计划地完成日常工作，做到责任明晰。

（2）销售任务、销售工作进程。处理销售任务的信息录入、维护、关闭和查询。列出相关工作日程、产品列表、竞争对手、相关报价、相关订单、其他员工等信息。销售任务主要是通过新增任务、销售机会、市场活动和反馈信息生成。同时还可以生成由任务所分解的相关具体工作进程，即销售工作进程，并具有制定、维护和查询功能。

（3）服务任务、服务工作进程。服务任务主要是通过新增任务、市场活动、反馈信息和关怀建议生成。另外还可以生成由任务所分解的相关具体工作进程，即服务工作进程，并具有制定、维护和查询功能。

（4）销售计划、费用预算。在定制销售计划和费用预算时是以月份和季度的形式表现的，并以部门为单位，分别列出本部门销售计划和费用预算、员工小计、下级部门小计、员工和下级部门小计，同时下级部门的销售计划和费用预算自动合计到上级部门，使物流信息中心可以有效控制费用，科学系统地制定销售计划。

6）分析决策

处理客户、合作伙伴、竞争对手、市场、销售、服务、产品及员工的各种信息，并进行统计和分析，为物流信息中心发展提供决策依据。

（1）销售分析。

①销售状况。通过对物流信息中心一定时间范围内的客户、合作伙伴和产品产生的销售额、销售量和利润进行分析，利用不同的分析方法得出物流信息中心销售的趋势和构成分布情况。

②销售构成。通过对物流信息中心一定时间范围内的每个客户、合作伙伴和产品产生的销售额和利润分别占物流信息中心所有客户、所有合作伙伴和所有产品产生的总销售额和利润的绝对数和相对数进行分析，得出物流信息中心销售的来源构成情况。

③前期比较。通过对物流信息中心当前销售业绩与上期或去年同期销售业绩的比较分析，协助物流信息中心分析销售业绩变化的内部构成原因。

④丢单分析。通过对一定时间范围内销售任务失败的原因构成分析，协助物流信息中心寻找销售丢单的主要因素，从而有针对性地提高竞争能力。

（2）市场分析。

①市场活动分析。通过对物流信息中心一定时间范围内所有市场活动带来的销售额、利润以及相关的预算、费用支出金额的统计分析，帮助物流信息中心寻找成功和失败的市场活动经验教训，提高市场部门的运营效益。

②竞争分析。通过对一定时间范围内的竞争对手成功和失败的次数进行分析，协助物流信息中心采取措施增强市场竞争能力，为进一步扩大销售提供可能。

③服务分析。首先是客户满意度分析。通过对物流信息中心一定时间范围内反馈信息中反馈类型为“表扬”、反馈对象为“服务”的反馈单出现比例进行分析，客观评价物流信息中心的客户满意程度，提高物流信息中心的各个管理运营效益。其次是客户投诉率分析。通过对物流信息中心一定时间范围内反馈信息中反馈类型为“投诉”、反馈对象为“服务”的反馈单出现比例进行分析，客观评价物流信息中心的客户投诉程度，总结教训，提高物流信息中心的管理运营效益。

(3)产品分析。

①价值产品分析。

a. 销售额排行,通过对物流信息中心一定时间范围内每个产品发生的订单金额来统计产品累计销售额,并按照销售额的多少进行降序分析,为物流信息中心寻找价值产品提供依据。

b. 销售量排行,通过对物流信息中心一定时间范围内每个产品发生的销售订单产品数量的统计,并按照订单产品数量的多少进行降序分析,为物流信息中心寻找价值产品提供依据。

c. 利润额排行,通过对物流信息中心一定时间范围内每个产品发生的订单产品利润来统计累计产品利润额,并按照利润额的多少进行降序分析,为物流信息中心寻找价值产品提供依据。

②问题产品分析。依据用户投诉和退货数据,分析产品质量问题及原因,为物流信息中心改进产品质量、寻找优先考虑的问题产品提供依据。

③产品特征分析。通过对物流信息中心一定时间范围内统计不同产品属性的产品销售额和利润情况分析,找出销售情况良好或不理想的产品特性,为物流信息中心的产品选型提供市场销售依据。

(4)客户/伙伴分析。

①价值客户/伙伴分析。

a. 交易次数排行,通过对物流信息中心一定时间范围内每个客户/伙伴同物流信息中心签订的销售订单张数进行统计,并按照订单数量的多少进行降序分析,为物流信息中心寻找价值客户/伙伴提供依据。

b. 销售额排行,通过对物流信息中心一定时间范围内每个客户/伙伴同物流信息中心发生的订单金额来统计累计销售额,并按照销售额的多少进行降序分析,为物流信息中心寻找价值客户/伙伴提供依据。

c. 利润额排行,通过对物流信息中心一定时间范围内每个客户/伙伴同物流信息中心发生的订单利润来统计累计利润额,并按照利润额的多少进行降序分析,为物流信息中心寻找价值客户/伙伴提供依据。

②问题客户/伙伴分析。

a. 退货排行,通过对物流信息中心一定时间范围内每个客户/伙伴对物流信息中心产品填列的退货单金额来统计累计退货额,并按照退货金额的多少进行降序分析,为物流信息中心改进产品质量、寻找优先考虑的问题客户/伙伴提供依据。

b. 投诉排行,通过对物流信息中心一定时间范围内每个客户/伙伴的反馈类型为“投诉”的反馈单张数进行统计,并按照投诉单张数的多少进行降序分析,为物流信息中心寻找问题客户/伙伴提供依据。

c. 欠款排行,通过对物流信息中心一定时间范围内每个客户/伙伴的欠款金额进行统计,并按照欠款金额的多少进行降序分析。

③友善客户/伙伴分析。

a. 表扬排行,通过对物流信息中心一定时间范围内每个客户/伙伴的反馈类型为“表扬”

的反馈单张数进行统计，并按照表扬单张数的多少进行降序分析，为物流信息中心寻找样板客户/伙伴提供依据。

b. 建议排行，通过对物流信息中心一定时间范围内每个客户/伙伴的反馈类型为“建议”的反馈单张数进行统计，并按照建议单张数的多少进行降序分析，为物流信息中心寻找关心物流信息中心发展的友好客户/伙伴提供依据。

c. 联络分析，统计一定时间范围内对每一个客户的联系情况。

④客户/伙伴特征分析。通过对物流信息中心一定时间范围内，统计不同客户/伙伴属性的客户/伙伴销售额和利润情况进行分析，找出销售情况良好或不理想的客户/伙伴特性，为物流信息中心的客户/伙伴选型提供市场销售依据。

(5) 费用分析。

①员工费用趋势。通过对物流信息中心一定时间范围内的指定员工的费用产生时间分布情况进行分析，帮助物流信息中心寻找员工费用发生的规律，为物流信息中心合理安排运营资金，制定资金计划提供依据。

②部门费用趋势。通过对物流信息中心一定时间范围内的指定部门的费用产生时间分布情况进行分析，帮助物流信息中心寻找部门费用发生的规律，为物流信息中心合理安排运营资金，制定资金计划提供依据。

③任务费用分析。通过对物流信息中心一定时间范围内的每种类型任务发生的费用进行分析，得出在不同时间段内费用的发生分布情况，协助物流信息中心有针对性地制定各项费用开支预算和监控。

④费用执行分析。通过对物流信息中心一定时间范围内每种类型的各个任务发生的费用与任务预算进行比较分析，得出不同任务的预算执行情况，协助物流信息中心考核预算执行结果，针对差异寻找原因和解决途径，协助物流信息中心提高预算编制的准确度和费用控制的力度和手段。

⑤费用计划分析。对物流信息中心一定时间范围内的指定部门或员工的月计划、月完成、月完成比率、合计计划、合计完成、合计完成比率情况进行的分析。

⑥预算分析。对物流信息中心一定时间范围内的指定部门或员工的预算和实际花费情况进行的分析。

11.4　本章案例

中国移动通信集团山东有限公司智慧供应链系统构建

1) 企业概况

中国移动通信集团山东有限公司(简称“山东移动”)隶属于中国移动通信集团有限公司，于 1999 年 7 月 23 日正式成立，山东移动作为根植于齐鲁的通信运营企业，始终以服务于山东经济社会发展、服务于广大客户为己任，秉承“责任”与“卓越”的核心价值理念，充分发挥服务与业务领先优势，做“移动信息专家”，在实施信息化带动战略和推进国民经济信息化进程中积极发挥主力军作用。山东移动先后获得“全国用户满意企业”“全国五一劳动奖状”“全国最具成长性企业”“改革开放30年山东省优秀企业”“山东省管理创新十佳企业”等荣誉称号。

2）背景分析

近年来，国家持续强化通信行业管理，从深化改革、完善管理机制与市场环境等方面出台了系列政策，不断规范和促进通信行业健康发展，同时我国信息通信业也已实现了跨越式发展，这都对运营商加快转型升级步伐，加速推进5G建设等工作提出了更高要求。为支持与推动国家相关政策，三大运营商正相互配合，共同搭建5G网络。目前已实现5G网络初步的商用部署，并在2020年推进更大规模的部署和规划。可以料想，随着5G技术的广泛运用，电信行业所需物资的供应链服务管理体系会越来越复杂，对时间响应、精细化管理会有更高要求。

中国移动积极落实国家“十四五”规划，贯彻创世界一流企业“力量大厦”战略，做网络强国、数字中国、智慧社会主力军，坚持创新的核心地位，推动实物资产数字化管理，促进智能、高效、低成本运营。为支撑集团战略实施要求，以推动数智化转型实现高质量发展为目标，深入实施“5G+”计划，加快推动信息服务融入百业、服务大众，中国移动以提升治理效能为主线，实现供应链数智化转型高质量发展，从协同化、集中化、精益化、智慧化出发，实现物资在需求计划、采购、仓储、工建、转资、运维、报废等全生命周期的沟通和协同管理，深入挖掘降本增效潜力。

山东移动作为网络建设的排头兵，积极响应国家和集团号召，搭建智慧供应链运营平台，通过大数据技术的支撑，强化数据综合处理、分析能力，借以促进供应链体系进一步地集约化、高效能运作，实现智慧采购、智慧物流、智慧运营，助力网络强国建设。目前山东移动拥有2个省级仓库、17个市级仓库、140个县级仓库，保证物资供应，支撑业务发展。

目前供应链服务项目业务维度多、信息多、系统多，缺乏专业的数据收集、分析、挖掘和展示工具，未能有效整合利用数据资源进行大数据分析、最大限度发挥数据价值，导致需求预测不准确、框架合同断档、缺货与爆仓现象并存、供货质量问题频发、供货配送不及时、库存呆滞严重等问题长期存在。为实现更高效的供应链运营，山东移动研发智慧供应链运营平台，将目前相对孤立的数据有机联系起来。通过系统间的对接打通与数据的整合路径，形成大数据仓库，利用设计模型算法对数据进行整理、分析、挖掘，提供全程跟踪以及物资全生命周期的信息展示。并提供精准、快捷、多维度的数据分析结果和智能预警，引导用户准确评估业务现状，提前采取合理的管控措施，大大降低集约化供应链运营的风险，实现供应链智慧化运营。

3）实施步骤及内容

（1）加大智能设备投入，提升数据获取能力。

RFID电子标签作为仓储物流与供应链一码到底管理过程中物品的信息载体，以RFID读写器及手持设备作为信息采集设备，实现仓储物流与供应链一码到底管理过程中入库、出库、盘点、移库、安装、交维、转资等关键作业环节中信息的快速、自动、有效、批量采集，保证物流与供应链管理各个环节数据输入的速度和准确性,确保企业及时准确地掌握库存和在途的真实数据,合理保持和控制库存,提升仓储物流与供应链管理水平和效率。

仓储物流系统由管理子系统、标签发行子系统、手持终端作业系统组成,其中管理子系统是整个物流与供应链管理系统的业务核心,其主要功能包括对数据的采集、数据备份,各个应用业务模块包括:入库单下发、物资出库单下发、物资移库单下发、物资盘库单据下发以及物资查询管理、基础数据管理、仓库授权管理等。标签发行子系统是物资在仓储生命周期中的起点,它的主要功能是对新增物资加装写入物资信息的电子标签,完成物资在系统中的信息标识。手持终端作业系统在仓储管理系统中起支撑作用,其主要是通过 RFID 固定式读写器、RFID 手持设备完成物资在整个仓储生命周期中各个操作环节的物资数据信息采集,并将采集数据上传数据库,支撑系统运行。各阶段操作步骤如下。

①入库操作:当产品进入库房时,在库房入口处安装固定的 RFID 读取设备或通过手持设备自动对入库的货物进行识别,由于每个包装上安装有电子标签,可以识别到单品,同时由于 RFID 的多读性,可以一次识别很多个标签,以便做到快速入库识别。

②库内操作:安装有 RFID 电子标签的货物入库后,配合 RFID 手持终端在库内可以方便地进行查找、盘点、上架、拣选处理,随时掌握库存情况。拣选后可以将供应商等信息写入 RFID 电子标签,以便方便进行发货识别、监管。

③出库操作:在领料出库区安装固定的 RFID 读取设备或通过手持设备自动对发货的货物进行识别,读取标签内信息与领料单匹配进行出库检查确认。

通过对物资 RFID 电子标签的粘贴,系统可以实现对物资快速、批量的识别,并准确地随时获得产品的相关信息,例如物资种类、供货商、供货时间、有效期、库存量等,可以大幅降低差错率,从而显著提高物流与供应链管理的透明度和管理效率。

(2)打造智慧供应链平台,强化信息管控能力。

通过数字化 + 智能化 + 外接设备,实现数字孪生,通过库房立体化、货区数字化、流程智能化、移动作业便捷化,提升 RDC 运营能力和管理水平,实现系统的库位智能管理功能。

①仓库立体化。

搭建 3D 数字化立体仓库,实现物资全局库存的可视化,通过集中式管理,掌握所有仓库库存,从不同角度查看库存总量、分布情况。包括库房园区的核心标识、室外料场、库房内部布局、货区货架等,为仓储作业人员和管理层提供实时动态的库存分布模型,直观引导业务人员作业,为各仓库之间的调拨和库内移位提供依据和支撑。

基于仓库全景地图,可以立体直观展示仓库或料场的内部总体布局及实景情况,包括货架、堆放区、路线等。

实景展示:可展示仓库或料场的全局立体实景,可放大、缩小指定区域的实景。也支持展示货架、货区的立体实景,包括货架占用概况。

实物展示:主要展示货架、货区的分类,及时了解各类型物资存量及库容。且可通过立体图像孪生实景监控,选择接入摄像头放大、缩小指定区域的实景。

空间展示:展示立体实景的同时区分展现无货区,便于识别通道及路线。展示可行路线,用于库内智能作业全过程指引。

②货区数字化。

规划货区信息数字化，将各品类的货区规划、货位层数、货位格数、每格货位可存放的体积、重量等信息标准化，为库存可视、库容可视奠定智能化基础。

货区数字化是基于货区基本信息和管理要求制定货区策略，通过数字化应用控制仓储作业过程，实现数字化策略管理。对相关业务执行数据定期分析后，可对策略进行优化或调整，从而实现策略管理闭环。

货区基本信息：货区的结构化信息是策略定义的基础，主要包括存放区域、存放单位等信息。

货区策略管理：根据库房精益化管理要求，制定货区存放策略，孪生业务轨道。

数字化应用：当作业指令到达仓库后，系统能够根据预先制定的策略，在满足库房各类型管理要求（例如先进先出，后进先出，按批次发货等）的基础上，优化仓库作业动线，节省作业人员工作量，解决作业瓶颈，优化库存摆放布局，在订单协同、约库、上架、移位等环节实现策略控制与智能化应用。

③作业流程智能化。

基于货区数字化基础，根据精益化管理要求，降低入库、出库、移位、盘点等库存作业复杂程度，同时提升业务执行效率，增强执行质量。

入库：实现入库根据“先进先出”规则自动检测存货摆放位置，智能指定货位，并创建库内移位作业任务；在推荐货位的同时，可在立体仓库模型中推荐路线，实现智能向导。

出库：实现申领单审核通过后，根据“先进先出”规则，智能推荐库龄最长的物资，自动提示出库物资所在位置，并结合立体仓库模型推荐取货路线；在出库物资进行扫码出库时自动与智能取货提示的物资对比检查一致性，不一致时给予提示并禁止出库，有效防止物资呆滞的同时，保障了管理要求落地的精准度。

库内移位：根据管理要求，定期按照先进先出规则自动检测物资存放顺序，并按照检查结果自动生成库内移位任务派发给相应区域的实物管理员。

④移动作业便捷化。

搭建手机移动App端，将个人数字助理（Personal Digital Assistant，PDA）库内作业现有的功能转移至手机端，基于智能化基础，升级操作终端的便捷性，实行库内作业移动办公，提升库内作业终端的通用化水平。库内阶段根据收料单、盘点任务、申领单、物资管控要求，通过手机移动App端实现仓库内部的物资上架、物资移位、物资盘点操作。

物资组合：物资接收后存放在临时货位，仓库管理员依照仓库管理规范，可对多箱物资进行组合摆放到托盘上，扫描托盘码和所有托盘上的箱码，进行托盘和箱的关联绑定。

对物资申领出库后遗留的零散物资，仓库管理员可通过物资转移、打包组合的方式进行物资整合。仓库管理员进入物资组合功能，扫描零散物资序列（Serial Number，S/N）码，点击组合确认，系统自动生成新的箱号，使箱号与S/N码进行关联绑定。

物资上架、转移、盘点：仓库管理员扫描已上架物资的托码和对应货架码，完成托盘上所有物资上架操作，实现S/N码、箱号与货架的关联。

仓库管理员可扫描已完成实物转移的箱号和对应的货架号,在系统中确认后,完成已转移箱号和当前货架号的绑定,实现箱中所属S/N码和货架的关联。

仓库管理员依照盘点计划,进行物资扫码盘点,可逐一扫描S/N码盘点,也可扫箱号、托盘码、货架号等进行物资汇总盘点。核对物资数量,形成盘点报告。

(3)建设报表平台,提高辅助决策能力。

随着企业信息化建设越来越广泛,一个部门或者企业存在非常多的报表业务,并且因各种历史原因,不同的报表业务分别建设,使用不同的系统,单独部署,相对独立隔离。由此带来部分系统管理工作重复、数据分散存储,无法进行统一的分析查询,不利于系统的升级维护。在这样的背景下,山东移动提出了建设基于私有云的统一报表平台,实现报表业务的统一部署、统一管理。

报表平台提供完整的统计业务建模功能,包括业务方案、统计实体、指标体系、报表设计、公式引擎、数据字典等,此外还提供数据的审核、运算、上报流程等功能。不同的统计业务之间相互独立,互不干扰,但可根据需要在合法授权的情况下共享数据,实现报表业务的统一部署、统一管理。

4)主要效益分析与评估

(1)效益分析。

随着智慧供应链运营平台建设的推进,通过对供应链全流程各环节(需求审核—订单创建—送货—收货确认—仓储管理—运输配送—领料出库—安装—发票校验—付款结算)的处理进度进行预警监控,并按照不同维度(如:需求单位、采购方式、物资种类、物资型号、包装方式、供应商等)进行挖掘对比分析,目前在订单执行可视化、物流状态可视化、风险预警、数据运营、库存管控、一码到底等方面,已经取得了一定成效,有效提升了项目整体运营效率及满意度。

其中,平台对现有库存量、历史用量、业务发展预判信息等运营数据的深入挖掘分析和对物资全流程的实时跟踪及异常状态的预警处理,方便了业务人员快速锁定不同需求部门、不同物资、不同供应商的供应瓶颈,并有针对性进行业务梳理优化,为实现精准采购、智慧运营提供有效工具。项目投入至今,山东移动采购需求预估准确率提升23%,结合供应商协同、监控预警等举措,采购物资到货及时率已超过18%,平均到货时长同比实施前减少9天。在库存管理方面,借助平台多维度的库存分析展示、预警和需求预测等手段,山东移动实物库存较去年同期下降55%,库存周转次数已达10次,避免因市场技术更迭导致的存货跌价风险,降低较高库存带来的库存持有成本,有效释放企业资金占用规模。平台为保障年均数十亿级规模的物资采购快速运转,降低集约化供应链运营风险,实现供应链智慧化运营提供了有力武器。

(2)业务流程精益化分析。

信息化的逐步推进使得公司的内外部环境发生变化,促使流程进行优化。且随着信息技术的进步,市场竞争局势的变化,公司所面临的外部环境也都发生了改变,使得原有业务流程不再适应现有的企业经营。内外部的改变促使公司必须面对新的环境重新整理审视自己的价值链,重新定位核心业务流程,对业务流程进行优化,提高企业目标的实现效率。通过协调和整合业务流程，并结合信息系统实现部分业务流程的自动化，帮助组织获得更高的效率。

（资料来源：http：//www. chinawuliu. com. cn/xsyj/202410/22/639387. shtml，有删改）

案例相关视频资料

（1）中国移动供应链生态合作大会

（案例来源：2024 中国移动供应链生态合作大会）

（2）智慧供应链提升企业应对不确定性冲击的能力

（案例来源：央视财经评论）

案例分析与研讨题

1. 结合本案例，请从货物入库操作、库内操作和出库操作三个主要环节，讨论 RFID 电子标签在仓储物流与供应链管理中功能与作用。

2. 结合本案例，讨论仓储物流系统的系统组成，以及各系统的功能与作用。

11.5 本章小结

供应链是指产品生产和流通过程所涉及的原材料供应商、生产商、批发商、零售商以及最终消费者组成的供需网络。供应链管理是通过对供应链中的物流、信息流和资金流进行设计、规划、控制与优化。供应链管理信息系统在功能作用、应用特征、系统结构等方面各有不同。从其功能作用看，加入信息系统的供应链管理在消除“牛鞭效应”、推广先进管理思想、应用先进管理技术、提高企业业务量，以及稳定老客户资源和吸引新客户等方面具有积极成效；从其应用特征看，供应链管理信息系统实现了订单可视化跟踪查询、虚拟库存管理、信息有机集成、电子商务广泛应用、物流服务精准定位以及物流职能有效匹配；从其系统结构看，供应链管理信息系统结构分为企业内供应链管理信息系统结构与企业间供应链管理信息系统结构。

基于信息技术的供应链管理策略主要包括快速反应（QR）策略、有效客户反应（ECR）策略、供应链管理库存(VMI)策略以及协同计划预测和补货(CPFR)策略等。QR策略是一套对环境能够反应敏捷和迅速的系统,即在与时间竞争中占据优势,实现"在特定时间和特定的地点将特定的产品交予客户",实施QR策略可划分三个阶段。ECR策略是在食品杂货分销系统中,分销商和供应商为消除系统中不必要的成本和费用,给客户带来更大效益而进行密切合作的一种供应链管理策略,建立ECR策略包括四个分战略。VMI策略强调降低物流成本和压缩库存,须由供应方管理买方的库存,实施VMI策略主要有以下好处:供应商受益、分销商和消费者受益以及整体供应链成员受益,VMI技术最大精髓是将供应商身份由原来向分销商推销转变为帮助分销商向消费者销售。CPFR策略是一种协同式的供应链库存管理技术,它应用一系列处理过程和技术模型,覆盖整个供应链合作过程,通过共同管理业务过程和共享信息来改善分销商和经销商关系,提高预测的准确度,最终达到提高供应链效率、降低库存和提高客户满意度的目的,CPFR最大优势是及时准确地预测由各项措施或异常变化带来的销售高峰和波动,CPFR一般要经历四个步骤:识别可比较的机遇、数据资源和整合运用、组织评判以及商业规则界定等。

客户关系管理(CRM)旨在改善企业与客户之间关系新型管理机制。CRM的基本目标主要有三个:一是研究用户、确定市场;二是解决如何提高优质服务来吸引和开发客户;三是通过客户研究确定企业的管理机制和管理内容。CRM也是管理技术,具体包括:以客户为中心的企业管理技术;智能化的客户数据库;信息和知识的分析技术。客户关系管理需要以客户信息数据库以及相关应用功能模块作为支撑,实行真正的信息化管理,大幅提高工作效率。

复习思考题

1. 如何理解供应链、供应链管理?
2. 信息系统在供应链管理中有哪些功能作用?
3. "牛鞭效应"产生机理及其消除方法是什么?
4. 供应链管理信息系统的特征是什么?
5. 分析QR、ECR、VMI、CPRF四种供应链策略的含义及实施方式。
6. 客户关系管理的内涵及其目标是什么?
7. 客户关系管理效果评价指标有哪些?

实践与讨论

1. 结合本章所学知识,从供应商、分销商、客户或者物流企业中任选一个视角,阐述供应链管理信息系统的现状以及未来发展趋势。

2. 以小组实践方式,调研本地代表性企业的整个供应链运转过程,以及该企业采用什么样的供应链管理手段来维持竞争优势。

第 12 章 智慧物流系统

核心概念

智慧物流,新一代信息技术,商业生态系统,智慧物流生态体系,智慧物流子行业,支撑体系,组织模式,保障机制

学习目标

理解物流业智慧化发展背景及进程,掌握智慧物流含义及其作用;理解商业生态系统内涵、特征与结构;熟悉智慧物流生态体系结构及其要素含义;了解智慧物流子系统发展现状、特征与应用状况;理解智慧物流支撑体系内涵、组织模式与运行保障机制。

12.1 智慧物流发展

12.1.1 物流业智慧化背景

1)新时代发展对物流业提出新需求

物流业是支撑国民经济发展的先导性、基础性、战略性产业。现代物流具有联系生产与分配,流通与消费的重要作用,是打通现代产业链、供应链、价值链的重要保障。近年来,国务院各部委陆续出台了推进物流业发展的政策意见:《物流业发展中长期规划 2014—2020》(2014),《关于深入实施"互联网 + 流通"行动计划的意见》(2016),《关于积极推进供应链创新与应用的指导意见》(2017),《关于推进电子商务与快递物流协同发展的意见》(2018),《关于推动物流高质量发展促进形成强大国内市场的意见》(2019),《关于进一步降低物流成本实施意见的通知》(2020),《"十四五"现代物流发展规范》(2022),《有效降低全社会物流成本行动方案》(2024)等。一系列物流业政策表明我国对物流业发展极为重视,同时也为物流业发展指明了前进方向。在我国经济发展从高速度向高质量转变的重要关头,物流业在推进经济高质量发展进程中起到十分重要的支撑作用。要充分认识新时代对物流业发展提出的新要求,以新一代信息技术深入应用为契机,驱动传统物流业智慧化转型升级,进一步促进物流业和先进制造业在更高质量上实现深度融合,驱动物流业新业态、新模式的高

质量发展，为更好地服务我国现代化经济体系打好基础，为更好地为人民服务做准备，加快我国迈向“物流强国”的脚步。

2）新一代信息技术驱动物流业变革

随着新一轮科技革命的爆发和推进，新一代信息技术与产业融合程度进一步加深，其中与物流业更是呈现出深度融合的趋势，采用新的运作方式、管理模式、商业模式和产业业态，在有效推进产业革命的同时，也形成了各国经济的新增长点。从实践效果看，智慧物流已成为我国物流业提质增效、转型升级的新趋势和新动能。目前，世界主要发达国家和经济体均纷纷加大了科技创新力度，不断推进物联网、大数据、云计算、区块链和人工智能等新一代信息技术在物流领域的开发和应用。例如，2019 年美国交通运输部发布了首个《国家货运战略规划》，该规划中强调利用物联网技术实时交换数据，更有效地利用航运空间，减少空载的发生，提高分析货运数据能力，通过利用车辆位置、交通状况和多式联运设施容量的实时信息来优化供应链。应用人工智能和机器学习技术，以改善货物运输和配送网络的性能。应用区块链技术令托运者能够更好地跟踪和保护供应链安全，同时提高供应链运营效率。新一代信息技术的快速发展与广泛应用，也为我国物流业转型升级、智慧化发展带来重大机遇。

3）智能制造与智慧物流融合发展

在技术飞速革新的第四次工业革命浪潮下，智能制造作为第四次工业革命的标志和主导力量，已然成为全球制造业的发展方向和必然选择，各国为抢占全球先进制造业的制高点，纷纷提出各类战略规划以支持和促进智能制造的发展，例如美国提出工业互联网（Industrial Internet）理念，德国提出工业 4.0（Industry 4.0）战略，欧盟提出了向先进工业技术领域倾斜的地平线 2020（Horizon 2020）计划等，我国也提出了把智能制造作为制造业升级主攻方向的“中国制造 2025”战略和《智能制造发展规划（2016—2020 年）》（财政部与工业和信息化部联合发布）。可见，我国已经把加快发展智能制造，培育经济增长新能动作为长期坚持的战略任务。

制造业是一国经济发展的基础，更是一国物流业的依赖基础，我国物流业总产值中 90% 来自工业品的运输，工业品从采集、生产、加工、分配到消费的整个流程中，物流时间占到总时间的 90% 以上。推动制造业智能化转型升级已经在各级政府和行业中达成共识，制造企业对物流云与供应链系统的关注度已然上升到了一个新阶段。在传统制造业智能化转型升级的大环境下，为智慧物流业的纵深发展提供巨大的机遇，同时也对物流业提出新的要求。第一，随着对生产的规模增大，物流业也要随之改变，自动化与智能化技术越来越多地被要求应用到当前物流业中，与当前的智能制造相融合。第二，由于消费者对差异性的追求，物流业在未来必须加入更多柔性化特征，使得未来的智慧化物流系统能进行更多柔性化操作。第三，未来智能制造要求提供更高的信息传递速度与效率，市场信息和生产制造的要素信息都需要更加准确、及时地传递给供应链系统上的各个节点企业，这需要智慧物流系统具备提供供应链信息的能力，进而打通智能制造供应链全流程。第四，物流业的发展指向智慧物流，而智慧物流更离不开智能制造与物联网，只有各种智能物流设备之间建立起智能连接，才能更好地提高物流的效率及透明度，为国家及人民提供更好的物流服务。

12.1.2 物流业智慧化进程

物流业智慧化随着新一代信息技术和移动通信技术的发展而不断完善，根据信息技术发展过程中的突出特征：信息化、网络化和数字化，可以对应分为孕育期、萌芽期和成长期，具体如下。

1）物流业智慧化孕育期

该阶段对应的是制造业信息化时代，解决的是确定任务的人与计算机之间的信息交换问题，重点在于构筑产品研发、采购、仓库、销售、财务核算的管理平台，进行人、物、财高度整合的信息化体系。最早制造业信息化是由于制造业产品进入了全球性激烈竞争中，我国制造业在全球产业链处于低端位置，没有竞争优势，而信息化促进了制造业降本增效，而后根据物流业服务特点，重点关注基础信息的采集以及信息的交互和共享。此时物流业还仅对制造业起到保障作用，利用信息化技术可以对企业及上下游企业各种资源监控、计划和调度，实现了供应链资源配置优化。

2）物流业智慧化的萌芽期

该阶段对应在互联网经济时代，解决的是人与人之间的数字联通问题。随着移动互联网的发展，互联网思潮风靡全球，人类的生产生活向互联网经济转变。互联网改变了过去以渠道中间商为主的商流、物流一体化格局，互联网平台交易就产生了一种商流、物流高度分离的网络贸易渠道，直接解决了生产与消费的连接问题，并实现了大规模定制化生产方式。在此期间，快递业伴随着电子商务的高速发展也步入黄金期。相应地，快递市场也随之扩大，而且是第一个在劳动力盈余福利、资本和智慧化物流的支持下实现可观利润的行业，这标志着智慧物流进入了萌芽期。

3）物流业智慧化的成长期

该阶段对应着数字经济时代，解决的是系统内各主体之间的数据互联与资源配置。特别是在新一代信息技术支持下，数字驱动制造业深度服务化，做到产品本身和产品服务并重，从而不断加快制造业和服务业的深度融合发展。数字化时代所依托的新一代信息技术为物流行业庞大而复杂的信息提供了整合分析可操作性，增强了优化与决策能力，进而提高全产业资源配置效率。

12.1.3 智慧物流

1）智慧物流的发展历程

智慧物流起始于自 IBM 公司提出的智慧地球概念（IBM，2008）。“智慧地球”可分为3个维度：感知、互联互通、智能。尽管以物流概念形成的物流体系结合全球产业链的变化逐渐演化发展成供应链体系，但智慧物流概念是智慧供应链概念在具体到特定物流环节而逐步形成的，IBM 认为智慧供应链具备三个核心特征：仪器化，以前由人创建的供应链数据将越来越多地由传感器、RFID 标签、仪表、执行器、GNSS 和其他设备和系统生成；互联化，智慧供应链将利用前所未有的互动水平，促进大规模协作；智能化，为了帮助高管评估权衡，智能系统将评估各种约束和备选方案，允许决策者模拟各种行动方案。智慧物流也是注重利用移动通信技术，并随着新一代信息技术的逐步发展而引入云计算、大数据、人工智能、区块链技术等技术，在智能运输、智能仓储、智能配送物流环节使用，使物流系统协同化、智能化、集成化，实现信息共享、快速响应和资源整合。

2）智慧物流的含义

物流业智慧化是对智慧物流概念的延伸与拓展，是从经济学的角度去认识物流业变迁。智慧物流是物流业智慧化的具体表现，学者、机构和政府部门从不同角度对智慧物流进行阐述。目前，学术界对于智慧物流多从技术和应用两个视角进行界定，关注重点在物流全过程环节的智能化改造升级，实现资源配置优化。而考虑到近年来我国物流业自身发展规律及外部环境变化，智慧物流并不能简单地从技术或应用层面进行理解，其实质上是一个嵌入不确定大环境下的复杂系统，该系统中的各主体要素之间及与其所处的内部环境相互影响，共同耦合构成了智慧物流生态体系的生长发展要素。因此，结合物流活动链、物流智慧化等过程视角分析，可看出智慧物流的内涵是以信息化和智慧化为依托，通过新一代信息科学技术与物流资源要素之间的重新配置与深度融合，产生的一个以物流价值链过程环节为核心，更高效、优质、安全的生态体系。该生态体系的中心圈层是以运输、仓储、装卸搬运、包装、配送为主的物流子行业构成的核心要素系统，并在外部服务支持系统和宏观环境系统与主体要素之间具体运行模式和保障机制的共同作用影响下，实现以核心要素系统为主的全体系智慧化、生态化的物流新模式与新业态。

3）智慧物流的作用

（1）持续改进物流生态系统。新一代信息技术是推进物流向高质量发展的重要力量与手段，通过推进物流智慧化升级，推动物联网、人工智能、大数据、区块链等新兴技术与物流行业实现更好的连接及融合，使人享其行、物畅其流。正在改变社会交通物流模式，实现更便利更柔性的智慧物流新业态。智慧物流可以加速物流业发展，打破行业壁垒，协调部门利益，优化社会物流资源配置，便利企业共享基础设施，降低企业运营成本，实现合作共赢新生态。

（2）促进产业经济高质量发展。智慧物流集多服务功能于一体，适应了现代经济运作需求，也就是强调商流、物流与信息流的低成本高效运转，进而能够显著改善生产率、经济增长、产业结构以及产业绩效。一方面，智慧化和智能设备在物流业的不断应用和发展减少了对劳动力的需求，提高了劳动生产率；另一方面，智慧化对实现物流活动和服务过程进行精密控制，优化资源配置，在降低成本的同时提高了物流服务的质量和附加值，进而促进了物流业及其服务领域的发展。

（3）增强产业链、供应链韧性与安全稳定。面对“VUCA”（动荡性、不确定性、复杂性、模糊性）时代的内外部环境特征，产业链、供应链建设面临不完整、不稳定以及不强健三重挑战，“断链”隐忧成为阻碍产业链、供应链韧性提升的重要掣肘。物流将产品由供应链上游传递至供应链下游，产品的运转周期较长，最终产品与日新月异的个性化市场需求之间存在不对称性，导致产品市场供需关系不稳定，从而影响供应链韧性与安全。智慧物流为突破这一困境提供了新的思路，相较于传统物流，智慧物流既能够通过“互联网+高效运输”“互联网+

智能仓储”“互联网+便捷配送”“互联网+智能终端”等典型场景缩短产品运转周期，也能够增强物流平台功能，推动供应链上下游企业对接双边市场，降低供应链上的信息不对称性。具体来看，智慧物流可能通过以下渠道赋能产业链、供应链韧性：①智慧物流可以打破链域与地域的时空限制，拓展企业市场战略布局，从而强化供应链“延链”“补链”能力并促进供应链韧性；②智慧物流有助于缓解企业面临的信息不对称程度和降低运输费用，改善交易成本，从而优化供应链上下游企业间合作协同并提高供应链韧性；③智慧物流可以促进产品和资金的流通速度，提升供应链效率，有助于增强供应链上下游企业间贸易往来并提高供应链韧性。

12.2 智慧物流生态体系

12.2.1 商业生态系统内涵与特征

“生态系统”的概念源自于生物学，指各种生物及其群落与无机环境之间相互作用而构成的统一整体。20世纪70年代以来，生态系统中关于组织结构等思想逐渐融入经济管理领域，越来越多的学者开始思考如何将生态系统与经济管理理论相结合，以更好地解释现实商业环境中的具体现象及案例。摩尔（Moore，1993）基于企业生态观视角，在探究组织和个人之间相互作用的基础上，结合供应链上下游及其价值理论，首次提出了商业生态系统的概念，即各商业要素组成的“经济联合体”。随后，为了进一步探明商业生态系统的内部结构及演化机制，摩尔（Moore，1998）对该定义进行了拓展，认为商业生态系统是一种“由供应商群、客户群、政府、产业领导者群、贸易协作伙伴、公共机构、投资商及其他利益相关者共同组成的动态结构系统”。

此后，商业生态系统正式引起了理论界与实践界的共同关注，尤其是在当前数字经济蓬勃发展的背景下，关于生态系统的研究呈现出突破发展趋势。虽然在理论层面上，现有文献对其具体内涵和理论逻辑的理解千差万别，但其理论核心仍具有一致性，具体特征表现在三方面：

（1）参与主体层面的动态交互性。生态系统中的各参与主体作为整个体系价值的共创者，通过资源共享、专业互补，形成相互作用、相互依赖的共同体关系，体现出动态交互的特性。

（2）演化发展层面的产业融合性。各主体及整个体系的演化发展不受产业边界的约束，参与方来自不同产业，打破了过往对企业网络演变规律的界定，从更广阔的范围上对商业组织体系进行推演。

（3）治理机制层面的非层级安排。由于生态系统的开放性和参与主体的自主选择性，商业生态系统的治理并非采用过往的层级治理方式，而是采取平台治理和关系契约等多手段混合。

12.2.2 商业生态体系结构模型及其改进

为进一步探明商业生态系统的内部组成结构及其相互间的作用机理和运行方式，摩尔提出了商业生态系统典型结构模型,如图 12-1 所示。

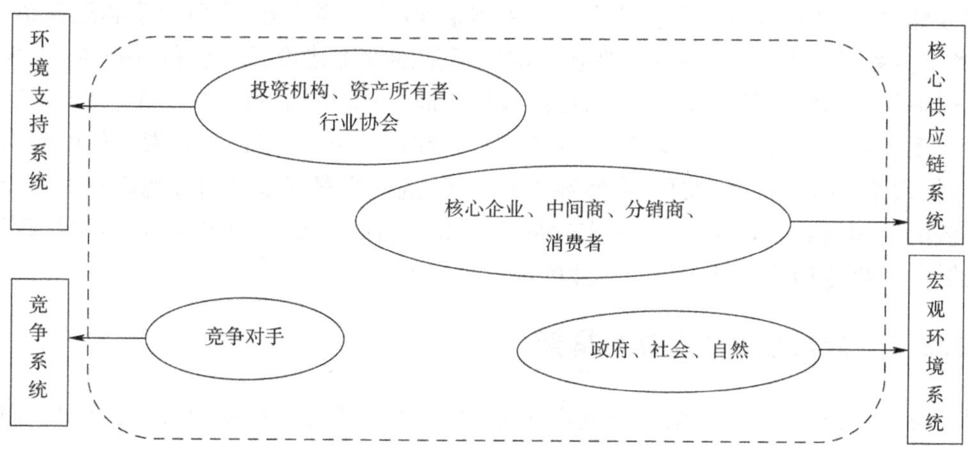

图 12-1 商业生态系统典型结构模型

该模型认为商业生态系统由供应商、核心企业、分销商、消费者这些“主要物种”,以及政府、行业协会、竞争对手等“次要物种”构成。“主要物种”从属于整个生态体系中的供应链核心系统,“次要物种”则根据其作用影响范围从属于不同子系统。

由此可见,该模型的边界并没有进行详细的界定,且其系统内部各主体之间的演化发展也难以进行量化。因此,本书从企业交易环境的视角对该模型进行改进,即将基于特定交易情景下所研究的企业或产业看作是整个生态系统的核心对象,结合生态系统中各物种要素的定位及作用方式,进行包括价值链、企业链、产业链、空间链等层面的拓展,如图 12-2 所示。

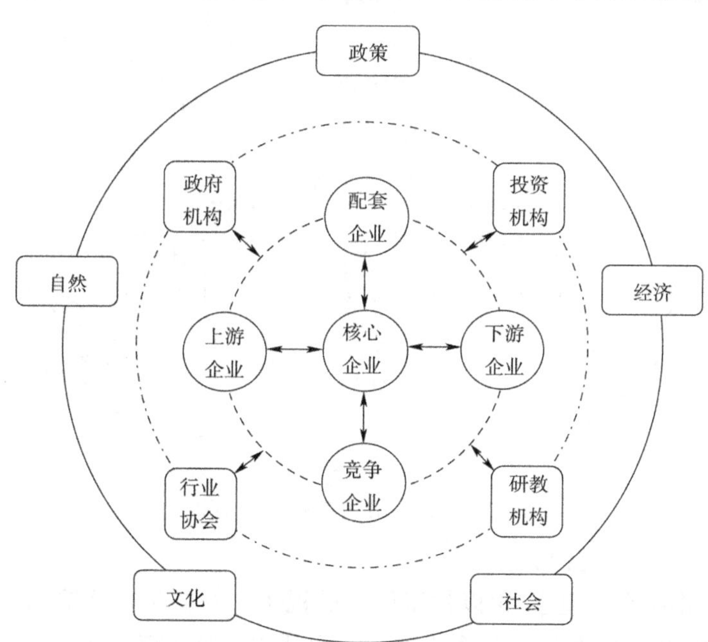

图 12-2 基于核心产业的商业生态系统模型构成要素

根据各类要素在商业生态系统中的定位与作用方式的不同,可将其划分为核心要素系统、服务支持系统和宏观环境系统。其中，核心要素系统在最里层，是整个商业生态系统的重要组成部分，由所研究的核心企业和行业主体企业（上下游企业、竞争对手和配套企业）构成；服务支持系统在中间层，为核心要素提供包括基础设施建设、资金、科学技术、人才及行业机制保障等方面的服务协作，涉及的主体包括政府、投资机构、行业协会及科研院所等，是核心要素系统进行拓展的重要支撑；宏观环境系统在最外层，是指核心要素所处的经济社会环境，包括政策、经济、社会、文化、自然环境等要素，这些要素直接或间接地影响着整个商业生态系统的管理模式、运行机制及未来发展方向等。由此可知，三大系统之间相互联系、影响、制约，共同耦合构成了基于核心企业的商业生态系统。

12.2.3 智慧物流生态体系框架

基于商业生态系统理论，结合物流产业链、物流智慧化等过程视角分析，给出智慧物流生态系统基本框架如图12-3所示。

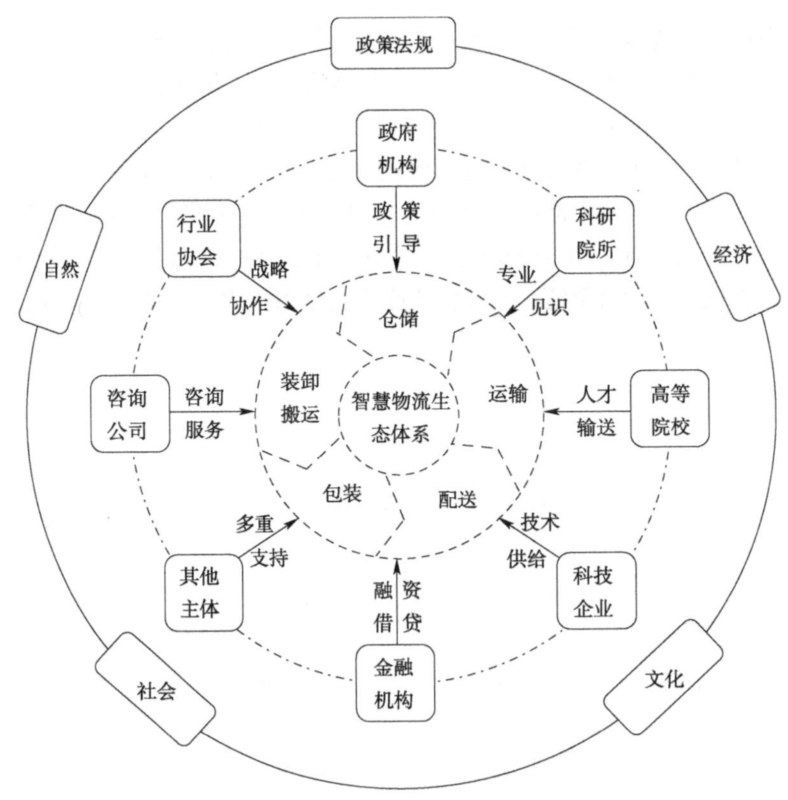

图12-3 智慧物流生态体系基本框架

该生态体系由三大系统构成：

（1）核心要素系统在最里层，由以物流价值链视角展开的包括运输、仓储、装卸搬运、包装及配送五大子行业构成，是实现整个物流行业智慧化升级的核心。

（2）服务支持系统在中间层，组成要素包括政府机构、科研院所、高等院校、科技企业、金融机构、咨询公司、行业协会及其他主体等，为核心要素系统提供包括政策引导、专业见识、人才输送、技术供给、融资借贷、咨询服务、战略协作等多重支持。

(3)宏观环境系统在最外层,是指行业所面临的涉及政策、经济、文化、社会及自然五大环境,直接或间接地影响内部各主体间的协作。上述三个系统之间相互联系,共同构成了智慧物流生态体系动态发展的基本框架。

12.3　智慧物流体系及资源要素

12.3.1　智慧物流体系

基于12.2节所阐述的智慧物流生态体系理论内容,从运行要素的角度出发,可将智慧物流分为资源要素、信息技术、物流子行业、支撑体系、运行模式与保障机制五大维度,具体如图12-4所示。

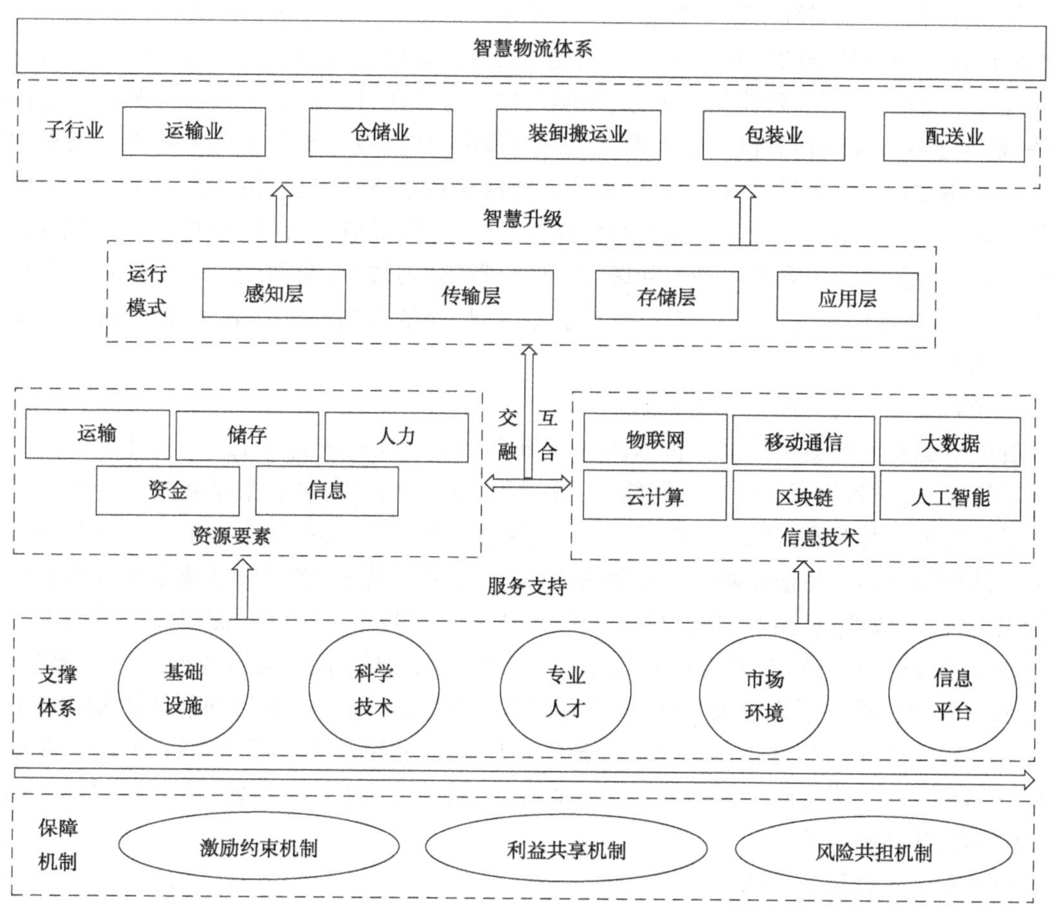

图12-4　智慧物流体系构建框架图

借助以物联网为代表的核心技术架构,实现资源要素和信息技术之间的融合发展,以促进物流子行业的智慧化升级是整个智慧物流体系的核心所在，同时，基础设施、科学技术、专业人才、市场环境及信息平台支撑体系为其发展提供了全方位配套支持，整个生态体系也以激励约束、利益共享和风险共担机制实现多重保障，各要素之间层层递进、相互影响、共同激励，由此形成了紧密相连的智慧物流组织理论体系。其中，各要素功能定位与作用影响如下所述。

1）资源要素是运行基础

智慧物流资源要素包括运输、储存、人力、资金和信息资源。运输和储存资源是商品由产地发往目的地的物流全程运行的必要物质基础，人力、资金和信息资源则为该过程的顺利完成提供必需的人力要素基础支撑。这些资源要素与信息技术相融合使其得到了更加合理的配置，提升了要素的投入使用率，共同推进了智慧物流的体系建设与完善，并加快助力行业进一步向数据密集型、技术密集型转变，使过去拼资源、拼劳动、拼消耗的不良竞争逐步转向拼技术、拼数据的核心竞争力比较。

2）新一代信息技术是转型关键

新一代信息技术贯穿了整个智慧物流体系运行的全环节。其中，在物流价值链层面，主要利用以物联网为代表的信息技术，提升了包括运输、仓储、装卸搬运、包装和配送全过程在内的运行设备的数字化、智能化水平，这为实现体系智慧化升级提供了基础资源与设施设备条件，是智慧物流体系信息流的根本源泉，也是各环节作业效率水平获得突破提升的根本动力；在管理层面上，可通过大数据、云计算及区块链等技术，解决过去传统物流企业组织内部以及组织外与其他企业和各方主体进行信息交互所带来的结构冗杂与割裂、沟通成本高、信息数据难整合及组织关系难协调等问题，实现管理高效与透明，明确全环节作业效果和有关主体责任，为物流服务的供需双方提供准确、有效、快捷的查询入口及措施，做到真正的配套智慧管理模式。

3）子行业数智化转型是战略方向

物流资源要素与新一代信息技术的智慧融合必须落实在具体子行业上，针对不同子行业的发展特点，对各流程进行逐一智能化、数据化、可视化改造，总的来说就是对智慧物流业五大子行业的智慧互联升级，完成了这些子行业的智慧化升级，也就明确了整个智慧物流生态体系的战略方向。运输业侧重于借助传感器、移动通信技术、空间信息技术来提升运输过程的安全性、高效性；仓储业利用物联网、虚拟/增强现实技术和智能仓储机器人系统对传统作业系统进行改造升级，提升库存利用率，实现无人化管理；装卸搬运业通过外骨骼技术、AGV技术等极大提升了作业安全性并减轻了强体力劳作；包装业则借助射频识别（RFID）、语音及生物识别等技术，达到便于储运、增强美观、循环利用及绿色环保等目的；配送业中无人机、智能快递柜、手持终端仪等技术产品的应用，解决了“最后一公里”难题并缓解了招工难、成本高、管理乱等问题。

4）支撑体系是服务支持

智慧物流的支撑体系包含了政府、科研机构、信息科技企业、高等院校、金融机构、咨询公司等各主体。其中，政府在整个智慧物流业链中起到了政策扶持、法规监管的作用，既要领头参与有关标准化体系建设及完善法律法规来规范行业发展，还要提供政策资金扶持，确保整个大方向不出错,保证各环节顺利运行;高等院校则为整个体系输送新型人才,并联合政府与科研机构共同打造行业有关标准,助推智慧物流技术不断发展升级;信息科技企业作为智慧物流技术供应链的上游,为物流全过程智慧化升级提供核心技术来源及保障,是实现智慧跨越的重要支撑主体;金融机构、咨询公司等其他社会主体则分别为整个生态体系提供资金、专业行业建议等多方支持。由此,整个外部支持系统共同助推了智慧物流体系的生态化可持续性发展。

5)运行与保障机制是持续动力

智慧物流的运行机制通过核心技术架构实现智慧运输、智慧仓储和智慧管理,为整个物流运行过程实现信息化、智能化升级提供坚实技术、知识及人才基础,后续发展离不开运行机制的持续升级完善。保障机制则分别从激励约束、利益共享和风险共担三个方面来为整个生态体系的可持续发展提供制度层面的担保措施,使得基于核心技术的智慧物流能将所产生的信息资源合理分配到各个环节,并从政策、资金、制度、法规、信用等多方面为参与该体系的核心圈层及外部支撑主体提供合理有效的内部动力,对不同的多方利益关系进行妥善协调,实现可持续稳定运转。

12.3.2 资源要素

1)运输资源

运输资源是指为了保障物流运配环节中货物运输能力的相关基础设施和配套服务,主要包括两个方面,分别是运输载体和运输工具。运输载体包括公路、铁路、水路、航运等,运输工具包括汽车、火车、飞机、轮船等。运输资源作为物流活动的载体,是物流活动顺利进行、效率提升的基础所在。

货运物流业一直是影响企业和消费者的关键行业,近年来,我国货运结构不断优化,多式联运加速推广,但公路货运仍然是市场主流的运输方式。根据我国交通运输部发布的相关统计数据可知,2023 年,全年完成交通固定资产投资 39142 亿元,比 2022 年增长 1.5%。全年完成营业性货运量 547.47 亿 t、同比增长 8.1%,全年完成货物周转量 240646 亿 t · km、同比增长 6.3%。2023 年公路完成营业性货运量 403.37 亿 t,比 2022 年增长 8.7%,公路货运量占全国总货运量的 74%。随着电子商务兴起,货物运输量逐年增长,公路货运作为最主要的运输方式更是迎来发展先机,但是货物运输量的大量膨胀致使运输行业面临着产业集中度差、运输效率低的问题,零散、低效成为了政府和企业共同面临的难题,为了解决这个问题,运输资源进行整合已是大势所趋,对此,物流企业应积极提高运输能力水平,从而推进物流行业降本增效。

从运输工具来看,我国货运行业逐渐实现了无车承运人模式和网络货运模式。2016 年"无车承运人"试点工作在交通运输部的支持下开始实施。2019 年,《网络平台道路货物运输经营管理暂行方法》正式发布,宣告了我国无车承运的试点工作正式取得初步成功。随后,2020 年元旦时期,"网络货运"开始正式进入快速发展轨道。中国物流与采购联合会发布的《2023 中国物流平台发展报告》显示,截至 2023 年 12 月底,全国共有 3069 家网络货运企业,接入社会运力 798.9 万辆车、驾驶员 647.6 万人。2023 年全年共上传运单 1.3 亿单,同比增长40.9%。企业数量不断增加，行业规模不断扩大。

在未来几年，运输资源进行共享和整合是必然趋势，大数据、人工智能技术将不断深入物流企业的货运市场中，物流行业应该整合各种实时的运输资源，依托新一代信息技术，搭建行业信息平台，实现运输资源的共享。同时以无人车、无人机、配送机器人等为代表的各种运输资源尤其是运行设备与现代科技之间的融合，使物流在运输、配送环节走向了全方位高效化、智能化升级。

2）储存资源

储存资源是指为了保障物流仓储环节中货物储存能力的相关设施和设备，是物流活动中的重要资源要素之一。储存资源主要包括两个内容：一是基础设施，包括仓库、园区、港口等，其固定在某一地点上，是区域物流中心和配送中心重要的货物集散地；二是用于储存工作的设施设备，包括货架、叉车、分拣机等，这些设施设备极大提升了物流仓储环节中货运储存的运转效率。

仓储物流模式近年来实现了从传统仓储向智能仓储的转变，标志事件是电子商务的兴起。传统仓储物流更多服务于实体企业，主要依靠人力进行信息录入，可视化程度较低，且在原有模式下仓储只是起到了保存货物的作用，储存便是其主要功能，此外其往往需要占用大面积土地，利用效率较低。随着电子商务的快速发展，各种新一代信息技术逐渐应用于物流的仓储环节，智能仓储物流应运而生，相比于传统的仓储物流，智能仓储正在逐步实现用机器作业代替人工作业，这种模式大大节约了人力成本，从而降低物流成本，智能仓储的空间利用率和储存量也是远远优于传统仓储物流。这时的仓储物流不再局限于货物的保存功能，而是表现出“蓄水池”的作用，实现货物在智能仓库内按需自动存取，从而提高货物存储和管理效率。根据物联云仓发布的数据，截至2024年11月，物联云仓全国在线仓库总面积达4.86亿m^2，资源覆盖面共计9956个园区。但是，我国的高标仓配比、人均仓库面积与发达国家相比仍有不小的差距。从数据上来看，我国仓储业发展任重道远，未来需进一步推进储存资源向智慧化转型升级。

储存资源的智慧化特征主要体现在对智能仓储系统的应用上，智能仓储系统下，信息与通信技术（Information and Communications Technology，ICT）应用于仓储各环节，确保了货物从入库到出站的全流程信息对接。智能仓储采用数据挖掘技术、堆码垛技术、自动控制技术等对货物存储环节的全过程进行简化和控制，借助于条形码技术对货物进行信息的实时录入，促进仓储过程全面信息化，从而保证对货物存储的全面管理，实现物流链的降本增效。我国为了促进储存资源的智慧化发展，大力推进智慧仓储基础设施的建立，近年来，智慧仓储基地、数字仓库、智慧物流园区、智慧港口等仓储载体的规模和数量持续扩大，此外，AGV、输送线及机器人广泛使用于物流企业的仓储环节，普及率已经超过了50%。

在未来几年，电子商务的进一步发展必将导致货物仓储量的大幅度增长，储存资源的智能化有助于物流链的降本增效，我国应加强新一代信息技术在物流仓储中的深入融合，促进机器作业代替人工作业的进一步发展，推进AGV、无人仓、智能快递柜等储存资源的改造升级，从而赋予物流在仓储环节的智慧化特征。

3)资金资源

资金资源是指物流企业为维持物流全环节的正常运作,在资本市场上可以被有效利用的资源。企业融资能力的强弱受到物流行业整体发展水平的影响,也体现出企业在资本市场上的话语权。充足、及时的资金支持是维持企业经营和发展的第一推动力,也是提高企业竞争力的有力武器。随着智慧物流的发展,物流行业成为继房地产业、IT 业后又一资本角逐的蓝海,市场空间巨大。根据智研咨询发布的《2021—2027 年中国物流科技产业竞争现状及投资前景分析报告》显示,2020 年我国物流科技发生 53 起融资,融资金额排名前三的分别是离线商务货运、第三方快递、智能快递柜,分别为 234.42 亿元、136.72 亿元、27.75 亿元。2021 年上半年发生融资 36 起,较 2020 年上半年增加 5 起,总金额 446.1 亿元,相较同期增长 367.2 亿元。

物流行业传统的小微借贷在供应链发展面前体现出了不足之处,例如中上游供应商受到链条上普遍赊销的影响,融资能力相对较弱,上游环节的资金资源也更易出现短缺,若链条发生断裂,不仅会导致处在断裂环节的企业生存出现危机,而且会影响上下游乃至整个链条的生存与发展。由于供应链各环节一荣俱荣、一损俱损,因此,供应链金融是解决当前物流业资金难题的重要方案。此外,物流企业的融资渠道相对单一,八成以上的企业依靠银行贷款融资,因此优化银行资金服务对物流企业发展来说具有重要意义。

供应链金融是指银行以核心企业为中心,对供应链上下游企业的信息流、物流、资金流进行集成管理,从整体的角度降低不可控风险,与供应链互利共生的金融服务。供应链金融有基本融资模式和创新融资模式两种,前者主要关注权利和动产的抵押,后者集中在周转货物和存货混合融资、经销商集中融资、融通仓融资等。金融机构在传统的资金服务下,是以资产质押作为借贷信用的根本,而在供应链金融模式下,是以物流智慧化产生的数字资产建立信用评价体系和金融风险控制体系,从而帮助物流企业,尤其是融资能力较弱的中小物流企业解决融资难的问题。此外,随着区块链等新技术的出现,使得供应链金融业有了新的发展。区块链开放性、可信任的可视化数据体系,可以有针对性地解决供应链金融票据造假、违约等信任危机问题,以及融资慢、融资成本高的问题。

可见,“信用+供应链金融”的资金服务模式是物流企业将来主要的融资方式,而区块链等新兴技术的发展会改善供应链金融模式上的不足,帮助企业优化资金来源,也可以帮助金融机构组建更合理有效的信用体系。

4)人力资源

人力资源是指物流企业内部可利用的、能够对企业作出贡献的董事层人员、管理层人员以及其他全部员工,是能够推动企业、行业发展的所有劳动力和智力的总和。对企业来说,人力资源是经营和发展的核心力量,也是在行业竞争战略布局中不可忽视的领域。

然而,传统的物流行业属于劳动密集型行业,存在着工资报酬少、社会地位低、工作环境差等问题,因此吸引人才、留住人才一直是传统物流业发展的难题。德勤有关研究数据显示,2020 年,56% 的物流供应链企业将雇佣和留住合格员工评为极具挑战性或非常具有挑战性的问题之一,73% 的企业需要超过 30 天以上的时间才能填补一个职位空缺。根据国家统计局的相关数据显示,自 2012 年以来,我国劳动力人口数量及其比例连续 9 年下降,2020 年总量上相较2012年下降近0.5亿人，占总人口比例则下降5.8个百分点。而与之相对应的是物流行业相关就业人员平均工资水平逐年提高，2019年相较2012年平均工资上涨近2500元，同比上涨92%。由此可见，劳动供给市场的不足及用工成本的提升给物流行业发展带来较大的挑战。

传统物流要想应对人口红利的消失，大力发展智慧化将是一个有效的应对措施。不同于传统物流，智慧物流的机械化程度高，对人力的依赖小，少数的技术工人就可以完成大量物流工作，效率更高，工作环境更好。但是，智慧物流带来的新挑战是对人才素质、学历水平、学习能力的高标准、高要求。对此，大力培养物流人才，为智慧物流输送高端人才是物流行业对人才市场的要求，也是高校顺应发展局势培养物流人才的方向。我国高校在物流人才培养方面也确实取得了一些进展：截至2021年2月，我国高校有物流专业点本科698个、中职和高职近2000个，最近5年内培养物流专业人才近80万人，另外，全国有60万人参加了物流、采购等职业能力等级培训与认证。新一代的"智慧物流人"正在顺应局势成长起来，政府要进一步提供政策支持，鼓励产学研融合，提供研究经费的支持，助推新一代物流人的成长。

在上述发展趋势下，物流人才水平越来越高，因此下一代物流人对工作环境、工作待遇的要求会越来越高。目前正在劳动力市场效力的千禧一代更希望工作与时俱进，他们最想服务的企业是开发尖端技术的高科技企业，这种情况下，传统物流业要想留住人才会越来越难。因此，人才的需求也会倒逼物流行业向智慧化方向转型，并终将成为智慧物流发展的助推器。

5）信息资源

物流信息资源是物流资源的抽象表达，是将物流设施设备、技术、经济资源的信息化表现。从内容上看，其至少包括物流运作环节所必需的系统信息资源和社会经济信息资源两大类，主要涵盖与物流价值链储运配送环节相关的各种信息资源，如物流信息技术、信息设备、信息机构、信息系统、信息产品与服务，具体可表现为物联网、传感器、高校科研机构、仓库管理系统（WMS）、物流信息平台等多方面。智慧物流生态体系通过将原有零散杂乱的信息资源以技术手段为基础进行筛选、分析、处理，实现信息资源高效重组，完成信息增值。

2020年的新型冠状病毒感染疫情，加速了物流业信息资源数字化转型，传统物流开始向线上转移，形成线上、线下融合经营的模式，物流运营全过程数字化、可视化成为发展趋势。物联网作为智慧物流数据底盘技术的代表，是物流后续全流程实现信息化运作的重要数据源泉，其通过对数据的收集，可以实现在冷链温控、库存预测、产品优化等诸多场景的应用。此外，包含大数据、人工智能的智慧数据底盘技术已经在许多企业的物流技术中得以应用，例如京东的青龙智慧物流系统、阿里的菜鸟数据平台等信息平台都是智慧数据底盘技术的领先实践。另外，网络货运平台也在物联网、大数据、人工智能的助力下，将分散的交易数据筛选、整合、分析，从而调整资源配置，可以做到智能定价、就近调配车辆、优化路径，有利于物流企业产生更好的经济效益，降本增效。

物流企业作为应用新一代信息技术场景最多的服务业，信息数字化进程逐步加快。数据和算法推动物流业对智慧数据底盘技术的利用，进一步加快了传统物流业向数字化、智能化、网络化转型的进程。借助物流发展环境的新基建，传统物流向云端迈进，上下游企业互联互通，中小物流企业加快触网，将逐步形成“数字驱动、协同共享”的智慧物流新生态。

12.4 智慧物流子行业

12.4.1 运输业

1）发展现状与运作模式

根据交通运输部发布的数据显示，截至2023年底，我国铁路营业里程15.9万km，其中高速铁路营业里程4.5万km，公路总里程543.68万km，生产性码头泊位共计2.2万个，基建成果世界瞩目。此外，我国民用航空机场259个，内河航道总里程12.82万km，快递和邮路总长度超过5000万km，并实现乡乡设所、村村通邮。除基础设施建设成绩显著外，运输业也不断向智能化方向发展。智能运输系统融合了信息技术、传感技术、计算机技术、运筹学、电子遥控等多项技术成果，可以将物流活动集中管理，加快物流效率，提高物流运输子系统的信息化程度，从而实现降本增效，提高行业服务水平。

2）智慧化特征与发展趋势

智能运输系统的智慧化特征主要表现在四个方面。

（1）运输全程信息化。在公路运输中，智能运输系统可以承担对车队的指挥调度管理任务。实时交通信息系统可以提供路况、交通管制、停车泊位等信息，使车队运行通畅，改善交通拥堵。实现供需智能匹配，从而提高单车、单向运输的利润，实现公路运输的最高性价比。

（2）全效能提升。智能运输系统借助车用传感技术、车路通信、车辆自组网VANET等技术，实现对系统车辆的集中调度管理，并有效减少了货物丢失的概率，增强驾驶员及在编车辆的互联互通。同时事故处理能力也会更强，从而减轻事故发生后的二次伤害，保障运输人员的生命安全和财产安全。

（3）运输方案合理高效。智能运输系统中的扫描技术和传感技术能够支持分拣设备的自动化操作，将根据单号扫描出的收件地址信息进行分类处理，归属于同一区域的货物被分到一起，进入下一层级的运输环节，制定完善的物流运输方案，避免了传统物流运输工作中人工操作导致的错误率高、效率低的问题。

（4）客户参与自主化。智能运输系统以网站、App、小程序等形式引导客户自主注册、自主下单，提高用户对信息通知接受程度，便于用户及时了解货物的最新状态，提升了服务效率。

为了提高我国运输发展智慧化水平，智能运输系统仍存在一定的变革空间。其一，当前系统互通性不强，未来智能运输系统的发展需要将技术和实践结合起来，力求达到兼容性、通用性、互动性等效果，避免运行资金成本和时间成本的浪费；其二，需对数据保密隐患提高警惕，未来运输智能化发展需要提高商业运输数据的安全性，防止不法分子盗取数据信息，或违法指挥车辆，从而危害企业经济利益和驾驶员人身安全。

3）企业案例

铁路智能运输系统（RITS）是对智能运输系统的发展与应用，目前我国国家铁路集团正在大力发展铁路运输智能化。①铁路智能运输系统依靠BDS等技术，实时把握列车运行状况，根据时刻表对列车进行调度，防止列车拥堵，保证安全会车。另外，传感器装置可获取列车运行速度、设备状况等信息，指挥列车调整速度与制动方式，掌握列车运行需求，为列车养护与维修提供依据。②货主可利用网站、App、小程序等方式，在线办理业务，获取订单支付、理赔、增值服务信息，查询车辆信息、运输方案、用户评价等，提交个性化服务需求。再次，服务开始后，货主可在线查询运单受理状态、货物位置、中转信息，了解货物最新状态，及时与铁路部门沟通需求。③行车安全保障系统可以对突发事故、自然灾害实时监测，掌握行车安全状况，甚至通过分析提前发出预警信号，迅速提供防御或应对方案，为铁路部门紧急通知与救援提供技术支持。

12.4.2 仓储业

1）发展现状与运作模式

根据中信证券发布的调查资料显示，截至2019年，我国人均仓储面积共计0.4m^2，与日本的人均4.0m^2和美国的5.4m^2相比仍有着较大差距；且人均高标仓面积仅仅0.1m^2，远低于美国的人均1.2m^2。此外，根据前瞻产业研究院发布的“互联网+仓储”的研究报告可知，截至2021年底，我国通用仓库的面积总体实现了3.2亿m^2的突破，相对于2019年底增加0.21亿m^2。据国家统计局最新数据，近年来国内仓储业经历了迅速的扩张，仓储业固定资产投资额从2020年的6864亿元增长到2022年的9154亿元。但从全球范围来看，我国人均仓储面积与发达国家相比仍然存在较大差距。2021年我国人均仓储物流设施面积虽有提高，但也仅有0.7m^2，与日本和美国相比还有差距。因此，从数据上看，虽然我国当前智能化仓储建设取得了一定成果，但仍有多处需要进一步提升。

经历了人工仓储、机械化仓储和自动化仓储阶段后。当前，我国的仓储正逐渐由过往高密度、高柔性、高效率的集成自动化仓储向智能化、数字化、自动化的仓储方向发展。智能化仓储是一种新的仓储管理理念，其采用多种新一代信息技术，如数据挖掘技术、堆码垛技术、自动控制技术等，简化仓储流程，提高物流的整体配送效率。智慧化仓储是仓储业发展的目标。

2）智慧化特征与发展趋势

仓储业的智慧化特征主要体现在对智能仓储系统的应用上，跟传统的运输模式相比，智能仓储是实现“降本增效”的有效途径。首先，在网络的一致操控下，智能仓储系统可以将庞大、零散的数据点整合为集中可利用的信息，同时传输到仓库中其他智能系统上，以此实现仓储的整合管理。其次，智能系统的使用减少了对人力的依赖，管理效率更高，因管理不善造成的损失相对减少，大大提高了仓储管理的效率。最后，智能软件的使用使得仓储过程全面信息化，提高仓储服务供应方的效率与服务质量，减少了仓库管理的琐碎工作。总之，智能仓储的建设在提升仓储信息化水平的过程中为大型物流企业的发展与国际化物流业政策标准的制定提供了更多可能。

为提高我国仓储智慧化发展水平，结合当前我国仓储行业发展面临的问题，未来还存在着下述变革空间。

(1)降低成本。智能仓储机器人需要巨额的前期和后期资金投入,这阻碍了仓储智能化在中小仓库企业的普及。因此,机器人制造商需要降低机器人的投入和使用成本,而企业间也可合作设立仓储智能管理集散基地,模式化管理,减少机器人的定制成本。

(2)培养人才。仓库管理企业需要为机器人配备专业水平高的技术人员以维持机器人的运行,这提高了机器人的使用门槛。因此,加强对在职人员的培训和高校学生的专业培养有利于仓储智能化的长足发展。

(3)互通接口。目前机器人厂家在定制仓储自动化设备时,需要克服通信接口、信息系统不互通的困难,在全盘打通信息的过程中,不可控因素增多,严重影响效率。因此,建立一个统一物联网络环境、统一设备商之间的制造标准显得尤为重要。

3)企业案例

京东无人仓是全球首个全流程无人仓,不同功能、特性的机器人在整个流程中发挥了巨大的作用。这些机器人不仅能按照指令完成工作,而且能自我诊断、自我决策、自我修复,代表了行业发展的较高水平。无人仓使用了自动立体式存储、3D 视觉识别、六轴机器人 6-AXIS、自动多层穿梭车机器人、AGV 等各种前沿技术,其运作流程主要包括入库、仓储、包装、分拣。硬件方面有各种自动化设备,例如自动化立体库、机械臂 AGV、无人叉车等,主要应对存储、搬运、拣选、包装等环节的需求;软件方面主要由仓库控制系统 WCS 和仓库管理系统 WMS 组成,可以代替人类自行决策,让自动化设备有条不紊地运转。智能决策作为无人仓最大的特点,使得京东无人仓的效率相较传统仓库提升了 10 倍,能够实现成本、效率、体验的最优,是仓储智慧化的有力体现。

12.4.3 装卸搬运业

1)发展现状与运作模式

装卸搬运环节本身并不产生价值,但其是物流成本的一项重要来源。在该环节,每 1t 产品会产生 250 吨次的装卸搬运活动。其中,轮船运输在码头环节所产生的装卸搬运费占总运费的 40%,而铁路运输所产生的装卸搬运费则占到总运费的 20%。此外,该环节的货物损坏、报废现象也较为严重,直接导致物流总成本的提高。装卸搬运环节之所以存在效率低、货物损坏率高、成本高的现象,是因为目前仍普遍使用"劳动密集型"的装卸作业方式,例如传统的门式起重机、叉车、汽车起重机、带式输送机等设备,其技术较为落后,设备运行对人的依赖较大。

由于我国拥有廉价劳动力的优势,因此装卸搬运行业长期处于人力、半人力、半机械运作模式。虽然随着智慧物流的发展,物流装卸搬运子系统吸收了一些新一代信息技术作为变革支撑,以智能 AGV 技术、巷道堆垛机、激光导引运输车、堆码机器人等为代表新型智能化设施设备逐渐融入该流程,但智能化设备的普及率仍然较低。此外,随着人口红利的消失,全面推行自动化、智能化技术,对减少装卸搬运对人力的依赖来说十分重要。

2)智慧化特征与发展趋势

目前我国装卸搬运业的智慧化特征主要表现在智能 AGV 技术、无人叉车、无人码垛机等技术的开发与应用,其技术应用特点体现为以下两个方面。

(1)AGV技术应用。

AGV是一种在装卸搬运子系统发挥巨大作用的自动导引机器人,其可以依照激光、磁条、RFID等技术的指引,沿接收到的路线信息自动停靠与移动,已被广泛应用到许多自动化立体仓库的搬运环节。AGV在使用过程中可以根据货位要求、生产流程等进行路径定制,与传统刚性传输带相比不仅更高效,而且定制成本也更低。此外,AGV在运行过程中依靠自带的蓄电池蓄能,可以满足工作环境对搬运环节无噪声、无污染的需求。

(2)无人叉车技术应用。

无人叉车技术同时融合了叉车和AGV技术,不但可以实现指定路线运行,而且在取货、放货时,可以自动判断货叉与托盘的距离,若位置发生偏差,可以根据系统设定的程序自行调整路线或位置,更加智能高效。另外,无人叉车技术的货叉可以先将识别到的二层货物取下,再放置在一层托盘上,实现了二层托盘货物堆放。

我国物流装卸搬运子系统的智慧化发展还不够成熟,存在较大的发展空间,其发展趋势可概括为:首先,AGV的网络问题目前仍然没有一个很好的解决方案,在运行过程中信号很容易受到仓库中大量金属制品的干扰,且其Wi-Fi使用的是非授权频段,很容易掉线,给仓储工作带来麻烦。因此解决AGV的Wi-Fi网络问题将是未来装卸搬运智慧化的趋势。其次,AGV的运行智能化程度高,增强机器人的算力是一个巨大的挑战。一方面AGV安装有大量摄像头和雷达,会对算力产生更高的要求;另一方面,AGV的便捷性、小体量是未来不可阻挡的变革趋势,那么如何在有限的空间内提升机器人算力将会是一个技术难题,也是未来技术的发展空间。

3)企业案例

一汽集团的AGV与立体库集成项目,通过基于5G的预测性维护系统、AGV+5G+AI协同系统和智能调度系统,实现了AGV与自动化立体库的智能对接。由此,一汽实现了自身工厂数字化的转型升级,通过减少人工干预提高了生产全过程的智能可控性,实现从入库到储存再到出库全流程的自动化、智能化。一汽红旗工厂的新H总装车间是国内首个实现全无人搬运的总装车间,它在出入库两个环节使用同型号的AGV,可以根据生产工作需求,统筹调度出入库AGV,保障生产作业效率、优化AGV数量。该车间的“先进的中控系统”不仅能够满足客户的个性化定制需求,还能基于此实现全流程信息化的闭环管理,从而极大提升了用户的体验需求,并提升自身的信息管理效率,缩短交付周期并提高仓库运转效率。综上所述,在技术操作及人员管理层面,可看出AGV的应用优化了一汽集团的人员配置,解决了叉车操作人员培训周期长、离职率高、人工成本上涨、招工困难等问题。

12.4.4 包装业

1)发展现状与运作模式

根据中国包装联合会数据,2022年我国包装行业规模以上企业9860家,企业数比2021年增加1029家。全国包装行业规模以上企业累计完成营业收入12293.34亿元,较2021年增加251.53亿元。

目前我国物流包装的形式主要是集合包装和运输包装两种，其中集合包装的优点是便于计量，运输包装的优点是降低货损率、方便装卸搬运、便于交接和验证、体积大、结实耐磨。包装形式决定了我国目前物流运作的模式。由于当前我国对运输过程中使用的托盘没有非常详尽的统一标准，因此供应商在发货时往往采用的是一次性的纸箱，导致整个供应链条绿色循环可持续发展水平低，且在货物到站后，需要进一步重新码盘并由人工进行检查卸货及后续的入库存放及管理工作。这种运作模式增加了物流运输各个子系统的工作量，货损率增加，浪费很多不必要的资源，最终导致物流总体成本增加。

2）智慧化特征与发展趋势

包装环节的智慧化特征主要集中在智能回收和全自动包装管理两个方面。一方面，科研成果"农夫档案"等包装智能回收系统的应用正在推动绿色物流的实现。"农夫档案"采用物联网智能识别系统和互联网技术，通过手机扫描包装上的RFID智能标签，告知消费者不同包装物材料、回收建议和科普信息，标出离消费者最近的自动回收机的定位信息和上门回收人员的联系方式，建立回收数据库，让云管理平台和数据中心在满足用户回收需求的同时能监控回收物流体系，实现"消费者—包装—回收"的循环，解决废弃物流包装物污染问题。另一方面，采用"人工智能 +"包装模式的全自动包装管理系统能够通过固化包装标准化流程实现对包装的提前预警和控制管理。其通过对包装对象自身特有的体积、数量和品种及全程的运输环境进行分析，来选择与之相配套的包装材料，实现基于环境的个性化配置。此外，其通过传感技术将包装作业的相关信息录入智能包装作业机，从而实现全流程自动化和智能化，满足基于不同场景不同货物的个性包装需求，并在此基础上实现"一物一码"，即每一个货物都有自身对应的编码，因此在后续的所有物流环节都能实现对该运输对象的跟踪定位和追踪溯源。

包装是生产环节的结束，也是物流环节的开始，优化包装环节技术对提高物流效率、推动绿色物流发展有重要意义。其发展趋势可体现在以下两点：第一，物流包装环节使用的编织袋、塑料袋、缓冲物、胶带等大部分无法回收再利用，对环境造成很大的负担。因此，应鼓励创新，优化运输、装卸流程，对包装环节"减负"，争取运输过程中使用的包装物均可再利用，力求使消费者拿到的是商品最原始的包装，不产生多余的废弃物。另外，研究可降解材料也是包装行业始终需要关注的热点。第二，包装是物流中的重要环节，高效地包装对后续运输、装卸搬运、仓储等环节效率的提高、成本的控制都有正向影响。因此，包装子系统的发展也要适应智能仓储平台建设对包装存储结构、空间组合、运输方式、包装存放等方面的新要求。

3）企业案例

顺丰的绿色包装实验室建立于2017年，从无人机到丰BOX，从智能硬件到智能服务，顺丰正在不断完善自身智慧包装体系。首先，顺丰绿色包装研发推出的共享循环箱，即丰BOX，具有防水、隔热、阻燃的作用，避免了纸箱运输对胶带、填充物的消耗。根据预测，一千万件丰BOX可节省14亿m胶带、225万m^3填充物、5亿个纸箱，是实现绿色物流的一件"利器"。另外，顺丰研发的巴枪已发展到第六代，是以Android系统为基础的定制化终端机，可追踪包裹运送信息、查询收派件、进行费用结算，其使用节省了大量纸质面单、包装环节、人力消耗。再者，顺丰所用的绿色包装物材料，例如可循环编织袋、可回收 BOPP 透明胶带、生物可降解塑胶袋、100% 可降解蜂窝箱、聚乙烯脂可拉伸珍珠棉等，都处于行业前列。最后，顺丰在包装物回收方面也做出了不少尝试，例如在配送大件家电时，二次包装使用的铝合金守护架在物品配送到分派中枢后会由运输车带回，进行循环利用。

12.4.5 配送业

1）发展现状与运行模式

20 世纪 80 年代我国才引入物流配送的概念，目前配送业正处于重组整合阶段，物流配送基础设施正在完善，配送技术也在快速发展。但相比发达国家，我国配送业仍处于“走其老路”的过程中。首先，多数配送中心只为满足本企业需求，缺乏合作重组，导致资源利用率低。其次，我国配送行业模式单一，缺乏创新，企业不能根据客户需求、配送能力、发展方向来选择不同的配送模式，没有形成全方位、多层次的物流配送格局。最后，由于中小企业难以负担先进设备的购入，导致我国有超过一半的企业在用传统的模式运作，依赖人工完成移动托盘、采集信息等工作，像电子扫描、物流条码、射频自动识别技术、自动分拣、自动存取、货物自动跟踪系统等信息技术在我国并未普及。

电子商务的发展使得我国物流配送子系统的运作模式正从自营配送模式向第三方物流模式转型。第三方物流改变了自营物流“自给自足”“小农经济”的不足，集中精力于核心业务，降低成本，加速了资本周转。此外，在第三方物流的基础上，出现了物流一体化配送模式，其模式是以生产企业为核心，经由物流企业、销售企业，再到消费者的供应链整体化、系统化发展，是比较完整意义上的物流配送模式。

2）智慧化特征与发展趋势

物流配送子系统的智慧化特征主要体现在无人配送的发展上，蔚来资本测算出中国末端无人配送市场规模约达 840 亿元，尤其在 2020 年新型冠状病毒感染疫情的背景下，“无人经济”已经成为各大行业发展的热点。无人配送物流车与自动驾驶汽车核心技术大致相似，其工作原理是：无人车在收到货物后，接收云端数据中心和高精度地图的指示，得到最合理的往返路线，并计算运行时间；在无人车配送过程中，通过雷达、摄像头等获取车身位置和附近路况，及时调整运行路线，规避障碍；当货物送达后，后台程序会通知客户签收货物。整个配送过程被后台监督控制，以免发生突发状况。无人机在我国起步虽晚，但发展迅猛，京东、新石器、智行者等企业已研发部署超过百余台车辆进行测试验证，部分企业已经拿到商业订单。

但智能配送仍存在一些不足，影响了配送子环节向高效化、产业化发展。首先，在购物狂欢节站点爆仓的情况下，智能机器人还是需要人机合作，需要站点的服务人员将货物扫描再装在储物柜里，而且装载货物的数量有限。这种情况下，配送机器人的效率反而低。其次，目前市面上的可移动机器人需要采用激光雷达、视觉传感器等多传感器融合进行定位、导航，配送机器人价格高昂，导致物流企业使用成本高。最后，由于无人配送的规范标准不健全，各企业自主研发的无人配送产品，在外形、尺寸、时速等方面各不相同，零部件不能通用，也拉高了配送机器人的生产成本。因此，提高智能配送机器人装载效率，降低购置、使用、维护成本是智能配送机器人未来进一步的发展方向。

3）企业案例

阿里推出的小蛮驴智能配送机器人融合了达摩院最先进的人工智能和自动驾驶技术，具备类人认知决策能力。小蛮驴配送过程中识别并分析路上车和行人，并作出判断紧急制动或改变线路，只需要 0.1s。另外，小蛮驴机器人可以通过其自主研制的嵌入式异构计算平台进行“算法自研 + 深度定制”，实现制造成本相对较低的规模化生产。此外，依靠阿里云强大的数据支撑，小蛮驴强大的算力得以实现，并且在运行过程中会把数据传回阿里云，打通数据搜集、数据标注、评价等整套数据系统，使得阿里云更强大。按照阿里的规划，小蛮驴首先会在菜鸟驿站大规模落地，配合菜鸟生态打造无人配送体系。目前，菜鸟已经是一个庞大的末端物流网络，日均处理的包裹已超过 1000 万个，未来借助小蛮驴无人配送机器人，其配送智能化进程将进一步提升。

12.5　智慧物流支撑体系与运行保障

12.5.1　基础设施支撑体系

物流基础设施是物流系统运行的物质基础，为物流网络及其运作提供基本保障，其主要包含了前节所提到的运输和仓储设施两大方面，是整个体系实现智慧化需面临的首要问题。目前，我国大部分设施设备现代化程度还比较落后，这一点主要体现在经济不发达区域，中、小型物流企业及部分制造业企业自有物流体系上，而以物联网技术为代表的新一代信息技术为这些基础设施实现智能化升级提供了技术条件。在进行大规模的建设工程前，需要由政府牵头从宏观层面进行统筹布局，逐步落实到微观，可从以下三方面着手。

1）加快网络基础硬件设施建设

要进一步将智慧物流打造为“实体设备 + 网络 + 云资源 + 平台”的智能化生态综合体，实现以传统硬件为主且种类冗杂的基础电信网络向通用标准化、软件集约化控制为特点的智能网络过渡，从而完成物、机、人的生态互联，并为整个体系提供包含信息应用、资源支撑、互联通信的综合化一站式智能服务。具体开展层面可通过提高网络发展水平、网络信息安全程度、宽带普及率、网络覆盖能力来加快推进网络基础设施支撑体系的建设。

2）加强软基础设施建设

相对于硬件基础设施，智能网络端的服务体系同样需进行系统性升级，只有如此才能真正实现万物互联。要加快推进信息化终端设备和配套网络在企业层次、供应链层次、区域层次的建立，完善配送中心、分拨网络及物流园区的管理系统升级，为后期接入智慧物流体系，实现资源整合打下软件基础，更好地完成全体系互联互通。

3）加速农村物流配套设施建设

随着我国乡村振兴战略及农村电商的发展，农村相应基础设施不断完善。截至 2020 年底，全国农村地区的公路总里程已达 420 万 km，实现了乡镇及建制村 100% 路面硬化及客车通车。此外，在信息基础设施层面，我国的行政村通宽带的比例达到了 98%，接入用户共计

1.39亿户。但在很多偏远地区，农村物流依旧一片空白，而农村作为我国重要的粮食供给地，相应的冷链系统也不够完善，未来需加大对农村高标准基础设施的建设、完善县乡村三级农村物流网络节点及共配物流服务网络，加大投入信息技术设备及相应的人才培训体系，进一步推进农村新产业新业态与物流的融合发展，让智慧物流生态真正惠民、利民。

12.5.2 科学技术支撑体系

当前，智慧物流产业链主要分为上、中、下游三个部分，主要包括智能仓储、运输支持、智能配送三个方面。上游为智能设备及软件供应商；中游是智慧物流系统集成商，其根据不同子领域行业的特性设计相应的智能仓储物流集成系统；下游则涉及不同行业，包括冷链、医药、汽车、烟草等。从产业链的分布看出，科技是智慧物流生态体系发展的第一生产力，在科学技术支撑体系中，科研院所、科技企业、高等院校这些主体决定了技术创新和知识创新的高度，国家层面要积极推动构建以企业为主导，龙头企业为主体，跨界、跨领域的创新。此外，要加快推进建设产学研密切结合的产业技术创新网络联盟，并面向企业特别是中小企业开放，加大对重大基础设施和科研仪器的开放力度。

1）壮大科研发展力量

按照产学研一体化、物流科教相结合的模式，鼓励现有科研院所、高等院校同市场化的科技企业、物流企业、咨询机构进行深度合作，以市场发展需求为导向，结合实际发展态势，形成政策机构、行业公益性科技研发、企业自主创新相结合的产业科研体系。

2）推动物流科技研发

智能仓储层面，积极推进仓储系统、分拣系统、集成系统以及货物识别的研发；运输支持层面，无人驾驶、新能源汽车、地图则是当前提高物流在运输领域智能化水平的重要方向；智能配送则主要集中于无人机、配送机器人、智能快递柜技术的进一步完善和攻关，为解决“最后一公里”问题不断贡献科技力量。

3）强化技术应用与推广

建立智慧物流体系的关键是准入企业实现自身智能设施设备的改造升级，如此才能为后续接入平台体系实现云端互联打下物质基础。未来，要进一步加强自有销售物流到采购、生产物流全链条的物联网环境建设，并借助ICT实现企业物流业务的在线化和可视化，增强自身的数据协同能力和管理效能，依托国家智能制造的政策背景，积极推进全线业务的转型升级。第三方物流层面，要推进其与上下游企业实现互联互通，加快触网进程，构建实体经济与物流服务业融合发展的智慧新生态。

12.5.3 专业人才支撑体系

“智慧物流人”是强化智慧物流生态体系的中坚力量。现阶段，我国物流业人才依旧存在较大缺口，且面临着人才匹配度低、创新动力不足、人文关怀不到位等问题。未来，需培养专业的物流人才，完善人才发展体系，如此才能真正实现长期可持续、“以人为本”的智慧物流生态体系健全发展。

1)应提高高学历人才比例,实行智慧管理

要进一步加强本科院校尤其是"双一流"高校物流人才的培养,通过建立交叉学科人才培养体系,让高校人才具备物流管理、物流工程、电子商务、信息科学与技术等多方面知识。同时,还需加强理论知识与实践操作的结合,联合多方校外机构开展不同主题、类型的实训课程和培训活动,了解一线物流系统运行场景,加强对信息管理系统和程序逻辑的新认知。

2)强化职业教育,提升市场需求匹配度

当前,我国高职院校在课程设置上主要以物流基础技能为主,对于涉及智能化国际物流技能及能力素质培养的课程严重不足。未来,需增加相应课程,坚持差异化的培养原则,并根据所在地区的物流业发展特征及自身办学条件,推进与校外企业联合开发实训课程体系。由此才能更好地将职业教育与学术教育区分开来,体现自身人才培养的专业性与特殊性。

3)引进高端人才,注入新思维活力

积极引进海外高层次人才,通过产业合作、任务外包、学术交流等多种模式相结合来吸引当前智慧物流领域紧缺的高精尖人才,通过这种模式实现科技突破,开拓新领域,并为未来我国相关空白领域人才填补空缺,带动全产业人才体系的发展。

4)鼓励创新创业,培育新兴力量

优化智慧物流相关行业领域双创环境,深入推进"大众创业、万众创新",政府层面需出台相关优惠政策,并设立专项资金和考评体系来推动与物流行业相关的创新创业发展,鼓励小微企业、返乡大学生开展创新活动,以创业带动行业发展,提升行业整体活力和积极性。

5)关注一线员工,提高社会认可度

当前我国物流行业配送员、货车驾驶员、仓库搬运工等一线作业人员普遍面临体力劳作强度大、身份认同感不足、社会地位低等问题,整个运输业缺少A2驾驶员的局面是该问题的重要表现。因此,提高物流从业人员收入水平,借助智能设备降低工作强度、保障人身安全、完善从业人员社会福利,并以智慧物流口碑提升为契机借助社会媒体消除刻板印象等工作迫在眉睫。

12.5.4 市场环境支撑体系

在智慧物流生态体系的发展中,政府起着近乎决定性的作用,是整个物流业发展的先驱,其通过宏观政策调控影响物流智慧化建设所需的政治、经济、文化、社会、自然环境。2016年,国务院办公厅发布了《深入实施"互联网+流通"行动计划的意见》,该意见指出要从物流基础通信设备、物联网技术、物流信息平台三个方面加快推进智慧物流的发展,随后,交通运输部、商务部、国家发展改革委、科学技术部等多部门都针对智慧物流的发展发布了相关规划和指导意见。2021年,"十四五"规划在"加快数字化发展,建设数字中国"的篇章中更是提出要借助智慧物流的发展来推动产业数字化转型,可见我国对于智慧物流的规划已上升至国家战略层面,以推进交通强国的建设。未来,政府有关部门将进一步为智慧物流发展提供良好的市场环境,需注意以下三个方面。

1)侧重引导

智慧物流在政策管辖方面受到国务院、交通运输部、国家发展改革委等多个部门的监管和支持,但这种多部门监管方式容易造成监管空白、相互推诿、过度监管等问题,给相关行业企业的发展造成一定的负担。日后要加快完善智慧物流的政策指导体系和管理机制，简政放权，借助综合信息平台实现数字化监管，优化政府服务，充分激发市场的整体活力，在加大资金投入的同时也要防范资本垄断和无序扩张，提升自身的高效化、智慧化治理能力，联合多方主体优化行业发展环境。

2）加强监督

涉及物流有关行业的部门要制定发展细则，并基于此进行监督落实，要围绕设施设备安全、信息安全、人员管理、环境治理等多个方面实施合理、有效的管理。国务院各部委及其直属机构要根据不同行业以及地域特性不断调整优化自身的管理方式，借助大数据等技术手段实现监察工作的数字化、智慧化分工协作，既要体现对法律法规的尊重，也需关注到政策监管环境的创新。

3）注重评价

智慧物流体系的发展需要按照科学有效、市场认可的评价指标体系对其进行定期评定，未来，社会第三方评价机制的创新发展，能帮助行业完善经费和制度保障。在此过程中要坚持政社分开、管评分离，由独立的第三方机构进行专业化的分类评价，实施分级管理，坚持客观、公正、公开的原则，以确保在政府、行业、消费者中的评估公信力。

12.5.5 信息平台支撑体系

综合信息平台是智慧物流生态体系核心要素系统及服务支持系统，是各主体实现智慧互联的重要云端资源，不同物流企业之间和各方发生物流、商流、信息流、资金流在此实现真正的“四流合一”。过往关于智慧物流平台及其商业模式的相关文献主要集中在平台功能的设计、商业模式的定义以及构成要素的分析上。本书在此基础上，构建由政府出资并设立，全生态主体共同参与的智慧物流综合信息平台，其架构如图12-5所示。从平台基础架构及功能、价值主张与创造、价值实现三个方面对该支撑体系的运作机理进行阐述。

1）平台基础架构及其功能

综合信息平台的设立以供需两端的信息流整合为视角进行展开，并接入服务支持方，上述多主体通过平台进行信息流的整合与汇集，实现动态实时的信息输入与反馈，其下设交易、物流及监管三个主要子平台，各部分功能如下所述。

（1）交易平台。电商服务主要面向物流服务需求端，是实现物流企业与需求方特别是生产制造业“四流合一”的核心模块。物流供给服务借助智能设备和大数据手段充分与供应链上下游融合，实现从原材料到最终消费者的全流程物流服务闭环；增值服务则面向服务支持系统中各主体，其下设的供应链金融板块、咨询服务板块、技术支持板块则分别通过与金融机构、咨询公司、科技企业的对接，实现全生态体系的资源整合和交易市场化、内部化，为交易平台及整个生态体系打造高效、便捷、标准、可信的良好运行环境。

（2）物流平台。该模块则面向物流服务供给方即物流企业，其主要提供运营服务。各物流企业将自身的仓储、运输、人力、资金等资源信息借助区块链技术手段上传至平台，实现自身实时动态信息与平台大数据系统的对接，平台将需求端信息进行整合实时传输给物流企业，并提供风险预测、订单管理、财务分析等多个功能供物流企业进行经营决策和战略安排。

(3)监管平台。该平台主要从政府及社会的角度出发对智慧物流模式进行宏观政策调控和微观调节,其主要包含三个服务功能:一是面向政府机构设立的政务服务,政府监管机构可以查询到物流企业的运作信息及整个平台的交易情况,同时,该模块也是政府发布相关政策法规、物流条例、规划建议和调控指示的重要平台;二是面向第三方评价机构和行业协会的独立评价服务,旨在激励各主体的规范经营,保障生态体系的可持续运行;三是面向社会消费群体的信息公示服务,是群众对所体验到的智慧物流服务进行评价及提供建议的重要渠道。

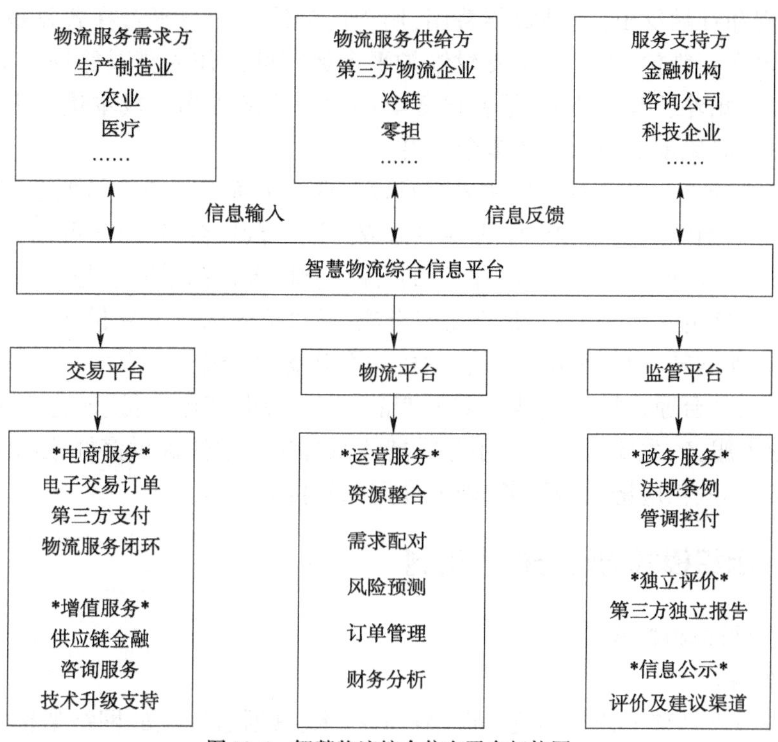

图12-5 智慧物流综合信息平台架构图

2)价值主张与创造机制

(1)信息共享。这是该平台最重要也是最基础的价值主张,作为平台的核心服务功能,为全生态体系参与主体提供信息查询功能,物流需求方可以根据自身需求查询到配对的供给服务,供给方可以根据大数据分析改善自身经营状况,政府也可基于此实现数字化监管,社会群体通过公示了解服务状况和水平,整个信息共享机制将加快推进智慧物流生态体系的快速发展。

(2)交易配对。物流供给方和需求方将实现基于电子订单的交易配对,平台通过大数据、人工智能手段对双方的需求、供给意愿进行自动匹配,打破信息不对称,提高交易效率。此外,通过提供第三方支付服务进行交易资金保障,准入机制及黑名单机制也进一步净化了交易环境。

(3)增值服务。增值服务则主要通过子平台的供应链金融、咨询服务、租赁服务、技术支持等模块实现,这类服务是为了保障平台的可持续发展而设立,以帮助解决将来部分企业可能出现的资金、技术、管理等困境,并为其提供基于客户特性的一站式专业化智慧解决方案。

3）价值实现

整个智慧物流的价值实现主要体现在交易平台各参与主体尤其是物流企业的营收上，而平台的价值实现归根结底是开源节流，主要从成本优化和盈利增值两个方面增加自身盈利，维护平台长期发展。

（1）成本优化模式。综合信息平台的成本包含四个主要方面。一是前期建设成本，是指借助信息技术实现平台框架搭建的过程成本；二是补贴费用，主要是前期为了吸纳各主体加入而进行的返现和补贴支出；三是宣传费用，用于前期综合信息平台在各领域的推广传播；四是人力资本投入与维护，主要用于支付维护平台运行的工作人员及管理人员的工资及各项社会福利费用，此外还有办公处、平台设备等固定资产的支出。成本优化上，要坚持采取简化平台的模式，避免重复性功能和多余支出。

（2）盈利增值模式。盈利模式则主要来自以下四个方面。一是会员佣金准入制，通过前期营销手段宣传吸纳物流服务和供给方各主体成为该平台的会员，对于前期一些中、小型企业可采取减免的政策，但后期随着生态体系的发展完善，可根据不同参与主体的实际营收收取一定佣金，获得稳定收入来源；二是交易资金池，通过提供第三方支付功能，平台可实现对交易期间的资金池运转，通过和第三方金融机构合作盘活资金池，实现利息及投资收入；三是广告营销收入，平台通过接入其他商家的产品广告，根据其点击量、转化率来收取推广费用；四是增值收入服务，主要通过联合服务支持体系各生态主体提供多样化的增值服务以获得营收，如咨询服务、供应链金融服务、硬软件资源租赁服务等。

12.5.6 组织模式与运行保障机制

1）技术框架与组织模式

（1）技术架构。

目前，物联网仍是整个智慧物流的底层核心技术，其通过完整的网络架构经由互联网来连接物理对象与虚拟系统。随着信息技术的不断革新，以物联网系统为基础融合其他新兴技术，可将智慧物流的技术架构总体分为感知层、传输层、储存层及应用层，如图12-6所示。

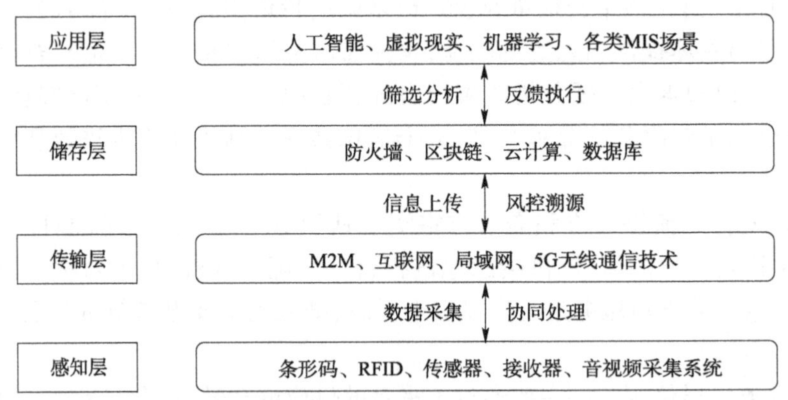

图12-6 智慧物流核心技术架构

感知层作为整个智慧物流体系数据产生的入口，通过RFID、无线传感器（WSN）、二维条码及各类音视频采集系统等设备终端，对具体物流运作环境中所需对象的信息进行采集、转换和传输，为后续全流程可视化及可追溯提供了基础数据支撑。传输层主要由各类有线及无线网络与通信技术构成，例如 M2M、互联网、局域网、5G 无线通信等，作为与感知层互通并上传至后续储存层或应用层的传播介质，传输层对信息的及时性与有效性起到了极大的保证作用。储存层负责对上传的信息进行筛选后的永久性保存及安全管理，并将传输层上传的数据进行逻辑运算处理，结合相应技术进行储存与分析，主要包含防火墙、区块链、云计算、数据库等信息技术。应用层则根据实际物流运作情景需要对上传的数据与信息进行筛选、处理与分析，涉及面广泛，包括人工智能、虚拟现实、机器学习及客户管理系统等硬、软件技术。应用层是最后将信息数据效益作用于物理实体，衡量智慧化水平的关键技术层级。

(2)组织模式特征。

①数据生态化。智慧物流体系基于物联网技术实现了仓储和运输环节物流要素的数字化及全业务的数据化，其中 RFID-WSN 为形成完整信息链闭环提供了重要技术支持。各类数据实现自动感知、储存及上传反馈，与实体网紧密相连接。此外，人工智能通过对数据的深度学习使数据本身具备了自动报错、更新的功能，能更好地反馈于感知层及应用层以便执行相关操作，并借助大数据云计算、区块链、防火墙等技术实现数据与信息安全，由此打造出了具备生态化特征的数据体系。

②智慧决策与协作。在对物流活动进行分析判断的基础上，智慧物流体系根据预设的运行规则和逻辑对实时数据进行解析，能预测全流程中的风险和漏洞，并对此作出相应的配套解决措施和方案，实现物流系统自动化、程序化发展。与此同时，该模式进一步加深了物流环节不同阶段的跨流程协作，基于物流系统全局优化智能算法让各参与方实现高效分工，与综合信息平台的对接也使得各生态主体实现信息资源互换，推进全体系智慧化发展。

③绿色可持续。基于感知层技术及与应用层平台系统的对接，物流企业在实现自身包装、运输及存储设备等智能化升级改造的过程中，能有效通过与技术创新相结合，实现对运输线路、包装材料及物流园区等更绿色、智能的安排，通过降低碳排放及增加可循环材料的使用等措施来减少能源损耗。同时，生态圈内各主体可实现在各环节的业务共享，全行业共建、共享、共赢技术与创新，推进绿色可持续的同时提高经济价值，为国家碳中和目标作出贡献。此外，外骨骼增强、立体化仓库、安全驾驶平台等技术进一步提高了一线物流员工的身心健康及生命安全可靠度，智慧管理的组织治理模式和架构也有助于智慧物流体系的可持续发展，体现了以人为本的发展要求。

2)运行保障机制

(1)建立激励约束机制。包括激励性机制与约束性机制两个方面内容。其中，激励性机制包括建立供应链金融服务体系，建设资源共享池降低各方成本，创建高效的电商平台实现信息对称；约束性机制包括建立消费评价机制进行市场引导，物流企业与各利益主体间需实现相互约束，政府监管约束要进行适当引导。

(2)建立利益共享机制。利益共享分配活动是一个相互关联的有机整体，并通过各利益参与者及相关方在信息服务的过程中以一定的外在形式表现出来。因此，智慧物流的利益分配机制，即研究在物流环节，各参与者之间的利益连接关系、分配形式、分配效果及其分配过程中的协调、保障机制。因此,基于实现各企业自身利益最大化,促使各合作伙伴共同获取生态圈剩余价值是使该智慧生态圈长期稳定运行的关键因素。具体内容包括:要明确参与主体(政府、企业、其他利益相关方)的利益诉求,深入挖掘利益增长点,构建可持续的利益分配机制。

(3)建立风险共担机制。从风险管理的角度出发,智慧物流体系是以物流企业为主、其他服务支持系统各主体为辅的共生体系,风险包括政策风险、信息安全风险、运营风险和道德风险。风险防范的方式包括建立风险评价及信用体系,加强多方利益协作与技术创新,建立动态的信息安全防控体系等方式。

12.6 本章案例

物易云通智慧物流管理平台

1)平台建设背景

(1)平台建设单位简介。

武汉物易云通网络科技有限公司(简称"物易云通")成立于2015年6月,总部位于湖北省武汉市东湖高新区。作为国内产业互联网的探索先行者,物易云通致力于将产业互联网思维与新一代信息技术深化应用于煤炭、建筑、再生资源三大业务领域,以标准化、场景化、数字化的供应链综合服务解决能力,服务于生产制造、贸易物流等企业和个体驾驶员,旨在开创互联网化的"供应链技术 + 物流服务 + 金融场景"的产融协同新生态。目前公司已成为国内产融供应链运营服务平台的领军企业之一,属产业互联网范畴。

(2)平台需求分析。

首先,随着物流信息化应用范围不断扩大,应用水平不断提高,物流信息资源开发利用能力逐步增强,主要体现在四个方面:工业物流信息化水平和供应链管理协同水平逐步提升,智能化发展趋势日益明显;企业物流和物流企业的信息化应用蓬勃发展,物流信息化和电子商务集成发展成为新趋势;物流信息平台建设和运营模式不断创新,信息流对业务资源的调配能力不断提升;伴随着信息技术的不断创新与变革,信息服务在物流领域的应用范围不断扩大,应用效果初步显现。

其次,我国公路运输长期存在着资源不对等问题,即"车找不到货,货找不到车"。为了降低物流成本,提升行业整体运行效率,生产制造型企业在"互联网 +"的大时代背景下开始探索新的发展路径,摸索如何利用信息化的管理技术和手段,通过整合社会运力资源,实现降本增效。通过互联网货运平台整合货源和车源,是为广大货主、车主解决信息不对称问题的有效手段。货运平台在生产制造型企业内的应用能有效促进我国公路货运物流的信息流通,实现高效率的车辆和货物配载,降低车辆空载率,促进我国物流业向技术密集型产业转变。

最后,目前仍有较多的生产制造企业信息化水平较低,不同企业的服务流程指示、过磅单、进厂单据等标准不一,各环节的信息传递、信息留存依靠纸质单据,导致企业管理环节的割裂,且无法及时串联,导致业务数据流转割裂,难以从整体进行车辆调度,使得配送调度不合理,且效率较低。在运力管理方面,由于缺少相应的管理平台,企业无法对驾驶员的资质进行审核与把控,也无法对运输全程进行监控与查询,更无从对驾驶员进行评级,进而导致货主与驾驶员互相缺乏信任,难以构建可信的支付方式与支付渠道。

未来,随着物流行业信息化水平逐渐提升以及现代高新技术的应用,物流系统各个环节的作用将会出现以机械化、自动化、智能化为主的发展趋势。对生产制造型企业来说,物流信息平台,尤其是针对企业端的物流信息管理平台将成为生产企业的重要组成部分。

2)智慧物流管理平台设计方案

(1)整体目标。

智慧物流管理平台(以下简称"管理平台")的设计目标是解决生产制造型企业车辆调度和运力组织两大核心难题,实现物流调度、运力管理、运营监控的信息化和智能化。

(2)解决方案。

管理平台是物易云通独立研发拥有自主知识产权的大宗物流智能调运管理系统,管理平台以数据为轴激发企业物流智慧化进程,利用物联网技术、大数据、云计算和设备监控技术加强信息管理和服务,全程掌握运力调度、车辆进出场管理和智能无人过磅,提高物流过程的可控性,减少人工干预,及时正确地采集物流数据,合理安排物流计划及控制物流成本。

管理平台是架设在云端的管理平台,通过驾驶员、企业及企业分配的角色给予不同的管理权限,将生产企业在进销存物流环节中的各个角色串联起来。企业在平台上实现发运计划的全流程管理,厂内和厂外的管理从线下转移到线上。

平台主要包括预约排队、车队竞价、无人值守、智能监管、供应商管理、车辆管理、轨迹监控、一站式打印八大功能。在智慧物流管理平台中,司机宝物流平台作为驾驶员操作端的重要接口,驾驶员通过司机宝 App 接入管理平台,并通过司机宝 App 实现接单、签到、装卸、进出厂打卡、运费结算和核对等一系列动作,同时作为物易云通深耕大宗商品运输的先发产品,司机宝已积累的运力池是智慧物流管理平台运力补充、运单发布的重要渠道。智慧物流管理平台 App 运转流程如图 12-7 所示。

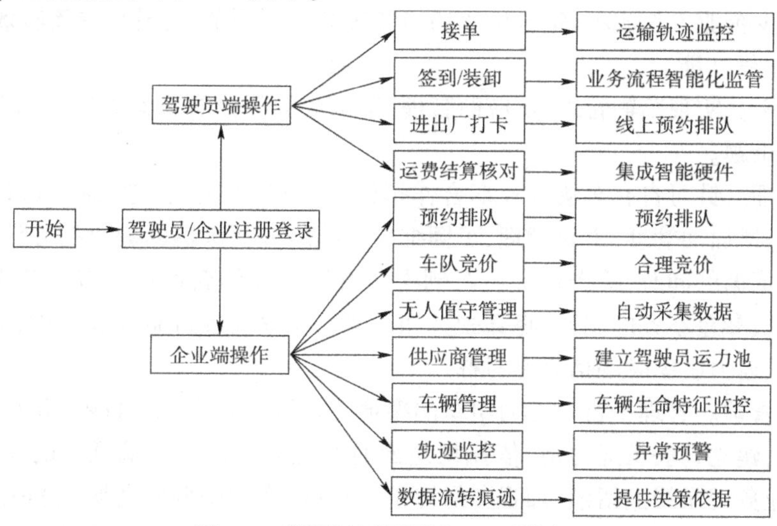

图 12-7 智慧物流管理平台 App 运转流程

3)智慧物流管理平台具体功能

(1)车辆调度功能。

智慧物流管理平台通过运输轨迹监控、业务流程智能化监管、线上预约排队、集成智能硬件等功能及手段来解决生产制造型企业物流业务车辆调度难题。

①运输轨迹监控。实现了智能路径优化,货物在途更透明。通过配套的BDS或北斗硬件,将地理信息系统应用于物流运输环节,管理平台能够实现对车辆实时全程监控,为企业提供最为科学的配送线路、实时在途监控、轨迹复查、异常预警等服务,帮助驾驶员降低运输成本,提高配送效率,掌握货物在途信息,预测自定义时间段内的进出场车辆数量,为企业排班、仓储安排等提供数据指导。

②业务流程智能化监管。管理平台实现整体业务流程数据线上留痕,串联业务部门、门房、驾驶员等多个环节,即时同步车辆进出厂进度。通过信息化手段和智能报表体系,以企业自定义字段自动汇总业务流水和关键数据指标,业务流程间各角色信息透明化,智能生成数据,让数据为管理者提供决策依据,提升企业运转效率。

③线上预约排队。采用预约排队模式使排队信息提前感知。管理平台通过数据化、信息化的技术手段,标记指定范围的云端电子围栏建立"云端停车区",智能指挥驾驶员有序排队,减少拥堵风险,给予驾驶员自我调节和缓冲的时间;多渠道联合,小程序、App、AI智能语音等对进场计划提前提醒,驾驶员可以合理安排到场时间;自动叫号进场,根据厂区容量和进车规则进场智能进场,解决拥堵排队难题。

④集成智能硬件。以硬件采集数据为基础,自动同步数据,以管理平台生成的二维码为载体,真正做到一码通全场。通过智能门禁、无人值守磅房管理,自动生成可视化数据报表,通过数字化监控,降低人工在数据统计上的占比,用智能化替代人工,提升业务流转效率,降低人工成本。

另外,提供一站式自助打印服务,通过软件和硬件的集成,打通各打印、扫码环节的端口,驾驶员在接单时即生成二维码,一码通全场,以扫码、查询的方式完成票据的自助式、集中式打印。减少企业人工成本,整合优化场内各票据打印环节,提升场内流转效率。

(2)运力组织功能。

通过管理平台实现车辆管理、供应商管理、车队竞价等功能来解决生产制造型企业物流业务运力组织难题。

①车辆管理。针对自有车辆或长期合作车辆信息进行采集汇总,统一通过管理平台进行在线管理,包括加油管理、维修管理、车辆维护提醒服务及车辆的健康指标评分等,为运力组织提供参考依据的同时,给企业提供车辆生命特征监控的新通道。有效解决承运车辆车况和驾驶员素质参差不齐的问题,将驾驶员和车辆信息提前进行验证和管理,派车即可作为参考依据,降低运力组织时的信息不对称。

②供应商管理。管理平台对运力组织的渠道进行统一管理,通过线上化供应商、车队和驾驶员的信息,建立驾驶员运力池,依托物易云通专注大宗商品运输领域的积累,建立供应商评级制度,业务记录线上留痕,加强交易评价互动性,实现服务的透明化和公开化,以信用评价信息作为考量因素,实时监控派车质量,对供应商的效率、履约达成情况进行考核管理,

提升供应商的交付能力，从而为下一次车源寻找提供交易参考。

③车队竞价。管理平台引入更多的社会运力，并通过良性的竞价模式，更加合理地反映市场运力行情，平衡供需关系，建立企业自身的运力池。将车队竞价、报号线上化，合理竞价，引入运力竞争；驾驶员 100% 注册，建立驾驶员评价机制，构建自有运力池，直接触达驾驶员群体择优选择运力；通过发标管理，实现公平、公正、公开竞标，减少人为影响，降低运力成本。

4）应用效果

通过上线物易云通智慧物流管理平台，信息割裂的环节大大减少，目前已初步实现企业与驾驶员、车队、信息部之间的信息共享与协同，用户在平台上充分了解运单的状态，解决不同角色的用户信息交互不畅等问题，提高用户的操作效率。具体应用效果体现如下：

（1）降低物流成本。管理平台充分打通各环节之间的线上化沟通渠道，货源找寻、运力匹配更加公开透明，对企业来说，有去中间化的选择，开辟社会车辆直接参与竞价的新通道，企业委托第三方寻找运力源的成本有优化空间。

（2）提高企业和驾驶员双方的满意度。以平台数据的交互来代替人工的信息流转，企业和驾驶员的沟通渠道转移到线上进行，到场叫号释放驾驶员的工作时长，不必为等待叫号消耗精力，节约供需双方的时间及成本。对驾驶员来讲，单位时长的收入增加，促使驾驶员为企业接单的意愿增强；同时对企业来看，通过大数据对进出厂车辆进行预测，对淡旺季厂内匹配的业务人员有调度和排班的决策依据。

（3）减少资金风险，提高回款效率。物易云通智慧物流管理平台与司机宝网络货运平台联动，支持多渠道收支，同时给予驾驶员更加灵活和便利的提现通道。货款、运费实时到账，提高回款及时率，增加企业和驾驶员双方的满意度。

（4）数据流转留痕，业务管控力度更强。企业业务数据流转透明化，实时互联互通，全程线上化管理，减少线下纸质单据流转，提升效率，一站式进出场，数据产出为企业管理层提供即时的决策依据。

（5）竞价更加透明，降低物流成本，减少人为干预的空间。一方面，系统化管理供应商，对其服务企业的能力有可数据化的判断依据，有效提升工作效率；另一方面，充分引入驾驶员、车队等进行公开竞价，减少人为干预的可能，运费更加透明，履约交付更加标准化。

（资料来源：http://www.chinawuliu.com.cn/xsyj/202405/13/631071.shtml，有删改）

案例相关视频资料

（1）智慧物流（上）

（案例来源：《走近科学》20170206）

(2)智慧物流(下)

（案例来源：《走近科学》20170207）

案例分析与研讨题

1. 分析物易云通智慧物流管理平台设计用到了哪些先进数据传输与处理技术，以及是如何运用这些技术来解决生产制造型企业物流业务车辆调度和运力组织难题的。

2. 探讨该管理平台有什么不足之处，并提出改进建议。

12.7 本章小结

智慧物流的内涵是以信息化和智慧化为依托，通过新一代信息技术与物流资源要素之间的重新配置和深度融合，产生的一个以物流价值链过程环节为核心，更具高效、优质、安全的生态体系。该生态体系的中心圈层是以运输、仓储、装卸搬运、包装、配送为主的物流子行业构成的核心要素系统，并在外部服务支持系统和宏观环境系统与主体要素之间具体运行模式和保障机制共同作用影响下，实现以核心要素系统为主的全体系智慧化、生态化的物流新模式与新业态。智慧物流具有持续改进物流生态系统、促进产业经济高质量、增强产业链供应链韧性与安全稳定等作用。

商业生态系统是由供应商群、客户群、政府、产业领导者群体、贸易协作伙伴、公共机构、投资商及其他利益相关者共同组成的动态结构系统。智慧物流生态体系是在商业生态系统理论基础上，结合了物流产业链、物流智慧化等过程。该生态体系由三大系统构成，分别是：由运输、仓储、装卸搬运、包装及配送五大子行业构成的核心要素系统；由政府机构、科研院所、高等院校、科技企业、金融机构、咨询公司、行业协会及其他主体等构成的服务支持系统；由行业面临的政策、经济、文化、社会及自然五大环境构成的宏观环境系统。

智慧物流体系包括资源要素、信息技术、物流子行业、支撑体系、运行模式与保障机制五大维度。其中，资源要素是运行基础、新一代信息技术是转型关键、子行业是战略方向、支撑体系是服务支持、运行与保障机制是持续动力。

智慧物流子行业包括运输业、仓储业、装卸搬运业、包装业和配送业。目前，我国物流业各子行业发展规模不断扩张，整体运作效率也得到了大幅提升，但与发达国家相比仍有一定差距。未来应积极推动新一代信息技术与物流活动的深度融合，加快物流业智慧化转型升级。

智慧物流支撑体系包括基础设施支撑体系、科学技术支撑体系、专业人才支撑体系、市场环境支撑体系和信息平台支撑体系。其中，基础设施支撑体系需加强网络基础硬件设施建设、软基础设施建设和农村物流配套基础设施建设；科学技术支撑体系应壮大科研发展力量、推动物流科技研发、强化技术应用与推广；专业人才支撑体系需提升高学历人才比例、强化职业教育、引进高端人才；市场环境支撑体系应侧重引导、加强监督和注重评价；信息平台支撑体系需加快交易平台、物流平台和监管平台的建立与联系。智慧物流系统运行依靠感知层、传输层、储存层和应用层的技术架构，实现智慧仓储、智慧运输和智慧管理三个主要物流环节内部及相互之间的运作，使得智慧物流体系的组织模式具备数据生态化、智慧决策与协作、绿色可持续特征。这一运行模式需要构建激励约束机制、利益共享机制和风险共担机制。

复习思考题

1. 简述物流业智慧化历史进程。

2. 简述智慧物流的含义与作用。

3. 智慧物流生态体系由哪几个系统构成？各系统包含哪些内容？

4. 举例说明运输资源包括哪些内容？未来发展趋势如何？

5. 举例说明储存资源包括哪些内容？未来发展趋势如何？

6. 简述智能运输系统特征。

7. “智慧物流人”是强化智慧物流生态体系的中坚力量，现阶段我国物流业人才供给现状如何？如何进一步强化专业人才支撑体系？

8. 简述智慧仓储、智慧运输、智慧管理环节的组织模式及其运行机理。

9. 简述智慧物流系统运行保障机制。

实践与讨论

1. 结合本章所学知识，通过实地调研、问卷调查或网络搜索物流企业智慧化转型或企业智慧物流系统构建案例，总结新一代信息技术在物流活动中的具体作用情景，如运输环节、仓储环节、配送环节等，讨论新一代信息技术的赋能机制及经济效果。

2. 通过网上搜集资料整理分析我国现阶段智慧物流体系构建存在哪些机遇与挑战？如何应对？

参 考 文 献

[1] 鲍吉龙,江锦祥. 物流信息技术[M].3 版. 北京:机械工业出版社,2017.

[2] 程先学. 管理信息系统及其开发[M]. 北京:清华大学出版社,2010.

[3] 陈国青,曾大军,卫强,等. 大数据环境下的决策范式转变与使能创新[J]. 管理世界,2020,36(02):95-105,220.

[4] 陈金晓. 人工智能驱动供应链变革——平台重构、生态重塑与优势重建[J]. 当代经济管理, 2023, 45(05):50-63.

[5] 蔡淑琴. 管理信息系统分析与设计[M]. 北京:高等教育出版社,2016.

[6] 初良勇,胡美丽,邢大宁,等. 物流信息技术与信息系统[M]. 北京:机械工业出版社,2023.

[7] 崔炳谋. 物流信息技术与应用[M]. 北京:清华大学出版社,2006.

[8] 崔忠付. 中国物流与供应链信息化优秀案例集[M]. 北京:中国财富出版社,2022.

[9] 冯耕中,吴勇,石晓梅. 物流信息系统[M].2 版. 北京:机械工业出版社,2023.

[10] 胡笑梅,张子振. 管理信息系统[M]. 北京:机械工业出版社,2021.

[11] 黄梯云,李一军. 管理信息系统[M].6 版. 北京:高等教育出版社,2016.

[12] 黄有方,胡志华. 物流信息系统[M].2 版. 北京:高等教育出版社,2024.

[13] 霍宝锋,刘伟华. 物流专业教育:智慧物流新模式[J]. 中国大学教学,2022(04):25-31.

[14] 劳顿 K C, 劳顿 J P. 管理信息系统管理数字化企业[M]. 黄丽华,俞东慧,译.16 版. 北京:清华大学出版社,2023.

[15] 李波,王谦. 物流信息系统[M].2 版. 北京:清华大学出版社,2019.

[16] 李联为. 物流案例精选与评析[M]. 北京:化学工业出版社,2019.

[17] 林榕航. 供应链管理(SCM)教程[M]. 厦门:厦门大学出版社,2003.

[18] 罗超理,李万红. 管理信息系统原理与应用[M]. 北京:清华大学出版社,2002.

[19] 马士华,林勇. 供应链管理[M].6 版. 北京:机械工业出版社,2020.

[20] 欧阳文霞. 物流信息系统[M]. 北京:机械工业出版社,2013.

[21] 汤兵勇. 云计算概论:基础、技术、商务、应用[M].2 版. 北京:化学工业出版社,2020.

[22] 吴清一. 物流管理[M]. 北京:中国物流出版社,2003.

[23] 迈尔-舍恩伯格,库克耶. 大数据时代[M]. 盛杨燕,周涛,译. 杭州:浙江人民出版社,2013.

[24] 万璇. 区块链技术在物流产业发展中的应用——评《区块链与智慧物流》[J]. 科技管理研究,2021,41(12):222.

[25] 王道平. 物流管理信息系统[M]. 北京:机械工业出版社,2014.

[26] 王丽亚. 物流信息系统与应用案例[M]. 北京:科学出版社,2007.
[27] 王永丽. 基于区块链技术在物流与供应链领域的应用分析[J]. 物流工程与管理,2020,42 (10):110-111,114.
[28] 王喜富,沈喜生. 现代物流信息化技术[M]. 北京:北京交通大学出版社,2015.
[29] 汪旭晖,张其林. 基于物联网的生鲜农产品冷链物流体系构建:框架、机理与路径[J]. 南京农业大学学报(社会科学版),2016,16(01):31-41,163.
[30] 夏火松. 物流管理信息系统[M]. 3 版. 北京:科学出版社,2022.
[31] 徐祖舰. GIS 入门与提高[M]. 重庆:重庆大学出版社,2001.
[32] 薛华成. 管理信息系统[M]. 7 版. 北京:清华大学出版社,2022.
[33] 谢军,常进,丛飞. 北斗导航卫星[M]. 北京:国防工业出版社,2022.
[34] 尹朝庆. 人工智能方法与应用[M]. 武汉:华中科技大学出版社,2007.
[35] 张成海,张铎,赵守香,等. 条码技术与应用[M]. 2 版. 北京:清华大学出版社,2018.
[36] 张树山. 物流管理信息系统[M]. 北京:国防工业出版社,2014.
[37] 张旭梅. 物流信息管理[M]. 重庆:重庆大学出版社,2008.
[38] 周玉清,刘伯莹,周强. ERP 理论、方法与实践[M]. 北京:电子工业出版社,2006.
[39] 周建华,陈俊平,胡小工. 北斗卫星导航系统原理及其应用[M]. 北京:科学出版社,2020.
[40] 周苏. 大数据时代物流供应链管理[M]. 北京:中国铁道出版社,2017.
[41] 仲秋雁. 管理信息系统[M]. 北京:清华大学出版社,2010.